Gerald Knapp / Josef Scheipl (Hrsg.)

JUGENDWOHLFAHRT
IN BEWEGUNG

Gerald Knapp / Josef Scheipl
(Hrsg.)

JUGENDWOHLFAHRT IN BEWEGUNG

Reformansätze in Österreich

Mohorjeva Hermagoras

Klagenfurt/Celovec – Ljubljana/Laibach – Wien/Dunaj

„Studien zur Sozialpädagogik“. Reihe des Instituts für Erziehungswissenschaft und Bildungsforschung (Abt. Sozialpädagogik) der Universität Klagenfurt
Band 1

Gerald Knapp / Josef Scheipl (Hrsg.), Jugendwohlfahrt in Bewegung. Reformansätze in Österreich

Umschlaggestaltung: ilab.at (mit einem Gemälde von Valentin Oman)

Printed in Austria
Gedruckt mit Unterstützung des Bundesministeriums für Bildung, Wissenschaft und Kultur in Wien
ISBN 3-85013-818-6

INHALT

	Seite
Einleitung	5
I. ALLGEMEINE ASPEKTE DER HEIMERZIEHUNG	
Herbert E. Colla Personale Dimension des (sozial-)pädagogischen Könnens – der pädagogische Bezug in der Heimerziehung	7
Christian von Wolffersdorff Helfen, Disziplinieren, Überwachen: Konzepte offener und geschlossener Heimerziehung im Wandel der Epochen	38
Gerald Knapp Heimreform in Österreich zwischen Anstaltserziehung und lebensweltorientierter Sozialpädagogik	71
Josef Scheipl Die stationäre Betreuung in der Jugendwohlfahrt: Eine aktuelle Übersicht	105
II. HEIMREFORM IN ÖSTERREICH	
Karin Lauermann Reformbestrebungen der Heimerziehung in Österreich seit 1945: Eine historische Rückblende	120
Peter Fleischmann Heim 2000: Zur Reform der sozialpädagogischen Fremdunterbringung in Wien	134
Michael Winkler Heimerziehung, Hilfen zur Erziehung – Wien	148
Michael Winkler Die Reform der Landesjugendwohlfahrtsheime in der Steiermark: Einige grundsätzliche Überlegungen	187
Josef Scheipl Heimreform in der Steiermark: 1990 – 2000	208

Martina Gasser 220
Jedem das Seine: Individuelle Betreuungskonzepte als Herausforderung in der pädagogischen Arbeit mit verhaltensauffälligen Kindern und Jugendlichen in Vorarlberg

III. BEITRÄGE ZUR SOZIALPÄDAGOGISCHEN FORSCHUNG

Gerald Knapp / Gerald Salzmann 238
Sozialisationsbedingungen und Konfliktlagen von Jugendlichen in Institutionen der Heimerziehung aus der Sicht der HeimleiterInnen, ErzieherInnen, Eltern und Jugendlichen

Martina Müller 263
Erfahrungen mit mehrfachbelasteten Mädchen und jungen Frauen in der Heimerziehung

Josef Scheipl 283
Jugendwohlfahrtsplanung in Österreich

Arno Heimgartner / Johanna Rücker 304
Interdisziplinäre Frühförderung und Familienbegleitung (IFF) a la Jugendwohlfahrt – ein Interview

Maria Elisabeth Weber 321
Familien als Koproduzenten sozialpädagogischer Interventionen – Zur Innensicht sozialpädagogischer Familienhilfe

Hubert Stigler 340
Suchtprävention in der Sozialen Arbeit

Autorenverzeichnis 354

EINLEITUNG

Reformdiskussionen im Bereich der Jugendwohlfahrt haben in Österreich derzeit Konjunktur. So befindet sich die Heimerziehung in Wien seit 1996 wieder in einem Reformprozess – „Heim 2000" –, der in seine Abschlussphase gelangt. Zunehmend etabliert sich ein Planungsbewusstsein, von dem auch bereits Impulse für Reformüberlegungen ausgehen. Neue Paradigmen – wie etwa die Lebensweltorientierung – werden in das soziale Handeln integriert und beeinflussen die einschlägigen Reformdiskussionen und Konzepte zur stationären Erziehung. Vielfältige Forschungsarbeiten greifen gezielt aktuelle Probleme der Jugendwohlfahrt auf.

Anlass für die vorliegende Publikation war ein Reformvorhaben im Land Steiermark: Ausgehend von Planungsüberlegungen im Jugendwohlfahrtswesen wurde eine neuerliche Reform der steirischen Landesjugendheime in Angriff genommen. Im Rahmen einer Fortbildungsveranstaltung, welche diesen Reformprozess unterstützen sollte, luden das Institut für Erziehungs- und Bildungswissenschaften / Abteilung für Sozialpädagogik der Universität Graz und die Fachabteilung für das Sozialwesen der Steiermärkischen Landesregierung ExpertInnen und MitarbeiterInnen zu einem Symposium unter internationaler Beteiligung. Dieses stellte die aktuelle Diskussion zur Heimerziehung und Heimreform in den Mittelpunkt.

In systematischen Beiträgen werden im ersten Teil dieses Bandes Essentials von Heimerziehung erörtert. So erläutert etwa COLLA das Modell des pädagogischen Bezugs, das für die sozialpädagogischen Praxen neu zu justieren ist. V. WOLFFERSDORFF greift die Diskussion um offene und geschlossene Heimerziehung historisch-systematisch auf, um unter Einbeziehung kriminalpolitischer Überlegungen der letzten Jahre den unbezweifelbaren Fortschritt in dieser Thematik zumindest zu benennen. Gesellschaftliche Rahmenbedingungen und aktuelle sozialpädagogische Konzeptionen für Heimreformbewegungen konkretisiert KNAPP am Beispiel österreichischer Reformbemühungen. Und schließlich gibt SCHEIPL zum Ende des ersten Abschnittes eine Übersicht über Art und Ausmaß gegenwärtiger stationärer Betreuungsformen in der Jugendwohlfahrt in Österreich.

Der zweite Teil ist den konkreten Heimreformansätzen in Österreich gewidmet. LAUERMANN eröffnet ihn mit einer historischen Rückblende bis zum Beginn der Zweiten Republik. Der aktuelle Reformprozess in Wien – Heim 2000 – bildet den Gegenstand der folgenden Beiträge von

FLEISCHMANN und WINKLER, wobei sich WINKLER der Thematik, die er empirisch zu erfassen sucht, über eine umfassend angelegte historische Einführung nähert. Sein zweiter Beitrag leitet über zu den Reformprozessen in weiteren Bundesländern. Angeregt durch seine unmittelbare Beteiligung an der aktuellen Reformdiskussion in der Steiermark spricht er für dieses Vorhaben grundsätzliche Überlegungen an. Anmerkungen und Analysen zur Reform von Heimerziehung und weiteren Jugendwohlfahrtsmaßnahmen in der Steiermark und in Vorarlberg bieten die Beiträge von SCHEIPL und GASSER.
Teil III des Bandes versammelt Arbeiten zu aktuellen Forschungsthemen der Jugendwohlfahrt. Hier finden sich mit den Beiträgen von KNAPP/SALZMANN und MÜLLER Fragen zur (geschlechtssensiblen) Heimerziehung ebenso behandelt wie das Thema der Jugendwohlfahrtsplanung, welches SCHEIPL erstmals umfassend für Österreich untersucht. Die Beiträge zur Frühförderung, welche HEIMGARTNER und RÜCKER analysieren, bzw. zur Sozialpädagogischen Familienhilfe, welche WEBER unter dem Aspekt der Koproduzentenschaft untersucht, verweisen auf neue Problemkonstellationen sozialen Handelns. Schließlich begreift die Arbeit von STIGLER, hinter der eine umfassende empirische Erhebung steht, Suchtprävention als aktuelle Herausforderung an SozialpädagogInnen in ihrer praktischen Arbeit.

Die Herausgeber

Gerald Knapp / Josef Scheipl

I. ALLGEMEINE ASPEKTE DER HEIMERZIEHUNG

Herbert E. Colla

PERSONALE DIMENSION DES (SOZIAL-)PÄDAGOGISCHEN KÖNNENS – DER PÄDAGOGISCHE BEZUG IN DER HEIMERZIEHUNG

1. Einleitung

Die Erziehung in Heimen hat einen Wandlungsprozess von der „Totalen Institution" hin zu einem lebensweltlich orientierten Hilfearrangement durchlaufen. In der Bundesrepublik wurde dieser Wandel durch die sozialpädagogische Wende zum Alltag, die sich im Konzept der Lebensweltorientierung in der Sozialen Arbeit und der Jugendhilfe insbesondere manifestiert, begleitet (THIERSCH 1986, 1992). Die im Achten Jugendbericht formulierten Strukturmaximen von Jugendhilfe stellen einen bis heute verbindlichen Bezugspunkt der theoretischen Betrachtung und praktischen Reformierung von Heimerziehung dar (vgl. GABRIEL 2000).

Mit dem Begriff „Heimerziehung" werden in Deutschland inhaltlich und formal höchst unterschiedliche Praxiskonzepte benannt, so zum Beispiel die heilpädagogischen Einrichtungen, aber auch Jugendwohngemeinschaften, die geschlossene Unterbringung ebenso wie Lehrlingsheime, betreutes Einzelwohnen, Kleinstheime oder Kinderdörfer. Die im § 34 des KJHG getroffene Definition von Heimerziehung als „Hilfe zur Erziehung in Einrichtungen über Tag und Nacht oder in einer sonstigen betreuten Wohnform" bleibt als rechtliche Verklammerung von Erscheinungsformen notwendig abstrakt. Konkret hingegen sind die Mangelsituationen, in denen heute in der (immer noch) wohlhabenden Bundesrepublik Kinder und Jugendliche aufwachsen. ANSEN (1999) referiert Untersuchungen, aus denen hervorgeht, dass z.B. in den alten Bundesländern jedes achte bis neunte Kind und in den neuen Bundesländern jedes fünfte Kind in einem einkommensarmen Haushalt aufwächst.

In der jüngeren Debatte zur Erziehung in Heimen wird wiederholt gefordert, dass „Erziehung" wieder ein Thema wird. Wie sich Erzieherinnen und Erzieher den Kindern und Jugendlichen präsentieren, wie sie den Umgang mit ihnen gestalten, wie verlässlich sie im Alltag – auch in Stresssituationen – sind, welche Offenheit und Sensibilität sie gegenüber den Lebensentwürfen der Kinder, oft in dramatischer Abweichung vom Üblichen oder Gewohnten, in den „Verhandlungsprozess" des banalen Alltags einbringen und gleichzeitig die intellektuellen, sozialen, emotionalen, ebenso die kulturellen und moralischen Kompetenzen der jungen Menschen fördern, ist für die Erziehung eine der entscheidenden Variablen. Das relativiert das einseitige Insistieren auf Methoden. Methodisches Handeln ist eine geplante und überprüfbare Gestaltung von Hilfeprozessen, in denen ein zugrunde liegendes Problem, die gesellschaftlichen und kulturellen Rahmenbedingungen, aber auch die Strukturen des Arbeitsfeldes und die Handlungsfähigkeiten der Adressaten berücksichtigt werden (GALUSKE 1998). Methodisches Handeln ist kein technischer Vorgang, vielmehr basiert es auf einer theoriegeleiteten Qualifikation, aber auch auf der persönlichen Einsatzbereitschaft und Haltung sowie auf dem Charisma des Erziehenden. Der Verlauf einer pädagogischen Situation bleibt offen. Diese Begrenzung erhöht die Pflicht, situationsangemessen verantwortlich vorzugehen, erfordert ein individuelles, oft nicht artikulierbares intuitives Wissen (facit-knowledge), das an eine habituelle Orientierung durch die Bildungsbiographie des Erziehers anknüpft. Im gelingenden Fall kommt es zu einer hermeneutischen Kompetenz des Fallverstehens, in ihr vereinen sich das wissenschaftliche Wissen, die pragmatische Kompetenz und die sittlich-moralische Kompetenz (vgl. auch WIMMER 1996). KEUPP u.a. (1989) insistieren darauf, dass der Anwender einer Methode mit seinen persönlichen Anteilen unhintergehbar ist (vgl. auch ANSEN 2000).

Die nachfolgenden Ausführungen versuchen, den pädagogischen Bezug aus dem heutigen Blickwinkel zu betrachten und für eine Kultur der Praxis/eine Erziehung in Heimen (neu) zu erschließen.

2. Problemlagen

Kinder und Jugendliche mit schwierigen Biographien und häufig ungekonntem, störendem Verhalten und Fehleinschätzungen von Situationen, junge Menschen, die in ihrer Lebenswelt, in Familie und Wohnquartier, in sprach- und emotionsarmen Interaktionssystemen leben, werden in ihren Entfaltungs- und Lernmöglichkeiten eingeschränkt, brauchen Gelegenheiten und Handlungsräume, um aus dem Kreislauf von Auffälligkeiten, Stigmatisierungen und sich darin verfestigender devianter Karriere auszusteigen. Ziel einer Heimerziehung sollte es sein, die jungen Menschen zu habilitieren, d.h. sie sollen dazu befähigt werden, was in ihnen angelegt ist. Das Vorenthalten einer konkreten Zukunftsperspektive bedingt auch das Versanden der Bildungsbewegung. GARNETT (1994) bezeichnet die Haltung der Professionellen, die sich in vielen Einrichtungen der Heimerziehung gegenüber der schulischen Entwicklung ihrer Klientel herausgebildet hat, als „Kultur des Nichtwahrnehmens“. Dem ist gegenzusteuern. Es bedarf der Strukturen eines entlastenden, aber attraktiven Lebensfeldes, die den Kindern die Möglichkeit eröffnen, sich durch erlebte pädagogische Begegnungen mit Erwachsenen (Alltagsbegleitung) zu orientieren und helfen zu lassen; Strukturen, in denen Verhaltens-, Verständigungs- und Erfahrungsalternativen angeboten werden, die an den subjektiven Alltagserfahrungen und Deutungen der Kinder anknüpfen und sie befähigen, sich den Lebensbedingungen zu stellen, Selbstvertrauen und „sich etwas zutrauen“ durch Ermutigungen zu fördern und sie zu kooperativen Sozialbeziehungen befähigen. Dies geht über das einfühlende Besprechen und Analysieren der Probleme der Kinder und Jugendlichen hinaus, bleibt nicht im bloßen „Verstehen“ befangen, vielmehr liegt der Akzent auf der daran anknüpfenden Einübung alternativer Verhaltensweisen und der lustvollen Bestärkung des dann Gelingenden durch Anerkennung durch die Gruppe der Gleichaltrigen und der Erwachsenen der Einrichtung.

Junge Menschen, die sich in ihrer Biographie mit den Angeboten von Jugendhilfe auseinander gesetzt haben, berichten, wenn sie denn überhaupt nach diesen Erfahrungen befragt werden, überwiegend von intersubjektiven Beziehungen, die für sie stets mehr als bloße Zweck-Mittel-Relationen waren, thematisieren die Bedeutung von gelebter und erfahrener pädagogischer Beziehung als Besonderheit von sozialen Beziehungen, sprechen über gelungene oder gescheiterte personenbezogene pädagogische Anerkennungsverhältnisse, die immer mehr sind als bloß verbal vermitteltes Normen- und Handlungswissen. Vor dem Hintergrund oft unzureichender milieu- und familienspezifischer Sozialisationsbedingungen hatten sie auf die Begegnung mit verständnisvollen signifikanten Anderen verzichten müssen, waren angewiesen auf ein nicht familial gegebenes, sondern auf ein berufsmäßig hergestelltes „Arbeitsbündnis“ auf Zeit mit professionellen Erwachsenen, die ihnen in alternativen Milieus Handlungsinhalte, Handlungserfahrungen und eine verantwortbare Kontrolle ihrer Handlungen ermöglichten. Der junge Mensch bleibt für den Heimerzieher eine konkrete Person und darf nicht als Träger einer Diagnose verkannt werden. Seine individuellen Probleme oder Leiden sind Teil der Subjektivität und nicht allein das Resultat gesellschaftlicher oder psychischer/biologischer Bedingungen. Im Anschluss an WINKLER (1995) folgt hieraus, dass auch der Heimjugendliche immer als ein fähiges Wesen mit entwickelten und noch aufzubauenden Hoffnungen in seinen Lebensumständen wahrgenommen werden muss. Die Begegnung mit einem Erwachsenen, der sich als Repräsentant seiner Lebenswelt versteht, der zur Vergangenheit und den darin aufgehobenen Erfahrungen steht, eröffnet im pädagogischen Umgang auch die Chance zur Synchronisation und Neuerschließung sozialer Bereiche in Raum und Zeit, stellt einen Beitrag zur handelnden Vernetzung und zeitlichen Nutzung von gesellschaftlichem Raum dar, der durch alleinige Partizipation an normierten Beziehungen in dieser Qualität nicht erreichbar sein dürfte.

Es ist auffallend, wie wenig in der aktuellen Professionstheorie der (Sozial-)Pädagogik die Rolle der Person bisher Beachtung gefunden hat, ihre Suchbewegungen sind ähnlich diffus wie z.B. die Diskussion im modernen Industriemanagement. Dort wird die „natürliche Autorität“ nachgefragt, mit der Fähigkeit zur Selbstreflexion, Durchsetzungsvermögen, Leistungsbereitschaft, Freude am Teamplay und Aufgeschlossenheit „gegenüber neuen Wegen“.

Die Qualität eines speziellen Interaktionsverhältnisses und seine Bedeutung für eine Beratung oder Psychotherapie ist hingegen Gegenstand von Therapieforschung (vgl. BASTINE 1992; GRENCAVAGE/NORCROSS 1990; HORVATH/LUBORSKY 1993). ROGERS (1957) sieht in ihr die notwendige und hinreichende Vorbedingung für die Wirksamkeit einer therapeutischen Intervention. „In allen sozialen Berufe ist die eigene Persönlichkeit das wichtigste Instrument; die Grenzen ihrer Belastbarkeit und Flexibilität sind zugleich die Grenzen unseres Handelns“ (SCHMIDBAUER 1992, S.7). Das Vertrauen in die Person des Therapeuten gilt als wichtiger „support factor“, neben „learning factors“ und den „action factors“ in einem Therapieprozess.

In der (sozial-)pädagogischen Theoriebildung, beginnend mit PESTALOZZI und JEAN PAUL (Levana oder Erziehungslehre, 1806) wird dem personalen Verhältnis von Erzieher und Educandus, dem Primat der Persönlichkeit des Erziehers sowie den sinnlichen Momenten („pädagogische Liebe“) im pädagogischen Umgang zunehmend mehr Bedeutung geschenkt, die dann bei NOHL (Pädagogischer Bezug) und BUBER (Pädagogik des Dialogs) zu einem idealtypischen Konstrukt zusammengefasst werden. Seit der Jugendbewegung wird der pädagogische Bezug nicht mehr nur in den asymmetrischen Verhältnissen wie Eltern – Kind, Lehrer – Schüler, Meister – Lehrling, sondern, und darauf macht FERCHHOFF (1993, S.40) aufmerksam, auch als eine persönliche, von Sympathie getragene Wahl nach dem Modell der Gleichaltrigen-Gruppe gedacht.

3. Das pädagogische Verhältnis

Die geisteswissenschaftliche Pädagogik betont, dass ein pädagogischer Bezug als ein notwendiges Anerkennungsverhältnis Grundlage allen pädagogischen Handelns ist. Als Entwurf in die pädagogische Diskussion eingebracht und praktiziert wurde das pädagogische Verhältnis durch PESTALOZZI. Wesensmerkmal dieses Verhältnisses ist seine umfassende Präsenz im Alltag der Kinder in einer Atmosphäre emotionaler Verbundenheit. Mit seinen beiden Waisenhausgründungen für arme, „verwahrloste" Kinder versuchte er Grundlagen für eine pädagogisch verantwortete Heimerziehung zu etablieren. In einer Situation des Zusammenbruchs aller das Verhalten steuernder und stützender gesellschaftlicher und sozialer Ordnungen strebte er in seinen Einrichtungen zunächst eine sozioemotionale Basis an, von der aus soziale Fähigkeiten der Kinder wieder ermöglicht wurden. Strukturell ist ihm die Bewältigung dieses Ansatzes nur im Zusammenhang einer unstrukturierten Großgruppe möglich, indem er jedoch gleichzeitig dichte emotionale Qualitäten einer gemeinsam gelebten familiären Atmosphäre der „Wohnstube" integrierte. Die Kinder sollten zu ihm, der sich als Modell für Väter- und Mütterlichkeit verstand, eine produktive Beziehung eingehen, zugleich sollten sie „wie Geschwister" gemeinsam leben lernen. Die vorbehaltlose Annahme des Kindes in seinen basalen materiellen und psychischen Bedürfnissen ist für PESTALOZZI Grundlage für folgendes pädagogisches Handeln. „Liebe" wird bei ihm zu einem zentralen Begriff. In seinem Stanser Brief (1799) schildert der 56jährige PESTALOZZI rückblickend seine Erfahrungen einer halbjährigen Tätigkeit im Jahr 1797 als alleiniger Erzieher, nur unterstützt von einer Haushälterin, das Zusammenleben mit 80 Kindern im Waisenhaus von Stans. Der von PESTALOZZI gewollte Verzicht auf weitere pädagogische Mitarbeiter und unter widrigen Umständen für die Kinder sorgen zu müssen, „nöthigte ... mich meinen Kindern alles in allem zu seyn. Ich war von Morgen bis Abend, so viel als allein in ihrer Mitte. Alles, was ihnen an Leib und Seele Gutes geschah, gieng aus meiner Hand. Jede Hülfe, jede Handbiethung in der Noth, jede Lehre, die sie erhielten, gieng unmittelbar von mir aus. Meine Hand lag in ihrer Hand, mein Aug' ruhte auf ihrem Aug'. Meine Thränen flossen mit den ihrigen, und mein Lächeln begleitete das ihrige. Sie waren ausser der Welt, sie waren ausser Stans, sie waren bey mir und ich war bei ihnen. Ihre Suppe war die meinige, ihr Trank war der meinige. Ich hatte nichts, ich hatte keine Haushaltung, keine Freunde, keine Dienste um mich, ich hatte nur sie. Waren sie gesund, ich stand in ihrer Mitte, waren sie krank, ich war an ihrer Seite. Ich schlief in ihrer Mitte. Ich war am Abend der Letzte, der ins Bett gieng, und am Morgen der Erste, der aufstand. Ich betete und lehrte noch im Bett mit ihnen, bis sie einschliefen, sie wollten es so. Alle Augenblicke mit Gefahren einer gedoppelten Ansteckung umgeben, besorgte ich die beinahe unbesiegbare Unreinlichkeit ihrer Kleider, und ihrer Personen. Dadurch aber war es denn freylich auch allein möglich, daß sich die Kinder allmählich, und einige innigst und so weit an mich anschlossen, daß sie dem, was sie Dummes und Verächtliches selber von ihren Eltern und Freunden gegen mich hörten, widersprachen. Sie fühlten, daß mir Unrecht geschah, und ich möchte sagen, sie liebten mich doppelt dafür. Aber was hilfts, wenn die Küchlein in ihrem Nest ihre Mutter lieben, wenn der Raubvogel, der ihnen allen den Todt droht, täglich mit seiner Gewalt ob ihrem Neste schwebt" (PESTALOZZI 1954, S.99 ff.).

Für PESTALOZZI ist das Erzieherische immer persönlich oder existentiell. Mit seiner liebevollen Zuwendung und Sorge im gemeinsamen Leben und Handeln, orientiert an der Individuallage der Kinder und den Zeitverhältnissen, wollte PESTALOZZI dem Bedürfnis nach Vertrauen, Geborgenheit und Geliebtwerden Rechnung tragen, sie offen machen für intellektuelle Erziehung und sittliche Elementarbildung, mitmenschlicher Anteilnahme, auch der Kinder untereinander, und sie zur Selbständigkeit erziehen.

Der totale Liebesanspruch, der die Beziehung PESTALOZZIS zu den Kindern prägte und die erhoffte Erwiderung durch die Kinder, war letztlich in diesem Projekt dauerhaft nicht gestaltbar. Ohne den Zugang zu gesellschaftlichen Ressourcen konnte die erziehende Liebe allein wenig bewirken. Die Gründe für das Scheitern des Projektes (Bild des Raubvogels) lässt PESTALOZZI undiskutiert: ob es an den äußeren Gründen lag, z.B. Schließung des Waisenhauses durch seine Requirierung als Lazarett, oder an dem Entwurf des symbiotischen Miteinanders von Erzieher und zu Erziehenden. PESTALOZZI selber glaubte, seinen Entwurf der Stanser Arbeit in dem „Rettungshaus" von C.H. ZELLER verwirklicht zu sehen.

Als er die Beuggener Erziehungsanstalt 1826 besuchte, soll er mehrfach vor sich hingesagt haben, „das war's, was ich gewollt" (RUTH 1927, S. 40). BERNFELD, der radikalste zeitgenössische Kritiker der geisteswissenschaftlichen Pädagogik, bezweifelt 1925, dass sich „mütterliche Liebe" und pädagogische Atmosphäre heimspezifisch und professionell organisieren lassen, sieht in diesem Ansatz vielmehr eine wohlmeinende Ideologie für gesellschaftliche Anpassungsprozesse (BERNFELD 1967).

PESTALOZZIS Konzept aber war ein Entwurf, die in ihm enthaltenen Ansprüche wurden in der Rezeption durch die Praxis nur sehr bedingt eingelöst. In der folgenden pädagogischen Diskussion verlor sich die Schärfe seiner Gesellschaftskritik, sein Konzept der Menschenbildung verflachte zur Didaktik des Volksschulunterrichtes, sein Entwurf einer Heimerziehung geriet schließlich zu einem restaurativ gestimmten Ansatz der Rettungshausbewegung.
In der konfessionellen Anstaltserziehung zu Beginn des 20. Jahrhunderts wurde der besondere Modus des Erzieher-Zöglings-Verhältnisses innerhalb eines patriarchalischen Ordnungsgefüges als Summe christlicher Anthropologie, z.T. im Rückbezug auf die Praxis von DON BOSCO (1815-1888) oder WICHERN (1808-1881), diskutiert. So forderte BACKHAUS (1923) für die evangelische Heimerziehung: „Wenn Erziehung die Ausstrahlung einer gewordenen Persönlichkeit auf eine werdende ist, so kann Erziehung sich nicht per distance vollziehen, sondern nur in der Form der Lebensgemeinschaft der Erzieher mit ihren Zöglingen." Die intendierte Bindung von Erzieher zum Zögling hatte eine Brückenfunktion für die Bindung an Gott, dem Ziel damaliger konfessionell-pädagogischer Bemühungen. Nachwuchsmangel in der Mitarbeiterschaft und das Nachlassen der Bindekraft christlicher Grundüberzeugungen beeinträchtigten die beabsichtigte Innovation in den konfessionellen Heimen, die Mehrzahl der Erzieher insgesamt fühlte sich den ordnungspolitischen Traditionen der Heimerziehung verpflichtet und stand den reformpädagogischen Konzepten ablehnend gegenüber, es blieb bei einer Dominanz autoritärer Anstaltserziehung. Aus der bildungs- und jugendhilfepolitischen Programmatik der Weimarer Republik und den Beharrungstendenzen der Anstaltserziehung entstand eine Spannung, die sich in einer Skandalisierung der Heimerziehung durch die Sozialpublizistik und in Heimrevolten entlud (vgl. RÖPER 1976; siehe auch das Zeitdokument von BONDY 1931: Scheuen. Pädagogische und psychologische Betrachtungen zum Lüneburger Fürsorgeerziehungsprozess).

4. Der pädagogische Bezug

NOHL (1926) proklamiert im Kontext der Reformpädagogik und in Auseinandersetzung mit der Jugendbewegung die individuelle Selbstentfaltung des Heranwachsenden, lehnt jegliche Lenkung der Pädagogik durch kulturelle, kirchliche, wirtschaftliche oder politische Institutionen ab. Er entdeckt mit seinem idealistisch-naturalistischen Menschenbild „die eigentümliche Stufenfolge in der Entwicklung der pädagogischen Bewegung selbst, die dabei letztlich auch wieder nur ein allgemeines Gesetz befolgt". Das aus Vernunft frei handelnde Wesen strebt gemäß seiner Veranlagung zur „höheren Vervollkommenheit", und die Pädagogik habe „lediglich" die Aufgabe, die natürlichen Kräfte im jungen Menschen zu wecken, zu fördern und gegebenenfalls zu leiten, da diesen eine Tendenz zur höheren Vollkommenheit innewohne. NOHL beteiligte sich an der Diskussion um den Aufbau einer Pädagogik für Verwahrloste, Kriminelle und Geisteskranke, die zukünftig nicht nur in Anstalten „verwahrt" oder „betreut", sondern „erzogen" werden sollten (BOLLNOW 1981, S.32). Für die geisteswissenschaftliche Pädagogik ist der persönliche Umgang zwischen Erzieher und Zögling, die „Begegnung mit dem lebendigen Du" (LITT 1949, S.114), die Grundlage der Erziehung.

In seinem Aufsatz: „Gedanken für die Erziehungstätigkeit des einzelnen" (NOHL 1926) erfolgt eine noch fragmentarische inhaltliche Bestimmung, die dann als dialogische Struktur des Pädagogischen 1933 mit Rückbezug auf PESTALOZZI zu einer geschlossenen Theorie des „Pädagogischen Bezuges" ausgestaltet wird. Mit diesem Begriff und seinen vielfältigen Synonymen, wie „pädagogischer Umgang", „erzieherisches Verhältnis", „pädagogischer Kontakt" oder „pädagogische Interaktion", wird ein personales wechselseitiges Verhältnis zwischen dem Erzieher und dem zu Erziehenden als die Sinnmitte der Erziehungswirklichkeit gedeutet. „Wer von Pädagogik redet, sei es in der Normalerziehung oder am Richtertisch, in der Schutzaufsicht oder im Gefängnis, wird sich unerbittlich klarmachen müssen, daß die Gewinnung dieses Bezuges seine erste Aufgabe ist, ohne die alles übrige vergeblich bleibt" (NOHL 1949, S.154). Die Herstellung eines Bezuges ist die Voraussetzung für ein pädagogisches Verhältnis. NOHL definiert den pädagogischen Bezug als „das leidenschaftliche Verhältnis eines reifen Menschen zu einem werdenden Menschen, und zwar um seiner selbst willen, daß er zu seinem Leben und seiner Form komme" (NOHL 1949, S.134). Der Akzent liegt auf der Wendung „um seiner selbst willen". Der Erzieher ist nicht Agent „objektiver Mächte". Der junge hilfsbedürftige Mensch, das „einsame Ich", muss in seinem So-Sein „absolut bejaht" werden und seinem Anspruch auf „Lebensglück" und „Lebenserfüllung", einschließlich den sich daraus ergebenden Widersprüchen akzeptiert werden. Damit wird der traditionelle Blickpunkt, von dem aus das pädagogische Vermittlungsverhältnis betrachtet wurde, gewissermaßen „umgedreht". Nicht die Ansprüche der Gesellschaft und ihre Ansprüche auf Integration, sondern die Befindlichkeit und Lernbedürftigkeit des Heranwachsenden selbst sind der Ausgangspunkt: die Erziehung geht folglich davon aus, welche Schwierigkeiten das Kind hat, nicht von denen, die es macht. NOHL greift damit ein Postulat von HERBART (1835, S.129) auf, darauf macht NIEMEYER aufmerksam (1991, S.289). Alle Überlegungen über mögliche pädagogische „Hilfen" setzen notwendigerweise hier an und werden dadurch legitimiert. Eine unverzichtbare Voraussetzung der pädagogischen Arbeit ist „die Kenntnis des zu erziehenden Individuums ..., seines äußeren und inneren Zustandes, seines äußeren und geistigen Milieus und insbesondere seiner personalen und seiner pädagogischen Situation" (NOHL 1927, S.76). Hiermit betont NOHL die Notwendigkeit einer sozialwissenschaftlichen Analyse der spezifischen Lebensbedingungen junger Menschen. In dieser Reflexion auf die individuelle Förderungsbedürftigkeit, auf das „Wohl" des Kindes, liegt für NOHL der zentrale Aspekt des pädagogischen Autonomiebegriffs. Denn erst durch die entschiedene Einstellung auf das „Subjekt" des Erziehungsvorganges werde das „polare" Spannungsverhältnis zwischen „Kind" und „Erzieher als Repräsentant der Kultur" überhaupt erfahrbar. Die Vermittlung zwischen den zunächst widersprüchlichen Forderungen wird somit als pädagogisches Problem diskutierbar. Ausschlaggebend ist jene Wirklichkeit, die Kind und Erzieher gemeinsam und in derselben Weise zu erfahren imstande sind. Verstehen gründet sich im gemeinsamen Erleben. Der andere wird quasi nach innen begleitet, ein Erklären würde außen vor bleiben, nur das Faktische erfassen. Im dynamischen Erziehungsverhältnis gibt es keine isolierte Person. Der pädagogische Bezug kann vom Erzieher nicht erzwungen werden, die „schöpferische Kraft" des jungen Menschen geht als aktives Moment in das Verhältnis ein. In der durch Nähe gekennzeichneten pädagogischen Interaktion wird vom Erzieher gleichzeitig die Distanz zu seinen Idealen und zum Jugendlichen gefordert, der Veränderungs- und Gestaltungswille des Pädagogen „wird doch gleichzeitig immer gebremst und im Kern veredelt durch eine bewußte Zurückhaltung vor der Spontanität und dem Eigenwesen des Zöglings".

Ausgehend vom „fehlgeschlagenen Leben", dem unterstellten Nichtvorhandensein von Qualitäten, „persönlicher Behinderung" und das Nicht-Erleben von „Liebe und Halt", dem Verlangen nach „Zärtlichkeit und

Anerkennung" ist der „hilfsbedürftige Mensch" in seiner aktuellen Lagebefindlichkeit zunächst zu bejahen. Diese pädagogische Grundeinstellung, eben der unbedingte Hilfewillen und die Anerkennung der Person des zu Erziehenden, eingebettet in Beziehungsstrukturen wie Gegenseitigkeit, Nähe, emotionale Wärme, sich Verstandenfühlen und das angestrebte unbedingte Vertrauen des jungen Menschen gegenüber dem Erzieher, ist Voraussetzung des besonderen sozialen Verhältnisses eines pädagogischen Bezuges, in dem dann das beiderseitige Vertrauensverhältnis selber zu einem Erziehungsfaktor werden kann. Die Fundierung der pädagogischen Beziehung sei die pädagogische Liebe. Vorbild ist für NOHL – ähnlich wie bei PESTALOZZI – die Mutter- und Vaterliebe, die, im pädagogischen Bezug von ihrem „instinktiven Verhalten" gelöst, als „geistiges Verhalten selbständiger Art" auftritt, jedoch mit sinnlichen Momenten behaftet ist. Die „wahre Liebe des Lehrers ist die hebende und nicht die begehrende". Und: die pädagogische Liebe zum Kinde ist die Liebe zu seinem Ideal. Mit dem ungewöhnlichen Begriff der „hebenden Liebe" bezeichnet NOHL „ein geistiges Verhalten selbständiger Art, das sich auf den werdenden Menschen richtet um seiner höheren Form willen" (NOHL 1957, S.134). NOHL verweist auf die FREUD-ADLERsche Interpretation von Vertrauen, Bindung und Übertragung (NOHL 1949). Sein Konzept der pädagogischen Liebe bestimmt sich durch Fürsorge, Verantwortlichkeit, Respekt und Wissen. In diesem Konstrukt kann die Rehabilitierung des Begriffs der Nächstenliebe gesehen werden, die auch die eigene Individualität des Erziehers bejahend einschließt. NOHL wünscht sich, dass der Pädagoge ein Optimist sei, Humor besitze und von der Freude an der Produktivität und sprudelnder Fröhlichkeit getragen sei.

Zur pädagogischen Haltung zählt NOHL auch den pädagogischen Takt, „der dem Zögling auch da nicht 'zu nahe tritt', wo er ihn steigern oder bewahren möchte, und der spürt, wenn eine große Sache nicht pädagogisch klein gemacht werden darf". Der Begriff „pädagogischer Takt" wurde 1802 von HERBART in die Pädagogik eingeführt und gilt inhaltlich als ein Scharnier zwischen (empirischer) pädagogischer Wissenschaft, also Theorie, und pädagogischer Praxis. „Die wahre pädagogische Förderung des individuellen Falles" (HERBART) kann weder aus der allgemeinen Theorie deduziert, noch durch die Praxis allgemein gewährleistet werden. Der pädagogische Takt als Organon der praktischen Vernunft beinhaltet ein Wissen um die Komplexität der Aufgabe, macht sensibel für die Situation und differenziert das Verhalten in ihr, vermittelt gleichzeitig eine Handlungssicherheit. Der pädagogische Takt ist ein

Element der pädagogischen Kunst, das angewiesen ist auf den Beitrag der Theorie. „Im Handeln nur lernt man diese Kunst, erlangt man Takt, Fertigkeit, Gewandtheit, Geschicklichkeit; aber selbst im Handeln lernt die Kunst nur der, welcher vorher im Denken die Wissenschaft gelernt, sie sich zu eigen gemacht, sich durch sie gestimmt ... hatte“ (HERBART 1887). Der Inhalt des Begriffes spiegelt zugleich auch allgemeine Umgangsformen: Feingefühl als Sensibilität und Zurückhaltung gelten seit dem Ende des 18. Jahrhunderts als die Momente, die einen taktvollen Menschen auszeichnen. In einer dem Begriff „pädagogischer Takt“ ähnlichen Weise spricht W. FLITNER in seiner Allgemeinen Pädagogik dann von „pädagogischer Bildung“. Um in Situationen handeln zu können, benötigt der Erzieher die „Erkenntnis des Zusammenhangs“, „pädagogische Bildung“, die durch wissenschaftlich geleitete Reflexion auf die eigene Praxis gewonnen wird. Taktvolles Handeln ist für NOHL ein wichtiges Prinzip im pädagogischen Bezug. Es verleiht im Dialog Erzieher wie Zögling eine Situationssicherheit, die Würde der Person, die Gleichwertigkeit der Gesprächspartner bleibt im Diskurs gewahrt. Der pädagogische Takt als kontaktsteuernde Funktion ermöglicht es, dass der Erzieher im pädagogischen Handeln eine „Distanz zu seiner Sache wie zu seinem Zögling“ bewahrt (NOHL 1963, S.13). Zu dieser Distanz gehört das Lassen-Können (Warten, Gewähren) und Tun-Müssen, also Handeln im richtigen Moment. Der pädagogische Takt ist für die Vertreter der geisteswissenschaftlichen Pädagogik eine „einsichtige Selbstbegrenzung“ (LITT 1949, S.25) des Erzieher in der Virtualisierung seines Machtvorsprunges gegenüber dem zu Erziehenden. Es ist die praktische Konsequenz aus einem Berufsethos, das – so LITT – „den Willen zur eigenen Durchsetzung ausschließt“ (LITT 1949, S.72). Der pädagogische Takt schafft im pädagogischen Handeln den notwendigen Freiraum, den der junge Mensch benötigt, um unter der Dominanz des Erwachsenen seine Selbständigkeit entfalten zu können, für den Erzieher gibt er Raum für die Beobachtung und ermöglicht die Selbstkontrolle. Der pädagogische Takt, so WENIGER, ist das „interessenlose Interesse des Erziehers“ (WENIGER 1975, S.18) und ermöglicht den Umgang der Generationen miteinander als eine „Mischung aus Spiel und Methode“ (NOHL 1957, S.152).

NOHL betont, dass der pädagogische Bezug noch nicht beinhaltet, dass der Jugendliche in allem dem Pädagogen folgen oder zustimmen wird. Zeitweiliger Widerspruch und partielle Kritik am Erwachsenen sind in seinem Konzept durchaus möglich. Für die besondere Beziehungsform des pädagogischen Bezuges ist das Vertrauen des Edukanden zum Erzieher eine grundlegende Bedingung. „Wie nun das Vertrauen des Patienten zu seinem Arzt vor allem in dieser seiner Grundeinstellung begründet ist, die ihn in seinem Lebenswillen bejaht und die ihr eigentümliches Verhältnis zueinander bedingt, so ist solche pädagogische Grundeinstellung und das unbedingte Vertrauen des Zöglings dem Erzieher gegenüber, daß er von ihm in der Tiefe seiner Person absolut bejaht wird, die Voraussetzung des eigentümlichen Verhältnisses zwischen ihnen beiden" (NOHL 1949, S.153). Vergleichbar formuliert BUBER in seiner „Pädagogik des Dialogs" (1953, S.68): „In der Sphäre des Vertrauens tritt an die Stelle jenes Widerstandes gegen das Erzogenwerden ein eigentümlicher Vorgang: der Zögling nimmt den Erzieher als Person an. Er fühlt, daß er diesem Menschen vertrauen darf, daß dieser Mensch nicht ein Geschäft mit ihm betreibt, sondern an seinem Leben teilnimmt, daß dieser Mensch ihn bestätigt, ehe er ihn beeinflussen will." Über das Vertrauen aber kann ein Verstehen und Einlassen erfolgen.

NOHL ist sich bewusst, dass erzieherisches Handeln den Charakter eines Wagnisses besitzt, das scheitern kann. Der pädagogische Bezug ist – trotz des in ihm liegenden eigenen Seins – ein notwendiger Durchgang. Er hat seine Grenze immer da, wo der Heranwachsende selbständig wird, er muss das Ziel haben, sich überflüssig zu machen und zu lösen. Das zunächst asymmetrische Verhältnis, von NOHL durch die Begriffe Autorität und Gehorsam gekennzeichnet, verändert sich im zeitlichen Verlauf des Bezuges. Die Autorität des Erziehers nimmt im Maße der zunehmenden Reife des Edukanden ab, ebenso dessen Gehorsam gegenüber dem erzieherischen Willen. Damit nähert sich das asymmetrische Verhältnis einem zunehmenden symmetrischen, die Auflösung des pädagogischen Bezuges ist eingeleitet. Der pädagogisch Verantwortliche darf den mündig Gewordenen nicht an sich binden, sonst hätte er ihn nicht um seiner selbst willen angenommen (MAIER 1992, S.86). Gelingt dem Pädagogen der pädagogische Bezug nicht, dann darf es der Erzieher den Heranwachsenden nicht „büßen lassen". Er muss sich zurückziehen und danach suchen, einen solchen Bezug zu anderen Menschen zu ermöglichen; das pädagogische Mittel des Milieuwechsels als Wechsel der Bezugsperson wird für die Praxis der Sozialpädagogik in seiner ganzen Tragweite deutlich. Dass dies kein Freibrief für eine Flucht aus schwieriger Situation sein kann, ergibt sich aus der grundsätzlichen Einstellung des Pädagogen, der Reflexion seiner fachlichen Möglichkeiten und persönlichen Stärken.
Der pädagogische Bezug dient nach NOHL dazu, dass der Jugendliche im gemeinsamen Alltag mit dem Pädagogen lernt, sich auf sich und seine

Möglichkeiten zu verlassen, sich seiner Möglichkeiten zu trauen: Er wird zu seinen Möglichkeiten begabt. NOHL plädiert für die „Wendung an die Aktivität im Zögling“, es gilt „die Selbständigkeit wachzurufen und den Willen zu gewinnen“ (NOHL 1927, S.79). Die Art der Bindung innerhalb des pädagogischen Bezugs differiert von Individuum zu Individuum aber auch in den unterschiedlichen Institutionen. „Dieser pädagogische Bezug und die in ihm gelegene Bindung müssen gewiß im einzelnen sehr verschieden sein, dem normalen Kind gegenüber wie dem debilen oder dem psychopathischen, schließlich jedem Individuum gegenüber ganz individuell …“ (NOHL 1949, S.153). Die Berücksichtigung der Modi der Differenz und die Beachtung unterschiedlicher Entwicklungsstufen des jungen Menschen im pädagogischen Bezug ergeben sich aus dem Prinzip der Subjektbezogenheit. Im pädagogischen Mandat des Handelns konkretisiert sich die Differenz von Lebens- und Lernerfahrungen zwischen Erwachsenen und Heranwachsenden. Dieses Faktum aber, dass die für pädagogisches Handeln konstitutive Differenz eine Ungleichheit bedeutet, wurde in der Praxis der erziehenden und helfenden Berufe immer wieder als Begründung für Zuständigkeit und Verantwortung verstanden, aber auch zur Legitimation von Herrschaft und Unterdrückung benutzt. Der verantwortete Umgang leugnet die bestehenden Ungleichheiten nicht, sondern versucht, durch die Kontrolle dieser Beziehung den Heranwachsenden zur Auseinandersetzung mit der Realität zu befähigen.
W. FLITNER verweist schon 1933 in seiner „Systematischen Pädagogik“ darauf, dass das NOHLsche Modell des Erzieher-Zögling-Verhältnisses als Schema zu verstehen ist, „während es in der Wirklichkeit konkreter Lebensläufe immer um eine Mehrzahl und eine Vielfalt von pädagogischen Beziehungen geht“ (FLITNER 1980, S.70). Das Schema vom „pädagogischen Bezug“ schließt andere pädagogische Einflüsse (z.B. die der Familie) und die hohe Relevanz edukativer Gruppen, die unbedingt in die pädagogische Reflexion einzuschließen sind, nicht aus (vgl. auch LEE 1989, S.154 f.). NOHL selber hebt die Einengung der pädagogischen Dyade erst 1952 auf und spricht den Gruppenprozessen vermehrte Wirkung zu: „Der pädagogische Bezug hat sich ... geändert ... Der Lehrer ist nicht mehr der einzige Bezugspunkt, auf den alle Aufmerksamkeit der Schüler gerichtet ist ..., sondern die Spannung des Schülers besteht vor allem zu der sozialen Gruppe, in die er hineinwachsen will, und die ihn zu immer neuer Auseinandersetzung und Entscheidung aufruft, und der Lehrer wird mehr zum Helfer bei der geistigen Bewältigung dieses Lebens und bei seiner sinnvollen Gestaltung“ (NOHL in: FURCK u. a. 1965, S.66).

NOHLS Entwurf eines pädagogischen Bezuges, eingebettet in ein idealistisches Welt- und Menschenbild, weist, zusammenfassend, nach KLAFKI (1971, S.80 f.), THIERSCH (1983, S.92 f.) und MENNEMANN (1997, S.76 f.) sechs Strukturmerkmale auf:
1. Kriterium des Pädagogischen ist, dass es seinen Ausgangspunkt in dem zu Erziehenden hat. Damit wird die „Autonomie der Pädagogik" begründet. 2. Die pädagogische Verantwortung unterliegt einem historischen Wandel. 3. Individualität und das „Primat der Person" beinhalten eine spannungsreiche Grundstruktur, die auf den Unterschied der Generationen im Erziehungsprozess Einfluss nimmt. Das pädagogische Verhältnis wird als ein wechselseitiges gesehen, die pädagogische Liebe des Erziehers ist an das Vertrauen des Heranwachsenden gebunden. Das Vertrauen weiß sich zugleich herausgefordert und entlarvt. Die Autorität des Erwachsenen und das Vertrauen des Heranwachsenden sind eine wechselseitige Forderung, beide sind umkehrbar. 4. Der pädagogische Bezug kann nicht erzwungen werden. 5. Seine Intentionalität hat einen interimistischen Charakter, er ist im intentionalen Erziehungsprozess ein notwendiger Durchgang. 6. Der Erzieher nimmt auf die Gegenwart und Zukunft des zu Erziehenden Bezug, damit das aus ihm werde, was aus ihm werden kann. KLAFKI fügt hinzu, dass der pädagogische Bezug nicht nur willentlich und bewusst gesteuert wird, er kann auch „in stärkstem Maße von unbewußten Motiven, Verhaltensweisen, Reaktionen beeinflußt sein" (KLAFKI 1971, S.80).

Der pädagogische Bezug ist bezüglich seiner theoretischen Grundannahmen und der behaupteten Praxisrelevanz wiederholt auf Kritik gestoßen, schon zeitgenössische Autoren problematisierten die Anwendbarkeit, z.B. für eine Erziehung in Heimen vor dem Hintergrund der „Unerziehbarkeitsdebatte" (z.B.: SCHREINER 1930; zusammenfassend NIEMEYER 1992). Jüngere Kritik befasst sich vor allem mit dem von NOHL zugrunde gelegten Menschenbild und Politikverständnis; die vorgezeichnete Binnenstruktur des pädagogischen Bezuges wurde in Frage gestellt, und schließlich erscheint die Prämisse von einer „Autonomie der Pädagogik" in einer modernen Gesellschaft mit ihren massenmedialen Vermittlungsformen als realitätsfern (MENNEMANN 1997; KADE/LÜDERS 1996; LEE 1989; XOCHELLIS 1974). Vor dem Hintergrund der Kritik kann die jüngere (Sozial-)Pädagogik folglich nicht naiv an das von NOHL entworfene Erzieher-Zögling-Verhältnis als Sinnmitte der Erziehungswirklichkeit anknüpfen. Der pädagogische Bezug ist eine wichtige Konstante sozialpädagogischen Handelns, die neu für die sozialpädagogischen Praxen zu justieren ist. Heute wird der pädagogische

Bezug z.B. als eine Form der Beratung oder als Begleitung von Lernprozessen in unterschiedlichen sozialpädagogischen Berufsfeldern, z.B. in offener Jugendarbeit, Heimerziehung bis hin zur Sterbebegleitung thematisiert.

Das sozialpädagogische professionelle Handeln ist verberuflicht und in seiner Mehrzahl öffentlich-rechtlicher Natur, stark an die sozialstaatlichen Vorgaben gebunden. Die Anerkennung des Subjektstatus der Klientel ist als Voraussetzung sozialpädagogischen Handelns (THIERSCH 1995; WINKLER 1995) gesetzt. Der verwandte Subjektbegriff bedingt, dass Menschen in Desintegrationslagen nicht bloß mitleidig als Opfer angesprochen werden, vielmehr werden sie als handelnde und verantwortliche Menschen gesehen. Leiden, Not, Probleme und ungekonntes Verhalten sind auch Ausdruck von Subjektivität. Die Schwierigkeiten werden folglich nicht allein auf gesellschaftliche Bedingungszusammenhänge reduziert betrachtet, „der Begriff des Subjekts ... verlangt, sich nicht mit einer (unter Umständen sogar zutreffenden) Erklärung aus soziologischer, psychologischer oder medizinischer Sicht zufrieden zu geben, sondern fordert die subjektive Situation als solche zu begreifen und zugleich sich dem zu stellen, dessen Subjektivität zerstört wird“ (WINKLER 1988, S. 151f.). Das für die Praxis geltende ethisch-normative Bewertungssystem ist in der lebensweltorientierten Sozialpädagogik eingebunden. Zudem wird durch WINKLER (1988) mit dem Nachweis der subjekttheoretischen Bedeutung der örtlich situativen Basis für Erziehung („Ortshandeln“) ein Gegengewicht zur Dominanz ausschließlich personenbezogener Handlungsentwürfe in die Theoriediskussion eingebracht.

5. Pädagogisches Handeln zwischen Angehörigen verschiedener Generationen

Das menschliche Individuum wird zuallererst in sozialer Interaktion zur „Person“ und zwar durch Prozesse der gegenseitigen Anerkennung (BENJAMIN 1990; HONNETH 1992; TAYLOR 1995; TODOROV 1998), die soziale Subjektivität insistiert auf die soziale Bestätigung einer Existenz im Singular und wird durch Ich-Du- oder Ich-Wir-Bezüge begründet. „Das Verlangen nach Anerkennung“ ist für CHARLES TAYLOR „ein menschliches Grundbedürfnis“ (TAYLOR 1995, S.13f.). TODOROV (1998) beschreibt die Bedeutung der Anerkennung eines Menschen durch den „Blick des Anderen“ als notwendig für die Ausgestaltung des

„Daseinstriebes“ für ein Individuum. Mit diesen Thesen ist auch eine Verbindung zu den klassischen Vertretern der philosophisch-pädagogischen Vertrauensforschung (z.B. BOLLNOW 1964; HARTMANN 1962) herstellbar. Das auf Dauer angelegte reziproke Interaktionssystem ist die Grundform der familialen-privaten Erziehung. Junge Menschen verfügen heute in Ergänzung dazu über einen Verbund eigeninitiierter sozialer Beziehungen, z.B. Freundeskreise, Fangruppen, Interessensgemeinschaften, Vereine, Selbsthilfegruppen, Initiativen oder Ähnliches. Durch den Ausbau persönlicher Beziehungen besteht eine realistische Möglichkeit, dem Trend zur Vereinzelung autonom gewählte Sozialität entgegenzusetzen. Die gesuchten sozialen Netzwerke mit ihrer symmetrischen Reziprozität der ausbalancierten Nähe- und Distanz-Dimension haben eine soziale, emotionale und kognitive Kompensationsfunktion. Gleichzeitig fällt auf, dass sozioökonomisch unterprivilegierte und gesellschaftlich marginalisierte Gruppen Defizite in der gesellschaftlich zunehmend geforderten eigeninitiativen Beziehungsarbeit aufweisen (KEUPP 1994, S.388), somit in ihrer Identitätsbildung und individuellen Gestaltungskompetenz beeinträchtigt sind.

Für junge Menschen in Desintegrationslagen kann in einem Arbeitsbündnis auf Zeit durch eine professionell arrangierte Erziehung ein Anerkennungsverhältnis versucht werden. Das Beziehungsmuster ist im pädagogischen Bezug die Basis einer asymmetrischen Ebene mit komplementären Rollen des Erziehers, der seine Professionalität und reflektierte Lebenserfahrung einbringt (und damit seinen Beruf ausgestaltet) und des zu Erziehenden, der Identitätsfindung und Identitätssicherung auch in der Auseinandersetzung mit Erwachsenen sucht. Beide Seiten erwarten etwas Verschiedenes von der Beziehung und nehmen Ungleiches aus ihr mit (FLITNER 1985, S.52). Der pädagogische Bezug wird nicht nach der Logik intimer Freundschaftsbeziehungen geformt, er folgt vielmehr (institutionalisierten) Handlungsvorgaben, die Werte- und Regelmuster sind nicht beliebig variierbar, sind aber im Hinblick auf die interpersonale Funktion in weiten Bereichen denen von Freundschaftsbeziehungen vergleichbar. Der pädagogische Bezug versucht emotionale Stützung durch gegenseitiges Geben und Erhalten von Zuneigung durch persönliche Offenheit, Verständnis, Akzeptanz, Selbstachtung und Vertrauen zu geben, daneben soll eine kognitive Unterstützung durch Information und Beiträge zur Entwicklung eines kognitiven Rahmens zur Interpretation und Konstruktion von Realität ermöglicht werden. Die Wirksamkeit des pädagogischen Bezuges im Hinblick auf die Einflüsse der eingesetzten Methoden und jener, die sich aus der Person des Erwachsenen ableiten, der die Beziehung zum jungen Menschen eingeht, sind kaum zu differenzieren, zudem realisiert sich der pädagogische Bezug mehrheitlich in gruppenpädagogischen Settings.

Die Spezifik des Einzelfalles bedingt, dass die theoretischen Wissensbestände und Deutungsmuster nicht schematisch auf eine konkrete Handlung und den Einzelfall übertragen werden können. Das Einfühlen des Pädagogen ist durch das Nachdenken zu differenzieren. Es bedarf des pädagogischen Taktes, dem Verhältnis von wissenschaftlichem Wissen und Können, ergänzt um eine professionelle Intention und persönlicher Haltung, die szientifisch nur vage zu beschreiben ist. Hier erscheint eine Anknüpfung an die Überlegungen von HERBART und NOHL legitim. Der Erzieher soll ohne regulierende und gleichmachende Schematismen, ohne unangemessene Generalisierungen vor dem Hintergrund allgemeinen Wissens und allgemeiner Zielreflexion das der Situation Angemessene tun. Der pädagogische Takt als prinzipielle Einstellung hilft Abstand zu halten, ohne etwas zu übersehen; er vermeidet das Anstößige, das Zunahetreten und die Verletzung der Intimsphäre der Person. Vom Pädagogen muss ein besonderes Maß an Sensibilität im Umgang mit dem auch vom jungen Menschen gesuchten Nahe-Sein abverlangt werden, z.B. ist der verbale und nonverbale Zugang zum Körper (Streicheln, In-den-Arm-nehmen, Reden über körperliche Erscheinungsformen) von dem Kind und dem Jugendlichen mit einer hohen persönlichen Bedeutung und mit einem Kontrollgrad belegt. Dieses „island of privacy“ ist vor dem Hintergrund schon eingeschränkter Privatheit durch das Leben im Heim zu respektieren. Die oft noch labile psychosoziale Autonomie des jungen Menschen darf also nicht durch – gut gemeinte – pädagogische Aktionen oder Gesprächsangebote von entmündigender Enge bedroht werden, die die „ganze Persönlichkeit“ des jungen Menschen vereinnahmen wollen. Pädagogischer Takt heißt auch, die vom Jugendlichen gesuchte Abgrenzung auszuhalten, ihn auch in Ruhe zu lassen, auch einmal für sich sein, sich einsam fühlen zu dürfen oder auch dem fundamentalen Bedürfnis der Kinder Raum zu geben, unter sich zu sein, dem Beobachtungswahn nicht zu unterliegen, der alles registrieren und kontrollieren will. Die Euphorie kommunikativer Methoden soll nicht zu erdrückenden Umarmungen werden, der Pädagoge hat die Eigenständigkeit und Eigensinnigkeit, die Unverständlichkeit und Undurchsichtigkeit jener Subjekte anzuerkennen, die im pädagogischen Umgang aufeinander treffen und an deren Entschlüsselung und Sichtbarmachung zu arbeiten. Dies setzt eine reflektierte Sensibilität für eine gestaltete Nähe und Distanz voraus, die von den Jugendlichen gewünschte Abgrenzung/Distanz aushalten zu können und nicht eigene emotionale Bedürfnisse des Erziehers durch pädagogisch getarnte Beziehungsangebote abdecken zu wollen, aber die gewünschte, in der Regel zeitlich begrenzte Distanz so zu gestalten, dass sie nicht als ein Ausweichen hinter einen Wall von Gefühllosigkeit und Routine gedeutet werden kann und der junge Mensch sich dann verlassen fühlt.

BONHOEFFER beschreibt die dialektisch-spannungsreiche Dialogstruktur einer interpersonalen Beziehung, deren Besonderheit im Generationenverhältnis aufgehoben ist, der eingangs vorgestellten offenen Einrichtung der Jugendhilfe, die er auch für die Heimerziehung reklamiert: „Sie – die Kinder – brauchen einen harmlosen, nicht pädagogischen Umgang, der unmerklich stützt, der sie bereit macht, sich helfen zu lassen, ein Stück mitzugehen, zu verzichten, sich zu kontrollieren. Sie brauchen Erwachsene, die sich einlassen, die riskieren, sich herumschlagen, verwundbar sind, Fehler machen, ratlos werden, neu beginnen oder aufgeben" (BONHOEFFER 1965, S.65ff.). Kinder sind auf den Schutz, die Hilfe, Vorgabe und Planung der älteren Generation angewiesen (vgl. THIERSCH 1980). Ausgehend von dieser „klassischen" pädagogischen Annahme von Erziehungsbedürftigkeit von Kindern und Jugendlichen, eine basale Faktizität, die oft in soziologischen und philosophischen Zeitdiagnosen unterschlagen wird, beschreibt BONHOEFFER eine pädagogische Praxis: Kinder und Jugendliche bedürfen des Dialoges und der situativen Auseinandersetzung mit signifikanten Erwachsenen, die als Identifikationsmodelle für ihr noch zu gestaltendes Projekt des Erwachsenseins, des „Selbstwerdens" fungieren können, um die Lücke von entwickelten und noch nicht entwickelten Anteilen ihrer Person schließen zu können. Damit wird der Neugierde und dem Wissensdrang junger Menschen im pädagogischen Arbeitsbündnis Rechnung getragen (vgl. OEVERMANN 1996). Erziehung im pädagogischen Bezug wird nicht verstanden als techné (herzustellen, machen von etwas) im Sinne des Bewirkens oder Erzeugens einer Normalbiographie, sondern als poiesis (Hervorbringen, und zwar autopoiesis). Der pädagogische Bezug ist wesentlich geprägt durch ein Arrangement von Lernprozessen, die eingebettet sind in ein belastbares unterstützendes Begleitangebot mit sozialen und emotionalen Angeboten mit der Zielsetzung von Selbsterziehung und -bildung und der Chancenvermittlung und Selbstaneignung von Kultur (vgl. UHLE 1997). Es soll eine Chance von Subjektivität eröffnet werden. Das Bestimmtsein „des Menschen zu Selbstbestimmung" so BENNER, ist „Aufforderung zur Selbsttätigkeit" (BENNER 1983, S.292). Es geht um die Befähigung der „Selbstsorge" und sozialer Präsentation als eine Kombination aus Fähigkeiten der Selbstdarstellung und Kompetenzen des sozialen Umgangs. UHLE verweist auf zwei weitere pädagogische Imperative: Erziehung zur Achtung und des Respekts vor der Freiheit anderer und Hilfestellung für die Entwicklung und Sozialisation für ein selbständiges Leben in größeren sozialen Ordnungen (UHLE 1997, S.182). Diese Imperative gelten zweifelsfrei auch für eine Erziehung in Heimen, die individuelle Biographie der Heimkinder bedingt, dass zudem Angebote von Hilfen entsprechend ihrer individuellen und einzigartigen Lebenspraxis zur Wiederherstellung der Integrität des Einzelfalles (Nachsozialisation bei misslungener Familiensozialisation, Kompensation von Beeinträchtigungen, Behinderungen u.ä.) mit eingeplant und gestaltet werden. Dies ist Programm, die Chancen der Realisierung variieren, für den Mitarbeiter definiert diese Ungewissheitssituation sein genuines Arbeitsfeld. Primäre Aufgabe der Erziehung in Heimen ist es, durch ihre Kultur eine elementare Geborgenheit und Sicherheit zu schaffen, in der Vertrauen und Selbstvertrauen erworben werden können.

Der BONHOEFFERsche Ansatz weiß – in Absetzung zu NOHL – um die Fragilität der in der Praxis erarbeiteten Deutungsmuster und Vermittlungsprozesse, der pädagogische Bezug ist kein Garant für sichere Lösungmodelle lebensweltlicher Probleme über die situative Praxis hinaus. Zudem entzieht sich der Effekt des speziellen Interaktionsgefüges zwischen Erzieher und Educandus weitgehend einer empirischen Überprüfung, kann allenfalls in größeren Zeitabständen abgebildet werden. Der nicht lösungsfixierte Umgang ist geprägt durch die Anerkennung der Gleichwertigkeit und das Ernstnehmen der Interaktionspartner, vor allem durch ein unbedingtes Vertrauen in (unterschiedliche) Fähigkeiten junger Menschen. BONHOEFFER spricht nicht von dem konkreten Erwachsenen, sondern von dem Erwachsensein in der gewählten Bezugsperson. Es ist nahe liegend, dass dies der Erzieher sein kann, der junge Mensch kann sich aber auch aus anderen Professionen die Bezugsperson wählen. Die Wahl durch den jungen Menschen erfolgt oft nach Kriterien, die nicht leicht zu erschließen sind. Längerfristige, belastbare Beziehungen zeichnen sich durch ein mit der Zeit entwickeltes Muster an Gegenseitigkeit aus, beinhalten Prozesse des Bindens und Lösens, der Umdeutung und Neuorientierung aber auch der Ignoranz. Bei der Gestaltung des pädagogischen Bezuges ist darauf zu achten, dass in einem solchen Projekt immer auch Neuentwürfe bisheriger Basiserfahrungen junger Menschen mit einfließen. Dem Pädagogen ist im Angebot und bei der Durchführung des pädagogischen Bezuges die Aufgabe gestellt, durch die Gestaltung von Handlungsabläufen bei dem jungen Menschen „ein Verstehen der eigenen Geschichte“ zu ermöglichen, auch um damit den Wiederholungszwang belasteter Beziehungserfahrungen zu durchbrechen und eine Aufarbeitung von erfahrenen Verletzungen einzuleiten. Im Gegensatz z.B. zu einer therapeutischen Situation einer ambulanten Praxis entspricht das Angebot eines Arbeitsbündnisses in einer pädagogischen Institution weniger der freien Wahl, der Ort, an dem die Erziehung stattfinden soll, wurde dem jungen Menschen zugeordnet, das Angebot von Beziehungen wird berufsmäßig hergestellt. Heimkinder haben eine Trennung von den Eltern oder anderen Bezugspersonen erfahren, von Freunden und Schulkameraden, vielleicht auch die Lösung aus einer sie belastenden Subkultur. Die neuen Lebensbedingungen – auf Zeit – im Heim beinhalten die Chance eines Neuanfangs, eines gelingenderen Alltags. Dieser wiederum gilt als Voraussetzung für pädagogisches wie therapeutisches Handeln in der Heimerziehung (vgl. hierzu: STEINKE 1990; PETERMANN/STEINKE 1993). Dass bei der Wahl der Bezugsperson durch den jungen Menschen die Fachlichkeit gleich zu Beginn eines Heimaufenthaltes ein steuerndes Kriterium ist, kann nicht angenommen werden, da die damit zugeschriebene Kompetenz der Betreuung in schwierigen Lebenslagen erst im Alltag erfahren werden muss. Stärker dürfte die Attraktion des Erziehers für die Wahl ausschlaggebend sein, neben Freundlichkeit, Sympathie zählen auch die Ähnlichkeit zu eigenen Einstellungen, Vorlieben, Verhaltensweisen sowie die erfahrbare Nähe zu zentralen Themen der Jugendkultur, kreatives, sportliches und handwerkliches Können zu den Auswahlkriterien.

Ein besonderes Kriterium der Wahl dürfte in der Vertrauenswürdigkeit des Erwachsenen liegen, nämlich darin, dass für den jungen Menschen es möglich ist, die Aufrichtigkeit, Eindeutigkeit und Uneigennützigkeit des Erziehers im Alltag der Einrichtung zu erfahren. Jedes Vertrauen gestaltet sich zunächst als ein Wagnis. Vertrauen als ein Mechanismus zur Reduktion sozialer Komplexität nimmt, so formuliert es LUHMANN (1989), die Zukunft vorweg, ist in die Zukunft gerichtet und riskiert eine Bestimmung der Zukunft. Das Problem des Vertrauens stellt sich als ein „Problem der riskanten Vorleistung“ (LUHMANN 1989, S.23; siehe auch: KOLLER 1992), der Vertrauensvorschuß („leap into faith“, GIDDENS 1991, S.244) erfolgt, um Ungewissheit oder Informationsmangel zu überbrücken (vgl. SCHWEER 1996, S.7; PETERMANN 1985, S.13). Der prozesshafte Verlauf des Vertrauens ist in sozialen Beziehungen reziprok angelegt, es entfaltet sich ein Zusammenhang von interpersonalem Vertrauen und allmählich offenem Verhalten (Selbstöffnung) dem anderen gegenüber. „Wo es Vertrauen gibt, gibt es mehr Möglichkeiten des Erlebens und Handelns, steigt die Komplexität des sozialen Systems, also die

Zahl der Möglichkeiten, die er mit seiner Struktur vereinbaren kann, weil im Vertrauen eine wirksame Form der Reduktion von Komplexität zur Verfügung steht" (LUHMANN 1989, S.7f.). BIERHOFF (1997, S.93) zitiert die Ergebnisse einer Untersuchung von BUTLER (1991), die zehn Bedingungen herausstellt, die das Vertrauen in eine andere Person fördern: Konsistenz des Verhaltens der anderen Person, eine Bedingung, die zur Wahrnehmung von Vorhersehbarkeit und Verlässlichkeit führt, das Einhalten von Versprechen durch die andere Person, das die Verlässlichkeit in der Beziehung fördert, die wahrgenommene Fairness, Loyalität, Ehrlichkeit und Integrität der anderen Person, die wahrgenommene Diskretion der anderen Person im Hinblick auf Geheimnisse, die Offenheit der anderen Person für neue Meinungen und Ideen, die wahrgenommene Ansprechbarkeit der anderen Person für die Bewältigung anstehender Aufgaben, also in schwierigen Situationen Alternativen zu entwickeln, Fähigkeiten der Strukturierung von Verhältnissen zu besitzen oder in Konflikten zu vermitteln und auch längerfristige Arbeitskonzepte durchzuhalten, und schließlich, dass die andere Person anwesend ist, wenn sie gebraucht wird (vgl. auch PETERMANN 1985, S.118). Diese Identifikation von Bedingungen zur Ermöglichung eines vertrauensvollen Umgangs können abgeglichen werden mit den in der geisteswissenschaftlichen Pädagogik vertretenen Postulaten des pädagogischen Umgangs und des pädagogischen Taktes, erweitert durch eine professionelle Verhaltensgrammatik (OEVERMANN 1996). NOHL beschreibt die pädagogische Bedeutung des Vertrauens: „Wo ich vertraue, handle ich selbst besser; wo mir vertraut wird, fühle ich mich gebunden und bekomme Kräfte über mein Maß" (NOHL 1957, S.138).

Man wird von einem pädagogischen Mitarbeiter erwarten dürfen, dass er eine relativ sichere, ausgeglichene Persönlichkeit ist (im Sinne der „reifen Persönlichkeit" bei NOHL) und somit zu einer wohlwollenden, vertrauensvollen Haltung gegenüber Klienten fähig ist, dass er unabhängig von der konkreten Situation ein Vertrauen zu sich selbst, seiner wissenschaftlich fundierten Qualifikation, der aufzeigbaren Kompetenz und Sinnhaftigkeit seines Handelns hat. Der abnehmende Glaube an den Sinn und die Effizienz des eigenen Handelns wirkt sich – so LITTLE (1992) – negativ auf die Praxis der Heimerziehung aus, da eine Handlungsabsicherung durch das Fehlen von (ideologisch) getragenen Idealen entfällt. „When belief is strong, the daily grind of residential care is tolarable as it is for the glory of greater things whether it is god, therapy or care. When pragmatism rules, we wonder what is it all for" (LITTLE 1992, S.103). Konnte sich der Erzieher bisher auf gesellschaftliche

Rahmenbedingungen, Wertvorstellungen und institutionelle Regeln verlassen, ist er heute verstärkt auf seinen eigenen Lebensentwurf verwiesen, den er darzustellen, gegebenenfalls zu verteidigen, auf jeden Fall aber zu verantworten hat, gefordert ist nicht eine Allparteilichkeit im Sinne des Beliebigen oder eine (therapeutische) Neutralität.

Das BONHOEFFER-Zitat ist zudem ein Plädoyer für eine „professionelle Nichtprofessionalität“ in dem Sinne, dass die Summe notwendiger Erfahrungs- und Lernangebote nicht durch pädagogisches Expertenwissen zu einer sozialen Technologie aufläuft. Die Sozialpädagogik hat sich von einem klinisch-kurativen Paradigma, das von einer eindeutigen Erklärbarkeit und damit verbundenen Behandlungsstrategien bei psychosozialen Desintegrationslagen ausging, verabschiedet. Vielmehr soll im pädagogischen Verhältnis eine authentische Wissensvermittlung als situativ und sozial gestaltbar erlebt werden können. In einem solchen Generationenbezug wird der Erwachsene zum Medium und Korrektiv für jugendliche Selbstwahrnehmung und Selbsterziehung (BÖHNISCH 1996, S.84), die Nähe zum NOHLschen Konzept von jugendlicher Selbsterziehung und Erwachsenenbeziehung ist wiedererkennbar.

Das Heim kann, wenn es das Selbstverständnis und die institutionellen Rahmenbedingungen zulassen, zu einem Sozialraum werden, in dem durch konkrete personale Beziehungen und unterschiedliche personale Begegnungen mit Erwachsenen sozial-emotionale Verhaltens- und Verständigungsalternativen gesucht und ausprobiert werden können. Dieses Angebot erscheint notwendig, um auch die Verluste konkreter Beziehungserfahrungen und emotionaler Bindungen in den Biographien von vielen Heimkindern kompensieren zu können. Der Erzieher ist aber nicht nur „Lernhelfer“, wenn sich der Umgang mit dem zu Erziehenden auf einen längeren Zeitraum erstreckt, er muss auch über handwerkliche, sportliche und kulturelle Kompetenzen und spielerisches Geschick verfügen, um erholsame Tätigkeiten und Kreativität zu fördern, um Spaß haben zu ermöglichen; es soll Raum und Zeit für Kinder und Jugendliche gegeben sein, um phantasieren und träumen zu können. Kinder und Jugendliche in der Heimerziehung – so vermutet BONHOEFFER (1977, S.210) – würden in den ersten Begegnungen mit Erwachsenen im Heim fragen: „Schenken Sie mir als Vorgabe Vertrauen? Gefährden Sie sich für mich? Was geht in Ihnen vor? Haben Sie Angst um mich gehabt? Machen Sie auch unbezahlte Arbeit für mich?“ Mit diesen Sätzen wird gleichsam auch die Erfahrung von BETTELHEIM (1950; dt. 1991): „Liebe allein genügt nicht“ durchdekliniert: Die Bereitschaft, sich auf die ausgesprochenen und unausgesprochenen Bedürfnisse junger Menschen in der Heimerziehung einzulassen, geht nicht auf in einem bloßen empathischen Verstehen, sondern der pädagogisch Handelnde ist als Person gefordert, die selbst für etwas einsteht und sich dem jungen Menschen gegenüber öffnet. GEHRES (1997) belegt mit seiner auf Kasuistiken aufbauenden Studie, dass die „Beziehungsqualität" ein zentraler Wirkfaktor im pädagogischen Feld des Heimes ist, weitere Dimensionen sind die Institution, Gebäude, Räume und Ausstattung, die institutionelle Umwelt.

6. Hilfen für den Pädagogen

Vergleichbar der Praxis einer psychosozialen Versorgung ist der pädagogische Umgang immer auch ein „Handeln unter Risiko", „...weil in komplexen Zusammenhängen jedes Handeln mehr nichtintendierte Wirkungen hat als intendierte" (AUCKENTHALER und KLEIBER 1992, S.17). Der Sozialpädagoge kann nicht nur als Konstruktivist, Planer oder Denker gesehen werden, vielmehr kann ihm in seiner Praxis etwas widerfahren, was er nicht beabsichtigt, etwa Emotionen, die er nicht nach Belieben zu kontrollieren vermag, Stimmungen, die er nicht willentlich umformen kann, oder Gewohnheiten, die er nicht bemerkt. Die in der Phänomenologie aufgehobene Erkenntnis belegt, dass es für das erlebende Subjekt Modalitäten der Welt- und Selbsterfahrung gibt, die eben nicht oder noch nicht kognitiv (im epistemologischen Sinne) sind. Soll der professionelle Mitarbeiter als Kontrolleur seiner eigenen Praxis, z.B. in der Ausgestaltung von Nähe und Distanz, nicht in die Falle des Verwechselns von guten Absichten und faktischen Wirkungen laufen, ergibt sich eine Supervisionsbedürftigkeit vor dem Hintergrund einer lebenslangen beruflichen Sorgfaltspflicht (SIELAND 1996, S.198). Das für sich genommen reicht aber nicht aus. Das oft schwierige Handeln im pädagogischen Alltag eines Heims sollte zudem eingebunden werden können in ein Institutionenvertrauen, also in Verlässlichkeiten, Gewohnheiten, Rituale, aber auch in lebensweltliche Sinnhorizonte der Einrichtung. Dies ist notwendig, damit Komplexitätsreduktionen bzw. Entlastungen, aber auch Anerkennung für die Mitarbeiter möglich und erfahrbar werden. Vertrauen ist eine Voraussetzung für die Interaktionsfähigkeit, ermöglicht die Planung und die Verfolgung längerfristiger Zielsetzungen. Gleichzeitig sind institutionalisierte Vertrauenssysteme fragil. Sie können durch ihre Struktur eine dysfunktionale Behaglichkeit entwickeln, die über das Sicherheitsbedürfnis hinausragt und die Risikobereitschaft der Mitarbeiter zu innovativem Handeln einschränkt: Konfliktträchtiges wird lieber „ausgesessen“, als es in einer Auseinandersetzung mit den jungen Menschen im Heim auszutragen. Der Mitarbeiter interagiert dann nur noch innerhalb eingespielter Netzwerke, scheut eigenverantwortete pädagogische Entscheidungen, bewegt sich ausschließlich innerhalb des Kalkulierbaren und des Standardisierten (vgl. STRASSER/VOSWINKEL 1997, S.234f.). Um dieses zu vermeiden, bedarf auch die Institutionskultur und das damit einhergehende Institutionenvertrauen einer Evaluation und gegebenenfalls einer Gegensteuerung im Hinblick auf die pädagogische Zielsetzung.

7. Literaturverzeichnis

ANSEN, H.: Klinische Sozialarbeit.
In: SOZIALMAGAZIN. 25. Jg., Heft 2, 2000, S.16ff.

ANSEN, H.: Kinderarmut und Heimerziehung.
In: COLLA, H.E u.a. (Hrsg.): Handbuch der Heimerziehung und Pflegekinderwesen in Europa. Neuwied/Kriftel 1999, S.471-484.

AUCKENTHALER, A.: Der Praktiker und das Rationale. Wenn Supervision ungemütlich wird.
In: AUCKENTHALER, A. / KLEIBER, D. (Hrsg.): Supervision in Handlungsfeldern der psychosozialen Versorgung. Tübingen 1992, S.101-111.

BACKHAUSEN, W.: Lebensgemeinschaft als Grundlage der Anstaltserziehung.
In: BLÄTTER FÜR INNERE MISSION IN BAYERN. 38. Jg., Heft 7-9, 1923, S.29-33.

BASTINE, R.: Psychotherapie.
In: BASTINE, R. (Hrsg.): Klinische Psychologie. Band 2. Stuttgart 1992, S.179-301.

BENJAMIN, J.: Die Fesseln der Liebe – Psychoanalyse, Feminismus und das Problem der Macht. Basel 1990.

BENNER, D.: Grundstrukturen pädagogischen Denkens und Handelns.

In: LENZEN, D. / MOLLENHAUER, K. (Hrsg.): Enzyklopädie Erziehungswissenschaft. Band 1. Theorien und Grundbegriffe der Erziehung und Bildung. Stuttgart 1983, S.283-300.

BERNFELD, S.: Sisyphos oder die Grenzen der Erziehung, 1925. Frankfurt am Main 1967.

BETTELHEIM, B.: Liebe allein genügt nicht. Stuttgart 1991.

BIERHOFF, H.W.: Vertrauen und Liebe: Liebe baut nicht immer auf Vertrauen auf.
In: SCHWEER, M. (Hrsg.): Interpersonales Vertrauen. Theorien und empirische Befunde. Opladen 1997, S.91-104.

BLANDOW, J.: Über Erziehungshilfenkarrieren.
In: JAHRBUCH DER SOZIALEN ARBEIT. Münster 1996, S. 180-185.

BÖHNISCH, L.: Pädagogische Soziologie. Weinheim/München 1996.

BÖHNISCH, L.: Zur Wiedergewinnung des 'pädagogischen Bezuges' in der Jugendhilfe.
In: GRUNWALD, W. / ORTMANN, F. / RAUSCHENBACH, T. / TREEPTOW, R. (Hrsg.): Alltag, Nichtalltägliches und die Lebenswelt. Weinheim/München 1996, S.233-237.

BOLLNOW, O.F.: Die pädagogische Atmosphäre. Heidelberg 1964.

BOLLNOW, O.F.: Der Begriff des pädagogischen Bezuges bei Herman Nohl. In: ZEITSCHRIFT FÜR PÄDAGOGIK. 27,1981, S.31-37.

BONDY, C.: Scheuen. Pädagogische und psychologische Betrachtungen zum Lüneburger Fürsorgeerziehungsprozess. Berlin 1931.

BONHOEFFER, M.: Das Haus auf der Hufe.
In: NEUE SAMMLUNG. Heft 1, 1965, S.64-76.

BONHOEFFER, M.: Zerbrechen die Heime an der modernen Arbeitszeitregelung? In: UNSERE JUGEND. Heft 5, 1977, S.207-221.

BRUMLIK, M.: Sind soziale Dienste legitimierbar? Zur ethischen Begründung pädagogischer Intervention.
In: BRUMLIK, M. (Hrsg.): Advokatorische Ethik.
Bielefeld 1987, S.232-253.

BUBER, M.: Reden über Erziehung. Heidelberg 1953.

BUTLER, I.K.: Toward understanding and measuring conditions of trust. Evolution of conditions of trust inventory.
In: JOURNAL OF MANAGEMENT. Heft 17, 1991, S.643-663.

COLLA, H.E.: Der Fall Frank. Exemplarische Analyse der Praxis öffentlicher Erziehung. Neuwied/Berlin 1973.

FERCHHOFF, W.: Jugend an der Wende des 20. Jahrhunderts. Lebensformen und Lebensstile. Opladen 1993.

FIELD, D.: Der Körper als Träger des Selbst.
In: KZfSS, 1978. Sonderheft 20, Materialien zur Soziologie des Alltags, S.244-264.

FLITNER, A.: Konrad, sprach die Frau Mama. Über Erziehung und Nicht-Erziehung. München/Zürich 1985.

FLITNER, W.: Allgemeine Pädagogik. Frankfurt am Main 1980.

FURCK, C.L. / GEIßLER, G. / KLAFKI, W. / SIEGEL, E. (Hrsg.): Aufgaben und Wege der Sozialpädagogik. Vorträge und Aufsätze von Herman Nohl. Weinheim 1965.

GABRIEL, T.: Forschung zur Heimerziehung. Unveröffentlichte Dissertation. Lüneburg 2000.

GALUSKE, M.: Methoden der Sozialarbeit. Weinheim/München 1998.

GARNETT, L.: The Educational Attainments and Destinations of Young People. Hull 1994.

GEHRES, W.: Das zweite Zuhause. Lebensgeschichte und Persönlichkeitsentwicklung von Heimkindern. Opladen 1997.

GIDDENS, A.: Modernity and self-identity. Cambridge 1991.

GIESECKE, H.: Das „Ende der Erziehung". Ende und Anfang pädagogischer Professionalisierung.
In: COMBE, A./ HELSPER, W. (Hrsg.): Pädagogische Professionalität. Untersuchungen zum Typus pädagogischen Handelns. Frankfurt am Main 1996, S.391-403.

GOFFMAN, E.: Verhalten in sozialen Situationen. Strukturen und Regeln der Interaktion im öffentlichen Raum. Gütersloh 1971.

GRENCAVAGE, I.M. / NORCROSS, J.C.: Where are the commonalities among the therapeutic common factors? In: Professional Psychology Research and Practice. 21, 1990, S.372-387.

HARTMANN, N.: Ethik. Berlin 1962.

HERBART, J.F.: Umriss pädagogischer Vorlesungen. Ausgabe 1841. Sämtliche Werke. Langensalza 1887, S.65-206.

HONNETH, A.: Kampf und Anerkennung – Zur moralischen Grammatik sozialer Konflikte. Frankfurt am Main 1992.

HORVATH, A.O. / LUBORSKY, L.: The role of the therapeutic alliance in psychotherapy. In: Journal of Consulting and Clinical Psychology. 61, 1993, S.561-573.

KADE, J. / LÜDERS, Chr.: Lokale Vermittlung. Pädagogische Professionalität unter den Bedingungen der Allgegenwart medialer Wissensvermittlung.
In: COMBE, A. / HELSPER, W. (Hrsg.): Pädagogische Professionalität. Untersuchungen zum Typus pädagogischen Handelns. Frankfurt am Main 1996, S.887-923.

KEUPP, H. (Hrsg.): Zugänge zum Subjekt. Frankfurt am Main 1994.

KEUPP, H. / STRAUSS, F. / GMUR, W.: Verwissenschaftlichung und Professionalisierung.
In: BECK, U. / BONß, W. (Hrsg.): Weder Sozialtechnologie noch Aufklärung. Frankfurt am Main 1989.

KLAFKI, W.: Das pädagogische Verhältnis.
In: KLAFKI, W. (Hrsg.): Funkkolleg Erziehungswissenschaft. Frankfurt am Main 1971, S.53-91.

KOLLER, M.: Sozialpsychologie des Vertrauens. Ein Überblick über theoretische Ansätze. In: PSYCHOLOGISCHE BEITRÄGE. Heft 34,1992, S.98-112.

LEE, J.S.: Der Pädagogische Bezug. Eine systematische Rekonstruktion der Theorie des Pädagogischen Bezugs bei H. Nohl unter Berücksichtigung der Kritiken und neueren Ansätze.
Frankfurt am Main 1989.

LITT, Th.: Die Bedeutung der pädagogischen Theorie für die Ausbildung des Lehrers.
In: LITT, Th.: Führen oder Wachsenlassen. Eine Erörterung des pädagogischen Grundproblems. Stuttgart 1949, S.110-126.

LITTLE, M.: Residential Care for children and the Issues of Social Climate: Future Research, Trends and Developments.
In: VAN DER PLOEG, J.D./ VAN DEN BERTH, P.M./ KLOMP, M / KNORTH, E.J./ SMIT, M.: Vulnerable Youth in Residential Care. Part I: Social Competence, Social Support and Social Climate. Leuven/Apeldoorn 1992.

LUHMANN, N.: Vertrauen. Ein Mechanismus zur Reduktion sozialer Komplexität. Stuttgart 1989.

MAIER, R.E.: Pädagogik des Dialogs. Ein historisch-systematischer Beitrag zur Klärung des pädagogischen Verhältnisses bei Nohl, Buber, Rosenzweig und Grisebach.
Frankfurt am Main/Berlin/Bern/New York/Paris/Wien 1992.

MENNEMANN, H.: Sterben lernen heißt leben lernen. Sterbebegleitung aus sozialpädagogischer Perspektive. Münster 1998.

NIEMEYER, Chr.: Die Zukunft professionellen Handelns in der Heimerziehung.
In: PETERS, F. (Hrsg.): Jenseits von Familie und Anstalt. Entwicklungsperspektiven in der Heimerziehung. Band 1.
Bielefeld 1991, S.262-297.

NIEMEYER, Chr.: Entstehung und Krise der Weimarer Sozialpädagogik. In: ZEITSCHRIFT FÜR PÄDAGOGIK. Heft 3, 1992, S.437-353.

NOHL, H.: Jugendwohlfahrt. Sozialpädagogische Vorträge. Leipzig 1927.

NOHL, H.: Das Verhältnis der Generationen in der Pädagogik (1914). In: PÄDAGOGISCHE AUFSÄTZE. 2. Auflage. Langensalza 1930, S.111-120.

NOHL, H.: Gedanken für die Erziehungstätigkeit des Einzelnen mit besonderer Berücksichtigung der Erfahrungen von Freud und Adler (1926).
In: NOHL, H. (Hrsg.): Pädagogik aus 30 Jahren. Frankfurt am Main 1949, S.151-160.

NOHL, H.: Die pädagogische Bewegung in Deutschland und ihre Theorie (1935). Frankfurt am Main 1957.

OEVERMANN, U.: Theoretische Skizze einer revidierten Theorie professionellen Handelns.
In: COMBE, A. / HELSPER, W. (Hrsg.): Pädagogische Professionalität. Untersuchungen zum Typus pädagogischen Handelns. Frankfurt am Main 1996, S.70-182.

PESTALOZZI, J.H.: Brief an einen Freund über seinen Aufenthalt in Stans.
In. FLITNER, W. (Hrsg.): Pestalozzi. Ausgewählte Schriften. Düsseldorf 1954, S.111-137.

PETERMANN, F.: Psychologie des Vertrauens. Salzburg 1985.

PETERMANN, U. / STEINKE, Th.: Verhaltenstraining in stationären Einrichtungen.
In: KINDHEIT UND ENTWICKLUNG. Heft 2, 1993, S.36-42.

RECKERT, W.: Väterlichkeit und pädagogische Profession. Frankfurt am Main 1996.

RÖPER, F.F.: Das verwaiste Kind in Anstalt und Heim. Ein Beitrag zur historischen Entwicklung der Fremderziehung. Göttingen 1976.

ROGERS, C.R.: The necessary and sufficient conditions of therapeutic personality change. In: Journal of Consulting Psychologie. 21, 1957, S.95-103.

RUTH, K.: Die Pädagogik der süddeutschen Rettungshausbewegung. Berlin 1927.

SCHMIDTBAUER, W.: Hilflose Helfer. Über die seelische Problematik der helfenden Berufe. Reinbek 1992.

SCHWEER, M.: Vertrauen in der pädagogischen Beziehung. Bern/Göttingen 1996.

SIELAND, B.: Klinische Psychologie. Band. II. Intervention. Stuttgart/Berlin/Köln 1996.

STEINKE, Th.: Stationäres Training mit aggressiven Kindern. Frankfurt am Main 1990.

STRASSER, H. / VOSWINKEL, S.: Vertrauen im gesellschaftlichen Wandel. Frankfurt am Main 1997, S.219-236.

TAYLOR, Ch.: Das Unbehagen an der Moderne. Frankfurt am Main 1995.

THIERSCH, H.: Können wir unsere Kinder noch lieben? In: NEUE SAMMLUNG. Heft 3, 1980, S.208-224.

THIERSCH, H.: Geisteswissenschaftliche Pädagogik. In: LENZEN, D. / MOLLENHAUER, K. (Hrsg.): Enzyklopädie Erziehungswissenschaft. Band 1. Theorien und Grundbegriffe der Erziehung und Bildung. Stuttgart 1983, S.81-100.

THIERSCH, H.: Die Erfahrung der Wirklichkeit. Perspektiven einer alltagsorientierten Sozialpädagogik. Weinheim/München 1986.

THIERSCH, H.: Lebensweltorientierte Soziale Arbeit. Auf der Praxis im sozialen Wandel. Weinheim/München 1992.

THIERSCH, H.: Lebenswelt und Moral. Beiträge zur moralischen Orientierung Sozialer Arbeit. Weinheim/München 1995.

TODOROV, T.: Abenteuer des Zusammenlebens. Versuch einer allgemeinen Anthropologie. Frankfurt am Main 1998.

UHLE, R.: Vertrauen als pädagogischer Imperativ. In: SCHWEER, M. (Hrsg.): Interpersonales Vertrauen. Theorien und empirische Befunde. Opladen 1997, S.181-202.

WENIGER, E.: Die Autonomie der Pädagogik. In: WENIGER, E. (Hrsg.): Ausgewählte Schriften zur geisteswissenschaftlichen Pädagogik. Weinheim/Basel 1975, S.11-27.

WIMMER, M.: Zerfall des Allgemeinen – Wiederkehr des Singulären. In: COMBE, A. / HELSPER, W. (Hrsg.): Pädagogische Professionalität. Untersuchungen zum Typus pädagogischen Handelns. Frankfurt am Main 1996.

WINKLER, M.: Eine pädagogische Betrachtung der Heimerziehung. In: PETERS, F. (Hrsg.): Jenseits von Familie und Anstalt. Entwicklungsperspektiven in der Heimerziehung. Bielefeld 1988, S.67-93.

WINKLER, M.: Die Gesellschaft der Moderne und ihre Sozialpädagogik. In: THIERSCH, H. / GRUNWALD, K. (Hrsg.): Zeitdiagnose Soziale Arbeit – zur wissenschaftlichen Leistungsfähigkeit der Sozialpädagogik in Theorie und Ausbildung. Weinheim/München 1995, S.155-183.

XOCHELLIS, P.: Erziehung am Wendepunkt? Grundstrukturen des „pädagogischen Bezugs“ in heutiger Sicht. München 1974.

Christian v. Wolffersdorff

HELFEN, DISZIPLINIEREN, ÜBERWACHEN: KONZEPTE OFFENER UND GESCHLOSSENER HEIMERZIEHUNG IM WANDEL DER EPOCHEN

1. Einleitung

Der Konflikt zwischen Hilfe und Repression ist der Sozialpädagogik in die Wiege gelegt. Ganz gleich, ob man ihren Beginn im ausgehenden neunzehnten Jahrhundert ansetzt, als sich die organisatorischen, rechtlichen und konzeptionellen Grundlagen moderner sozialer Arbeit herauskristallisierten, oder ob man ihre bis ins frühe siebzehnte Jahrhundert zurückreichenden institutionellen Vorläufer in die Reflexion einbezieht – stets verliefen ihre Selbstverständnisdebatten besonders kontrovers, wenn es darum ging, ob liebevolle Zuwendung oder zwingende Ordnung als angemessenes Paradigma für die Erziehung von Armen und Waisen, Zöglingen und Insassen gelten sollten. Von der preußischen Zwangserziehung über den nationalsozialistischen Erziehungsterror bis hin zur autoritären Heimerziehung der Nachkriegszeit schlug das Pendel in Deutschland immer wieder in Richtung Anstalt, Dressur und Disziplinierung. Dass die neueren Reformen auf dem Gebiet der Jugend- und Straffälligenhilfe eine Abkehr vom traditionellen Konzept des erzieherischen Zwangs erreichen und gesetzlich verankern konnten, ist vor diesem Hintergrund ein entscheidender Fortschritt. Erstmals in der Geschichte der öffentlichen Erziehung besitzt die Idee einer lebensweltorientierten, sozialpolitisch verpflichteten Jugendhilfe, wie sie schon in zahlreichen Projekten der Reformpädagogik formuliert wurde, auch gesetzlich eine eindeutige Grundlage.

Doch während sich auf dieser Grundlage vielfältige neue Strukturen und Praxismethoden entwickeln, welche die alte „Erziehungshilfe" in ein modernes Angebot präventiver Leistungen überführen wollen, macht sich in letzter Zeit ein irritierender gegenläufiger Trend bemerkbar. Die Forderung nach durchgreifenden Erziehungsformen, die Faszination für eine scheinbar längst überwundene harte Gangart im Umgang mit auffälligen Jugendlichen und Randgruppen haben unverkennbar neuen Auftrieb erhalten – in Deutschland, aber auch in vielen anderen Ländern. Empfehlungen für einen unnachsichtigen Umgang mit jungen Mehrfachtätern und Pläne für Verschärfungen des Strafvollzugs erfreuen sich re-

gen Zuspruchs, während wichtige Schritte in Richtung Prävention, die dem Innovationsschub des neuen KJHG nun folgen müssten, infolge finanzieller Restriktionen auf Eis gelegt werden. Offizielle und weniger offizielle Pläne für einen verstärkten Ausbau geschlossener Erziehungsheime – die Wiedereinführung der ominösen „geschlossenen Unterbringung“ – fachen die Affekte einer heillos polarisierten Auseinandersetzung an, die man inzwischen mit einigem Recht als Dauerbrenner der Jugendhilfediskussion bezeichnen kann. Zugleich ist eine heftige öffentliche Debatte darüber entbrannt, ob die statistischen Befunde über ansteigende Raten der Kinder- und Jugenddelinquenz als Vorboten einer von Desintegration und Wertezerfall geprägten Gesellschaftsentwicklung interpretiert werden müssen.
Vor diesem Hintergrund mehren sich seit einiger Zeit die Stimmen, die eine grundlegende Revision jener angeblich überzogenen Auffassungen von sozialer Prävention und offener Straffälligenhilfe verlangen, die den Reformkonzepten der siebziger und achtziger Jahre zugrunde lagen. Ein Begriff von Prävention, der sich nicht länger an sozialintegrativen Postulaten, sondern an einer kompromisslosen Ausgrenzungsstrategie orientiert, gewinnt an Boden. Zu fragen ist daher, ob sich in dem neuerwachten Interesse an ausgrenzenden Lösungen (das sich freilich selten als solches zu erkennen gibt) nicht das sozialpolitische Dilemma einer Jugendhilfe spiegelt, die im Rahmen einer sich verfestigenden Zweidrittelgesellschaft wieder auf eine *Doppelfunktion* verpflichtet werden soll - ähnlich wie Detlev PEUKERT dies mit seinem Bild von der „Janusköpfigkeit“ öffentlicher Erziehung für die Geschichte der Sozialarbeit eindrücklich beschrieben hat. Der Zuwendung zu den Erziehbaren, so zeigte er in seinem Rückblick auf die Entstehungszeit der Fürsorgeerziehung, entspricht die entschlossene Abwendung von den vermeintlich Unerziehbaren, pädagogisch nicht Erreichbaren. PEUKERTS Bild aufnehmend, wäre im Blick auf die gegenwärtige Situation zu fragen, ob sich parallel zu den globalen Polarisierungstendenzen im ökonomischen System nicht auch im Bereich der öffentlichen Erziehung neue „Arbeitsteilungen“ abzeichnen, die auf den Strukturwandel der Arbeitsgesellschaft und insbesondere auf die Verfestigung einer sich neu formierenden *underclass* reagieren: Zuwendung zu den Integrierbaren nach den Maßstäben eines fachlich hochstehenden, qualitätsbewussten und reflexiven Hilfeverständnisses; pädagogische Billigkonzepte bis hin zur Haft für die Verwaltung und Verwahrung ausgesteuerter Problemgruppen, die langfristig auf öffentliche Transferleistungen angewiesen sind? In einer Situation, da die Inhaftierungsquoten deutlich zunehmen, während die Kriminalität insgesamt sinkt und für sozial Bessergestellte vermehrt außer-

gerichtliche Einigungsformen zur Verfügung stehen, dürfte diese Vermutung einiges für sich haben. Zwar lassen sich die europäischen Inhaftierungsraten kaum mit denen der USA vergleichen, wo die Häftlingszahlen während der beiden letzten Jahrzehnte um ca. 300% angewachsen sind und zu einer florierenden privaten Gefängnisindustrie geführt haben, doch läßt sich auch hier ein Trend zur Ausweitung des Haftsystems nicht übersehen. Im Mai 2000 überraschte die Süddeutsche Zeitung die an Spendenskandale und Spardiskussionen gewohnte Leserschaft mit der Nachricht, dass in Deutschland zehntausend zusätzliche Haftplätze (davon 5000 in den neuen Bundesländern) mit einem Kostenvolumen von 2,5 Milliarden DM geplant sind (SZ, 4.5. 2000, S.1). Kriminalisierung von Randgruppen statt Prävention, Rückkehr zum strafenden Staat statt integrierender Sozialpolitik?
Die Frage, wie es künftig wohl weitergehen wird mit dem schwelenden Streit über Delinquenz, Erziehung und Strafe, besitzt eine politische Dimension, in der die Themen früherer Erziehungs- und Strafdiskurse aufscheinen. Der folgende Beitrag verfolgt daher ein doppeltes Ziel. Eine historische Annäherung soll zunächst den Blick dafür öffnen, dass es schon in der Geschichte öffentlicher Erziehung vielfältige Auseinandersetzungen über „Offenheit" und „Geschlossenheit" gab, die Aufschluss darüber geben, wie in den jeweiligen Epochen *Grenzsituationen* pädagogischen Handelns thematisiert wurden. Die entsprechenden Passagen sollen vor allem Hintergrundinformationen liefern und an Zusammenhänge erinnern, für die in der tagespolitischen Diskussion über Themen der Jugendhilfe und der Kriminalpolitik aus naheliegenden Gründen kein Platz ist. Dem aktuellen Teil des Beitrags liegt die Einschätzung zugrunde, dass diese Diskussion in letzter Zeit immer mehr von Zerrbildern mitbestimmt wird, die mit der Angst vor explodierenden Kriminalitätsraten, fortschreitender Bindungslosigkeit und Wertezerfall zu tun haben. Je mehr solche generalisierenden Wahrnehmungen das Feld beherrschen, desto schwieriger gestaltet sich erfahrungsgemäß die Suche nach pragmatischen Lösungen für die Betreuung von Jugendlichen in psychosozialen Extremsituationen. Insofern geht es in diesem Teil des Beitrags auch um Auswege aus der Pattsituation, in der sich die Jugendhilfe in Bezug auf die (Schein)Alternative von Freiheit und Zwang abermals festzufahren droht.

2. Grundlegung der Disziplinaranstalt: Vom Almosenwesen zur totalen Institution

Die aufblühenden Handels- und Verkehrsbeziehungen der Städte, ihr wachsender Wohlstand und ihre fortschreitende ökonomische Vernetzung veränderten an der Schwelle zur Neuzeit allmählich die zuvor im Almosenwesen festgelegte Rolle der Armen. Der Arme erschien nun nicht mehr als legitimer Empfänger mildtätiger Gaben, die dem Geber jenseitiges Seelenheil verhießen, sondern als potentielle Arbeitskraft. Der Wert des Menschen, so die neue Auffassung, definiert sich vor allem durch seinen Arbeitsfleiß. Armut erschien als selbstverschuldet, mehr noch: als Zeichen für die Abwendung Gottes. Folglich sah man den Schlüssel zur „Rettung" der Armen darin, sie nachdrücklich – und sei es unter Zwang – zur Arbeit anzuhalten. Je mehr das Anwachsen der Armenpopulation als bedrohliches Problem wahrgenommen wurde, desto mehr versuchte man, ihm durch umfassende Institutionalisierungen zu begegnen. Dem Armutsproblem sollte nicht mehr nur punktuell, durch die Verteilung von Almosen an den Kirchenportalen, sondern systematisch begegnet werden. Dies war die Geburtsstunde der Arbeits-, Zucht- und Waisenhäuser, die sich im frühen siebzehnten Jahrhundert nach den ersten Gründungen in London (1555) und Amsterdam (1592) in ganz Europa ausbreiteten. Für die Herausbildung der Sozialen Arbeit waren diese Gründungen insofern folgenreich, als Arbeit, Erziehung und Hilfe auf lange Sicht an die Rahmenbedingungen von Disziplinierung und Zwang geknüpft blieben. Das Zuchthaus erlaubte die unterschiedslose Aufbewahrung unterschiedlicher Gruppierungen von Außenseitern und Hilfsbedürftigen. Menschen, denen man bisher mit Körperstrafen und Martern zu Leibe gerückt war (FOUCAULT 1977), wurden erstmals einer gesellschaftlich *nützlichen* Form der Bestrafung zugeführt. Außerdem schuf das Zuchthaus einen Rahmen, in dem Zwangs*arbeit* und Zwangs*erziehung* in neuen institutionellen Routinen zusammengeführt und erprobt werden konnten. Auch auf den Umgang mit Armen- und Waisenkindern wirkte sich die Abkehr von der Almosenpraxis nachhaltig aus. Der Ausbau der Gewerbe und des Manufakturwesens steigerte auch den Bedarf an kindlichen Arbeitskräften. Waisenkinder wurden verstärkt in die Produktion eingespannt, und viele Einrichtungen verdankten ihre Gründung dem Zweck, den Manufakturen billige Arbeitskräfte zuzuführen.

„Die pädagogisierenden Ansätze der Verallgemeinerung der handwerklich-mittelständischen Arbeitsmoral in den spätmittelalterlichen städtischen Bettelordnungen haben sich von Maßnahmen offener Arbeitserziehung und Arbeitsbeschaffung entwickelt zur hoch repressiven Zwangsarbeit und gleichsam die organisatorische Gestalt einer Disziplinaranstalt angenommen. Die Arbeitspädagogik hat sich zur totalen Institution gemausert" (SACHßE/TENNSTEDT 1980, S.123). Versuche, der Ausbeutung und Disziplinierung kindlicher Arbeitskraft eine *erzieherische* Grundlage zu geben, entwickelten sich im siebzehnten und achtzehnten Jahrhundert aus dem deutschen Pietismus heraus. Aus einer einklassigen Armenschule baute August Herrmann FRANCKE in Halle allmählich eine verzweigte Arbeits- und Erziehungsinstitution auf, die ein Waisenhaus, verschiedene Schulen für die Abkömmlinge des Bürgertums und des Adels, ein Seminar zur Lehrerausbildung sowie landwirtschaftliche Betriebe und Lehrlingswerkstätten umfaßte. Am Beispiel der Halleschen Stiftungen wird ein gemeinsames Charakteristikum deutlich, das zahlreiche Erziehungsprojekte des siebzehnten und achtzehnten Jahrhunderts prägte: Wirtschaftlicher Ertrag wurde zunehmend mit einer religiösen Pflichtethik verknüpft, humanitäre Gesinnung ging einher mit konsequenter Disziplinierung. Das Anstaltsleben umgab den Zögling mit einer dichten religiösen Atmosphäre von schwärmerischer Frömmigkeit. Doch zugleich drillte es ihn „auf ein geordnetes, rationelles, zweckmäßiges und produktives Leben in christlicher Klugheit" (PEUKERT 1986, S.46). Der Erziehungsbegriff des pietistischen Anstaltswesens zielte nicht mehr auf einen symbolischen Ausgleich zwischen Geber und Empfänger, sondern auf innerweltlichen Nutzen (PEUKERT 1986, S.42), und gerade in dieser Hinsicht verstand er sich als Teil des Versuchs, das Armenproblem der frühen Neuzeit durch innere Disziplinierung der Gesellschaft in den Griff zu bekommen.

2.1 Aufklärung gegen Arbeitszwang: Die Epoche des Waisenhausstreits

Doch entfernte sich die Wirklichkeit der pietistischen Arbeits- und Waisenanstalten bald so weit von den proklamierten Zielen religiöser Erziehung und Pflichtethik, dass der Widerspruch nicht unentdeckt bleiben konnte. Die Sterblichkeitsrate in den Anstalten stieg, unmenschliche Arbeitsbedingungen straften die pädagogische Legitimation der Zwangserziehung Lügen. Es waren die von den Ideen der Aufklärung inspirierten *Philanthropen*, welche die Zustände in den pietistischen Anstalten anprangerten und damit einen landesweiten Streit für und wider die Waisenhauserziehung lostraten. In die Geschichte der Pädagogik ist diese Auseinandersetzung als *Waisenhausstreit* eingegangen. Erstmals ging es

darum, ein verkrustetes, geschlossenes Disziplinierungssystem zu öffnen und durch ein – wie wir heute sagen würden – alternatives Erziehungskonzept zu ersetzen. Der zur Tortur verkommenen pietistischen Frömmigkeitserziehung hielten die Philanthropen einen rationalen, von den Bedürfnissen und vom Entwicklungsstand des Kindes ausgehenden Erziehungsbegriff entgegen, der religiös verbrämten Disziplinierung das Konzept der Pflegefamilie bzw. des kleinen Erziehungsheims in natürlicher Umgebung. Vor allem in der Familie sahen sie den Garanten für eine gedeihliche Lenkung der Zöglinge. Ihre Ideen verbreiteten sie zum einen mit Hilfe vielgelesener, vom aufstrebenden Bürgertum unterstützter Erziehungsschriften wie Christian Gotthilf SALZMANNS 1783 erschienenem Reisebericht „Carl v. Carlsberg oder über das menschliche Elend", der die Verhältnisse in den Waisenhäusern des Landes in düsteren Farben ausmalte. Zum anderen ergriffen die Philanthropen auch in der Praxis die Initiative, indem sie neue, nach ihren pädagogischen Ideen gestaltete Erziehungsheime gründeten. Unter ihnen hat das von Bernhard BASEDOW gegründete, später von seinem Mitarbeiter Johann Heinrich CAMPE weitergeführte Philantropinum (die „Schule der Menschenfreundschaft") in Dessau besondere Bekanntheit erlangt. Beeinflusst von den Ideen der französischen Revolution, wandten sich die Philanthropen speziell gegen die Strafpraktiken der alten Anstalten und forderten erstmals eine Form von Erziehung, in der die unverletzlichen Rechte des Menschen auch für Kinder gelten.
Die Skandalisierung der Anstalten hatte zunächst Erfolg, weil sie von jenen aufklärerischen Zeitströmungen des späten 18. Jahrhunderts getragen wurde, die philosophisch von KANT oder MENDELSSOHN, pädagogisch vor allem von ROUSSEAU und PESTALOZZI ausformuliert worden waren. Erstmals wurden Kinder in größerer Anzahl bei Pflegefamilien in Stadt und Land untergebracht. Allerdings versickerten viele dieser Impulse wiederum in einer inkonsequenten und widersprüchlichen Praxis. Die Ausbeutung von Kindern in Pflegefamilien, die vor allem auf billige zusätzlich Arbeitskräfte angewiesen waren, führte bald zu einem erneuten Bedarf an Erziehungsanstalten, zumal sich im Zeitalter der frühen Industrialisierung die gesellschaftlichen Rahmenbedingungen der Armen- und Waisenerziehung von Grund auf änderten. Spätestens als sich im Zuge der beginnenden Industrialisierung die Frage nach der Unterbringung von Kindern aus der entwurzelten Armenbevölkerung neu stellte, schlug das Pendel zurück.

2.2 Zwischen Rettungspolitik und staatlicher Zwangserziehung - Fürsorge im Zeitalter der „Sozialen Frage"

Im neunzehnten Jahrhundert verteilten sich die Gewichte von Hilfe und Disziplinierung neu. In der Auseinandersetzung zwischen dem Staat, den verschiedenen Fraktionen der Arbeiterbewegung, den Kirchen und den entstehenden Wohlfahrtsorganisationen wurde die *soziale Frage* zum zentralen Thema. Auf das zunehmende Massenelend reagierten die gesellschaftlichen Kräfte jeweils auf ihre Weise: der Adel und das Besitzbürgertum mit dem Rückzug auf das traditionelle Prinzip staatlicher Nichtintervention („Nachtwächterstaat"); die Arbeiterschaft mit der Gründung von Solidargemeinschaften, Assoziationen und Genossenschaften; das Kleinbürgertum mit ehrenamtlichen Initiativen zur moralischen Hebung und Rettung der verwahrlosenden Randgruppen, die der frühe Industrialisierungsprozess hervorgebracht hatte (Rettungshausbewegung); die Kirchen mit der Strategie, sich wenigstens einen Teil ihrer früheren Machtfülle zu sichern, indem sie den Bereich der sozialen Arbeit für sich reklamierten. Je mehr die internationale Arbeiterbewegung erstarkte und das Problem der Armut als *politisches* Problem auf die Tagesordnung setzte, desto mehr versuchten die traditionellen, im kirchlichen Rahmen agierenden Helferkreise ihre Position durch Verbandsgründungen abzusichern. Allen voran ist hier die 1848 von dem evangelischen Theologen Heinrich WICHERN gegründete „Innere Mission" zu nennen. Doch ging es auch darum, dass der Staat angesichts einer erstarkenden, politisch bewusst werdenden Arbeiterklasse endlich seine Verantwortung für die Risiken der Arbeiterexistenz anerkennen musste. Mit der zunehmenden Verrechtlichung der Sozialpolitik und Sozialversicherung (zwischen 1883 und 1889 wurden das Krankenversicherungsgesetz, das Unfallversicherungsgesetz, das Invaliden- und Altersversicherungsgesetz erlassen) ging eine in mehreren Wellen erfolgende Verberuflichung sozialer Arbeit einher. Von richtungsweisender Bedeutung für den Ausbau eines Systems kommunaler Armenversorgung erwies sich das Elberfelder System (LANDWEHR/BARON 1995, S.22ff.). Die Überprüfung der materiellen Bedürftigkeit des Armen wurde zu einer Sache bürokratischer Spezialisten, während der traditionellen Armenfürsorge die Zuständigkeit für die „innere Not", also die persönlichen Schwierigkeiten und die Erziehungsprobleme ihrer Klientel blieb (MÜNCHMEIER 1981). Die Herausbildung der sozialen Berufe ist mit dieser Individualisierung des Hilfebegriffs untrennbar verbunden.

In dem emsigen Klima fürsorgerischer Aktivitäten, die den christlichen Hilfegedanken als Ausdruck gelebter sozialer Verantwortung verstanden, wurde aber auch der „Gegner" nicht aus den Augen gelassen. Dass sich die alten ständischen Ordnungen auflösten und sittlichen Verfall zurückließen, erschien WICHERN und seinen Mitstreitern nicht als Ergebnis ökonomischer Umwälzungen, sondern als moralische Schuld, für die vor allem Kommunisten und Sozialisten verantwortlich zu machen waren. WICHERN „bekämpft das Symptom des sittlichen Schadens als die Krankheit" (WENDT 1990, S.82). Entsprechend der organischen Gesellschaftsauffassung, von der die Rettungsbewegung getragen war, polarisierten sich die Auffassungen von Hilfe und Repression. Zwischen der als Rettungstat gefeierten Idee einer pädagogischen *Hebung* der Randgruppen und den Existenzängsten, die das schnell wachsende Industrieproletariat in den bürgerlichen Schichten weckte, tat sich eine tiefe Kluft auf. Neue Bedürfnisse nach strenger Anstaltserziehung wurden wach. Auch im Werdegang WICHERNS, der immer wieder zwischen *offenen* und *restriktiven* Erziehungsvorstellungen schwankte, wird dieser zeitgeschichtliche Zusammenhang sichtbar. Mit der Gründung seiner „Rettungsanstalt für sittlich verwahrloste Kinder", dem Rauhen Haus in Hamburg, hatte er versucht, von der reinen Zwangserziehung wegzukommen und die ursprünglichen Ideen des Pietismus wiederzubeleben. Was der von ihm inspirierten Rettungshauspädagogik vorschwebte, war mehr als nur Heimerziehung. Ihr ging es um eine christliche Kolonialisierung der Gesellschaft, eine nach innen gewendete Missions- und Erweckungsbewegung, mit deren Hilfe die „lebendige Gemeinschaft der Volkskirche" wiederhergestellt werden sollte. Die Kinder, die in das Rauhe Haus kamen, sollten dort eine „gute Familie" erfahren und durch eine Mischung aus schulischer Unterweisung, körperlicher Arbeit und familienähnlichem Zusammenleben in die christlichen Tugenden der Demut und Brüderlichkeit eingeführt werden. Sozialpädagogische Arbeit, so äußerte sich der junge WICHERN noch programmatisch, dürfe niemals Ähnlichkeit mit einem Gefängnis haben. Zugleich orientiert sich das Konzept der Rettungshauspädagogik aber an zutiefst konservativen armenpolitischen Prinzipien. Das Bewusstsein, zum Stande der Armen zu gehören, dürfe in der Anstalt keinesfalls aufgehoben werden, im Gegenteil: es gehe letztlich vor allem um die Gesinnung, mit welcher der Arme seine Armut erträgt (vgl. hierzu auch NIEMEYER 1997).

Die in Person und Werk WICHERNS spürbare Spannung zwischen missionarischer Erziehungsauffassung und politisch restaurativer Haltung prägte auch weite Teile der Heimerziehung des neunzehnten Jahrhunderts. Die neupietistische Lehre vom demütigen Ertragen der Armut erwies sich für den Umgang mit den Kindern aus der Armenbevölkerung, die in immer größerer Zahl in die Erziehungsheime drängten, als folgenreich. Mit der ursprünglichen pädagogischen Idee des Rauhen Hauses, dessen familiärer Geist sich durch die lockere Anordnung kleiner Häuser in landwirtschaftlicher Umgebung auch architektonisch ausdrücken sollte, ließen sich die Unterbringungs- und Überwachungsprobleme im Umgang mit den immer zahlreicher werdenden „Verwahrlosten" nicht lösen. Wenn WICHERN im Laufe seines Lebens immer mehr zu jenem altpietistischen Konzept von Einschluss und Strafe zurückkehrte, gegen das er bei der Gründung des Rauhen Hauses die Idee eines erneuerten Pietismus (Neupietismus) ins Feld geführt hatte, dann spiegelt dies nicht nur die persönliche Erstarrung eines Menschen. Zugleich zeigt sich darin ein neuer Diskurs der Macht - ein neuer Anspruch auf staatlich vermittelte Disziplin, der sich in der zweiten Hälfte des neunzehnten Jahrhunderts formierte und die öffentliche Erziehung immer nachdrücklicher auf das Konzept der geschlossenen Anstalt festlegte.

2.3 Von der Gründerzeit zur Reformpädagogik

Eine weitere Zäsur in der Auseinandersetzung über Erziehung, Hilfe und Zwang brachte jene Epoche mit sich, die wir gewöhnlich Gründerzeit nennen und in der sich eine neue Auffassung von der Rolle des Staates ausprägte – die intervenierende, sich der *socialen Politik* zuwendende Staatstätigkeit. Hatte der Staat bislang versucht, sich aus der Armenpflege herauszuhalten und speziell die Erziehung der Verwahrlosten der freien Liebestätigkeit der Kirchen zu überlassen, so verschärften sich im Gefolge der Industrialisierung die sozialen Spannungen in einem Tempo, mit dem die traditionellen Formen karitativer Hilfstätigkeit nicht Schritt halten konnten. Auf der Basis des Preußischen Zwangserziehungsgesetzes von 1878 wurden die Zugriffsmöglichkeiten der sogenannten Fürsorgeerziehung erweitert, die nun mehr und mehr zu einer ordnungsrechtlichen Angelegenheit wurde. Nicht zufällig erlangte der repressive Hintersinn dieser Art von Erziehung in der Umgangssprache eine geradezu sprichwörtliche Bedeutung. Formulierungen wie „wir werden dir schon helfen" zeugen davon, wie eng Hilfe und Zwang im Alltagsgebrauch verknüpft sind. Immer mehr wurden dem Begriff (Heim)Erziehung Bedeutungen unterlegt, die den „Zögling" zum Objekt einer obrigkeitsstaatlichen Formierung und Dressur werden ließen.
„Die Parole „Erziehung statt Strafe" meinte bei den Reformen der ersten Stunde aber gerade nicht ein Plädoyer für verständnisvolle Milde, sondern zielte darauf, die korrigierende Intervention auf den jungen Täter zu intensivieren und zu verlängern. Statt kurzer Sühne für ein Bagatelldelikt

sollte nun lange Zwangserziehung verhängt werden, wenn die Täterpersönlichkeit Grund zu Verwahrlosungsprognose gab. Erste Ansätze zur Zwangserziehung gruppierten sich um die 1871 auf 12 Jahre gelegte Strafmündigkeitsgrenze im RSTGB" (MÜNCHMEIER 1999, S.141). In dieser sozialpädagogischen „Gründerzeit" entstanden nicht nur die Vorformen jener Strukturen, Organisationen und Verbände, die wir heute noch kennen - etwa die um die Jahrhundertwende einsetzende Bewegung zur Gründung von Jugendämtern und Jugendgerichten. Auch die gesellschaftliche Auffassung von der Rolle der Anstaltserziehung veränderte sich tiefgreifend. Eine ungezügelt und frech auftretende proletarische Jugend rief im Bürgertum die alten Ängste vor Umsturz und Revolution wach, zumal selbst Teile der bürgerlichen Jugend der Gesellschaft den Rücken kehrten und „aus grauer Städte Mauern" hinausdrängten (Jugendbewegung, Wandervogel). Die für bürgerliche Erziehungsbemühungen kaum noch erreichbaren Abkömmlinge des Industrieproletariats provozierten das auf Ruhe und Ordnung fixierte Selbstbild des Bürgertums. Nicht Bildung und soziale Integration, sondern rigide Kontrolle und Repression erschienen für diese Gruppierungen als die gebotenen Maxime.
„Zwischen dem Abschluss der Schule und dem durch Militärdienst und Heirat markierten Eintritt in eine verantwortliche Erwachsenenexistenz hatte sich für die jugendlichen Industriearbeiter eine Kontroll-Lücke gebildet, die keineswegs eine zufällige und daher leicht zu beseitigende Nebenerscheinung war, sondern eine für die Industriegesellschaft typische Sozialisationsetappe" (PEUKERT 1986, S.55).

Von daher wird verständlich, warum die Geburtsstunde der Jugendhilfe von martialischen Tönen begleitet wurde, die auch in den nachfolgenden Jahrzehnten immer wieder mitschwangen, wenn es darum ging, der proletarischen Unterschicht gegenüber die öffentliche Erziehung als *Drohpotential* in Stellung zu bringen. Vor allem die 1912 mit beträchtlicher öffentlicher Wirkung veröffentlichten Tiraden des Hamburger Pastors Clemens SCHULZ über die „grauenerregende Macht der Halbstarken" und den revolutionsgetränkten „Schlamm" des jugendlichen Großstadtproletariats (PEUKERT 1986, S.66) sind dafür ein Beispiel. Noch 1956, anlässlich der sogenannten Halbstarkenkrawalle in Westdeutschland, fanden die angsterfüllten Visionen des Hamburger Pfarrers ihr fernes Echo. Im wilhelminischen Preußen kam es zu einem drastischen Anstieg der Anstaltserziehung. Die disziplinierende Fürsorgeerziehung, angelegt als Kombination von militärischem Drill und konsequenter Einschüchterung, war die Antwort, mit der auf die vermeintliche Zuchtlosigkeit,

Verwilderung und Genusssucht des jungen Industrieproletariats Front gemacht wurde. Doch war es dieselbe Epoche, in der sich mit den Projekten der Reformpädagogik, der sozialpädagogischen Bewegung in der Justiz, den Initiativen der bürgerlichen und der sozialistischen Frauenbewegung und nicht zuletzt mit den radikalen Denkanstößen der psychoanalytischen Pädagogik allmählich auch wichtige Neuansätze öffentlicher Erziehung und Bildung herauskristallisierten. Erstmals vermochte sich ein beträchtlicher Teil der pädagogisch Tätigen aus dem geschlossenen Denk- und Handlungssystem der Zwangsanstalten zu lösen und eine moderne sozialpädagogische Einstellung zu formulieren. Frauen wie Alice SALOMON, Marie BAUM oder Gertrud BÄUMER arbeiteten darauf hin, das bislang von Männern dominierte Berufsfeld auch für Frauen zu öffnen und das Anliegen der Sozialreform mit den emanzipatorischen Ansprüchen der Frauen zu verknüpfen (ERLER 1997, S.73; SACHßE 1994). Vielen Erziehungsheimen dienten in dieser Zeit noch die reformpädagogischen Gründungen der Landschulheimbewegung um die Jahrhundertwende als Orientierung – etwa die von Hermann LIETZ gegründete, von der angelsächsischen Reformpädagogik beeinflusste „Pulvermühle" im Harz, Gustav WYNEKENS „Haubinda", Martin LUSERKES „Schule am Meer" auf der Insel Juist oder Paul GEHEEBS „Odenwaldschule".

Wie BÖHNISCH (1999, S.419) bemerkt, bezeichnet die Weimarer Republik jenen epochalen Abschnitt, in dem die Heimerziehung in die Gesellschaft geholt wurde. Die Risiken der sich abzeichnenden industriellen Massengesellschaft, die politischen Impulse der Demokratisierung und der Diskurs der Jugendbewegung ließen ein geistiges Klima entstehen, das auch für die in Zwangsanstalten eingeschlossenen Teile der proletarischen Jugend nach Wegen sozialer Integration fragte. In der Hamburger Jugendstrafanstalt Hahnöfersand versuchten die Erzieher Curt BONDY und Walter HERRMANN erstmals, den reformpädagogischen Gedanken der *pädagogischen Provinz* auf die Behandlung von Gefängnisinsassen zu übertragen. Die Gefangenen sollten ihre Zeit im Jugendgefängnis als Chance zu beruflichem und sozialem Lernen begreifen. Nicht die traditionellen Mittel des geschlossenen Strafvollzugs, sondern persönliche Zuwendung und Überzeugung sollten im Mittelpunkt stehen. Von dem Mitbegründer der universitären Reformpädagogik, Herman NOHL, übernahmen BONDY und HERRMANN den Grundsatz, nicht bei den Problemen stehenzubleiben, welche die Jugendlichen *machen*, sondern die Probleme zu verstehen, die sie *haben* - um auf dieser Grundlage einen pädagogischen Bezug zu ihnen zu entwickeln (NOHL 1933). Ähnlich versuchte Karl WILKER im Berliner „Lindenhof" die reform-

pädagogischen Ideen auf die Heimerziehung zu übertragen. Das ursprünglich gefängnisähnliche, geschlossene Heim sollte – von älteren Erziehern und Aufsichtsbehörden misstrauisch beobachtet – zu einem Ort persönlicher Beziehung und pädagogischer Begegnung werden. Persönlichkeitsentfaltung statt Dressur, kulturelle Bildung (z.B. durch Museumsbesuche mit den Jugendlichen) statt Einschüchterung – mit solchen Vorstellungen formulierten WILKER und mit ihm viele andere den Anspruch auf ein nicht nur baulich, sondern vor allem pädagogisch *offenes* Konzept von Heimerziehung.
Die Epoche der Weimarer Republik bot den Nährboden, auf dem solche Ansätze gedeihen und das pädagogische Denken für die gesellschaftlichen Bedingungen der Moderne anschlussfähig machen konnten. Doch war den meisten dieser Projekte nur kurze Zeit beschieden. Mit welchen Widerständen jeder Versuch zur Öffnung der Anstaltserziehung zu rechnen hatte, zeigt vor allem Peter Martin LAMPELS bedrückender, als Theaterstück bekannt gewordener Bericht „Jungen in Not“ (LAMPEL 1929). Eine der damals sehr zahlreichen Revolten in deutschen Erziehungsheimen wird dort zum Anlass genommen, den unversöhnlichen Gegensatz zwischen Zwangserziehung und Reformpädagogik zu veranschaulichen. Der Autor berichtet von blutigen Prügelstrafen, wochenlangem Arrest bei Wasser und Brot, totalem Sprechverbot und anderen sadistischen Schikanen. Als hätte es sich bei den Modellen von Ganzheitlichkeit und Freundlichkeit, von denen die Ära der Reformpädagogik getragen war, nur um einen flüchtigen Spuk gehandelt, dominierten am Ende der zwanziger Jahre wieder die hoffnungslosen Bilder von Einschluss und Erziehungsterror die Wirklichkeit der Heime und der Jugendgefängnisse. Die düsteren Linolschnitte des Graphikers Carl MEFFERT (Künstlername Clément MOREAU), der darin seine Leidenszeit in einem westfälischen Kinderheim beschwört (abgebildet in MÜLLER 1993, S.130ff.), vermitteln von dieser Epoche ein eindringliches Bild.

2.3 Verstehen und Durcharbeiten: Frühe psychoanalytische Beiträge zur Gruppenerziehung

Die Diskussion über offene und geschlossene Erziehungskonzeptionen erhielt durch die in der Nachfolge Sigmund FREUDS stehenden Vertreter einer psychoanalytischen Pädagogik wichtige neue Akzente, deren Einfluss auf die Entwicklung der Heimerziehung kaum überschätzt werden kann. Dissoziales Verhalten erschien nicht mehr als Ausdruck moralischer Defizite und böswilliger Normverletzung, sondern als Ergebnis emotionaler Konflikte, deren Verständnis psychologisches Wissen und pädagogische Empathie voraussetzte. August AICHHORN, fasziniert von der intellektuellen Ausstrahlung Sigmund FREUDS und seines psychoanalytischen Kreises, sah in der Verwahrlosung von Kindern aus der Wiener Arbeiterschicht vor allem eine emotionale Verstrickung, die mit den patriarchalischen Techniken der üblichen Zwangserziehung nur noch verstärkt werden konnten. In seinen berühmten, um 1925 in Wien gehaltenen Vorlesungen über „Aggressive Jugend" (AICHHORN 1925) kritisierte er die gängige Auffassung von Verwahrlosung als persönlicher Eigenschaft, der man nur durch Härte und Gegenaggression Herr werden könne.

„Wenden nun die Erzieher verschärfte Zucht an, so machen sie es wie die anderen, mit denen die Kinder in Konflikt stehen, und der ohnehin vorhandene Gegenimpuls muß sich verstärken, die Verwahrlosung vertiefen, statt behoben zu werden. Richtig kann daher nur ein gerade entgegengesetztes Verhalten des Erziehers sein.... Nach diesen Ergebnissen stand zweifellos fest, daß wir es in den Aggressiven mit Verwahrlosten zu tun hatten, denen die für die Entwicklung so notwendige Liebe der Erwachsenen nicht zuteil geworden war. Damit ist aber auch schon der Fürsorgeerziehung der einzuschlagende Weg vorgezeichnet. Zunächst muß das große Defizit an Liebe ausgeglichen werden und erst dann ist nach und nach und sehr vorsichtig mit stärkerer Belastung vorzugehen. Schärfere Zucht anzuwenden, wäre vollständig verfehlt" (AICHHORN 1925, S.215 und 217).

AICHHORNS Lösung bestand also darin, die traditionelle Erziehungsauffassung mit ihren Praktiken von Zucht und Brechung zu unterlaufen. Die Kinder und Jugendlichen seines Heims in Oberhollabrunn bei Wien sollten die Möglichkeit haben, ihre Aggressionen zu zeigen und in gewissen Grenzen „auszuleben". Für die damalige Zeit lag darin eine gehörige Provokation, die der pädagogischen Auseinandersetzung schließlich eine völlig neue Richtung des Fragens, Interpretierens und Verstehens eröffnete. Die genaue Erforschung von Übertragungsprozessen, so zeigte AICHHORN, konnte dazu genutzt werden, die aggressiven Energien in andere Bahnen zu lenken und sie „gesellschaftsfähig" zu machen.

Auch Fritz REDL, der sich in seinem *Pioneer House* in Detroit ebenfalls mit hochgradig delinquenten Kindern beschäftigte, verfolgt in seinen fesselnden Schilderungen über „Kinder, die hassen" (REDL/WINEMAN 1951, 1979) eine psychoanalytische Strategie, die sich im Unterschied zu AICHHORN allerdings auf das von Anna FREUD und anderen formulierte Konzept der Ich-Psychologie stützte. Genaue Beobachtungen und gezielte Interventionen befähigten ihn dazu, das Ich delinquenter Kinder

unter dem Aspekt misslingender Selbstkontrolle zu betrachten. Diese Kinder, so zeigte REDL in minutiösen Verhaltensanalysen, stabilisieren ihr Selbstbild dadurch, dass sie sich Strategien des Vermeidens von Schuldgefühlen aneignen – Neutralisierungstechniken, mit deren Hilfe die „Stimme des Gewissens" wirksam zum Schweigen gebracht werden kann. Diese Techniken erlauben es den Kindern, im Auftrag der Gruppe zu agieren, eigene Emotionen beim Begehen von Straftaten zu verdrängen und jegliches Gefühl für die Perspektive des Opfers auszublenden.
„Weit davon entfernt, aus Hilflosigkeit oder nur wegen eines gelegentlichen Ansturms ungewöhnlicher Triebintensität delinquent zu handeln, haben diese Kinder ein organisiertes System gut entwickelter Abwehrmechanismen und begegnen dem Erwachsenen, der sie zu ändern versucht, mit einem konsequenten und geplanten Sperrfeuer von Gegentechniken" (REDL/WINEMAN 1979, S.148).

Mit großem Einfühlungsvermögen und pädagogischer List beschreiben die Autoren, wie es ihnen gelang, Zugang zu den „Wertinseln" zu erhalten, die sich bei den Kindern an der Oberfläche ihres delinquenten Ichs erhalten hatten – um sich schrittweise mit den Resten ihrer pro-sozialen Orientierungen zu verbünden. Deutlich werden dabei auch die Gründe, warum Konzepte geschlossener Unterbringung einem solchen Vorgehen zuwiderlaufen. Jugendliche mit verfestigten dissozialen Orientierungen fühlen sich durch sie häufig geradezu ermutigt, sich in ihren delinquenten Abwehrmechanismen einzurichten.
Vergleichbare Konzepte eines anderen Umgangs mit aggressiven, dissozialen Verhaltensweisen entwickelte Bruno BETTELHEIM, dessen Schriften zur Funktionsweise des *therapeutischen Milieus* heute zu Recht zu den Klassikern der psychologisch-sozialpädagogischen Literatur gezählt werden. BETTELHEIMS Bemerkungen zur psychologischen und pädagogischen Ambivalenz des *Einschließens* in psychiatrischen Einrichtungen verdienen auch in der neuentbrannten Diskussion über geschlossene Heimerziehung Gehör.
„Wenn es in einem psychiatrischen Krankenhaus eine „Sicherheitszelle" gibt, besteht die große Versuchung, dieses Mittel, für „Sicherheit" zu sorgen, auch zu benutzen. Der unannehmbare Gedanke, daß man den Patienten in einen so trostlosen Raum einschließt, nicht um ihn daran zu hindern, Schaden zu verursachen, sondern um ihn für den Ärger, den er verursacht, zu bestrafen, wird rationalisiert und verdrängt. Man bemüht sich sehr, die Behauptung aufrechtzuerhalten, daß solche Räume zum Besten des Patienten da seien, indem man sie „Isolationszellen" nennt oder Orte, an denen er sich „wieder fangen" kann. ... Die sogenannten

„Sicherheitszellen" haben eine symbolische Bedeutung, die über das ganze Dasein des Patienten einen Schatten wirft" (BETTELHEIM 1975, S.127).

Die bei AICHHORN, BERNFELD und ZULLIGER beginnende, über BETTELHEIM, REDL, WINNICOTT, STIERLIN und andere bis in die Gegenwart reichende Tradition psychoanalytischer Gruppenerziehung hat das Nachdenken über die Ursachen und die Behandlung dissozialer Verhaltensweisen von Grund auf verändert, weil sie der Pädagogik des Bekämpfens und Brechens eine humane Perspektive des Verstehens entgegensetzte. Doch bevor sie, über das Wirken außergewöhnlicher Einzelner hinaus, zum unbestrittenen Fundament pädagogischer Professionalität im Umgang mit schwierigen Kindern und Jugendlichen werden konnte, verging noch viel Zeit.

2.4 Nationalsozialismus, Auslese, Volkskörper: Die Perversion des Disziplierungskonzepts

„Ein besonders grausiges Erlebnis auf dem Schulweg zeigte mir wieder einmal besonders deutlich, wo ich mich befand. In der Anstalt wurden die Geisteskranken von Steinhof (die leichteren Fälle) als so genannte Hausarbeiter eingesetzt. Einer fuhr mit einem zweirädrigen Karren an unserer Kolonne vorbei. Und in dem Wagerl – lauter kleine tote Kinder! Wie weggeworfene Puppen lagen sie kreuz und quer, die Glieder oft ganz unnatürlich verrenkt. Die kleinen Körper hatten meist eine ganz eigenartige Farbe. Es war eine Art Rotgrünblau. Ich war so erschrocken von diesem Bild, daß ich zu meinen Nachbarn kein Wort herausbrachte. (Diese Szene sehe ich heute, als erwachsener Mann, noch immer manchmal im Traum.) Die Schwester am Ende unserer Kolonne sagte nur: „Ruhe da vorne! Oder will vielleicht jemand von euch mitfahren?" Ich glaube, alle von uns gingen damals mit sehr weichen Knien den restlichen Weg zur Schule. Das war Ende Februar 1942" (GROSS 2000, S.75).

Johann GROSS, der als Kind längere Zeit in der österreichischen NS-Anstalt Spiegelgrund verbrachte, hat seinen Bericht über die Torturen der nationalsozialistischen Disziplinierungs- und Vernichtungspraktiken erst als Siebzigjähriger veröffentlichen können. Seine Erinnerungen sind soeben, im Winter des Jahres 2000, erschienen – zu einem Zeitpunkt, da das Interesse der Öffentlichkeit an diesem Thema nach Jahrzehnten des Verschweigens und Verdrängens durch strafrechtliche Ermittlungen

gegen einen im Spiegelgrund tätigen Euthanasiearzt geweckt war. Damit zeigt das Beispiel nicht nur das Ausmaß, sondern auch die zeitlichen Nachwirkungen des nationalsozialistischen Erziehungsterrors. Da die meisten Verantwortlichen nach dem Ende des Krieges nicht zur Rechenschaft gezogen wurden, in Deutschland wie in Österreich vielfach sogar in ihren ehemaligen Wirkungsbereich zurückkehren und dort Karriere machen konnten, wurde auch im Bereich der öffentlichen Erziehung die Chance zu radikaler Aufklärung für Jahrzehnte vertan. Auch daraus erklärt sich die Heftigkeit, mit der das Thema Heimerziehung am Ende der sechziger Jahre in die öffentliche Diskussion zurückkehrte.
Unter pädagogischen Gesichtspunkten erwies sich das Geschick des nationalsozialistischen Herrschaftssystems in der Fähigkeit, das schon lange erprobte Konzept der geschlossenen Disziplin-Anstalt zu radikalisieren und es zum Kern seiner gesamten Gesellschaftsauffassung zu machen. Schon vor der „Machtergreifung" hatte sich der Zugriff des Nationalsozialismus auf das Gebiet der Sozialpädagogik in einem aggressiv geführten Ausgrenzungsdiskurs gegen vermeintlich Schwer- oder Nichterziehbare angedeutet.
„Rassebiologie war bis 1933 unter Sozialpädagogen nicht mehrheitsfähig gewesen. Aber sie war in einem auf Auslese und „Säuberung" gerichteten Diskurs auch nicht nur nicht störend, sondern konnte als willkommener ideologischer Überbau dienen, wenn die sozialpädagogischen Auslesestrategien den neuen Machthabern schmackhaft gemacht werden sollten. Insofern hatten sich 1933 zwei bis dato unterschiedliche Gruppen gesucht und gefunden. Nur diese Konstellation erklärt, warum viele Sozialpädagogen sich nicht nur mit fliegenden Fahnen der „nationalen Revolution" anschlossen, sondern sogar den neuen Machthabern ihre langgehegten Ausleseprojekte aufzuschwätzen versuchten" (MÜNCHMEIER 1999, S.149f.).
Immer mehr Vorschläge, die sich mit der Aussonderung dieser „Schädlinge" befassten und den neuen Machthabern eilfertige Verfahrensvorschläge machten, wie das Feld der öffentlichen Erziehung von unerwünschten Elementen gereinigt werden könnte, drängten an die Öffentlichkeit. Binnen kürzester Zeit wurde die Fürsorgeerziehung auf Linie gebracht. Mit den reformpädagogischen Ansätzen einer offenen, die Autonomie des Subjekts achtenden Erziehungsauffassung wurde kurzer Prozess gemacht. Nur der Gemeinschaftsgedanke wurde aufgegriffen und den Zwecken nationalsozialistischer Propaganda (Volksgemeinschaft) dienstbar gemacht (KAPPELER 2000). Auch für eine psychoanalytisch inspirierte Pädagogik, wie sie in der Nachfolge Sigmund FREUDS von August AICHHORN, Siegfried BERNFELD, Otto RÜH-

LE, Bruno BETTELHEIM oder Fritz REDL entwickelt worden war (s.o.), gab es keinen Platz mehr. In großer Zahl flohen ihre Anhänger und Anhängerinnen (die meisten von ihnen Juden) aus Deutschland und Österreich nach England oder in die Vereinigten Staaten, wo sie unter ganz anderen gesellschaftlichen Rahmenbedingungen neu beginnen mußten (SUTTON 1996). In ihrer Biographie über Bruno BETTELHEIM Hat Nina SUTTON diese Zeit des Umbruchs brillant und sensibel rekonstruiert. Auf Adolf HITLER eingeschworen, von den Kräften des deutschen Volkstums getragen und „christlich" garniert – so sollte deutsche Fürsorgeerziehung Aufbauarbeit am Volkskörper leisten – und es gehört zum Wesen nationalsozialistischer Rhetorik, dass die Metapher vom Volkskörper, der von Ungeziefer aller Art gereinigt werden müsse, ganz ernst, ganz und gar technologisch gemeint war. Der nationalsozialistische Zugriff auf die Soziale Arbeit kulminierte schließlich im Erlass eines Bewahrungsgesetzes, das endgültig jene Fakten schaffte, für die der intellektuelle und emotionale Boden seit langem bereitet war - auch und gerade beim Leitungspersonal der Fürsorgeverbände, bei prominenten Juristen, namhaften Psychologen und Pädagogen (SCHRAPPER 1993). Mit ebenso grotesker wie abschreckender Konsequenz wurde der nationalsozialistische Ordnungsterror in den sogenannten Jugendschutzlagern Moringen (Jungen) und Uckermark (Mädchen) auf die Spitze getrieben (PEUKERT 1980).
Erst nach dem Zweiten Weltkrieg konnten sich, zunächst noch über viele Jahre hinweg behindert durch autoritäre Fixierungen und institutionelle Verkrustungen, allmählich jene gesellschaftlichen Rahmenbedingungen entwickeln, die für ein demokratisch verfasstes, auf die Lebenslagen ihrer Klientel zugeschnittenes und methodisch differenziertes System sozialer Arbeit, eben für eine *soziale Pädagogik* in der eigentlichen Bedeutung des Wortes, unabdingbar waren. Und erst auf dieser Grundlage konnten sich auch im Bereich der Heimerziehung allmählich jene Prozesse von Öffnung, Demokratisierung und Professionalisierung entfalten, die für den endgültigen Bruch mit der jahrhundertealten Anstaltstradition Voraussetzung waren.

3. Öffnung und Politisierung – Reformansätze in den „Erzieherischen Hilfen"

Wie in vielen anderen Gesellschaftsbereichen, erwies sich die von Willy BRANDT eröffnete Phase sozialliberaler Reformpolitik auch für die Soziale Arbeit als Zeit des Neuanfangs. Insbesondere gilt dies für die

Jugend- und Straffälligenhilfe, die Obdachlosenhilfe, die Gemeinwesenarbeit und die Drogenarbeit, wo sich zahllose Initiativbewegungen bildeten, die sich für die Belange von Randgruppen einsetzten. Die Reformdiskussionen, die von diesen Bewegungen angestoßen wurden, haben die neuere Entwicklung der Sozialpädagogik stark geprägt. Vieles von dem, was das seit 1990 geltende Kinder- und Jugendhilfegesetz zum unverzichtbaren Kernbestand moderner sozialer Arbeit zählt, geht direkt oder indirekt auf diese Initiativen zurück – wenn auch modifiziert durch eine langwierige Reformdiskussion, die es sich zur Aufgabe gemacht hatte, für die äußerst heterogenen Praxisentwicklungen in der Kinder-, Jugend- und Familienhilfe endlich einen verbindlichen rechtlichen Rahmen zu schaffen.

Für die Praxis der Erziehungshilfe war es eine überfällige Diskussion, in der jahrzehntelang verschüttete Reformideen aus der Zeit der Weimarer Republik wieder zur Geltung kamen. Wichtige Theoretiker und Praktiker aus der Zeit der Weimarer Republik wurden wieder diskutiert, nicht selten neu entdeckt. Linke psychoanalytische Pädagogen wie Siegfried BERNFELD und Otto RÜHLE wurden diskutiert. In der offenen Jugendarbeit, in Heimen und Jugendgefängnissen kam es zu Protestaktionen, die von Anhängern der antiautoritären Bewegung provoziert oder unterstützt wurden. Die „Verantwortlichen" in den Jugendhilfeadministrationen wurden an den Pranger gestellt, ihre Versäumnisse bei der Behebung von Missständen entlarvt. Eine antiautoritäre *Heimkampagne* mit beträchtlicher öffentlicher Resonanz machte weithin sichtbar, dass in vielen westdeutschen Erziehungsheimen Willkür und Zwang auch zu Beginn der siebziger Jahre durchaus noch an der Tagesordnung waren. Die erziehungswidrigen Verhältnisse in Gefängnissen und psychiatrischen Einrichtungen wurden, wie es im Jargon der damaligen Protestbewegung hieß, skandalisiert.

Auch wenn viele dieser Aktionen sich schließlich in Aktionismus auflösten, ist rückblickend unverkennbar, dass sie im Bereich der Sozialen Arbeit einen nachhaltigen Bewusstseinswandel auslösten. Die Modernisierungsimpulse, die von ihnen ausgingen, trugen dazu bei, dass aus der alten, autoritär geprägten Sozialarbeit im Laufe der siebziger und achtziger Jahre allmählich ein Praxis- und Theoriefeld mit neuem Zuschnitt wurde – hochgradig differenziert und professionalisiert, offen für Einflüsse aus Soziologie und Psychologie und ausgestattet mit einem wachsenden Gespür für die *Reflexivität* sozialpädagogischen Handelns. Nur so ist es zu erklären, dass die selbstgewissen und bevormundenden Konzepte der traditionellen Fürsorge mit der Zeit einem Rollenverständnis wichen, in dem auch die Helferinnen und Helfer ihre Motive zu hinterfragen, ihre Methoden zu erklären und ihre pädagogischen Ziele offenzulegen hatten.

3.1 Vom Erziehungsheim zur flexiblen Betreuung

Die Heimerziehung als das klassische Kerngebiet der Erziehungshilfen entwickelte sich in der alten Bundesrepublik und der DDR sehr unterschiedlich. Während sie in Westdeutschland ihre ursprüngliche Monopolstellung als Unterbringungsform und autoritäres Drohpotential allmählich verlor und von zahlreichen „Alternativansätzen“ – vor allem den in den siebziger Jahren entstehenden betreuten Jugendwohngemeinschaften – bedrängt wurden, bildete sie in Ostdeutschland bis zuletzt das institutionelle und pädagogische Zentrum öffentlicher Erziehung.
Heimunterbringung wurde angeordnet von den sogenannten Jugendhilfeausschüssen, „einer Institution gesellschaftlicher Selbstregelung, in der gleichsam professionalisierte Ehrenamtliche tätig wurden“ (TREDE/WINKLER 1995, S.227). Was ihre methodische Ausrichtung betrifft, so überwog eine an dem russischen Pädagogen MAKARENKO orientierte Form der Kollektiverziehung mit einem starken Akzent auf der Einordnung des Einzelnen in die Gruppe. Und während die Unterbringungszahlen in den DDR-Heimen (differenziert in Normalheime, Spezialheime und Jugendwerkhöfe) angesichts kaum vorhandener pädagogischer Alternativen relativ zur Gesamtbevölkerung sehr hoch lagen, waren sie in der BRD seit den frühen siebziger Jahren rückläufig. Die durchschnittliche Größe der Einrichtungen verringerte sich dort in dem Maße, wie die großen Anstalten der Vergangenheit aufgelöst bzw. umstrukturiert wurden.
Was die methodische Ausrichtung der Heimerziehung betrifft, dominierte in den siebziger Jahren ein Trend zur *Therapeutisierung* der Heime. Die Rezeption therapeutischen Gedankenguts und therapeutischer Verfahren eröffnete die Möglichkeit, das bislang eher unansehnliche Berufsprofil des Heimerziehers zu erweitern, qualitativ zu verbessern und professionspolitisch besser abzusichern. Während die „therapeutische Wende“ in der sozialpädagogischen Methodendiskussion seinerzeit als Ausdruck fachlichen Fortschritts noch einhellig begrüßt wurde, gerieten wenig später allerdings auch die Schattenseiten eines unreflektierten Therapieoptimismus in den Blick. Eine lang anhaltenden Kontroverse über die Gefahren therapeutischen Spezialistentums gibt Zeugnis von dieser Auseinandersetzung. Heute konzentriert sich die Methodendiskussion der Heimerziehung mehr auf eine „ökologische“ Revision der Insti-

tutionen: Wie können sich Heime für ihre Umgebung öffnen und sich stärker in ihr lokales bzw. regionales Umfeld integrieren? Wie lassen sich ihre pädagogischen Ressourcen besser vernetzen - etwa in Form von Hausaufgabenhilfen, Tagesbetreuung, Elternberatung, Freizeitangeboten etc.? Nicht mehr enges Spezialistentum, sondern *ganzheitliche* Ansätze von Erziehung und Betreuung stehen im Mittelpunkt. Im Zuge dieser Diskussion wurden in den letzten Jahren Ansätze zu *flexiblen* Formen erzieherischer Hilfe erprobt, die den auch in der Sozialen Arbeit bekannten institutionellen Versäulungstendenzen entgegenwirken sollen (WOLF 1999). Hatte man in der Vergangenheit immer wieder versucht, bezogen auf die jeweiligen Probleme und Symptome der Kinder/Jugendlichen spezialisierte Arbeitsteilungen zu entwickeln, werden in der neueren Fachliteratur zur Heimerziehung die kontraproduktiven Folgen solcher institutionenbezogenen Differenzierungen hervorgehoben. Die Existenz von Spezialheimen mit hochselektiver Klientel, so wird vielfach argumentiert, kann zu einer intensivierten Verlegungspraxis führen, die für die betroffenen Jugendlichen mit Beziehungsabbrüchen, Enttäuschungen und Verletzungen verbunden ist. Allerdings kann dieses im Prinzip berechtigte Argument nicht so verstanden werden, dass auf spezialisierte Kompetenzen und Einrichtungen für Jugendliche in hochgradig belastenden Extremsituationen vollständig verzichtet werden könne. Was tun mit Jugendlichen, die selbstzerstörerische und suizidale Tendenzen aufweisen, fortgesetzt weglaufen und dabei gefährliche Straftaten begehen, sich infolge tiefgreifender Traumatisierungen jeglicher Form von Erziehung verweigern etc.? Fragen wie diese sind es, die in einer kontrovers geführten Debatte über das Für und Wider geschlossener Heime (bzw. von Heimen mit der Möglichkeit zu vorübergehender Freiheitsbeschränkung) seit Jahren hin- und hergewälzt werden.

3.2 Der Streit um die geschlossene Unterbringung

Bis in die späten sechziger Jahre gehörten geschlossene, oft mit hohen Zäunen und martialischen Stacheldrähten bewehrte Heime zum Normalbild öffentlicher Erziehung (WERNER 1969). In zahllosen Einrichtungen war Heimerziehung mehr oder weniger gleichbedeutend mit geschlossener Unterbringung, und auch dort, wo man sich um mehr Verständnis für die Bedürfnisse der „Zöglinge“ bemühte, verfehlte die Drohung mit Verlegung in eine geschlossene Anstalt nicht ihre Wirkung. Die siebziger Jahre brachten zunächst eine kontrovers geführte Reformdiskussion, in der die Meinungen erbittert aufeinanderprallten. Vor dem Hintergrund spektakulärer Kampagnen in Berlin und Hessen, beflügelt durch den antiautoritären Glauben an die von Herbert MARCUSE propagierte *Randgruppenstrategie*, entwickelte sich eine Heimdebatte, in der die Abschaffung der „finsteren Zwingburgen“ mit ihrer reaktionären Pädagogik gefordert wurde (AUTORENKOLLEKTIV 1971). Gegenwehr gegen staatlichen Fürsorgeterror, Fachlichkeit statt Erziehungswillkür, kollektive Selbstbestimmung statt unglückliche Vereinzelung - so und ähnlich lauteten die Forderungen, mit denen eine ebenso überraschte wie überforderte Jugendhilfeadministration konfrontiert wurde. Nach einer Phase unversöhnlicher Auseinandersetzungen kam Bewegung in die verkrustete Szenerie der Jugendhilfe. Die Forderung nach veränderten Praxisbedingungen, besserer Ausbildung und neuen Konzepten weitete sich aus zu einer Professionalisierungsdebatte, die das gesamte System öffentlicher Erziehung auf den Prüfstand stellte. Allmählich zeigten sich auch in der Praxis erste Erfolge – kleinere Gruppen, mehr Erziehungspersonal, neue Aus- und Fortbildungskonzepte, wissenschaftliche Fundierung der Fachdiskussion. All dies wurde begleitet von psychiatriekritischen und antipädagogischen Konzepten. Erziehung und Therapie sollten nicht länger als Instrumente repressiver Sozialtechnologie mißbraucht werden können, sondern sich als Teil der emanzipatorischen Kritik am kapitalistischen „Unterdrückungszusammenhang“ begreifen. Stigmatisierende Unterbringungsformen und die Isolation von Randgruppen in „totalen Institutionen“ (GOFFMAN 1970 u.1973) erschienen als Ausdruck gesellschaftlicher Machtverhältnisse, deren Veränderung überfällig war. Kollektive Abwehr im Sinne einer entschlossenen Öffnung des Erziehungssystems, *Aufbruch* in der doppelten Bedeutung des Wortes erschien als das Mittel der Wahl. Die „negierte Institution“ (BASAGLIA 1971) wurde zum Bezugspunkt eines neuen Nachdenkens über Erziehung, Betreuung, Therapie und Gemeinwesenarbeit - in der Heimerziehung ebenso wie in der Psychiatrie, wo zur gleichen Zeit verschiedene Versionen der sogenannten Antipsychiatrie von sich reden machten (COOPER 1971, LAING 1972, JERVIS 1978).

Doch nicht wenige der kritisierten Institutionen blieben von den Reformanstößen unberührt und gaben auch in den siebziger Jahren die umstrittene Praxis des Einschließens nicht auf. Hinzu kam, dass im Zuge der Diskussionen um ein neues Jugendhilferecht plötzlich Pläne bekannt wurden, die umstrittene geschlossene Unterbringung in einem eigenen Paragraphen zu regeln und ihr dadurch einen gesetzlich abgesicherten Status zu verleihen. Erbitterte Proteste waren die Folge, und der nachfolgende Grundsatzstreit über die pädagogische und moralische Legitimier-

barkeit des Einschließens von Kindern setzte Jugendämter, Ministerien, Verbände und Gremien (darunter das Bundesjugendkuratorium) in Bewegung. Rationale Einwände gegen die praktischen Probleme und Widersprüche einer Erziehung unter geschlossenen Bedingungen mischten sich mit dümmlichen Vorwürfen, die die entsprechenden Heime in die Nähe von „Kinder-KZs" rückten.
Damit hatte die Jugendhilfe ein Streitthema gefunden, das sie bis heute nicht mehr loslässt. In einigen Bundesländern wurde versucht, die herkömmliche Praxis geschlossener Unterbringung mit Hilfe therapeutischer Konzepte in eine Art „Intensivpädagogik" zu verwandeln. Teure Neubauten, deren Einschlussvorrichtungen erst auf den zweiten Blick sichtbar werden durften, sollten die alten Erziehungsgemäuer ersetzen. Denn von ihnen wollten auch die Befürworter der geschlossenen Unterbringung nichts mehr wissen - schließlich ging es ihnen im Umgang mit problematischen Mädchen und Jungen nicht mehr um hierarchische *Er*ziehung, sondern um persönliche *Be*ziehung. Auf Fachtagungen gerieten sie mit den Gegnern des Konzepts aneinander. Die Form, in der die Kontrahenten miteinander umgingen, war zumeist hoch emotionalisiert und von schrillen Anklagen durchsetzt. In einer neu entstehenden, mehr oder weniger grauen „pro-und-contra" Literatur wurden die einschlägigen Argumente mit buchhalterischem Eifer aufgelistet, sodass die Auseinandersetzung bald einen ausgesprochen rituellen, moralinsauren Charakter annahm. Das Thema beschäftigte neben der Jugendhilfeverwaltung auch Forschungsprojekte und Praxisinitiativen. Nach und nach wurde es mit einer Symbolik aufgeladen, die zu der realen Größenordnung, in der die Maßnahme tatsächlich noch praktiziert wurde, in einem grotesken Missverhältnis stand. Die einen erhofften sich von der (Wieder)Einführung geschlossener Heime einen pädagogischen Ort, in dem ernsthafte Erziehungsarbeit mit einer hochproblematischen, auf anderen Wegen für die Pädagogik unerreichbaren Klientel überhaupt erst möglich wurde. Die andere Seite unterstrich die strukturellen und pädagogischen Risiken der Maßnahme oder lehnte sie aus grundsätzlichen moralischen Erwägungen rundweg ab.
In den achtziger Jahren flaute der Streit allmählich ab. Immerhin hatte er insofern sein gutes gehabt, als die aufgeregte Skandalisierungsoptik von einst einer pragmatischen Sichtweise gewichen war, die den ins Schussfeld geratenen Einrichtungen Lernprozesse und Konzeptänderungen ermöglichte. Wer sich wirklich die Mühe machte, die entsprechenden Heime von innen kennenzulernen, musste bald erkennen, dass es in einigen „geschlossenen" Gruppen im Hinblick auf persönlichen Umgang, Verständnis und Engagement für die Jugendlichen deutlich offener zu-

ging als in manchem „offenen“ Heim. Und auch die Größenordnungen des Streitobjekts waren jetzt besser einzuschätzen als zu Beginn der Auseinandersetzung, als immer wieder von beunruhigenden Grauzonen unkontrollierter Einschlusspraktiken die Rede war. 1989 waren in der (alten) Bundesrepublik noch ca. 320 Heimplätze als geschlossene Plätze ausgewiesen, davon 136 in Mädchenheimen (v. WOLFFERSDORFF u.a. 1996, S.60). Seit dieser Zeit waren die Zahlen lange Zeit weiter rückläufig und haben sich Ende der neunziger Jahre bei wenig mehr als 100 eingependelt. Eine exakte Angabe ist nicht möglich, weil keine neueren Erhebungen durchgeführt wurden, doch kann diese Zahl als einigermaßen zuverlässige Expertenschätzung gelten (vgl. auch SCHMITT 1997).

Viele Anzeichen deuten jedoch darauf hin, dass das Blatt sich wendet. Seit einigen Jahren wird in mehreren Bundesländern sehr konkret über die Wiedereinführung bzw. den Ausbau der geschlossenen Unterbringung diskutiert, selbst dort, wo dies noch vor kurzer Zeit als jugendpolitisches Sakrileg gegolten hätte (wie in Hessen). Steigende Zahlen im Bereich der Jugendkriminalität (aber auch der Kinderdelinquenz) und ein im internationalen Maßstab verändertes kriminalpolitisches Klima haben das ihre dazu beigetragen, das überwunden geglaubte Thema erneut auf die Tagesordnung der Jugendhilfe zu setzen. Empörung über die Aktivitäten von Glatzen, Hools und Rechtsradikalen bricht sich in der Forderung nach ausbruchsicheren Orten Bahn, an denen aggressive Jugendliche zuverlässig verwahrt werden können. Doch nicht nur in der Medienöffentlichkeit, vonseiten der Politik, der Justiz und des Strafvollzugs erhält das Verlangen nach einem breitgefächerten Angebot geschlossener Heimplätze neue Dringlichkeit. Auch aus der Jugendhilfe selbst wird immer wieder nach „erlösenden Konzepten“ für die Betreuung von Problemfällen gerufen, von denen jeder Versuch einer pädagogischen Zuwendung abzuprallen scheint. Nimmt die Gruppe dieser Problemfälle zu? Wird nicht auch eine noch so gut ausgebaute, präventive, auf Integration setzende Jugendhilfe für solche Fälle verlässliche, rechtlich klare Ausnahmeregeln finden müssen? Mit anderen Worten: Wäre es nicht geradezu ein Zeichen der Souveränität, wenn endlich anerkannt würde, dass jedes Angebotssystem erzieherischer Hilfen an einzelnen Jugendlichen scheitern wird – für die dann auch *im Einzelfall* Lösungen gefunden werden müssen, die unter Umständen eine kurzfristige Freiheitsbeschränkung beinhalten können? Wäre es dann aber nicht auch konsequent, solche Lösungen prinzipiell nur in *offenen* Einrichtungen durchzuführen – ohne in das überholte Konzept einer regelhaften Geschlossenheit mit all den bekannten Ambivalenzen und Widersprüchen zurückzufallen? Wenn ja: Wie müssten diese Heime ausgestattet sein? Solche Fragen sind es, die den wieder aufgeflammten Streit über das Einschließen brisant und schwierig machen - zumal die wenigen noch bestehenden „geschlossenen“ Einrichtungen ihre Praxis unter den Augen einer empfindlichen Fachöffentlichkeit auch in den letzten Jahren so weiterentwickelt haben, dass die notorischen Vorwürfe von Zwangspädagogik und Einschlussroutine ins Leere laufen.

Ein Ausbau der geschlossenen Unterbringung von einer marginalen Restgröße zu einer tragenden Säule des Systems, so argumentieren demgegenüber die Skeptiker, führt mit großer Wahrscheinlichkeit zu einer problematischen Sonderinstitution – vor allem dann, wenn er flächendeckend erfolgt und dementsprechend nur schwach finanziert wird. Genau diese Forderung nach flächendeckendem Ausbau des Systems sei es aber, die vor dem Hintergrund einer dramatisierenden Medienberichterstattung über zunehmende Jugendgewalt gefordert werde. Am Ende komme es zu einer *self fulfilling prophecy*, bei der sich das Angebot seinen Bedarf schafft: Je mehr die nun wieder in größerer Zahl zur Verfügung stehenden Heime von anderen Einrichtungen der Jugendhilfe, von der Kinder- und Jugendpsychiatrie und der Justiz als „Überlaufbecken“ betrachtet werden, desto stärker schaukeln sich dort die Schwierigkeiten auf. Und gelte es erst einmal als opportun, Problemfälle (sozusagen mit amtlicher pädagogischer Legitimation) an eigens für sie zuständige Spezialisten abzugeben, dann bestehe die Gefahr, dass von dieser Möglichkeit bald im Übermaß Gebrauch gemacht werde. Schließlich: Auch in offenen erzieherischen Settings lasse sich jene Atmosphäre von intensiver Betreuung schaffen, auf das die Verteidiger der geschlossenen Unterbringung ihre Argumente stützen (zu den weiteren Einzelheiten der Debatte vgl. v. WOLFFERSDORFF u.a. 1990, 1996 und 1999; DVJJ 1994; DPWV/IGFH 1995; PANKOFER 1997).
So präsentiert sich - in großen Zügen wiedergegeben - der gegenwärtige Stand im Streit um die geschlossene Unterbringung. Entspringen die genannten Einwände einer realistischen Risikoabwägung, oder handelt es sich um übertriebenes Misstrauen? In einer breiteren Perspektive, die den gesellschaftspolitischen Kontext der Diskussion nicht aus den Augen verliert, lässt sich das nur klären, wenn auch die *kriminalpolitischen* Irritationen der letzten Jahre in die Betrachtung einbezogen werden.

3.3. Kriminalpolitische Irritationen: Die aktuelle Debatte über Jugendkriminalität und Gewalt

Seit den siebziger Jahren sind in der BRD zahlreiche Initiativen mit dem Ziel entstanden, die herkömmliche Praxis der Jugendstrafe, des Jugendarrests und der Untersuchungshaft mit Hilfe sozialpädagogischer Ansätze zu verändern sowie ihre Arbeit qualitativ zu verbessern. Die Kritik galt der Tatsache, dass sich die Realität der Gefängnisse trotz jahrelanger Reformdiskussionen nur unwesentlich verändert hatte, dass der Ausbau der im Strafvollzugsgesetz vorgesehenen offenen Vollzugsformen nur schleppend voranging und dass die Forderung nach wirklichen Alternativen zu den klassischen geschlossenen Institutionen zwar oft erhoben, aber nur selten eingelöst wurde. Der Anspruch der *ambulanten Bewegung*, wie diese Initiativen bald zusammenfassend genannt wurden, galt daher konkreten Verbesserungen der kriminalpädagogischen Praxis. Eine breite Bewegung reformorientierter Projekte und Programme, die sich als „Reformbewegung von unten" verstand, leitete eine neue Phase der Kooperation zwischen Jugendhilfe, Justiz und Polizei ein und erschloss der Sozialpädagogik lange ersehnte neue Handlungsfelder. Auch in theoretischer Hinsicht ergaben sich daraus interessante und kontroverse Fragestellungen, die in der Fachöffentlichkeit über Jahre hinweg zu engagierten Auseinandersetzungen führten: Wie weit kann der Anspruch des Diversionsprinzips, d.h. der „Umleitung" von Straftätern um das formelle Sanktionensystem im Interesse ihrer „pädagogischen" Behandlung gehen? Verbirgt sich hinter der Pädagogisierung der Straffälligenhilfe nicht eine stillschweigende Ausweitung sozialer Kontroll- und Verfügungsansprüche, ein „net – widening – Effekt", mit dessen Hilfe am Ende nicht weniger, sondern mehr Sanktionen zur Verfügung stehen? Überhaupt, erkauft sich die Sozialpädagogik ihr neues Betätigungsfeld nicht durch einen zweifelhaften deal, der ihr letztlich nur einen Platz „im Souterrain der Justiz" (MÜLLER/OTTO 1986) anweist?

Der sozialpädagogisch-kriminologischen Grundsatzdebatte folgte eine Phase des Experimentierens und Erprobens, die das Handlungsspektrum der Straffälligenhilfe deutlich erweitert hat. Im Rahmen der Sozialen Gruppenarbeit wurden mit Hilfe bundesweiter Modellprogramme neue Arbeitsformen wie das Soziale Training erprobt, das inzwischen einen festen Platz im sozialpädagogischen Methodenarsenal einnimmt. Auf diese Weise konnte sich in der Praxis eine Vielzahl unterschiedlicher Formen offener Straffälligenhilfe herausbilden, die vor allem freien Trägern einen breiten pädagogischen Spielraum lassen. Elemente der Gruppenarbeit können mit intensiver Einzelbetreuung (s.o.) verbunden wer-

den; Ansätze zu themenzentrierter Interaktion (TZI) wechseln mit sportlichen und erlebnispädagogischen Elementen (Gruppenfahrten, Exkursionen); Informationen über spezifische Probleme (Rechtsfragen, Drogen, Aids etc.) stehen neben handwerklichen Tätigkeiten, Videoarbeit, Rollenspielen oder der Einübung von Verhaltenskompetenzen (Umgang mit Ämtern, Selbstdarstellung bei Arbeitgebern etc.).
Weitere Ansätze, die in der Straffälligenhilfe erprobt wurden und inzwischen zu ihrem festen Methodenbestand zu rechnen sind, wurden im Bereich der Arbeitsweisen und des Täter-Opfer-Ausgleichs entwickelt. Vor allem letzterer hat sich in letzter Zeit, ebenfalls vor dem Hintergrund bundesweiter Modellprogramme, dynamisch entwickelt. Dem Täter soll die Möglichkeit gegeben werden, einen Beitrag zur Wiedergutmachung des von ihm verursachten Schadens zu leisten, sodass auch den Interessen des bzw. der Geschädigten (sofern er/sie dies akzeptiert) Genüge getan werden kann. Insofern liegt in der Intensivierung des Täter-Opfer-Ausgleichs auch der Versuch, die lange Zeit stark vernachlässigten Belange des Opfers von Straftaten besser zur Geltung zu bringen.
Doch geht es in den aktuellen Diskussionen über den Anstieg von Jugendkriminalität und Gewalt auch um den Versuch, die verbreitete Kriminalitätsangst der Bevölkerung für eine grundlegende Revision der Kriminalpolitik zu nutzen. Dass die Argumente sich dabei im Kreise drehen, ist unübersehbar. Offenbar kranken sie daran, dass die zur Ursachenanalyse herangezogenen Bewertungsmaßstäbe entweder überkomplex oder überkonkret sind. Ersteres muss zahlreichen der in Mode gekommenen Versuchen vorgehalten werden, den Anstieg von Kriminalitätsziffern (auch wenn es sich nur um Schwankungen binnen weniger Jahre handelt) und vor allem die angeblich zunehmende Gewaltbereitschaft junger Menschen *direkt* aus epochalen gesellschaftlichen Prozessen abzuleiten – Individualisierung, Armut, Desintegration. Letzteres gilt für das von den Massenmedien zur Perfektion getriebene Jonglieren mit schlimmen Einzelfällen, die je nach Bedarf als Vorboten des Wertezerfalls, als Anzeichen für den Zusammenbruch der Familie oder als Frucht „liberaler Erziehung" präsentiert werden können. Beide Strategien zeichnen sich dadurch aus, dass sie Analyseansätze, die auf makrosoziologischer Ebene durchaus sinnvoll sein können, in unzulässiger Verkürzung auf Teilprobleme von allenfalls mittlerer Reichweite übertragen.

4. Resümee

Entgegen den weitreichenden Erwartungen, die mit der (Wieder)Einführung geschlossener Unterbringung als Regelpraxis gegenwärtig verknüpft werden, dürfte sich eine solche Richtungsentscheidung, juristisch ausgedrückt, abermals als „untauglicher Versuch am untauglichen Objekt“ erweisen. Schon die immensen Kosten, die ein solches Vorhaben angesichts der unabdingbaren Personalintensität pädagogisch-therapeutischer Intensivbetreuung mit sich bringen würde (Tagessätze bis zu 500.- DM sind in diesem Bereich kaum zu umgehen), sollten angesichts der Knappheit aller öffentlichen Kassen zu denken geben. Da sich die in der öffentlichen Auseinandersetzung über Problemkids an die Adresse der Jugendhilfe gerichteten Forderungen weniger für den komplizierten Aspekt *Therapie*, sondern mehr für den einfachen Aspekt *Wegschließen* interessieren, liegt hier ein brisantes Problem. Auch wohlklingende Euphemismen wie „verbindlicher Aufenthalt“ (AHRBECK/STADLER 2000) können nicht darüber hinwegtäuschen, dass sich unter den gegebenen Rahmenbedingungen vor allem Billigversionen einfacher Verwahrung herausbilden würden, die von einem gut ausgestatteten und hochqualifizierten therapeutischen Milieu denkbar weit entfernt sind.

Zu warnen ist aber auch vor der gängigen Meinung, geschlossene Heime könnten ein probates Mittel zur Umerziehung gewaltbereiter Jugendlicher mit rechtsradikaler Gesinnung sein. Wie ausgerechnet bei Jugendlichen aus dem rechten Hassmilieu die zuvor versäumte Bildung, Ausbildung und Erziehung durch *Einschließen* nachgeholt werden soll, bleibt unerfindlich. Zu erwarten ist eher, dass sich in einem so labilen Milieu Erfahrungen wiederholen werden, wie man sie aus dem Strafvollzug kennt. „So hat zum Beispiel der Knast für die „deutschnationale“ Szene in einigen Ländern des Ostens die Funktion einer Führungsakademie übernommen. Einige Jugendgefängnisse sind fest in rechtsextremer Hand“ (FINDEISEN/KERSTEN 1999, S.26). Aggressionen gegen Erzieher und Mitbewohner, Brandstiftung, gelangweilte Abwehr gegen alles, was als „pädagogisches Gelabere“ daherkommt - die Mechanismen sind seit langem bekannt. Auch dass die Einführung geschlossener Heime in den neuen Bundesländern als Anknüpfung an der früheren Jugendwerkhoferziehung (miss)verstanden werden könnte, sollte nicht übersehen werden. Zwangsläufig würde von der Wiedereinführung geschlossener Heime also in mehrfacher Hinsicht eine Signalwirkung ausgehen. Viele Einrichtungen der Jugendhilfe würden sich plötzlich darin bestärkt sehen, ihre jeweils schwierigsten „Fälle“ abzugeben, um den

Rücken für die Arbeit mit den anderen freizubekommen – die auch so noch aufreibend genug ist. Wenn die Problemfälle doch nun endlich in einem speziell für sie geschaffenen Rahmen betreut werden können - warum dann noch weiter an Ort und Stelle nach integrativen Lösungen suchen?

Der Schlüssel für die Lösung des Problems liegt daher nicht in der Wiederbelebung zweifelhafter institutioneller Lösungen, von denen man sich eben erst verabschiedet hat. Vielmehr müsste ernsthafter als bisher versucht werden, die vorhandenen Einrichtungen besser auf die Bewältigung erwartbarer Konflikt- und Krisensituationen vorzubereiten - und sie dafür quantitativ und qualitativ entsprechend auszustatten. Gerade darin läge ein Beitrag zu vorausschauender, realitätsbezogener Hilfeplanung in einer Zeit, in welcher der Druck auf die „Fremdunterbringung" von Kindern aus überforderten und zerstörten Familien wieder messbar zugenommen hat. Der erzieherische Bedarf *im Einzelfall* und nicht die Erfüllung eines populistischen Verlangens nach zusätzlichen Einschlussvorrichtungen muss dabei im Vordergrund stehen. Letztlich erscheint ein solcher Weg vielversprechender als die Neuauflage von Versuchen, die schon in der Vergangenheit gescheitert sind - und von der Jugendhilfe genau aus diesem Grunde bis auf wenige Ausnahmen bundesweit beendet wurden.

Allerdings beinhaltet eine solche pragmatische Position auch die Anerkennung einer schlichten Tatsache: In dem chaotischen Durcheinander zwischen familialer Desorganisation, persönlichem Aufruhr und scheiternden Erziehungsversuchen, das die Biographie dieser Jugendlichen prägt, wird es immer wieder Einzelfälle und Notsituationen geben, bei denen ein prinzipienstarres „Nein zum Einschließen" nicht weiterhilft. Dass es auch in Zukunft hochspezifische Ausnahmen geben wird, in denen selbst das fortschrittlichste Hilfesystem für kurze Phasen und unter kontrollierten Rahmenbedingungen auf Freiheitsbeschränkungen zurückgreifen muss, lässt sich trotz dieser Argumente gegen die geschlossene Unterbringung vernünftigerweise nicht leugnen. Es geht also nicht, wie dies in den zurückliegenden Auseinandersetzungen über das pro und contra geschlossener Unterbringung leider immer wieder der Fall war, um das Durchhalten rigider Grundsatzpositionen. Letztlich schrumpft der zum moralischen Kardinalproblem aufgebauschte Streit bei nüchterner Betrachtung auf eine Kernfrage zusammen, bei der es nicht mehr um Ideologien, sondern um Verantwortung für die Entwicklung zeitgemäßer Jugendhilfestrukturen geht: Wie lässt sich verhindern, daß geschlossene Heime unter dem Druck von Politik und Justiz, in vorauseilender Anpassung an eine sachlich uninformierte, gleichwohl nach

Strafe verlangenden Medienöffentlichkeit wieder zu einer *Regelpraxis* der Jugendhilfe werden? Die Überlegungen, die der Jugendpsychiater Jörg FEGERT vor einiger Zeit zur Frage der geschlossenen Unterbringung formulierte, erscheinen in diesem Zusammenhang noch immer aktuell:
„Die Institution, die diese Maßnahmen durchführen soll, muß personell hervorragend ausgestattet sein und sollte deshalb aufgrund ihres Angebots mit der *Ambivalenz*, die bei diesen Jugendlichen fast immer vorhanden ist, positiv arbeiten können. Gerade die *regelhafte Geschlossenheit* einer Einrichtung trägt diesem Charakter der Ambivalenz nicht Rechnung" ... und an anderer Stelle: „Überregionale, größere, perfekter zu schließende und als geschlossene Institution leichter zu verwaltende „Anstalten" sind zu problematisch" (FEGERT 1994, S.311 und 313).
Vielleicht enthalten Überlegungen dieser Art ja doch den Kern einer Auffassung, in der sich die bisherigen, polarisierten Streitpositionen so „aufheben" lassen, dass sie sich nicht länger reflexartig aneinander abarbeiten müssen. Welche Risiken mit der von FEGERT angesprochenen institutionellen Lösung verbunden wären, lässt sich nach dem Gesagten absehen. Eine solche Praxis würde im komplizierten Gelände zwischen Jugendhilfe, Justiz und Jugendpsychiatrie schon bald ihr Eigenleben führen und für zusätzliche Abgrenzungsprobleme sorgen. Für die dort untergebrachten Jugendlichen wäre sie vor allem ein weiteres Glied in jener Abfolge von Erziehungsversuchen, die das ganze für sie zur *Karriere* werden lässt. Darin liegt das eigentliche Problem im Endlosstreit über die Frage, was es in der sozialpädagogischen Arbeit mit schillernden Bezeichnungen wie „geschlossen" und „offen" auf sich hat.

5. Literaturverzeichnis

AHRBECK, B. / STADLER, B.: Geschlossene Unterbringung und verbindlicher Aufenthalt. Ideologie und Wirklichkeit. In: ZEITSCHRIFT FÜR HEILPÄDAGOGIK. Heft 1,2000, S.21-26.

AICHHORN, A.: Verwahrloste Jugend. Die Psychoanalyse in der Fürsorgeerziehung. Leipzig/Wien/Zürich 1925.

AUTORENKOLLEKTIV (AHLHEIM, R.): Gefesselte Jugend. Fürsorgeerziehung im Kapitalismus. Frankfurt am Main 1971.

BÄUMER, G.: Die historischen und sozialen Voraussetzungen der Sozialpädagogik und die Entwicklung ihrer Theorie. In: NOHL, H. / PALLAT, L.: (Hrsg.): Handbuch der Pädagogik. Band 5. Langensalza 1929.

BASAGLIA, F. / ONGARO BASAGLIA, F.: Die Ideologie der totalen sozialen Kontrolle. Frankfurt am Main 1971.

BETTELHEIM, B.: Der Weg aus dem Labyrinth. Leben lernen als Therapie. Stuttgart 1975.

BÖHNISCH, L.: Heimerziehung und Sozialstaat. In: COLLA, H.E. u.a. (Hrsg.): Handbuch Heimerziehung und Pflegekinderwesen in Europa. Neuwied/Kriftel 1999, S.417-424.

COOPER, D.: Psychiatrie und Antipsychiatrie. Frankfurt am Main 1971.

DPWV/IGFH (Hrsg.): Argumente gegen geschlossene Unterbringung in Heimen der Jugendhilfe. Frankfurt am Main 1995.

ERLER, M.: Soziale Arbeit. Ein Lehr- und Arbeitsbuch zu Geschichte, Aufgaben und Theorie. 3. Auflage. Weinheim/München 1997.

FEGERT, J.M.: Geschlossene Unterbringung als Maßnahme der Jugendhilfe? Ein Beitrag aus kinder- und jugendpsychiatrischer und psychotherapeutischer Sicht. In: DVJJ-JOURNAL. Heft 3-4,1994, S.309-313.

FINDEISEN, H.-V. / KERSTEN, J.: Der Kick und die Ehre. Vom Sinn jugendlicher Gewalt. München 1999.

FOUCAULT, M.: Überwachen und Strafen. Die Geburt des Gefängnisses. Frankfurt am Main 1977.

GOFFMAN, E.: Stigma. Notizen zur Bewältigung beschädigter Identität. Frankfurt am Main 1970.

GOFFMAN, E.: Asyle. Über die soziale Situation psychiatrischer Patienten und anderer Insassen. Frankfurt am Main 1973.

GROSS, J.: Spiegelgrund. Leben in NS-Erziehungsanstalten. Wien 2000.

JERVIS, G.: Kritisches Handbuch der Psychiatrie. Frankfurt am Main 1978.

KAPPELER, M.: Der schreckliche Traum vom vollkommenen Menschen. Rassenhygiene und Eugenik in der Sozialen Arbeit. Marburg 2000.

LAING, R.: Das geteilte Selbst. Köln 1972.

LAMPEL, P.M.: Revolte im Erziehungshaus. Berlin 1929.

LANDWEHR, R. / BARON, R. (Hrsg.): Geschichte der Sozialarbeit. Hauptlinien ihrer Entwicklung im 19. und 20. Jahrhundert. 3. Auflage. Weinheim 1995.

MÜLLER, C.W. (Hrsg.): Einführung in die Soziale Arbeit. 3. Auflage. Weinheim/Basel 1993.

MÜLLER, S. / OTTO, H.U.: Damit Erziehung nicht zur Strafe wird. Bielefeld 1986.

MÜNCHMEIER, R.: Zugänge zur Geschichte der Sozialarbeit. München 1981.

MÜNCHMEIER, R.: Geschichte der Heimerziehung 1870-1936. In: COLLA, H.E. u.a. (Hrsg.): Handbuch Heimerziehung und Pflegekinderwesen in Europa. Neuwied/Kriftel 1999, S.141-151.

NIEMEYER, C.: Die Schlacht um die Jugendhilfe oder Intention und Wirkung Wicherns. In: NIEMEYER, C. / SCHRÖER, W. / BÖHNISCH, L. (Hrsg.): Grundlinien Historischer Sozialpädagogik - Traditionsbezüge, Reflexionen und übergangene Sozialdiskurse. Weinheim/München 1997, S.71-94.

NOHL, H.: Die pädagogische Bewegung in Deutschland und ihre Theorie. 8. Auflage. Frankfurt am Main 1978.

PANKOFER, S.: Freiheit hinter Mauern. Mädchen in geschlossenen Heimen. Weinheim/München 1997.

PEUKERT, D.: Edelweißpiraten. Protestbewegungen jugendlicher Arbeiter im Dritten Reich. Köln 1980.

PEUKERT, D.: Grenzen der Sozialdisziplinierung. Aufstieg und Krise der deutschen Jugendfürsorge 1878-1932. Köln 1986.

REDL, F./ WINEMAN, D.: Kinder, die hassen. München 1979.

SACHße, C.: Mütterlichkeit als Beruf. Sozialarbeit, Sozialreform und Frauenbewegung 1871-1929. Opladen 1994.

SACHßE, C. / TENNSTEDT, F.: Geschichte der Armenfürsorge in Deutschland. Vom Spätmittelalter bis zum 1. Weltkrieg. Stuttgart 1980.

SCHMITT, J.: Ergebnisse einer Umfrage bei den Landesjugendämtern zur geschlossenen Unterbringung. In: EVANGELISCHE JUGENDHILFE. Heft 6,1997, S.263-274.

SCHRAPPER, C.: Hans Muthesius (1885-1977). Ein deutscher Fürsorgejurist und Sozialpolitiker zwischen Kaiserreich und Bundesrepublik. Münster 1993.

STIERLIN, H.: Eltern und Kinder. Das Drama von Trennung und Versöhnung im Ablösungsprozeß. Frankfurt am Main 1980.

STIERLIN, H.: Haltsuche in Haltlosigkeit. Grundfragen der systemischen Therapie. Frankfurt am Main 1997.

SUTTON, N.: Bruno Bettelheim - Auf dem Weg zur Seele des Kindes. Hamburg 1996.

SÜDDEUTSCHE ZEITUNG vom 04.05.2000, S.1.

Gerald Knapp

HEIMREFORM IN ÖSTERREICH ZWISCHEN ANSTALTS-ERZIEHUNG UND LEBENSWELTORIENTIERTER SOZIAL-PÄDAGOGIK

1. Einleitung

In allen historischen Entwicklungs- und Reformperioden der „Heimerziehung" in Österreich waren die zu bewältigenden sozialen Probleme auf vielfältige Weise mit den gesellschaftlichen Voraussetzungen, Bedingungen und Begleiterscheinungen verbunden. „Heimreform" ist daher in hohem Grad ein öffentliches bzw. sozialpolitisches Problem, zu dem unterschiedliche Werthaltungen, Meinungsbilder und Standpunkte bestehen.
Jede Stellungnahme erfolgt letztlich vor dem Hintergrund eines aktuellen Diskussions- und Bewusstseinsprozesses, der vielfach durch widersprüchliche Standpunkte beherrscht wird.
Es scheint mir daher notwendig zu sein, zunächst von den veränderten gesellschaftlichen Rahmenbedingungen auszugehen.

2. Gesellschaftlicher Wandel und Heimerziehung

In den letzen Jahrzehnten haben sich durch tiefgreifende Veränderungen im wirtschaftlichen und soziokulturellen System der modernen Industriegesellschaften die Rahmenbedingungen der Familiensysteme, der Kindheit und Jugend sowie der Arbeitswelt drastisch verändert, die unter anderem auch entsprechende Auswirkungen auf das System der Jugendhilfe, insbesondere auf die „Heimerziehung" haben.
Ich möchte daher zunächst diese gesellschaftlichen Veränderungen und die damit zusammenhängenden „krisenhaften Erscheinungsformen" skizzieren und vor diesem Hintergrund der Frage nachgehen, was dieser gesellschaftliche Wandlungsprozess für die „Heimerziehung" bzw. „Heimreform" in Österreich bedeutet.

2.1 Veränderungen der Familiensysteme

Der strukturelle Wandel der Familie von der Groß- zur Kleinfamilie, die Zunahme von „Ein-Kind-Familien“ sowie von Familien mit Stief-, Adoptiv- und Pflegekindern, der Wandel der Lebenssituation von Familien durch die Berufstätigkeit beider Elternteile, die Wohnsituation, die hohe Mobilität und das Fehlen eines sozialen Nahraumes, in dem Geschwister, nahe Verwandte und der beständige Freundeskreis eine wichtige Funktion erfüllen, haben Auswirkungen auf die Einbindung von Familien und Kinder im sozialen Umfeld (vgl. ÖSTERREICHISCHER FAMILIENBERICHT 1999).

Hinzu kommt, dass sich die Autoritätsbeziehungen in den Familien in den letzten dreißig bis vierzig Jahren stark verändert haben. Die traditionelle Geschlechterordnung hat ihre gültige Verbindlichkeit eingebüßt, die Männer verlieren ihre dominante Stellung, die sie aufgrund höherer Bildung, ihrer öffentlichen Funktionen und durch die Rolle als „Ernährer der Familien“ bisher beansprucht haben. Ein Aufbruch in Richtung „Partnerschaft“ mit Frauen und Kindern ist nur ansatzweise in Sicht. Die Rolle der Frauen hat sich durch bessere Bildungschancen, steigender Berufstätigkeit und erweiterter Teilnahme am öffentlichen Leben verändert. Die Aufgaben von Frauen und Männern, Müttern und Vätern sind nicht mehr a priori vorgegeben, sondern Gegenstand des „Aushandelns verbindlicher Regelungen“. Das Zusammenprallen unterschiedlicher Bedürfnisse und Interessen führt zu steigenden Spannungen und Konflikten in den Familien und dadurch zu einem Ansteigen der „Scheidungsraten“, der Zunahme von „Scheidungswaisen“, „Einelternschaft“ und „Alleinerziehung“ (vgl. SCHEIPL 1995, S.120ff.; KNAPP 1999, S. 25ff.).
Die Kinder und Jugendlichen aus solchen familiären Verhältnissen stecken vielfach in „Lebenskrisen“, sind psychisch besonders instabil und zeigen „auffällige“ Verhaltensmuster (vgl. GAIER 1991, KARTEPFÄHLER 1991, TÜRKMEN-BARTA 1992), sind also potentielle Anwärter der Jugendhilfe bzw. der Heimerziehung.
Hinzu kommt eine „Armutsgefährdung“ der Familien aufgrund wirtschaftlicher Krisensituationen zum Beispiel durch steigende Arbeitslosigkeit.
Besonders betroffen sind davon Familien mit mehreren Kindern und nur einem „Verdiener“ bzw. alleinerziehende Mütter und Väter.
Die Arbeitsverhältnisse und die steigende Arbeitslosigkeit belasten die Familien aber nicht nur materiell, sondern führen zu schwerwiegenden

psychischen Auswirkungen (vgl. WALPER 1995, S. 181ff.; BIELIGK 1996, MANSEL/NEUBAUER 1998).

Die Betreuung und Versorgung der Kinder und Jugendlichen in den verschiedenen Familiensystemen wird daher immer schwieriger. Kinder und Jugendliche wachsen immer mehr in einem extrem belastenden „Familienklima“ auf. Eine zunehmende „Verunsicherung“, zahlreiche „Ängste“ und „Befürchtungen“ können damit einhergehen.
Unterstützende Familienhilfe im Sinne von Lebens-, Erziehungs- und Familienberatung stellt daher eine Herausforderung für das System der Jugendhilfe, SozialpädagogInnen und einer lebensweltorientierten Sozialpädagogik dar.

2.2 Veränderungen der Kindheit

Historisch-vergleichende Analysen zeigen, dass sich die Sozialisationsbedingungen von Kindern seit dem Zweiten Weltkrieg gravierend verändert haben (vgl. PREUSS-LAUSITZ/BÜCHNER u. a. 1983, FEND 1988, PREISSING/PREUSS-LAUSITZ u. a. 1990, S. 10ff.). Die traditionellen Formen sozialer Kontakte unter Kindern (z.B. Spielen mit Nachbarschaftskindern) werden durch eine „Verinselung des kindlichen Lebensraumes" abgelöst. Damit werden einerseits die Umwelterfahrungen von Kindern entscheidend verändert, andererseits bewirkt die zunehmende Mobilität der Familien eine „Aufsplitterung des kindlichen Lebensraumes“: Leben in der Familie, außerfamiliäre Betreuung und Bildung (z.B. in Kindergärten, Horten), Freizeitgestaltung an unterschiedlichen Orten, Einschränkung des Bewegungsraumes durch verkehrsreiche Straßen und teilweise Zerstörung der Umwelt.

Durch die „Verstädterung“ und die spezialisierten Funktionsräume in den dicht verbauten Gebieten werden Umwelterfahrungen von Kindern immens eingeschränkt. Stadtlandschaften, Parks, Gärten und Grünflächen sind vielfach mit „Spielverbotstafeln“ versehen, die ein besonderer Ausdruck gesellschaftlicher „Kinderfeindlichkeit“ sind.
Viele Kinder haben heute kaum mehr die Chance, ihre „Bewegungslust“ auszuleben oder mit Gleichaltrigen in der Nachbarschaft zu spielen. An die Stelle der freien Spiel- und Bewegungsmöglichkeiten sind „institutionalisierte pädagogische Arrangements“ im besonderen Einrichtungen getreten. Das freie Spiel der Kinder wird ersetzt durch „verschulte“ Kur-

se für „Ballett“, „Klavier“, „Basteln“, „Töpfern“, „Malen“ usw., und die Eltern werden vielfach zu „Sklaven“ initiierter Kindheit degradiert.
Die zunehmende Isolierung der Kinder von der Erwachsenenwelt und die Anpassung an die zeitlichen Strukturen der Erwachsenen (z.B. Öffnungszeiten von Betreuungseinrichtungen, Schulzeiten, Arbeitszeiten der Eltern) lassen wenig Raum für „Selbständigkeit" und eigene Umwelterfahrungen (vgl. WILK/BACHER 1994, KNAPP 2000, S. 23ff.).
Hinzu kommen die medialen Einflüsse auf das Leben der Kinder: „Fernsehen“ wird zur Traum- und Ersatzwelt, zum „Babysitter“ und Ersatz familiärer Beziehungen. Unsere Kinder werden heute vielfach materiell überversorgt (z.B. Markenartikel), jedoch emotional unterversorgt. Persönliche Zuwendung, Geborgenheit und emotionale Wärme werden für die Kinder zur „Mangelware“.
Verschärft wird diese „kindliche Lebenswelt“ dadurch, dass sich in den letzten zwanzig Jahren die Wertvorstellungen in unserer Gesellschaft tiefgreifend verändert haben. Traditionelle Wertorientierungen, die früher eher durch gesellschaftliche, kulturelle und religiöse Weltanschauung vorgegeben waren, sind erschüttert worden. Erziehungsziele, wie „Gehorsam“, „Pflichtbewußtsein“, „Fleiß“, „Ausdauer“ u. a., sind zwar nicht gänzlich verschwunden, treten aber zugunsten neuer Wertorientierungen im Erziehungsverhalten der Eltern in den Hintergrund: Erziehung zur „Selbstständigkeit“, „Kreativität“, „Eigenverantwortung“, „Durchsetzungsvermögen“, „Selbstentfaltung“ u. a. gewinnen mehr an Gewicht. Allerdings bedingt dieser Wertewandel auch eine große Erziehungsverunsicherung bei den Eltern und SozialpädagogInnen. Kinder und Jugendliche wachsen infolge dessen in einer Situation auf, die kaum mehr mit stabilen „moralischen Standards“, „Verbindlichkeiten“, „identifikationswürdigen Rollenbildern“ und „sinnstiftenden Ritualen und Symbolen“ verbunden sind (vgl. WINKLER 1999, S.310 f., DALFERTH 1999, S.385 ff.).
Dieser Verlust stabilisierender Systeme aufgrund des gesellschaftlichen Wertwandels, die mangelnde Erfahrung von Kontinuität in den sozialen Beziehungen und Lebenswelten sowie biographisch bedingte Beziehungsbrüche erschweren vielen Kindern und Jugendlichen den Aufbau von „persönlicher“ und „sozialer“ Identität (vgl. ERIKSON 1966). Diese skizzierten veränderten Sozialisationsbedingungen der Kindheit beeinflusst auch die Arbeit der SozialpädagogInnen in der Jugendhilfe, insbesondere in der „Heimerziehung“ und fordert zu neuen Antworten heraus.

2.3 Veränderungen der Jugend

Die Veränderungen im Bereich der „Jugend" sind vor allem durch zwei Tendenzen zu charakterisieren: Einerseits kommt es zur Intensivierung und Verlängerung der Ausbildung im schulischen und beruflichen Bereich mit dem Ziel der Vermittlung einer möglichst komplexen und qualitätsorientierten vorberuflichen/allgemeinen und beruflichen Kompetenz, andererseits scheitert die Integration von Jugendlichen in die Arbeitswelt vermehrt an den Problemen des Mangels von Arbeitsplätzen im allgemeinen und der Reduzierung von Arbeitsplätzen in traditionellen Berufsfeldern.

Die Folgen dieser Entwicklung stellen für viele Jugendliche ein Verzögern der beruflichen Integration dar, verbunden mit einer längeren ökonomischen Abhängigkeit vom Elternhaus oder von Maßnahmen sozialer Unterstützung. Der Übergang in die traditionelle Erwachsenenautonomie mit der Bewältigung der Entwicklungsaufgaben – Integration in die Arbeitswelt und Gründung einer eigenen Familie (vgl. ERIKSON 1988) gelingen häufig erst im höheren Jugendalter und sind verbunden mit Schwierigkeiten unterschiedlicher Art. Dort, wo das nicht glückt, kommt es zu Erwerbslosigkeit oder wechselnder Zeiten von Erwerbstätigkeit und Arbeitslosigkeit, zur Rückkehr von älteren Jugendlichen (vor allem jungen Männern) in die Herkunftsfamilie und häufig auch zur sozialen Isolation und Stigmatisierung (vgl. FEND 1988, HURRELMANN 1994).

Diese zunehmenden Lebensbarrieren, die in direkter Weise mit der ökonomischen Umstrukturierung der letzten Jahre zusammenhängen, werden von Außenstehenden, aber auch Betroffenen, immer wieder als individuelles Versagen und Schuld der betroffenen Jugendlichen gedeutet. Die Verarbeitung dieser Krisenerfahrungen geschieht meist individuell, ohne soziale Unterstützung und ist mit einem hohen Risiko des Scheiterns verbunden, das zu negativen Selbstbildern, sozialer Isolation, Abdrängen in Randgruppen und gesellschaftsfeindlichen Haltungen führen kann.

Daher sind auch im Bereich der Jugendhilfe bzw. „Heimerziehung" neue Entwürfe und Modelle gefordert.

3. Heimerziehung im Spiegel gesellschaftlicher Wandlungsprozesse

Was bedeuten nun die kurz skizzierten gesellschaftlichen Entwicklungsprozesse ansteigender „Pluralisierung von Lebensformen" und sozialen

Milieus als ein Nebeneinander gesellschaftlicher Gruppen ohne Schnittstellen, die zunehmende „Individualisierung" als Brüchigkeit des sozialen Zusammenlebens auch innerhalb der sozialen Gruppen (z.B. der Familiensysteme), das „Abgehen“ von den traditionellen Werten, Normen und Deutungsmuster und schließlich die zunehmende „Polarisierung“ als Ausdruck der Spaltung der Lebensformen zwischen traditionell familienorientierten und berufs- bzw. karriereorientierten sozialen Gruppen (vgl. BECK 1986, HRADIL 1998, S. 29ff.; VESTER 1998, S. 37ff.) für das System der Jugendhilfe bzw. der „Heimerziehung“?

Zunächst bedeuten diese gesellschaftlichen Individualisierungsprozesse, dass die sozialen Probleme, die aus den Veränderungen der Familiensysteme, der Kindheit und Jugend sowie der Arbeitswelt entstehen, sich im gesamten Jugendhilfesystem bzw. im Bereich der „Heimerziehung“ nicht mehr mit traditionellen Institutionen, Organisations- und Interventionsformen bearbeiten und bewältigen lassen.

Die jüngste Entwicklung der „Heimerziehung“ in Österreich durch die Neuorientierung der Jugendwohlfahrt durch das Jugendwohlfahrtgesetz von 1989 mit seiner deutlichen Akzentuierung der Stärkung der „Erziehungskompetenzen der Familie“, der „unterstützenden Angebote vor der Fremdunterbringung“, der „Professionalisierung der Erziehungs- und Sozialberufe“ und dem Prinzip der „Subsidiarität“ (Heranziehung freier Trägerorganisationen) ist zweifellos ein erster Schritt in die „richtige“ Richtung gewesen. Darüber hinaus war auch der Prozess der „Verkleinerung bestehender (Groß-)Heime“ und die „zunehmende Differenzierung des Angebotes“ in der stationären sozialpädagogischen Betreuung von Kindern und Jugendlichen in Form der Errichtung von „Wohngemeinschaften“, die Förderung und Verbesserung der Situation der „Pflegefamilien“, anstelle von „Kleinkinderheimen“, sowie die Reduktion der Belagsstärke bestehender Heiminstitutionen (vgl. JUGENDAMT DER STADT WIEN 1981 und 1988, KNAPP/OTTOMEYER 1985, SCHEIPL 1999) wichtig, aber inzwischen haben sich in den letzten zwanzig Jahren die gesellschaftlichen Voraussetzungen gravierend verändert.
Man kann SCHEIPL (1999, S.82) vollkommen zustimmen, der in seiner quantitativen Analyse der Trägerschaft und Betreuungsformen der „Heimerziehung“ in den österreichischen Bundesländern zum Schluss kommt, dass der „insgesamt feststellbare Trend zu Dezentralisierung und Verkleinerung der Einrichtungen für stationäre sozialpädagogische Betreuung erfreulich ist (...), dass aber diese Betreuungsformen als Modelle im wesentlichen aus den 70er Jahren stammen und Antworten auf

die damaligen Lebensnöte der Jugendlichen darstellen. Ohne die Bedeutung des Beziehungshandelns bzw. des pädagogischen Bezuges in der JW-Erziehung schmälern zu wollen, sei an die verstärkte Problematik der Individualisierung bei den gegenwärtigen Jugendlichen erinnert. Demnach wäre zu überlegen, ob nicht im Sinne der Lebensweltorientierung in nächster Zukunft verstärkt in Angebote flexibler Erziehungs- bzw. flexibler Betreuungshilfen investiert werden sollte".

Bevor ich auf die ersten Ansätze der Entwicklung von „Lebensweltorientierten Reformansätzen" eingehe, möchte ich aber noch einige grundsätzliche Probleme aufzeigen:

3.1 Heimerziehung und mangelnde Professionalisierung

Die erfreulichen Reformbemühungen der Dezentralisierung und stärkeren Individualisierung in den Betreuungsformen wurden aus meiner Sicht nicht ausreichend durch eine verstärkte „Professionalisierung der SozialpädagogInnen" unterstützt. Die Aus- und Weiterbildung von SozialpädagogInnen wurde viel zu wenig auf die strukturellen Veränderungen und Anforderungsprofile der neuen Betreuungsformen abgestimmt. Die Dezentralisierungs- und Individualisierungstendenzen brachten den SozialpädagogInnen zwar mehr „Freiheit" und „Selbstverantwortung" in der konzeptionellen Gestaltung des Erziehungsalltages, aber viele von ihnen waren oder sind auf diese neuen Aufgaben zu wenig vorbereitet worden, können diese Handlungsspielräume trotz großem Engagement nicht deutlich sehen, ausnützen und erweitern. Viele SozialpädagogInnen fühlen sich durch die neuen konzeptionellen und planerischen Aufgabenstellungen überfordert.
Dies kann dann leicht zu „emotionaler Distanz", „Gleichgültigkeit", „Beliebigkeit von Entscheidungen" und „Unverbindlichkeit" (vgl. KNAPP 1990, DALFERTH 1999, S.386; MÜLLER 1999, S.408) im sozialpädagogischen Alltagshandeln führen. Empirische Untersuchungen über die Entwicklung der Heimerziehung Ende der 80er Jahre belegen anschaulich, dass strukturelle Defizite vor allem in Fehlen oder in der mangelhaften Verbindlichkeit sozialpädagogischer Modelle, in der unzureichenden Planung des Erziehungsprozesses und der Strukturierung von Alltagssituationen (z.B. Mittagessen, Hausaufgaben, Schlafengehen) bestanden (vgl. PLANUNGSGRUPPE PETRA 1988).
Aus meiner mehrjährigen Erfahrung in der Weiterbildung von SozialpädagogInnen (z.B. am Landesjugendheim Görtschach im Rosen-

tal/Kärnten) kann ich diese empirischen Ergebnisse auch für österreichische Verhältnisse nur bestätigen.
Die Tendenz zur mangelnden Handlungskompetenz und daraus resultierenden Überforderung der SozialpädagogInnen hängen unter anderem damit zusammen, dass die „sozialpädagogischen Ausbildungsgänge in Österreich“ (vgl. SCHEIPL/RINDER u. a. 1997, S.20ff.) zwar erweitert wurden, aber noch immer vielfach an dem Organisationsmodell der traditionellen Schule orientiert sind, wodurch die Ausbildung von SozialpädagogInnen weitgehend einer „Verschulungs- und Bürokratisierungstendenz" unterliegt (vgl. DIEMERT 1990, S.91ff.; KNAPP/TIETZE 1998, S.667ff.).
Die Ausbildung der SozialpädagogInnen in den unterschiedlichen Formen (z.B. Fachschulen für Sozialberufe, Bildungsanstalten für Sozialpädagogik, Kolleg für Sozialpädagogik) orientieren sich dabei an traditionellen Richtlinien (Organisationsstrukturen und Lehrpläne), die aber die Anforderungen der Dezentralisierung und Individualisierung der Betreuungsformen bzw. einer sich wandelnden Praxis und die Bedürfnisse der Studierenden kaum zur Kenntnis nehmen. Arbeitsprinzipien der „Wissenschafts-, Lebenswelt-, Praxisfeld-, Adressaten- und Problemorientierung" (vgl. KNAPP 1999, S.2 ff.), die eine stärkere Professionalisierung der SozialpädagogInnen mit sich bringen würden, finden nur sporadisch Anwendung.
Diese Voraussetzungen stellen unter anderem hemmende Bedingungen für eine weiterführende Reform der „Heimerziehung“ in Österreich dar.

3.2 Heimerziehung und Familienmythos

Zur mangelnden „Professionalisierung“ der SozialpädagogInnen kommt noch das Problem, dass man sich in fast allen historischen Entwicklungs- und Reformperioden (vgl. LAUERMANN 1998, S.40 ff.) der „Heimerziehung“ in Österreich am Beziehungsideal der „Familie“ orientiert hat, das als handlungsleitendes Vorbild in der sozialpädagogischen Alltagspraxis galt (vgl. SAUER 1979, HETTLAGE 1992, BÜHLER-NIEDERBERGER 1999, S.333 ff.). Dabei hat man bewusst oder unbewusst verdrängt, dass die „Familie“ in allen historischen Epochen niemals eine „ideale“ Form des menschlichen Zusammenlebens war. Vielmehr ist und war das Zusammenleben in einer Familie immer auch ein soziales „Konfliktfeld“, in dem die alltäglichen Verständigungsmuster an gewissen Regeln, Ritualen und Symbolen gebunden waren und in dem die unterschiedlichen lebensgeschichtlichen Erfahrungen, Interessen und Bedürf-

nisse ständig aufs Neue aufeinander abgestimmt werden mussten und müssen.
Die alltäglichen Konflikte rührten in den „Familien" einerseits immer schon von den Problemen bei der Verarbeitung der materiellen Voraussetzungen (z.B. unterqualifizierte Berufe, niedriges Einkommen) her, andererseits von dem Spannungsverhältnis zwischen den unterschiedlichen Bedürfnissen und Interessen der Kinder und Jugendlichen, den Eltern sowie den Erwartungen der unmittelbaren Bezugsgruppen. Die Kinder und Jugendlichen haben auch in allen historischen Entwicklungsphasen familiäre Konfliktsituationen als Kommunikations- und Beziehungsschwierigkeiten der Eltern und mit den Eltern bzw. den Geschwistern erlebt, modellhaft Erfahrungen in unterschiedlichen Formen und Ausprägungsgraden gemacht und diese als positive oder traumatische „Schlüsselerlebnisse" erfahren (vgl. MOLLENHAUER/ BRUMLIK/WUDTKE 1978, HIERDEIS 1985, BÖHNISCH/LENZ 1997).
In zahlreichen Konzeptionen traditioneller „Heimerziehung", aber auch in den Reformansätzen der 70er und 80er Jahre, insbesondere auch in den „Wohngemeinschaften", „Pflegefamilien", „Außenwohngruppen" (vgl. BIRTSCH u. a. 1980, WOLF/FREIGANG 1982, TEGETHOFF 1985, BLANDOW 1989) hat man sich am „Beziehungsideal" der Familie orientiert, das aber aufgrund der skizzierten Veränderungen der Familiensysteme, der Kindheit und Jugend in der modernen Industriegesellschaft und damit auch in Österreich nicht mehr besteht bzw. „brüchig" geworden ist.

3.3 Heimerziehung und Lebenslauf

Traditionelle Heimerziehungskonzeptionen orientierten sich darüber hinaus fast immer an der „normalen" sozialen Struktur von „Lebensläufen" der Kinder und Jugendlichen, also an der „Normalbiographie".

„Lebensläufe" sind grundsätzlich durch drei Merkmale gekennzeichnet:

- „durch Zeitpunkte des Übergangs von einer Position oder Status-Rollen-Kombination in eine andere;
- durch die Dauer des Aufenthaltes in einer bestimmten Position oder sozialen Lage und schließlich
- durch Sequenzen, also durch die Aufeinanderfolge unterschiedlicher Status-Rollen-Kombinationen oder verschiedener Lebensereignisse" (BERGER 1998, S.18).

Die jeweiligen Zeitpunkte des Ein- oder Übertritts, die Dauer des Aufenthalts sowie die Reihenfolge von Status- und Rollenpassagen werden nicht nur von normativen und kognitiven Erwartungssystemen, sondern vor allem auch in einem hohen Maße von den real existierenden Chancen und Möglichkeiten im Bildungssystem und am Arbeitsmarkt beeinflusst. Wenn ein Jugendlicher beispielsweise keinen Ausbildungsplatz findet, muss er sich auf „Umwege" oder „Warteschleifen" einstellen. Wenn ein Jugendlicher nach dem Abschluss einer Berufsausbildung aufgrund der Arbeitsmarktsituation keinen Arbeitsplatz findet, wird ihm der Eintritt in den Status der Erwerbstätigkeit verwehrt und dadurch kann der Loslösungsprozess vom Elternhaus und die Gründung einer eigenen Familie verzögert werden, was gleichzeitig eine längere ökonomische Abhängigkeit bedeutet.

Die Vorstellung eines standardisierten „Normallebenslaufes" mit seiner charakteristischen Dreiteilung – Vorbereitungs- oder Ausbildungsphase, Phase der „Aktivität", verstanden als Erwerbs- und Berufsarbeit, und eine „Ruhephase", die mit dem Eintritt in das Pensionsalter verbunden ist (vgl. KOHLI 1978 und 1985 S.1ff.), der planbar und überschaubar ist, lässt sich seit den 70er Jahren nicht mehr aufrechterhalten, zumal das Bildungssystem, der Arbeitsmarkt und der Wohlfahrtstaat „Krisenerscheinungen" zeigen und keinen „normalen" Lebenslauf garantieren können.

Die starren Muster der Lebenszeitorganisation, aber auch der Arbeitszeit (vgl. HÖRNING/GERHARD/MICHAILOW 1990) lösen sich zusehends auf und die Konturen einer „Normalbiographie" werden zunehmend unschärfer.

Die Übergänge zwischen Ausbildung und Arbeit, zwischen Erwerbstätigkeit und Erwerbsunterbrechungen werden häufiger, fließender und zum Teil umkehrbar. Die Grenzen zwischen „Kindheit", „Jugend" und „Erwachsenenalter" verschwinden immer mehr und erschweren ein „einheitliches Konzept von Identität" (vgl. STAHLMANN 1994, S.71ff.; LAUERMANN 1998, S.68).

Das System der Jugendhilfe bzw. der „Heimerziehung" kann sich daher nicht mehr an der „Normalbiographie" der Kinder und Jugendlichen orientieren, sondern muss darauf mit einer lebensweltorientierten Sozialpädagogik und flexibleren Erziehungs- und Betreuungshilfen reagieren.

3.4 Heimerziehung und Defizitorientierung

Zahlreiche Konzeptionen traditioneller „Heimerziehung“ orientieren sich nicht nur am „Mythos Familie“ als Beziehungsideal und an einer „Normalbiographie“ von Kindern und Jugendlichen, sondern auch an einem „Defizit-Modell“. Dabei ging man von der Vorstellung aus, dass Kinder und Jugendliche aufgrund der schwierigen familiären Verhältnisse psychisch besonders „instabil“ sind und „auffällige“ Verhaltensmuster zeigen, besonders „gefährdet“ und „hilfebedürftig“ sind und dass die Erziehung und Pflege, besonders die Wahrung des körperlichen Wohles und der Gesundheit sowie die unmittelbare Aufsicht innerhalb der Familie der Kinder und der Jugendlichen nicht oder nicht ausreichend gewährleistet würden. Daher käme je nach den Erfordernissen des „Einzelfalls“ die Unterbringung in einer Ersatzfamilie („Pflegefamilie“) oder in ein Heim bzw. einer spezifischen Betreuungsform in Betracht.
Diese „Defizitorientierung“ kindlicher Lebenswelt mit den zugeschriebenen „Verhaltensauffälligkeiten" bildete quasi die gesellschaftliche Legitimationsgrundlage traditioneller Formen der Heimerziehung. Dieses defizitorientierte Bild von Kindern und Jugendlichen impliziert gewichtige Konsequenzen: Kinder und Jugendliche, die einer „Fremderziehung“ vermeintlich bedürfen, würden quasi pathologische Muster der Norm menschlichen Verhaltens zeigen. „Normal“ wären also Kinder und Jugendliche, die nicht „Heimkinder“ wären, deren Verhalten nicht in Institutionen des Jugendhilfesystems bzw. der Heimerziehung kontrolliert und kompensiert würden.
Somit fielen alle Kinder und Jugendliche, die in Institutionen und Organisationsformen der „Heimerziehung“ betreut würden aus dem Rahmen „gesellschaftlicher Normalität“ und werden als „Sonderlinge“ in einem Schonraum der Erziehung, Pflege und Versorgung betreut. Traditionelle Institutionen der Heimerziehung kontrollieren somit die Funktion, die Häufigkeit, die Verteilung und die Art von Abweichungen, um unseren gesellschaftsspezifischen Begriff von „Normalität“ Geltung zu verleihen. Die scheinbaren oder wirklichen „Defizite“ und „Verhaltensauffälligkeiten“ von Kindern und Jugendlichen sollen dann in Institutionen des Jugendhilfesystems bzw. der Heimerziehung „ausgeglichen“, „therapeutisiert“ oder „resozialisiert“ werden (vgl. MOLLENHAUER 1973, S.ff.; KEUPP 1980, S.575ff.; KNAPP 1990, S.28ff.).
Diese skizzierte „Defizitorientierung“ traditioneller Formen der „Heimerziehung“ prägte jahrzehntelang nicht nur die Vorstellung von SozialpädagogInnen, sondern auch gesellschaftlicher Gruppen in Österreich.

Ich bin mir auch gar nicht so sicher, ob nicht nach wie vor an solchen Vorstellungen festgehalten wird.
In diesem Zusammenhang meinen KUPFFER/MARTIN (1994, S.15) zu recht: „Wer bei der Unterscheidung zwischen gestörten und intakten Verhalten verharrt, sieht den Menschen im Grunde noch immer mechanistisch, nach den Kategorien der Richtigkeit und Falschheit".
Die Folge ist, dass die wirkliche Lebenslage von Kindern und Jugendlichen nicht ausreichend erkannt wird.
Es scheint mir daher nötig zu sein, im Rahmen von „Heimreformbestrebungen", nicht nur vom „Mythos einer harmonischen Familie" und einer „Normalbiographie" von Kindern und Jugendlichen, sondern auch von einem zu „engen" Normalitätsbegriff Abstand zu nehmen.
Wir müssen ein System der Jugendhilfe entwerfen, dass auf der Grundlage wissenschaftlicher Erkenntnisse und eines lebensweltorientierten Denkens offene und flexible Erziehungs- und Betreuungsformen entwickelt.

4. Heimreform durch lebensweltorientierte Sozialpädagogik

Vor dem Hintergrund der veränderten gesellschaftlichen Rahmenbedingungen und der Kritik der Orientierung der traditionellen Heimerziehungskonzeptionen an „Familienmythos", „Normalbiographie" von Kindern und Jugendlichen, „Defizit-Modell" und der zu starken Tendenz zur „Therapeutisierung kindlicher Lebenswelt" entstand zu Beginn der 90er Jahre ein Paradigmenwechsel in Richtung „alltags- und lebensweltorientierter Jugendhilfe bzw. Heimerziehung" im Zusammenhang eines „Normalisierungsprozesses" von Sozialpädagogik (vgl. STAHLMANN 1994, S.16; LAUERMANN 1998, S.57ff.). Dabei geraten Vorschläge wünschenswerter Veränderungen in einem komplexen Arbeits- und Handlungsfeld, wie es das Jugendhilfesystem darstellt, leicht in Gefahr, „wirklichkeitsfremd" zu wirken. Auch bestdurchdachte Vorschläge ersparen den Betroffenen keineswegs die Auseinandersetzung mit Ängsten, Widerständen und Enttäuschungen, die bei Versuchen auftreten, Veränderungen durchzuführen. Die folgenden Überlegungen können daher nur die Richtung von Verbesserungslinien, die nach der vorausgegangenen Analyse sinnvoll erscheint, angeben. Verbesserungen von Mängeln im Jugendhilfesystem sind immer von den gesellschaftlichen Bedingungen abhängig. Reformen, die nicht von einer breiten „Öffentlichkeit" mitgetragen, unterstützt und durch institutionelle Festlegungen

abgesichert werden, hängen buchstäblich in der Luft und haben keine lange Lebensdauer.
Was heißt nun „lebensweltorientierte Jugendhilfe“?

Lebensweltorientierte Jugendhilfe

- setzt bei den Bedürfnissen, Anliegen und Problemen des alltäglichen Lebens der betroffenen Menschen (z.B. Kinder, Jugendliche, ältere Menschen) an;
- sieht die Schwierigkeiten im Kontext der jeweiligen Lebenswelt und im Zusammenhang mit den eigenen Lebenserfahrungen, Deutungs- und Handlungsmustern sowie den Möglichkeiten zur „Selbsthilfe“ der betroffenen Gruppen (z.B. Kinder, Jugendliche, ältere Menschen);
- unterstützt, die individuellen, materiellen, sozialen und politischen Ressourcen der „Selbsthilfe“ zu sehen, zu nützen und zu erweitern;
- orientiert sich an Prinzipien „präventiver“ Maßnahmen, „dezentraler und regionaler“ sozialpädagogischer Arbeit, an „partizipativen Entscheidungsprozessen" und „integrativen“ Maßnahmen und Prozessen;
- regt an, die Zusammenarbeit und den Erfahrungsaustausch mit anderen Institutionen und Organisationen (z.B. Schulen, Sozial- und Gesundheitswesen) sowie externen Beratungs- und Betreuungsstellen zu pflegen, um andere Problemlösungsstrategien kennenzulernen oder gemeinsam zu entwickeln;
- unterstützt eine „Vernetzung“ der unterschiedlichen Institutionen, Organisationen, Interventionsformen und Hilfsangebote, um dadurch die Kommunikationsstrukturen und den ständigen Erfahrungsaustausch zu verbessern (vgl. dazu THIERSCH 1999, S.431ff.).

Im gesamten beinhaltet „lebensorientierte Jugendhilfe“ eine ganzheitliche Sichtweise, knüpft bei den lebensgeschichtlichen Erfahrungen, Lebenslagen und Selbsthilfepotentialen der Betroffenen (z.B. Kinder, Jugendliche, ältere Menschen) an und versucht in Kooperation und Vernetzung mit unterschiedlichen Institutionen, Organisationen und Hilfsangeboten eine individuelle, selbstbestimmte und flexible Erziehungs- und Betreuungsform zu entwickeln, die zur „Lebensbewältigung“ und einem „sinnstiftenden Leben“ beiträgt.

4.1 Heimerziehung und Lebensweltorientierung

Im Zusammenhang mit diesen allgemeinen Zielvorstellungen und Prinzipien einer lebensweltorientierten Sozialpädagogik stellt sich nun die Frage, was denn Lebensweltorientierung im konkreten Arbeits- und Handlungsfeld der „Heimerziehung“ bedeutet. Grundlegendes Ziel einer „lebensweltorientierten Heimerziehung“ ist im Sinne präventiver Maßnahmen „Heimerziehung“, wenn möglich, überhaupt zu vermeiden, in dem die sozialen Probleme von Kindern und Jugendlichen nach Möglichkeit in der bestehenden Lebenswelt bearbeitet werden oder zumindest eine möglichst flexible, lebensnahe Betreuungsform gesucht wird.
Lebensweltorientierte Heimerziehung läßt sich durch folgende Merkmale kennzeichnen (vgl. STAHLMANN 1994, S.87; LAUERMANN 1998, S.58 f.; THIERSCH 1999, S.434 f.):

1) Entspezialisierung: Institutionen der Heimerziehung wären nicht mehr im Sinne eines speziellen „therapeutischen Settings“ zuständig für bestimmte Alters- und Problemgruppen von Kindern und Jugendlichen, sondern ambulante, begleitende Maßnahmen, die Hilfestellung und Unterstützung im jeweiligen Lebenszusammenhang der Kinder und Jugendlichen (z.B. Hilfe und Beratung in der Familie, Unterstützung von Jugendgruppen) stünden im Mittelpunkt.
Entspezialisierung bedeutet letztlich „aktive Familienhilfe“ und „mobile Jugendarbeit".

2) Dezentralisierung: In Institutionen der Heimerziehung, in denen Kinder und Jugendliche durch SozialpädagogInnen - aus welchen Gründen auch immer - betreut werden, wären Erziehungs- und Betreuungsprozesse nicht „anstaltsförmig", sondern „lebensweltlich“ strukturiert. Kleine Wohngemeinschaften im Verbundsystem lösen die Großheime ab und ermöglichen überschaubare Lebenszusammenhänge für Kinder, Jugendliche und SozialpädagogInnen.
Der Ausstieg aus der professionellen Erziehung und Betreuung durch SozialpädagogInnen würde durch „Außenwohngruppen“, „Betreutes Wohnen“ und „Tagesgruppen“, in denen Kinder und Jugendliche nur tagsüber leben, nachts und an den Sonntagen aber wieder bei den Eltern sind, erleichtert.

3) Individualisierung: Die Arbeit der SozialpädagogInnen orientiert sich an den Interessens-, Bedürfnis- und Lebenslagen der ein-

zelnen Kinder und Jugendlichen. SozialpädagogInnen gehen dabei nicht von einem „defizitorientierten Bild" von Kindern und Jugendlichen aus, sondern von einem differenzierten Bild unterschiedlicher Lebensläufe, Erfahrungen und Probleme.
Sie bearbeiten mit ihnen solche Problembereiche, welche die Kinder und Jugendlichen selbst als bearbeitungswürdig ansehen und für die sie auch selbst bereits Lösungsmöglichkeiten sehen. Die Rolle des/der SozialpädagogIn wechselt von der/des „Erziehungsexperten" zur Rolle des Gesprächspartners und Beraters der Familien, Kinder und Jugendlichen.

4) Alltagsorientierung: Die Arbeit der SozialpädagogInnen orientiert sich am Alltag und der Lebenswelt der Kinder und Jugendlichen. Sie richtet ihren Blick auf die soziale und subjektive Welt der Kinder und Jugendlichen in unterschiedlichen Entwicklungsphasen (z.B. Pubertät) und macht dabei die Vielschichtigkeit und die Besonderheit der Zugänge und Fragestellungen sichtbar. Die Bedürfnisse, Anliegen und Probleme des alltäglichen Lebens der Familie, Kinder und Jugendlichen stehen im Mittelpunkt.
Die tatsächliche Lebenswirklichkeit wird zum Gegenstand gemeinsamer Auseinandersetzung. Dabei spielen soziale Regeln, Rituale und gemeinsame Vereinbarungen, die durch einen permanenten Prozess des „Aushandelns" entstehen, eine wichtige Rolle.
Alltags- und Lebensweltorientierung sollte nicht mit Strukturlosigkeit verwechselt werden.

5) Regionalisierung: Lebensweltorientierte soziale Arbeit bedeutet schließlich „Öffnung" in die Strukturen der Nachbarschaft, der Region bzw. des sozialen Umfeldes.
SozialpädagogInnen unterstützen, eigenständige, den regionalen, lokalen und situationsbedingten Voraussetzungen entsprechende Lösungsmöglichkeiten auf bestehende Schwierigkeiten und Probleme von Kindern und Jugendlichen. Elternarbeit bzw. die Arbeit mit Familien in der Region wird zum zentralen Aufgabenbereich von SozialpädagogInnen.
Sie bearbeiten mit den Eltern gemeinsam die alltäglichen Konfliktsituationen, beraten sie in Erziehungsschwierigkeiten und Partnerproblemen oder entwickeln mit ihnen gemeinsam Lebensperspektiven.

6) Kooperation und Vernetzung: Institutionen der Heimerziehung, insbesondere große Einrichtungen werden zu „Sozialpädagogischen Zentren" in der Region umstrukturiert.
Sie hätten die Aufgabe, durch Bereitstellung und Koordination regionaler, sozialpädagogischer Maßnahmen, Kinder und Jugendliche durch „aktive Familienhilfe" und „mobile Jugendarbeit" in bestmöglicher Weise zu betreuen.
Sozialpädagogische Zentren könnten durch das Sozialreferat der jeweiligen Landesregierung in allen österreichischen Bundesländern etabliert werden und als Kooperationsbeispiele „netzwerkorientierter Gemeinwesenarbeit" gelten, in denen Erfahrungen ausgetauscht und verknüpft werden könnten. Sozialpädagogische Zentren wären als „Kommunikations- und Informationsdrehscheiben" anzusehen.
Sie könnten beispielsweise einen sozialpädagogischen Maßnahmenkatalog für die Region entwickeln, Beratungsgespräche mit den betroffenen Eltern durchführen, Familien, Wohngemeinschaften, Wohngruppen, Pflege- oder Adoptionsfamilien im Alltag beraten und unterstützen, Erfahrungsaustausch und Zusammenarbeit mit öffentlichen und privaten Beratungsstellen, Jugendämtern, Arbeitsmarktservice, Supervision, Fort- und Weiterbildung von SchulpädagogInnen u. a. organisieren.

Längerfristig könnten sozialpädagogische Zentren zu einer Vernetzung der sozialen Institutionen zu übergreifenden regionalen Verbundsystemen beitragen und ein lebensweltorientiertes System der Jugendhilfe etablieren.

Die Zielvorstellungen, Prinzipien und damit verfolgten Intentionen scheinen mir für die „Heimreform" in Österreich zunächst äußerst fruchtbar zu sein und sie zu unterstützen. Allerdings sind auch die Schwierigkeiten und Probleme bei der Realisierbarkeit dieses Konzeptes, insbesondere im Zusammenhang mit dem im Jugendwohlfahrtsgesetz (JWG) von 1989 und den entsprechenden Landesausführungsgesetzen von 1990 bis 1993 verankerten „Subsidiaritätsprinzips", das heißt, die verstärkte Herausziehung freier bzw. privater Trägerorganisationen (z.B. Vereine, Caritas, Diakoniewerk, Kinderfreunde, Volkshilfe) abzuklären. Vor allem die objektiven Hindernisse und subjektiv bestehenden Vorbehalte, Barrieren und Ängste der Menschen in den freien (privaten) Trägerorganisationen, die durch lebensgeschichtliche, weltanschauliche und politische Werthaltungen und Standpunkte beeinflusst sind, erschweren die Kooperation und Vernetzung zu einem „lebensweltorientierten" Jugendhilfesystem. Ohne ausreichende Diskussion der Zielsetzungen einer Heimreform, die den verbindlichen Festlegungen vorausgehen oder sie wenigstens begleiten müssten, werden sie nicht nur Widerstand bei den einzelnen Trägerorganisationen und dort tätigen SozialpädagogInnen hervorrufen, sondern es besteht auch die Gefahr, dass diese fruchtbaren Reformansätze zum Scheitern verurteilt sind.

4.1.1 „Heimreform 2000" als Beispiel lebensweltorientierter Sozialpädagogik

Die Reformbestrebungen in der „Heimerziehung" in Wien waren in allen historischen Entwicklungs- und Reformperioden impulsgebend für andere österreichische Bundesländer.
Ohne im einzelnen auf die historischen Entwicklungslinien der Heimerziehung in Österreich einzugehen (vgl. KNAPP 1990, S.114ff.; LAUERMANN 1998, S.40ff.; SCHEIPL 1999, S.72f.; ADAM 1999, S.265ff.) möchte ich in diesem Zusammenhang doch erwähnen, dass die innovativen Impulse der Wiener Heimerziehung durch Namen wie Sigmund FREUD (1856-1939), Anna FREUD (1895-1982), August AICHHORN (1856-1939) und Julius TANDLER (1869-1936) mit ihren theoretischen Überlegungen der Psychoanalyse und der Individualpsychologie verbunden sind und die Reformperiode der Zwischenkriegszeit geprägt haben. Sie gelten neben Siegfried BERNFELD (Kinderheim Baumgarten (1919-1920)) nicht nur als „Klassiker der österreichischen Sozialpädagogik", sondern haben mit ihrem Gedankengut sogar noch die „Heimkampagne der 68er", in Wien als „Spartakusbewegung" in die österreichische Geschichte der Heimerziehung eingegangen, beeinflußt.
Vor dem Hintergrund dieser Reformbewegung, die unter dem Titel „Wiener Weg der Heimerziehung" bekannt wurde und einen Demokratisierungsprozess der Heimerziehung durch die Öffnung der geschlossenen Anstalten als totale Institutionen bewirkte, kam es schließlich im Jahre 1971 im Anschluss einer Enquete des Amtes für Jugend und Familie zum Thema „Aktuelle Fragen der Heimerziehung" zur Konstituierung der „Wiener Heimkommission", die umfangreiche Reformempfehlungen formulierte (vgl. GRESTENBERGER 1971).

Die in den 70er Jahren ausgehenden Reformbemühungen führten dann in drei Entwicklungsphasen zu einer „alltags- und lebensweltorientierten Sozialpädagogik" in Wien:

a) **Äußere Heimreform**
Die Reformmaßnahmen umfassten strukturelle und organisatorische Veränderungen der Heime. Geschlossene Heimeinrichtungen wurden aufgelöst, die Anzahl der Kinder und Jugendlichen in den Heimgruppen wurde reduziert, der Erzieherschlüssel im Verhältnis zur Anzahl der betreuten Kinder und Jugendlichen verbessert, Wohngemeinschaften und Beratungsstellen u. a. errichtet.

b) **Innere Heimreform**
Die Maßnahmen der Reform bezogen sich vor allem auf inhaltlich-pädagogische Vorgangsweisen und soziale Beziehungsaspekte. Die diagnostische Abklärung von „Verhaltensauffälligkeiten" der Kinder und Jugendlichen wurde verbessert, kontinuierliche Teambesprechungen für „Fallverlaufsanalysen" wurden eingeführt, die Eltern der Kinder und Jugendlichen wurden verstärkt in den Erziehungsprozess mit einbezogen, in den Heimgruppen bemühte man sich um eine „familienorientierte" soziale Atmosphäre und einer stärkeren Individualisierung der Betreuung usw. (vgl. EICHMANN 1994, S.2ff.).

c) **Heimreform 2000**
Die Maßnahmen der Reform orientieren sich an Prinzipien einer „alltags- und lebensweltorientierten Sozialpädagogik" mit dem Ziel ein „politisch umsetzbares Konzept für ein modernes soziales Dienstleistungsunternehmen zu schaffen, das sich einer ständig wandelnden Umwelt anpasst und den Anforderungen auf eine menschliche Art gerecht wird" (FLEISCHMANN 1997, S.57).

Dieses neue Reformkonzept, das unter dem Schlagwort „Heim 2000" geführt wird, soll die Probleme der Kinder und Jugendlichen „früher erkennen", sie „kürzer betreuen", ihnen „differenzierter helfen".
Dabei werden die Bedürfnisse und Interessenlagen der Kinder und Jugendlichen zum Ausgangspunkt genommen.
Außerfamiliäre Betreuungsformen sollen in ein regionales Netzwerk mit einer neuen Organisationsstruktur für Problemlösungen vor Ort in ein Gesamtsystem eingebettet werden. Kleinere und flexiblere Einheiten sollen geschaffen werden, um auf neue Problemlagen adäquat reagieren zu können, unter Wahrung von „Kostenneutralität".

Das neue Reformkonzept orientiert sich inhaltlich an folgenden Leitlinien:

Stadtteilorientierung:
Soziale Probleme sollen dort gelöst werden, wo sie entstehen.

Zeitorientierung:
Fremdunterbringung wird als zeitlich begrenzter Prozess definiert.

Familien- und Systemorientierung:
Kinder und Jugendliche sollen in ihre Herkunftsfamilie und alltäglichen Bezugssysteme (z.B. Freundeskreis, Schule) reintegriert werden.

Regionale Vernetzung:
Vorhandene soziale Hilfesysteme (z.B. ambulante und stationäre Einrichtungen) in der Region sollen koordiniert und vernetzt werden, mit dem Ziel an gemeinsamen Problemlösungen zu arbeiten.

Integration von Randgruppen:
In neu entstehenden und im Rahmen der Stadtentwicklung erweiterten Siedlungsgebieten sollen soziale Stützpunkte ambulanter und stationärer Art geplant werden, um gesellschaftliche Randgruppen (z.B. Ausländer, Drogensüchtige) aufzufangen und zu integrieren (vgl. FLEISCHMANN 1997, S.57ff. und 1998, S.19ff.).

Um diese Leitlinien organisatorisch umzusetzen, wurde die Stadt Wien in sechs sozialpädagogische Regionen aufgeteilt mit jeweils einem Verwaltungsstützpunkt, ein bis zwei Kriseninterventionszentren, etwa fünfzehn Wohngemeinschaften, einer sozialpädagogischen Beratungsstelle sowie Kleinheimen in einzelnen Regionen.
Diese organisatorische Infrastruktur arbeitet eng mit dem „Amt für Jugend und Familie" der Stadt Wien und mit den regionalen Institutionen (z.B. Schulen, Kindertagesheimen, Ambulanzen, Vereinen) im Sinne der „Vernetzung" zusammen, um gemeinsam die bestehenden sozialen Probleme zu lösen. Die Realisierung dieses neuen Reformkonzeptes ist derzeit in vollem Gange und soll im Jahre 2001 abgeschlossen sein (vgl. FLEISCHMANN 1997, S.57ff.; OLIVIER 1997, S.64ff.; LAUERMANN 1998, S.65f.).
Die bestehenden Erfahrungen, die förderlichen und hemmenden Bedingungen dieses Reformkonzeptes wurden bislang noch nicht evaluiert und

veröffentlicht, sodass ich in diesem Zusammenhang nur auf den Erfahrungsbericht von Kollegen FLEISCHMANN im Rahmen des „Workshops“ verweisen kann.
Gegenwärtig kommt es in Österreich vor allem darauf an, die ermutigenden Ansätze einer lebensweltorientierten Sozialpädagogik weiterzuführen und zu erweitern sowie die in den Reformversuchen gewonnenen Erfahrungen für das gesamte Jugendhilfesystem in Österreich nutzbar zu machen.

4.2 Professionalisierung der SozialpädagogInnen als Voraussetzung für eine Heimreform

Voraussetzung für eine Heimreform in Österreich ist die „Professionalisierung der SozialpädagogInnen“. Darunter ist eine wissenschaftliche Ausbildung der Berufsrolle zu verstehen, die mit hoher Handlungsfreiheit und politischer Absicherung durch eine berufsständische Organisation verbunden ist. Die Legitimation zur selbständigen Berufsausübung erfolgt aufgrund gesellschaftlich wichtiger Leistungen (vgl. PFAFFENBERGER/SCHENK 1993). Danach würden SozialpädagogInnen als verantwortliche, pädagogische ExpertInnen für Erziehung und Beratung anerkannt werden. Die Befähigung der SozialpädagogInnen zu selbstständiger und selbstverantwortlicher Berufsausübung müßte also so hoch sein, dass ihre Zuständigkeit für soziale Fragen auch von der Gesellschaft akzeptiert wird, wie dies z.B. bei Ärzten und Juristen der Fall ist. Diese Berufsgruppen werden von der Gesellschaft als Experten anerkannt, die sich an wissenschaftlichen Prinzipien ihrer Fachbereiche (Medizin/Rechtswissenschaft) orientieren und sich auch dafür vor ihrem „professionellen Gewissen“ zu verantworten haben, nicht aber vor staatlichen Instanzen, wie es bei SozialpädagogInnen weitgehend der Fall ist. Unter der Voraussetzung der Professionalisierung würde sich das Sozialprestige der SozialpädagogInnen erhöhen.

Zweifellos handelt es sich bei der Professionalisierung um eine Zielvorstellung, die sich unter den gegenwärtigen Bedingungen der sozialpädagogischen Ausbildungsgänge noch nicht verwirklichen lässt, weil der Beruf des/der SozialpädagogIn derzeit in Bezug auf das Erziehen und Beraten höchstens als eine „semiprofessionelle Tätigkeit“ angesehen wird. Wenn es aber den Ausbildungsinstitutionen gelingt, den angehenden SozialpädagogInnen jene notwendigen Qualifikationen zu vermitteln, die es ihnen ermöglichen, volle Verantwortung für Erziehungs- und Beratungsprozesse zu übernehmen, dann wird vermutlich auch die Gesellschaft bereit sein, den/der SozialpädagogIn als Fachmann für soziale Fragen anzuerkennen. Berufliches Selbstverständnis und Übernahme von Verantwortung ist bei den SozialpädagogInnen nur dann zu erwarten, wenn sie einerseits in ihrer Ausbildung differenzierte Einsicht in die institutionellen Bedingungen und Wirkungsfaktoren sozialpädagogischer Arbeitsfelder, Institutionen und Organisationsformen vermittelt erhalten und andererseits von unflexiblen Verhaltensvorschriften und Kontrollmechanismen der bürokratischen Organisation des Jugendhilfesystems befreit werden.

4.3 Heimreform durch eine lebensweltorientierte Ausbildung der SozialpädagogInnen

Heimreform erfordert also besonders vorbereitete SozialpädagogInnen. Dies hat weitreichende Konsequenzen sowohl für die Ausbildung als auch für die Fort- und Weiterbildung.

Viele SozialpädagogInnen, die in Reformbestrebungen der Heimerziehung mit einbezogen werden, haben noch immer keine oder nur mangelhafte Erfahrungen mit lebensweltorientierten Prinzipien und Modellen im Jugendhilfesystem. Der Grund dafür liegt vermutlich darin, dass die pädagogischen Ausbildungsinstitutionen in Österreich (z.B. Fachschulen für Sozialberufe, Bildungsanstalten für Sozialpädagogik, Akademien für Sozialarbeit und Kollegs, vgl. SCHEIPL/RINDER u.a. 1997) erst in den letzten Jahren das Prinzip der „Lebensweltorientierung“ in ihre „Ausbildungsgänge" aufgenommen haben. Aus diesem Grund fühlen sich viele SozialpädagogInnen, vor allem in der Anfangsphase, mit Reformmaßnahmen nicht selten überfordert.
Zwar sind in den letzen Jahren von den Berufsverbänden zahlreiche Fortbildungsveranstaltungen mit lebensweltorientierten Inhalten angeboten worden, die für SozialpädagogInnen hilfreich waren, aber eine systematische Entwicklung von lebensweltorientierten Ausbildungslehrgängen für Reformbestrebungen im System der Jugendhilfe sind aus meiner Sicht weder an den Bildungsanstalten für Sozialpädagogik, den sozialpädagogischen Kollegs, noch an den erziehungswissenschaftlichen Instituten der österreichischen Universitäten mit Ausnahme der Universität Graz und Klagenfurt vorangetrieben worden (vgl. IBEN 1998, S.47ff.).
Die stärkere Einbeziehung von curricularen Elementen der lebensweltorientierten Sozialpädagogik in die Ausbildung der Erziehungs- und Sozialberufe würde zwar die Ausbildung erweitern bzw. intensivieren

oder sogar auch verlängern, aber auch das wichtige Ziel von Reformbestrebungen in sozialpädagogischen Arbeitsfeldern in den Vordergrund der Ausbildung stellen und in der Praxis die Realisierung dieser Ziele wahrscheinlicher machen (vgl. IBEN 1998, S.198ff. und 1998, S.47ff.).

Sozialpädagogische Ausbildungslehrgänge hätten sich in Österreich vor allem an folgenden Arbeitsprinzipien (vgl. KNAPP 1999, S.1ff.) zu orientieren:

1) **Wissenschaftsorientierung:**
Lehrangebote sollten sich an dem neuesten Stand der sozial- und erziehungswissenschaftlichen Theorien, Erkenntnismethoden und Praxisherausforderungen orientieren, wobei regionale, nationale und internationale Entwicklungen zu berücksichtigen sind.

2) **Lebensweltorientierung:**
Lehrangebote sollten den Blick auf die sozialen und subjektiven Welten von Menschen in unterschiedlichen Lebensphasen (z.B. Kindheit, Jugend, Alter usw.) richten und dabei die Vielschichtigkeit und Besonderheiten der Zugänge und Fragestellungen sichtbar machen. Die Bedürfnisse, Anliegen und Probleme des alltäglichen Lebens der Menschen sollten im Mittelpunkt stehen. Die tatsächliche Lebenswirklichkeit unmittelbar zum Gegenstand wissenschaftlicher Theoriebildung werden.

3) **Praxisfeldorientierung:**
Lehrangebote sollten auf konkrete sozialpädagogische und integrationspädagogische Arbeitsfelder, Institutionen und Organisationsformen unter Berücksichtigung gesellschaftlicher Rahmenbedingungen und theoretischer Konzeptionen abgestimmt werden. Dabei sind sowohl individuelle als auch kollektive Interessen, Bedürfnisse und Probleme der betroffenen Menschen zu berücksichtigen. Die Problemsicht der direkt Betroffenen ist mit vorliegenden wissenschaftlichen Annahmen, Theorieansätzen und Modellen zu konfrontieren und eigenverantwortliche Lösungsmöglichkeiten sind zu suchen.

4) **Adressatenorientierung:**
Lehrangebote sollten auch auf die unmittelbaren Adressaten innerhalb eines(r) sozialpädagogischen und integrationspädagogischen Arbeitsfeldes, Institution oder Organisationsform (z.B. Kinder, Ju-

gendliche, Eltern) bezogen sein und Möglichkeiten der „Hilfe" zur „Selbsthilfe" aufzeigen. Dabei soll die Lösung von aktuellen Problem- und Konfliktsituationen, die Entfaltung des persönlichen Potentials, der Ausgleich von sozialer und gesellschaftlicher Ungleichheit sowie die Beratung, Begleitung und Unterstützung von betroffenen Menschen im Vordergrund stehen.

5) Problemorientierung:
Lehrangebote sollten innerhalb einer Adressatengruppe (z.B. SozialpädagogInnen, ProjektleiterInnen, politische Entscheidungsträger) Problem- und Themenbereiche bearbeiten, welche die betroffene Gruppe bzw. die Lehrenden und Studierenden als bearbeitungswürdig ansehen und auch bereits über Kompetenzen zur Lösung der offenen Fragen verfügen.

6) Praxisbezug:
Lehrangebote sollten für Studierende vor dem Hintergrund theoretischen Konzeptionen und gesellschaftlicher Rahmenbedingungen immer einen Praxisbezug aufweisen. Daher sind auch Praxisprojekte gemeinsam mit den Studierenden zu planen, durchzuführen und zu evaluieren. Dabei sind Begleitseminare zur Praxis anzubieten, die auch die Erkenntnisse der Querdisziplinen zu berücksichtigen haben.

Vor dem Hintergrund dieser Arbeitsprinzipien wäre es dann besonders wichtig, dass SozialpädagogInnen lernen,

- die verschiedenen Lebenssituationen von Menschen und sozialen Gruppen (z.B. Kindern, Jugendlichen, älteren Menschen), wahrzunehmen;
- den individuellen Entwicklungsstand des Kindes und Jugendlichen zu erkennen;
- Fördermaßnahmen aus dem Lebensumfeld der Kinder und Jugendlichen zu entwickeln;
- im Tagesrhythmus auf die Bedürfnisse der Kinder und Jugendlichen einzugehen;
- Eltern, Familie und AlleinerzieherInnen aus der Lebensumgebung der Kinder und Jugendlichen einzubeziehen;
- mit verschiedenen Fachleuten, Diensten, Institutionen und Körperschaften (z.B. Ärzten, Therapeuten im Bereich der Diagnos-

tik, Therapie, Begleitung und Beratung) zusammenzuarbeiten und „Vernetzungsarbeiten" zu betreiben (vgl. auch KREIGER/KALTENBRUNNER 1995, S.402f.).

Im Gesamten wäre bei der Behandlung von lebensweltorientierten Themen die Pluralität von sozial- und erziehungswissenschaftlichen Paradigmen und theoretischen Ansätzen (z.B. geisteswissenschaftliche, empirische und kritisch-reflektive Positionen) zu berücksichtigen, um die Relativität wissenschaftlicher und eigener Positionen für Studierende erfahrbar zu machen.

Jeder lebensweltorientierte Themenbereich wäre grundsätzlich unter mehreren einander ergänzenden oder widersprüchlichen Perspektiven, die sich aus unterschiedlichen Arbeits- und Handlungsfeldern, sozialen Situationen oder Rollenzuweisungen in der Sozialpädagogik ergeben, zu erschließen.
Sofern zwei oder mehrere Themenfelder angegeben werden (z.B. soziale Integration/Institution/Gesellschaft), sollte deren Zusammenhang behandelt werden.

Vor diesem Hintergrund könnten dann Reformbestrebungen in den verschiedenen sozialpädagogischen Arbeitsfeldern, Institutionen und Organisationen besser realisiert werden.

4.4 Heimreform durch berufsbegleitende und lebensweltorientierte Fort- und Weiterbildung

Berufsbegleitende und lebensweltorientierte Fort- und Weiterbildung ist für Reformbestrebungen mindestens ebenso wichtig wie die sozialpädagogische Ausbildung. Beide Bereiche können wichtige Beiträge zu einer „Professionalisierung" (vgl. PFAFFENBERGER/SCHENK 1993) der Arbeit der Erziehungs- und Sozialberufe leisten und zur Identitätsentwicklung sowie zur Steigerung des öffentlichen Ansehens dieser Berufe beitragen.

Zur Weiterentwicklung der Heimreform im Sinne einer lebensweltorientierten Sozialpädagogik bedarf es eines differenzierten Systems der berufsbegleitenden Fort- und Weiterbildung.
Diese Angebote sollten direkt im jeweiligen Arbeitsfeld - also vor Ort - stattfinden und durch Reflexion und Weiterentwicklung der eigenen

Arbeit und der Entwicklung der jeweiligen Institution und Organisation erfolgen (vgl. dazu SCHLEY 1998, S.13ff.; HORSTER 1998, S.54ff.).
Für die Entwicklung berufsbegleitender Fortbildung von SozialpädagogInnen scheinen folgende Grundsätze wichtig:
Fortbildung von SozialpädagogInnen ist von meinem Standpunkte aus umso wirksamer,

- je stärker sie das Nachdenken über das persönliche pädagogische Handeln und die Auseinandersetzung mit den eigenen Arbeits- und Lebensverhältnissen ermöglicht;
- je stärker sie das „Gefühl der institutionellen Isolation" und die Gefahr der „beruflichen Betriebsblindheit" vermindert;
- je stärker sie durch gemeinsame Bearbeitung von Gesprächsschwierigkeiten, Befürchtungen und Ängsten praktische Hilfestellung und Lösungsmöglichkeiten bei beruflichen Problemen eröffnet;
- je stärker sie den gemeinsamen Erfahrungsaustausch sowie die Entwicklung von Kooperationsformen ermöglicht;
- je mehr sie hilft, unnötigen Energieverschleiß in der jeweiligen beruflichen Arbeit zu vermindern;
- je mehr sie insgesamt befähigt, eigene Berufsprobleme zu bearbeiten, die Qualität selbstgesetzter Veränderungen zu beurteilen und „Fortbildung" als andauernden Prozess zu begreifen (vgl. KNAPP 1990, S.599ff.).

SozialpädagogInnen dürfen bei Fortbildungsveranstaltungen nicht zu passiven Empfängern von abstrakten theoretischen Wissensinhalten werden, sondern müssen bei der Entwicklung der Fortbildung selbst die Ziele, Inhalte, Methoden und organisatorischen Rahmenbedingungen mitentscheiden und gestalten können. Freilich ist der traditionelle Ansatz der SozialpädagogInnenfortbildung mit dem Vorteil verbunden, dass er relativ leicht überschaubar organisiert ist und in relativ kurzer Zeit abstrakte Informationen vermitteln kann. Solche fremdbestimmte und vorgeplanten Fortbildungsangebote gehen aber an den Erfahrungen, Bedürfnissen und Alltagsproblemen der SozialpädagogInnen oft vorbei. Sie sind im Großen und Ganzen für die Betroffenen uninteressant und motivationshemmend. Wissen, das nicht in Verbindung zu eigenen Arbeits- und Lebensproblemen steht, ist für die Praxis sozialpädagogischer Arbeitsfelder ziemlich bedeutungslos.
Berufsbegleitende Fortbildung würde damit zur „Sicherung und Ausbau des Erfahrungswissens" (ALTRICHTER 1984, S.62) der Erziehungs-

und Sozialberufe beitragen und durch Merkmale der „Selbststeuerung“, „Problemorientierung“, „Situationsbezogenheit und Wissenschaftsorientierung“ sowie durch „Kommunikation und Kooperation“ gekennzeichnet sein (vgl. dazu POSCH 1984, S.57ff.), die der Aufarbeitung beruflicher Erfahrungen durch Supervision, der Auseinandersetzung mit Lebensweltorientierung in unterschiedlichen Arbeitsfeldern, Institutionen und Organisationsformen, sowie der reflektierenden Auseinandersetzung mit einer sich wandelnden Theorie dient (vgl. KNAPP/TIETZE 1998, S.667ff.).

Damit käme zur traditionellen Rolle von Weiterbildungsinstitutionen (z.B. Pädagogischen Instituten, Abteilungen der Landesregierungen, Berufsverbänden, Universitätsinstitute) in den einzelnen Bundesländern Fort- und Weiterbildungsangebote zu organisieren, vor allem die Aufgabe hinzu, regionale Entwicklungen und Reformbestrebungen längerfristig zu unterstützen und zu begleiten.

5. Zusammenfassender Ausblick

Die Probleme des Jugendhilfesystems bzw. der Heimerziehung und der Arbeit von SozialpädagogInnen, die im Zusammenhang mit den gesellschaftlichen Veränderungsprozessen entstehen, können nur dann gelöst werden, wenn sich gesamtgesellschaftliche Werthaltungen hinsichtlich der Bedeutung der Erziehungs- und Sozialleistungen verändern. Wenn der Staat aufgrund wirtschaftlicher Voraussetzungen immer mehr die finanziellen Mittel, die für eine Verbesserung des Jugendhilfssystems und der Lebens- und Arbeitsbedingungen in den Erziehungs- und Sozialberufen notwendig sind, einschränkt, können Verbesserungsvorschläge nicht realisiert werden.

Die wichtigste Voraussetzung für wünschenswerte Veränderungen im Jugendhilfesystem scheint mir daher die Bereitschaft der Gesellschaft zu sein, den bestehenden Auftrag der Jugendhilfe ernst zu nehmen und für deren Erfüllung die entsprechenden ökonomischen Rahmenbedingungen zu schaffen. Ohne öffentliches Bewusstsein, dass die Leistungen der Erziehungs- und Sozialberufe für die gesamte Gesellschaft wichtig sind und die Grundlage für ein stabiles demokratisches System bilden, sind Verbesserungsbemühungen zum Scheitern verurteilt.

Reformen haben darüber hinaus nur bei einer verstärkten politischen Organisierung der SozialpädagogInnen Erfolgsaussichten. Das Ausmaß der allgemeinen Anerkennung der SozialpädagogInnen hängt nicht allein von den erbrachten Leistungen ab, sondern auch von dem Einfluss, den eine Berufsgruppe auf Entscheidungen, die sie betreffen, ausübt. Ohne gewerkschaftliche und standespolitische Organisierung fehlen die Voraussetzungen für Verbesserungen der beruflichen Stellung.
Letztlich sind tiefgreifende Veränderungen im Jugendhilfesystem nur dann zu erwarten, wenn es gelingt, die Reformbemühungen aller Beteiligten (politische Instanzen, Lehrer an den Ausbildungsinstitutionen, Studenten, SozialpädagogInnen, Eltern) auf ein gemeinsames Reformziel hin zu koordinieren. Innovationen im Jugendhilfesystem können nur in einer wechselseitigen Abhängigkeit zwischen Organisationsentwicklung und Reform der Aus- und Fortbildung der SozialpädagogInnen herbeigeführt werden.

6. Literaturverzeichnis

ADAM, E.: August Aichhorn.
In: COLLA, H. u. a. (Hrsg.): Handbuch der Heimerziehung und Pflegekinderwesen in Europa. Neuwied/Kriftel 1999, S.265-274.

ALTRICHTER, H.: Lehrerfortbildung als Sicherung und Ausbau des Erfahrungswissens von Lehrern.
In: EDER, F. / KHINAST, G. (Hrsg.): Lehrerfortbildung. Linz 1984, S.62-85.

BECK, U.: Risikogesellschaft. Auf dem Weg in eine andere Moderne. Frankfurt am Main 1986.

BERGER, P. A.: Sozialstruktur und Lebenslauf.
In: MANSEL, J. / BRINKHOFF, K.-P. (Hrsg.): Armut im Jugendalter. Soziale Ungleichheit, Gettoisierung und psychosoziale Folgen. Weinheim/München 1998, S.17-36.

BIELIGK, A.: „Die armen Kinder". Armut und Unterversorgung bei Kindern, Belastungen und Bewältigung. Essen 1996.

BIRTSCH, V. / EBERSTALLER, M. / HALBLEIB, E.: Außenwohngruppen - Heimerziehung außerhalb des Heims.
Frankfurt am Main 1980.

BLANDOW, J.: Heimerziehung und Jugendwohngemeinschaften.
In: FALTERMAIER, J. / BLANDOW (Hrsg.): Erziehungshilfen in der Bundesrepublik Deutschland.
Frankfurt am Main 1989, S.276-315.

BÖHNISCH, L. / LENZ, K. (Hrsg.): Familien. Eine interdisziplinäre Einführung. Weinheim/München 1997.

BÜHLER-NIEDERBERGER, D.: Familien-Ideologie und Konstruktion von Lebensgemeinschaften in der Heimerziehung.
In: COLLA, H.E. u.a. (Hrsg.): Handbuch Heimerziehung und Pflegekinderwesen in Europa. Neuwied/Kriftel 1999, S.333-339.

BUNDESMINISTERIUM FÜR UMWELT, JUGEND UND FAMILIE (Hrsg.): Zur Situation von Familie und Familienpolitik in Österreich. 4. Österreichischer Familienbericht: Familie - Zwischen Anspruch und Alltag. Wien 1999.

DALFERTH, M.: Zur Bedeutung von Ritualen und Symbolen in der Heimerziehung.
In: COLLA, H.E. u.a. (Hrsg.): Handbuch Heimerziehung und Pflegekinderwesen in Europa. Neuwied/Kriftel 1999, S.385-395.

DIEMERT, K. P.: Erzieherausbildung zwischen Anspruch und Wirklichkeit.
In: KNAPP, G. / TIETZE, W. (Hrsg.): Erzieherarbeit, Gesellschaft und Sozialpolitik in Österreich. Wien/Köln 1990, S.91-95.

EICHMANN, W.: Aktuelle Trends und Perspektiven in der Heimerziehung.
In: AMT FÜR JUGEND UND FAMILIE DER STADT WIEN (Hrsg.): Information zur Bildung und Fortbildung für Erzieher und Sozialarbeiter. Heft 1, 1994, S.2-15.

ERIKSON, E. H.: Identität und Lebenszyklus. Frankfurt am Main 1966.

ERIKSON, E. H.: Jugend und Krise. Die Psychodramatik im sozialen Wandel. München 1988.

FEND, H.: Sozialgeschichte des Aufwachens. Frankfurt am Main 1988.

FLEISCHMANN, P.: Heim 2000. Vorstellung des Handlungsfeldes. In: LAUERMANN, K. / LINDERMAYR, M. (Hrsg.): Sozialpädagogik im Aufbruch. Dokumentation des 1. Sozialpädagogischen Symposiums. Wien 1997, S.56-62.

FLEISCHMANN, P.: Sozialpädagogik konkret. Die Fortsetzung des „Wiener Weges der Heimerziehung“. In: SOZIALPÄDAGOGISCHE IMPULSE. Heft 4, 1998, S.19-21.

GAIER, O.: Der Riss geht durch die Kinder. München 1991.

GRESTENBERGER, J.: Die Tätigkeit der Wiener Heimkommission. In: AMT FÜR JUGEND UND FAMILIE DER STADT WIEN (Hrsg.): Information zur Bildung und Fortbildung für Erzieher und Sozialarbeiter. Heft 4, 1994, S.3-19.

HETTLAGE, R.: Familienreport. Eine Lebensform im Umbruch. München 1992.

HIERDEIS, H.: Erziehungsinstitutionen. Donauwörth 1985.

HÖRNIG, K.H. / GERHARD, A. / MICHAILOW, M.: Zeitpioniere. Frankfurt am Main 1990.

HORSTER, L.: Auftakt und Prozessbegleitung in der Entwicklung einer Schule. In: ALTRICHTER, H. / SCHLEY, W. / SCHRATZ, M. (Hrsg.): Handbuch der Schulentwicklung. Innsbruck 1998, S.54-85.

HRADIL, S.: Die Sozialstruktur postindustrieller Gesellschaften. In: MANSEL, J. / BRINKHOFF, K.-P. (Hrsg.): Armut im Jugendalter. Soziale Ungleichheit, Gettoisierung und die psychosozialen Folgen. Weinheim/München 1998, S.29-36.

HURRELMANN, K.: Lebensphase Jugend. Eine Einführung in die sozialwissenschaftliche Jugendforschung. Weinheim/München 1994.

IBEN, G.: Situativer Ansatz und lebensweltorientierte Schule. In: IBEN, G. (Hrsg.): Kindheit und Armut. Analysen und Projekte. Münster 1998, S.198-207.

IBEN, G.: Lebensweltliches Lernen auch an der Universität. In: FRITSCH, U. / MARAUN, H.-K. (Hrsg.): Über ein anderes Bild von Lehre. Weinheim 1998, S.47-59.

JUGENDAMT DER STADT WIEN (Hrsg.): Aktuelle Probleme der Heimerziehung. Wien 1981.

JUGENDAMT DER STADT WIEN (Hrsg.): Der Wiener Weg in der Heimerziehung. Wien 1988.

KARTE-PFÄHLER, S.: Die alleinerziehende Mutter und ihre Probleme im Alltag. München 1991.

KEUPP, H.: Sozialisation in Institutionen der psychosozialen Versorgung. In: HURRELMANN, K. / ULRICH, D. (Hrsg.): Handbuch der Sozialisationsforschung. Weinheim/Basel 1980, S.575-602.

KNAPP, G. / OTTOMEYER, K. (Hrsg.): Heimerziehung und Alternativen in Kärnten. Klagenfurt 1985.

KNAPP, G.: Soziale Probleme im österreichischen Erzieherberuf. Klagenfurt 1990.

KNAPP, G.: Gesellschaftliche Funktionen sozialpädagogischer Institutionen und der Erziehungsarbeit. In: KNAPP, G. / TIETZE, W. (Hrsg.): Erzieherarbeit, Gesellschaft und Sozialpolitik in Österreich. Wien/Köln 1990, S.28-56.

KNAPP, G. / TIETZE, W.: Perspektiven zur Weiterentwicklung der Aus- und Fortbildung der KindergärtnerInnen. In: KNAPP, G. / SALZMANN, G. (Hrsg.): Integration im Kindergarten. Fördernde und hemmende Bedingungen integrativer Erziehung. Klagenfurt 1998, S.667-691.

KNAPP, G.: Inhaltliche Gestaltung und Richtlinien zum Studienzweig „Sozialpädagogik und Integrationspädagogik". Klagenfurt 1999, S.1-11.

KNAPP; G.: Die Erziehungs- und Bildungsarbeit im Kindergarten zwischen gesellschaftlichem Wandel der Kindheit und Familie. In: BUNDES-BILDUNGSANSTALT FÜR KINDERGARTEN-PÄDAGOGIK (Hrsg.): Bildung und Erziehung als Herausforderung. Festschrift zum 50 Jahres-Jubiläum. Klagenfurt 1999, S.25-46.

KNAPP, G.: Streiflichter auf Veränderungen der Kindheit. In: SOZIALPÄDAGOGISCHE IMPULSE. Sonderheft 2000, S.23-24.

KOHLI, M.: Soziologie des Lebenslaufs. Darmstadt/Neuwied 1978.

KOHLI, M.: Institutionalisierung des Lebenslaufes. Historische Befunde und theoretische Argumente. In: KÖLNER ZEITSCHRIFT FÜR SOZIOLOGIE UND SOZIAL-PSYCHOLOGIE. Jg. 37, Heft 1, 1985, S.1-29.

LAUERMANN, K.: Sozialpädagogische Berufsbildung. Genese - Gegenwart - Zukunftsperspektiven. Innsbruck/Wien 1998.

MANSEL, J. / NEUBAUER, G. (Hrsg.): Armut und soziale Ungleichheit bei Kindern. Opladen 1998.

MOLLENHAUER, K.: Bewertung und Kontrolle abweichenden Verhaltenstheorien bürgerlich-liberaler Pädagogik. In: GIESECKE, H. (Hrsg.): Offensive Sozialpädagogik. Göttingen 1973, S.7-23.

MOLLENHAUER, K. / BRUMLIK, M. / WUDTKE, H.: Die Familienerziehung. München 1978.

MÜLLER, B.: Zur Moral der Heimerziehung. In: COLLA, H.E. u.a. (Hrsg.): Handbuch Heimerziehung und Pflegekinderwesen in Europa. Neuwied/Kriftel 1999, S.379-404.

OLIVIER, M.: Kriseninterventionsstelle. Regionalisierung.
In: LAUERMANN, K. / LINDERMAYR, M. (Hrsg.): Sozialpädagogik im Aufbruch. Dokumentation des 1. Sozialpädagogischen Symposiums. Wien 1997, S.64-67.

PFAFFENBERGER, H. / SCHENK, M. (Hrsg.): Sozialarbeit zwischen Berufung und Beruf. Professionalisierungs- und Verwissenschaftlichungsprobleme der Sozialarbeit/Sozialpädagogik.
Münster/Hamburg 1993.

PLANUNGSGRUPPE PETRA: Was leistet Heimerziehung? Ergebnisse einer Untersuchung. Regensburg 1988.

POSCH, P: Lehrerfortbildung zwischen Fremd- und Selbstbestimmung.
In: EDER, F. / KHINAST, G. (Hrsg.): Lehrerfortbildung.
Linz 1984, S.48-61.

PREISSING, CH. / PREUSS-LAUSITZ, U. / ZEIHER, H.: Veränderte Kindheitsbedingungen: Neue Freiheiten, neue Zumutungen, neue Chancen?
In: PREUSS-LAUSITZ, U. / RÜLCKER, T. / ZEIHER, H. (Hrsg.): Selbständigkeit für Kinder – die große Freiheit? Kindheit zwischen pädagogischen Zugeständnissen und gesellschaftlichen Zumutungen. Weinheim 1990, S.10-19.

PREUSS-LAUSITZ, U. / BÜCHNER, P. / FISCHER-KOWALSKI, M. u. a.: Kriegskinder, Konsumkinder, Krisenkinder. Zur Sozialisationsgeschichte seit dem Zweiten Weltkrieg. Weinheim 1983.

SAUER, M.: Heimerziehung und Familienprinzip.
Neuwied/Darmstadt 1979.

SCHEIPL, J.: Kindergarten und Familie: Gesellschaftliche Funktionen und Bedingungen.
In: KNAPP, G. (Hrsg.): Kindergarten und Familie als Lebens- und Erfahrungsraum. „Politik für KIND-ge-RECHTE Strukturen“.
Wien/Köln 1995, S.120-134.

SCHEIPL, J. / RINDER, B. / SKERGETH-LOPIC, E.: Sozialpädagogisch relevante Ausbildungsgänge in Österreich - eine erste Annäherung.
In: SOZIALARBEIT IN ÖSTERREICH. Heft 4, 1997, S.20-21.

SCHEIPL, J.: Heimerziehung in Österreich.
In: COLLA, H.E. u.a. (Hrsg.): Handbuch Heimerziehung und Pflegekinderwesen in Europa. Neuwied/Kriftel 1999, S. 71-84.

SCHLEY, W.: Change Management: Schule als lernende Organisation.
In: ALTRICHTER, H. / SCHLEY, W. / SCHRATZ, M. (Hrsg.): Handbuch der Schulentwicklung. Innsbruck 1998, S.13-53.

SPINDLER, M.: Leben im Heim. Identitätsrelevante Umweltdimensionen aus der Sicht von Kindern, Jugendlichen und Betreuerinnen in zwei heilpädagogischen Einrichtungen. München 1991.

STAHLMANN, M.: Betreuungsformen (in) der Heimerziehung.
In: KUPFER, H. / MARTIN, K.R. (Hrsg.): Einführung in die Theorie und Praxis der Heimerziehung. Heidelberg/Wiesbaden 1994, S.71-99.

TEGETHOFF, H.-G.: Jugendwohngemeinschaften als Innovationspotential der Jugendhilfe.
In: NEUE PRAXIS. Heft 15, 1985, S.202-214.

THIERSCH, H.: Politik - Jugendhilfe - Heimerziehung.
In: COLLA, H.E. u.a. (Hrsg.): Handbuch Heimerziehung und Pflegekinderwesen in Europa. Neuwied/Kriftel 1999, S.425-437.

TÜRKMEN-BARTA, L.: „Geschiedene“ Kinder? Wien 1992.

VESTER, M.: Soziale Milieus zwischen Individualisierung und Deklassierung.
In: MANSEL, J. / BRINKHOFF, K.-P. (Hrsg.): Armut im Jugendalter. Soziale Ungleichheit, Gettoisierung und die psychosozialen Folgen. Weinheim/München 1998, S.37-59.

WALPER, S.: Kinder und Jugendliche in Armut.
In: BIEBACK, K. / MILZ, H. (Hrsg.): Neue Armut. Frankfurt am Main/New York 1995, S.181-219.

WILK, L. / BACHER, J. (Hrsg.): Kindliche Lebenswelten. Opladen 1994.

WINKLER, M.: „Ortshandeln“ - die Pädagogik der Heimerziehung. In: COLLA, H.E. u.a. (Hrsg.): Handbuch Heimerziehung und Pflegekinderwesen in Europa. Neuwied/Kriftel 1999, S.307-323.

WOLF, F. / FREIGANG; W.: Wohngruppenleben. Frankfurt 1982.

Josef Scheipl

DIE STATIONÄRE BETREUUNG IN DER JUGENDWOHLFAHRT: Eine aktuelle Übersicht

1. Vorbemerkung

Für das Handbuch „Heimerziehung und Pflegekinderwesen in Europa" (COLLA u.a. 1999) hat der Verfasser im Jahr 1996 österreichweit eine Erhebung über stationäre sozialpädagogische Einrichtungen und ihr Platzangebot in der Jugendwohlfahrt durchgeführt (vgl. SCHEIPL 1999, S.71ff.). Die „Enquete zur Heimreform in der Jugendwohlfahrt" in der Steiermark bot eine gute Gelegenheit, durch die Aktualisierung der Daten eventuell neue Trends in diesem Bereich aufzuspüren.

2. Methode

Die erhobenen Daten repräsentieren den Stand in der ersten Hälfte des Jahres 2000. Die Erhebung erfolgte mittels Telefoninterviews im Juni und Juli dieses Jahres (Burgenland, Kärnten, Oberösterreich, Wien, Vorarlberg) bzw. basiert auf schriftlichen Berichten der einzelnen Bundesländer (Niederösterreich, Salzburg, Steiermark, Tirol).[1)] Die Datenbasis, die damals nur auf schriftlichen Unterlagen beruhte, scheint durch diese Vorgehensweise zuverlässiger als noch im Jahr 1996 zu sein. Verweise im Text auf dieses Jahr beziehen sich ausschließlich auf SCHEIPL 1999. Die demographischen Angaben beziehen sich auf das Jahr 1998.
Um unterschiedliche Zählweisen (z.B. nach Stichtag, Jahresbelag etc.) zu vermeiden, werden die angebotenen Plätze referiert. Da die Einrichtungen in der Regel nicht zu 100 % ausgelastet sind, vermittelt das vorgestellte Bild eine „Überschätzung" von etwa 10 – 15 % gegenüber den tatsächlich belegten Plätzen.
Als stationäre Einrichtungen gelten in dieser Erhebung Heime, Heilpädagogische Stationen mit ihrem stationären Angebot (in der Gesamtübersicht den Heimen zugeordnet), SOS-Kinderdörfer und ‚Kinderdörfer', Wohngemeinschaften (WG) und wohngemeinschaftsähnliche Formen wie (Familien-) Wohngruppen, Krisenstellen sowie (mobil) Betreutes Wohnen. Die SOS-Jugendhäuser werden wie die (Familien-) Wohngruppen zu den Wohngemeinschaften gezählt. Pflegefamilien sowie das

Angebot an Notschlafstellen werden in der vorliegenden Arbeit nicht erfasst. Eine aktuelle Erhebung ihres Bestandes wäre wünschenswert. Entsprechend der Gesetzeslage ist die stationäre Betreuung in der Jugendwohlfahrt bis zum 19. Lebensjahr (Volljährigkeit) möglich. Bei Bedarf kann dieser Zeitraum bis zum 21. Lebensjahr verlängert werden. Überdies ist erwähnenswert, dass spezialisierte Einrichtungen ihre Plätze den Jugendwohlfahrtsabteilungen auch aus anderen Bundesländern anbieten.

3. Zusammenfassender Überblick

3.1 Trägerschaft

Im Rahmen der stationären sozialpädagogischen Betreuung überwiegt das Platzangebot der freien Träger jenes der öffentlichen Träger deutlich (73% vs. 27%). Diese Tendenz hat sich seit 1996 noch etwas verstärkt (1996: 70% vs. 30%). Dahinter steht eine in den Bundesländern durchgehend leichte Zunahme des privaten Angebotes, das neben dem Burgenland nun auch in Vorarlberg 100% erreicht.
Insgesamt kristallisieren sich drei Gruppen heraus: Vier Bundesländer weisen einen sehr hohen Anteil an privaten Platzkapazitäten auf – zwischen 100% und 88%: Burgenland, Vorarlberg, Salzburg, Kärnten. Die zweite Gruppe mit Oberösterreich, Tirol und Steiermark liegt um die 70%. In Wien – mit 78% sehr deutlich – und in Niederösterreich mit 53% leicht rückläufig, überwiegen die Angebote des öffentlichen Trägers.
In manchen Bundesländern scheint sich das Platzangebot zunehmend auf einige wenige Träger zu konzentrieren, wie in Vorarlberg, Oberösterreich und auch in der Steiermark. Besonders vielfältig präsentiert sich die Trägerlandschaft im Burgenland.

Tab. 1: Trägerschaft von stationären sozialpädagogischen Einrichtungen der Jugendwohlfahrt (Prozentzahlen der angebotenen Plätze gerundet) – nach Bundesländern in den Jahren 1996 und 2000.

	Jahr 1996		**Jahr 2000**	
Bundesländer	Private Träger %	Öffentliche Träger %	Private Träger %	Öffentliche Träger %
B	100	0	100	0
K	88	12	88	12
NÖ	42	58	47	53
OÖ	64	36	70	30
Sbg	91	9	96	4
Stmk	62	38	67	33
T	76	24	70	30
Vlbg	90	10	100	0
W	20	80	22	78
Gesamt	70	30	73	27

3.2 Betreuungsformen

Tab. 2: Stationäre Betreuungsformen in den einzelnen Bundesländern (Prozentzahlen gerundet)

Bundesländer	**Plätze gesamt**	**Heime**			**SOS-Kinderdörfer**	
	(100%)	*Anzahl*	*Plätze absolut*	*Plätze %*	*Plätze absolut*	*Plätze %*
B	309	1	63	20	60	19
K	404	4	178	45	64	16
NÖ	1.391	16	955	69	103	7
OÖ	675	7	287	43	75	11
Sbg	362	0	0	0	80	22
Stmk	583	9	248	43	61	10
Ti	437	5	160	37	(2)115	26
Vlbg	265	5	115	43	72	27
Wien	1.219	13	535	43	0	0
Gesamt	5.645	60	2.541	43	630	12

Bundesländer	**Wohngemeinschaften**			**Betreutes Wohnen**		**Krisenplätze**	
	Anzahl	*Plätze absolut*	*Plätze %*	*Plätze absolut*	*Plätze %*	*Plätze absolut*	*Plätze %*
B	14	175	57	11	4	-	-
K	9	95	24	67	16	-	-
NÖ	37	311	22	22	2	-	-
OÖ	28	274	40	33	5	6	1
Sbg	22	185	52	70	19	27	7
Stmk	18	168	29	98	17	8	1
Ti	10	125	29	24	5	13	3
Vlbg	5	53	20	22	8	-	-
Wien	55	465	39	100	9	120	10
Gesamt	196	1.851	33	447	8	174	3

In Österreich dominiert bezüglich der Art der stationären Betreuung in der Jugendwohlfahrt die Heimerziehung. In 60 Heimen werden etwas mehr als 2.500 (43%) von den insgesamt mehr als 5.600 zur Zeit vorhandenen Plätze angeboten. Die Streubreite liegt zwischen keinem Heim im Bundesland Salzburg und einem Angebot an Heimplätzen von 69% in Niederösterreich. Die Mehrzahl der Bundesländer gruppiert sich bei einem Heimplatzangebot um die 40% des gesamten stationären Betreuungsangebotes. Deutlich darunter liegt das Burgenland mit 20%. Die augenscheinlichste Veränderung gegenüber 1996 hat sich in Wien ergeben, das vom Spitzenplatz (80%) auf eine mittlere Position (43%) zurückgegangen ist. Es überwiegen in Österreich eindeutig Heime von kleiner bis mittlerer Größe; die meisten größeren Heime liegen in Niederösterreich.

Der Trend, große Belagskapazitäten zu reduzieren, zeigt sich auch in den SOS-Kinderdörfern, die 12% des gegebenen Platzangebotes abdecken.

Das Angebot an WG-Plätzen liegt bei 33%. Es hat sich gegenüber 1996 deutlich verbessert. Spitzenreiter in der relativen Größenordnung ist hier das Burgenland (57%), gefolgt von Salzburg (52%). In diesen beiden Bundesländern weisen die WG-Plätze bereits die absolute Mehrheit auf. Während Wien stark aufgeholt hat, ist in Vorarlberg und Tirol der Anteil an WG-Plätzen bemerkenswerter Weise leicht rückläufig. In allen anderen Bundesländern sind Steigerungsraten erkennbar.

Das Betreute Wohnen scheint – zumindest im relativen Vergleich – zu stagnieren. Waren es 1996 etwa 7%, so werden derzeit 8% der Plätze in dieser Betreuungsform angeboten. Wie 1996 ist Salzburg auch diesmal in dieser Position führend (19%), wenngleich Steiermark (17%) und Kärnten (16%) deutlich zulegten. Weit abgeschlagen rangiert Niederösterreich (2%), das mit Oberösterreich, Tirol und Burgenland noch über beträchtliche Ausbaukapazitäten in diesem Betreuungsbereich verfügt.

Die Krisenplätze konnten in der vorliegenden Arbeit sicherlich nicht zur Gänze erfasst werden. Sie liegen nach wie vor deutlich unter dem Platzangebot des Betreuten Wohnens. Speziell durch den Ausbau in Wien scheinen sie aber an Stellenwert zu gewinnen.

Schließlich sei noch erwähnt, dass bei leicht zunehmender Bevölkerungszahl in den Bundesländern der Anteil der Kinder und Jugendlichen unter 20 Jahren bis auf Niederösterreich durchgehend rückläufig ist.

4. Detailinformationen aus den Bundesländern

4.1 Burgenland

Im Burgenland (277.485 EinwohnerInnen, davon 60.363 Kinder und Jugendliche unter 20 Jahren) bieten gegenwärtig 17 Einrichtungen 309 Plätze zur stationären sozialpädagogischen Betreuung gemäß Jugendwohlfahrtsgesetz (JWG) an. Wie schon im Jahr 1996 führen private Träger diese Einrichtungen (100%).
Elf Wohngemeinschaften (WG) mit insgesamt 151 Plätzen und drei sozialpädagogische Pflegefamilien mit ihren 24 Plätzen, welche hier wie bei der Erhebung von 1996 wegen ihres WG-Charakters ebenfalls zu den WG gezählt werden, stellen insgesamt 175 Plätze, das sind knapp 57% des stationären Platzangebotes, zur Verfügung. Hier ist allerdings zu bemerken, dass aufgrund einer missverständlichen Information im Jahr 1996 damals eine WG mit 14 Plätzen nicht in die Erhebung einbezogen wurde, sodass für 1996 vom gesamten stationären Angebot ein relativer Anteil von 46% statt 40% in WG zur Verfügung gestanden ist. Trotzdem ist die Steigerungsrate bei den WG bemerkenswert. Nach wie vor werden alle WG koedukativ geführt. Die durchschnittliche Belagsgröße beträgt etwas mehr als 13; doch die durchschnittliche Gruppengröße liegt aufgrund der Gruppenteilungen innerhalb der großen WG mit ca. zehn Jugendlichen deutlich darunter.

Das Heim „Kinderdorf Pötsching" ist mit dem Angebot von 63 Plätzen (20%) gegenüber 1996 relativ unverändert geblieben. Demgegenüber hat das SOS-Kinderdorf in Pinkafeld sein Platzangebot von 70 auf 60 reduziert.
Elf Plätze für Betreutes Wohnen ergänzen das Angebot an stationären Einrichtungen.
Während sich das Platzangebot in den Heimen und beim Betreuten Wohnen in den letzten Jahren leicht vermindert hat, konnten vier neue Wohngemeinschaften dieses Platzangebot sowohl absolut als auch relativ beachtlich ausweiten. Ihr Anteil bei der stationären Betreuung liegt nun – wie gezeigt - knapp unter 60%.

4.2 Kärnten

Wie im Jahr 1996 bieten in Kärnten (564.184 EinwohnerInnen, davon 133.030 Kinder und Jugendliche unter 20 Jahren) 18 Einrichtungen auch im Jahr 2000 etwas mehr als 400 Plätze an. 17 von ihnen werden privat geführt; diese verfügen nach wie vor über 88% des Platzangebotes. In der Trägerschaft des Landes Kärnten befindet sich lediglich das Landesjugendheim Rosental (Ferlach) für Burschen mit 48 Plätzen. Die weiteren drei Heime sind mit ihren 40 (zweimal) bzw. 50 Plätzen als mittelgroße Heime einzustufen. Zwei von ihnen sind koedukativ geführt, eines betreut ausschließlich Mädchen. Mit ihren 178 Plätzen stellen die vier Heime wie im Jahr 1996 knapp 45% der Plätze im stationären Jugendwohlfahrtsangebot zur Verfügung. Weiters ist noch das SOS-Kinderdorf in Moosburg zu erwähnen, welches allerdings sein Angebot um 20 Plätze auf 64 gegenüber 1996 reduziert hat (16%).
Nahezu unverändert zu 1996 stellt sich auch die Verteilung der Plätze in den WG und beim Betreuten Wohnen dar. Etwas mehr als 90 Plätze (24%) bieten neun WG an – mit einer durchschnittlichen Gruppengröße von etwa zehn; fünf von ihnen werden koedukativ geführt, je zwei sind für Burschen bzw. für Mädchen.
Für Betreutes Wohnen stehen nicht ganz 70 Plätze (16%) zur Verfügung (In der Erhebung von 1996 fanden mehrere Platzangebote leider keine Berücksichtigung).
Auch in der geographischen Verteilung bleibt die Konzentration auf die Räume Klagenfurt, Villach/Treffen und Feldkirchen aufrecht. Die Bezir-

ke Hermagor, St. Veit, Völkermarkt und Wolfsberg verfügen nach wie vor über keine, der große Bezirk Spittal lediglich über eine stationäre Jugendwohlfahrtseinrichtung.

4.3 Niederösterreich

In Niederösterreich (1,534.552 EinwohnerInnen, davon 352.571 Kinder und Jugendliche unter 20 Jahren) steht mit knapp 1.400 Plätzen das größte Angebot aller Bundesländer im Bereich der stationären Jugendwohlfahrtsbetreuung zur Verfügung. Dabei tritt das Land als öffentlicher Träger mit 735 Plätzen (53%) nach wie vor stark in Erscheinung (1996: 58%). Die in Rede stehenden Plätze finden sich nahezu ausschließlich in den neun Landesjugendheimen (699); die restlichen 36 Plätze verteilen sich auf die (Außen)Wohngruppen der Heime Schwedenstift (3), Matzen (1) und Hollabrunn; dieses stellt ein „Mutter-Kind-Haus" mit acht Plätzen für junge Mütter mit ihren Kindern in Notsituationen bereit.
Im Bereich der privaten Trägerschaft bieten vier traditionelle Heime und die drei Einrichtungen des „Grünen Kreises" 256 Plätze an. Zwei Angebote des Grünen Kreises bieten Drogentherapie für männliche und weibliche Jugendliche an, eines betreut Kinder von Eltern in Langzeittherapie: Frankenau/Hotel, Binder/Marienhof. Diese werden hier trotz der geringen Belagszahl (20/10/16) in der Kategorie „Heim" gezählt. Als große bis mittelgroße Heime in privater Trägerschaft können Judenau (100 Plätze) und Stiefern (60 Plätze) gelten.
Demgegenüber kann man von den neun Heimen in öffentlicher Trägerschaft sechs weiterhin als relativ große Einheiten bezeichnen: Das NÖ Heilpädagogische Zentrum Hinterbrühl [von dessen fünf Abteilungen werden hier drei herangezogen (N = 133): Heilpädagogische Station (n: 38), Sozialtherapeutische Abteilung (n: 25), Sozialpädagogische Abteilung (n: 70)], Korneuburg (115), Reichenauerhof (102), Hollabrunn (94), Schauboden (75) und Allentsteig (60 Plätze). Manche dieser großen Heime bieten heimintern eine Schule bzw. eine Berufsausbildung an. In mehreren Landesjugendheimen werden Burschen- bzw. Mädchengruppen geführt, wobei die Wohngruppen allerdings geschlechtshomogen zusammengesetzt sind.
Neben der in NÖ nach wie vor deutlich dominierenden Heimerziehung (955 Plätze, das sind ca. 69% des gesamten Platzangebotes) ist noch das SOS-Kinderdorf „Wienerwald" zu erwähnen. Es liegt mit seinen jetzigen 103 Plätzen (7%) allerdings deutlich unter der Zahl von 1996 (150 Plätze).

Das überwiegende Platzangebot in der Heimerziehung lässt die in NÖ durchaus respektable Wohngemeinschaftsszene weniger zur Geltung gelangen. 37 WG (davon 32 in privater Trägerschaft) bieten 311 Plätze an, das sind 22% der gesamten Platzkapazität. Die Vereine „Rettet das Kind“ und „Pro Juventute“ treten hier als Anbieter besonders hervor. Die überwiegende Mehrzahl der WG sind koedukativ eingerichtet.
Mit 22 Plätzen im Rahmen des Betreuten Wohnens ist dieses Angebot in NÖ noch immer nicht nennenswert vertreten.
Bemerkenswert ist eventuell noch, dass aus der dem Heimverzeichnis beigelegten Karte deutlich ersichtlich ist, dass die nordwestlichen Bezirke in NÖ kaum stationäre Angebote in der Jugendwohlfahrt aufweisen.

4.4 Oberösterreich

In Oberösterreich (1.375.436 EinwohnerInnen, davon 339.031 Kinder und Jugendliche unter 20 Jahren) stehen im untersuchten stationären Jugendwohlfahrtsbereich 36 Einrichtungen mit 675 Plätzen zur Verfügung. Dies sind um zehn Einrichtungen und etwa 30 Plätze mehr als 1996. In öffentlicher Trägerschaft befinden sich nach wie vor sechs Einrichtungen (drei Heime des Landes – mit 40, 42 und 55 Plätzen [inklusive einer Außenwohngruppe mit elf Plätzen], ein Heim und eine WG der Stadt Linz – mit 24 und 8 Plätzen – sowie ein Heim des Sozialhilfenverbandes Vöklabruck – mit 36 Plätzen). Das sind 30% der insgesamt angebotenen Plätze. Bezogen auf die Heimsituation in OÖ ist festzuhalten, dass eine deutliche Tendenz zur Reduzierung der Belagszahl festzustellen ist, sowohl in den fünf erwähnten Heimen in öffentlicher Trägerschaft als auch im sozialpädagogischen Zentrum Gleink/Steyr, welches das Angebot um 30 Plätze auf nunmehr 90 reduziert hat. Insgesamt werden im engeren Heimbereich 287 Plätze (43%) angeboten.
Zusätzlich zu erwähnen ist hier noch das SOS-Kinderdorf in Altmünster. Es hat sein Platzangebot (N = 75; 11%) nicht verändert.
Die Vermehrung des Platzangebotes bei gleichzeitiger Reduzierung der Heimbelagszahlen schlägt sich in der Ausweitung des WG-Angebotes nieder. Denn neben dem relativ umfangreichen Heimangebot ist die stationäre Jugendwohlfahrtslandschaft in Oberösterreich besonders durch die beachtliche Anzahl von 28 WG mit über 270 Plätzen (40%) gekennzeichnet. Sie werden bis auf die WG der Stadt Linz durchgängig von privaten Trägern betrieben. Allerdings werden hier auch so große Einheiten wie das Sonderkrankenhaus – Heilpädagogische Kinder- und Jugendklinik der Spattstraße, die sozialpädagogische Mädchenwohngruppe

in Baumgartenberg sowie die sozialpädagogische Wohngruppe in Kremsmünster mit 18, 24 und 22 Plätzen als WG gezählt, obwohl sie Kleinheim-Charakter aufweisen, auch wenn sie vor Ort (im Stammhaus) jeweils in Gruppen gegliedert sind.
Einige wenige Krisenplätze, etwa 30 Plätze für Betreutes Wohnen und sechs Plätze in der Krisenstelle ARGE Noah, ergänzen die Angebotspalette.
Bezüglich der freien Träger ist für OÖ zu erwähnen, dass im WG-Bereich zwei Träger (Heidelmair und das „Institut Spattstraße") deutlich dominieren.

4.5 Salzburg

Das Land Salzburg (513.938 EinwohnerInnen, davon 95.438 Kinder und Jugendliche unter 20 Jahren) bietet in 31 Einrichtungen 362 Plätze für Kinder/Jugendliche zur stationären Betreuung in der Jugendwohlfahrt an. Davon werden lediglich 30 Plätze (8% des gesamten Angebotes) im Rahmen des Sozialpädagogischen Zentrums vom Land als öffentlicher Träger angeboten (Krisenstelle für Säuglinge und Kinder bis zum Schuleintritt: 11 Plätze; WG für Mütter:7; Institut für Heilpädagogik: 12 Plätze). 92% des Platzangebotes erfolgen durch Privatträger. Damit haben sich gegenüber 1996 die relativen Gewichte kaum merklich verändert (1996: 91% : 9%).
Für das Land Salzburg sind keine Heime mehr ausgewiesen. Das SOS-Kinderdorf in Seekirchen bietet mit 80 Plätzen (22 %) etwa gleich viel an Plätzen wie im Jahr 1996 an.
Dementsprechend ausgeprägt ist der Wohngemeinschaftsbereich in diesem Bundesland. In 22 WG werden 185 Plätze zur Verfügung gestellt, das sind 52% der Gesamtkapazität – etwas mehr als im Jahr 1996. Diese WG-Landschaft ist in sich differenziert. Elf WG für Kinder mit 80 Plätzen (drei Familiengruppen mit je acht Plätzen, die Kinder ab dem 1. Lebensjahr aufnehmen) betreuen die Kinder im Regelfall bis zum 12. bis 14. Lebensjahr. Danach müssen die Kinder die Betreuungsstelle offenbar wechseln. Jugendlichen vom 12. Lebensjahr an stehen elf WG mit 105 Plätzen zur Verfügung. Davon bieten zwei WG mit insgesamt zwölf Plätzen mj. bzw. alleinerziehenden Müttern Aufnahme. Das SOS-Kinderhaus mit 15 Plätzen wird als WG gezählt. Während die WG für Kinder generell koedukativ geführt werden, sind dies von den neun WG für Jugendliche nur vier; drei nehmen ausschließlich Mädchen auf, eine ist für Burschen vorgesehen.

70 Plätze (19%) stellen sieben Anbieter für Betreutes Wohnen zur Verfügung. Zwei sehr kleine Einrichtungen bieten insgesamt vier Plätze für Mädchen an, einen davon für eine mj. und alleinerziehende Mutter mit ihrem Kind.
Darüber hinaus sind in Salzburg drei Krisenstellen (für Säuglinge und Kinder bis zum Schuleintritt; für Kinder und Jugendliche; für Sozialwaise) mit insgesamt 27 Plätzen (7%) eingerichtet.
Bei den freien Trägern findet sich im Bundesland Salzburg eine ziemlich breite Verteilung ohne eindeutig erkennbare Dominanz eines Anbieters.

4.6 Steiermark

In der Steiermark (1,204.244 Einwohner, davon 277.550 Kinder und Jugendliche unter 20 Jahren) bieten gegenwärtig 32 Einrichtungen insgesamt 583 Plätze zur stationären Betreuung im Sinne des JWG an. Das sind um 10% mehr Plätze als im Jahr 1996. Die Anzahl der von der Behörde getragenen Einrichtungen (Land Steiermark, Stadt Graz) ist mit sieben gleichgeblieben, wenngleich der relative Anteil der angebotenen Plätze von 38% auf 33% gesunken ist.
Das Land ist Träger von vier Heimen, deren Belagszahlen leicht zurückgegangen sind. Sie werden bis auf die Heilpädagogische Station nach wie vor getrennt geschlechtlich (zwei für Burschen, eines für Mädchen) organisiert. Der Aufbau einer koedukativen Gruppe im Rahmen einer Neuorganisation der zwei in Graz befindlichen Landesjugendheime (Rosenhof, Blümelhof) ist in Diskussion. Die übrigen Heime (zwei davon in der Trägerschaft der Stadt Graz, drei privat), die alle mehr oder minder den Status von Kleinheimen haben, werden, wie schon 1996, koedukativ geführt. Der Anteil der Heimplätze am gesamten Platzangebot der stationären Jugendwohlfahrts-Betreuung (N = 248) ist relativ deutlich gesunken (1996: 50%; 2000: 43%).
Demgegenüber ist das Angebot an Plätzen in den 18 WG (1996: 13) von 25% auf 29% (N=168) und beim Betreuten Wohnen von 12% auf 17% (1996: 63; 2000: 98 Plätze) gestiegen.
Die 18 WG – von denen einige als Familienwohngruppen bezeichnet werden – sind bis auf eine für Burschen und eine für mj. Schwangere bzw. Mütter mit Kleinkindern koedukativ eingerichtet. Die Wohneinheiten beim Betreuten Wohnen sind geschlechtshomogen.
Das SOS-Kinderdorf in Stübing hat sein Platzvolumen leicht verringert (1996: 67; 2000: 61; das sind 10% des gesamten Platzangebotes).

Acht Plätze in einer Kriseninterventionsstelle runden das Platzangebot ab.
Erwähnenswert ist schließlich noch, dass in zwei landeseigenen Heimen (Blümelhof, Hartberg) interne Berufslehre, in dem hier zu den WG gezählten Berufsfindungszentrum in Kapfenberg ein Arbeitstraining für die Jugendlichen angeboten wird.

4.7 Tirol

In Tirol (663.603 EinwohnerInnen, 166.701 Kinder und Jugendliche unter 20 Jahren) stellen gegenwärtig 21 Einrichtungen ca. 440 Plätze für die stationäre Betreuung von Kindern/Jugendlichen im Sinne des JWG zur Verfügung. Da im Jahr 1996 das Internat Mariatal mit seinen 56 Plätzen nicht in die Untersuchung einbezogen wurde, erklärt sich damit die etwa 10%ige Steigerung der angebotenen Plätze gegenüber der Erhebung zum damaligen Zeitpunkt. Allerdings sind einige Einrichtungen – vor allem WG – gegenüber 1996 weggefallen. Die weit überwiegende Anzahl der Einrichtungen mit 70% des gesamten Platzangebotes befindet sich in privater Trägerschaft (17).
Das Land Tirol betreibt als öffentlicher Träger vier der fünf Heime mit 30% der stationären Plätze. Die Verschiebung gegenüber 1996 (76% : 24%) ergibt sich einerseits aus der Einbeziehung des Internats Mariatal und andererseits aus dem Rückgang des Angebotes an WG. Während 1996 noch 19 WG mit 154 Plätzen gezählt werden konnten, ist dieses Angebot auf zehn mit einer Kapazität von 125 Plätzen (29%) zurückgegangen. Die durchschnittliche Belagszahl liegt bei neun; dieser Wert wird durch die zwei SOS-Wohngemeinschaften mit ihren je 15 Plätzen etwas überhöht. Die sich als WG bezeichnende Einrichtung „Jugendland" geht in diese Durchschnittsberechnung nicht ein, da die dort 40 vorgesehenen Plätze sicherlich eine deutliche innere Differenzierung voraussetzen, weil ansonsten die Bezeichnung als WG unangebracht und die Einrichtung als Heim zu benennen wäre. Das Platzangebot der fünf Heime (160) erreicht 37% der Gesamtkapazität. Die Erhöhung gegenüber 1996 (28%) ist aus der oben angeführten Aufnahme von Mariatal zu erklären. Das Platzangebot in den Heimen wurde zum Teil etwas reduziert (vor allem in Fügen). Drei Heime werden koedukativ geführt, zwei nehmen ausschließlich Burschen auf. Von den zehn WG nehmen sieben Mädchen und Burschen auf, zwei nur Mädchen, eine ist nur für Burschen vorgesehen.

Die beiden SOS-Kinderdörfer (Imst und Nußdorf/Osttirol) stellen das gleiche Platzangebot wie 1996, nämlich 115 (26%).
Die 24 betreuten Wohnplätze (5%) und die 13 Krisenplätze (3%) verweisen bei diesen Angebotsformen auf eine leicht steigende Tendenz.

4.8 Vorarlberg

In Vorarlberg (346.112 EinwohnerInnen, davon 91.037 Kinder und Jugendliche unter 20 Jahren) bieten gegenwärtig 13 Einrichtungen 265 Plätze zur stationären sozialpädagogischen Betreuung von Kindern/Jugendlichen an. Hier ist ein beachtlicher Rückgang von 15% gegenüber 1996 (314 Plätze) zu vermerken. Alle 265 Plätze (100%) befinden sich nun in privater Trägerschaft. In fünf Heimen bzw. heimähnlichen Einrichtungen, von denen das Vorarlberger Kinderdorf „Kronhalde“ mit 68 Plätzen das größte ist, werden an die 115 Plätze (43%) angeboten. (Die beiden Kolpinghäuser in Bregenz und Götzis haben im wesentlichen andere Aufgaben und werden hier nur mit je fünf Plätzen im Rahmen der JW veranschlagt. Das heilpädagogische Zentrum Carina in Feldkirch, welches bei Bedarf von der JW als stationäres Angebot herangezogen wird, bleibt mit sieben, das ist die Hälfte der angebotenen Plätze, in der vorliegenden Aufstellung einbezogen.)
Das SOS-Kinderdorf in Dornbirn hat sein Platzangebot seit 1996 von 100 auf 72 Plätze (das sind jetzt 27% des gesamten Angebotes) reduziert.
Bemerkenswert ist der Rückgang bei den Wohngemeinschaften. Ihre Anzahl reduziert sich gegenüber 1996 von sieben auf fünf, das Platzangebot von 66 auf 53 (1996: 21%; 2000: 20%). Der deutliche absolute Rückgang bei den WG-Plätzen kommt aufgrund der gesamten Verringerung des Platzangebotes relativ kaum zur Geltung. Die SOS-WG sowie die WG für Mutter und Kind (Feldkirch) werden getrennt geschlechtlich geführt.
Ein Angebot mit Intensivprogramm in der Entwicklungshilfe (drei Plätze; 1%) und eine gegenüber 1996 zunehmende Anzahl von ambulant betreuten Wohnplätzen (N = 22; 8%) runden das Angebot ab.

4.9 Wien

Den wohl radikalsten Umbau im stationären Bereich der Jugendwohlfahrt in den letzten vier Jahren führt Wien (EinwohnerInnen 1,596.697,

davon 278.179 Kinder und Jugendliche unter 20 Jahren) durch. Die Reform „Heim 2000“ startete im Mai 1996 (vgl. EICHMANN/SEISER 1997, S.4). Die Beschreibung der Reform erfolgt ausführlich an anderer Stelle (vgl. FLEISCHMANN in diesem Buch). Für unser Verständnis hier ist wichtig, dass die Aufteilung Wien in sechs „Sozialpädagogische Regionen“ und zwei „Sozialpädagogische Überregionen“ – je eine für männliche bzw. weibliche Jugendliche erfolgte. Pro Region sind ein Heim, ein WG-Verbund mit mehreren WG und ein bis zwei Krisenzentren geplant. In den beiden Überregionen sind geschlechtsspezifische Angebote: Heime, WG, Krisenzentrum, Betreutes Wohnen für Mädchen bzw. für Burschen vorgesehen. Neben dem Angebot der Stadt Wien greifen die einzelnen Regionen auch auf private Anbieter sowohl im Heim- als auch WG-Bereich und beim Betreuten Wohnen zurück.
Mit dieser Reform hat sich die noch 1996 dominierende Heimlandschaft der Stadt Wien (öffentliche Träger) grundlegend geändert: Einige Heime wurden aufgelöst (Charlotte Bühler-Heim, Julius Tandler-Heim), andere in Krisenzentren umorganisiert (Nußdorf, Am Augarten). Die verbleibenden neun Heime wurden – bis auf Biedermansdorf (für zwei Regionen zuständig) und Lindenhof (Ausbildungszentrum mit interner Berufslehre) – deutlich verkleinert und bieten nur mehr ca. 400 Plätze an (im Jahr 1996 waren es noch mehr als 700). Überdies ist damit zu rechnen, dass die Belagszahlen der verbleibenden Heime in der nächsten Zeit weiter reduziert werden.
In Ergänzung dazu wurde der WG-Sektor markant ausgebaut: In 41 WG (1996: 14) stehen 328 Plätze zur Verfügung. Diese WG werden koedukativ geführt. Zusätzlich stehen 3 WG mit insgesamt 37 Plätzen mj. Müttern bis 19 Jahren mit ihren Kindern zur Verfügung.
Etwa 60 Plätze für Betreutes Wohnen ergänzen das dezentralisierte Angebot.
Die Krisenzentren schließlich bilden das „Herzstück der Region“ (MAGISTRAT der Stadt Wien 1999, S.12). Doch es ist problematisch, die Krisenzentren so ohne weiteres zum stationären Angebot zu zählen. Einerseits ergeben sich bisher durch die sozialpädagogische Arbeit vor Ort relativ hohe Rückführungsraten in die Familien (deutlich über 50% liegend; mündlich Auskunft an den Autor) und anderseits muss ein stationärer Platz vorhanden sein, wenn Kinder/Jugendliche nach der Abklärung in eine der bestehenden Einrichtungen eingewiesen werden sollen. Es wird daher bei Krisenzentren eher von teilstationären Einrichtungen zu sprechen sein. Sie finden aber bei den Berechnungen mit ihrer gesamten Belagszahl Berücksichtigung. Derzeit bestehen zwölf Krisenzentren, die in der Regel über acht Plätze verfügen. Die Krisenzentren in den

Überregionen sind stärker belegt: Am Augarten 16 Plätze für männliche Jugendliche, in Nußdorf 24 Plätze für weibliche Jugendliche.
Inklusive der „teilstationären" Krisenzentren bietet der Magistrat als öffentlicher Träger demnach 950 Plätze an. Diese werden durch den Zukauf von etwa 230 Plätzen in vier Heimen und elf WG sowie von ca. 40 Plätzen im Betreuten Wohnen ergänzt.
Mit 535 Plätzen überwiegen die Angebote der stationären Betreuung in den Heimen zwar nach wie vor (43%; - 1996: 80%), doch konnten die WG (465 Plätze, 39%) deutlich aufholen und auch das Angebot des Betreuten Wohnens mit ca. 100 Plätzen (9%) kann sich durchaus bemerkbar machen. 120 Plätze (10%) stehen in den Krisenzentren zur Verfügung. (Berechnet man die Relationen ohne die 120 Plätze in den Krisenzentren, ergibt sich folgendes Bild: Heim: 49%, WG: 42%, Betreutes Wohnen: 9%.)
In der Trägerschaft des Magistrates befinden sich weiterhin etwa 78% der insgesamt angebotenen Plätze; die freien Träger sind mit – im Vergleich zu den übrigen Bundesländern – relativ bescheidenen 22% am Angebot für stationäre Jugendwohlfahrt in Wien beteiligt.

5. Ausblick

Der bereits in der Erhebung im Jahr 1996 festgestellte Trend zur Dezentralisierung in der stationären JW-Betreuung hält an. Diese Tendenz und die fortgesetzte Verkleinerung der bestehenden bzw. verbleibenden Heime schaffen gute organisatorische Rahmenbedingungen für eine Steigerung der Qualität in der stationären Betreuung. Eine Diversifizierung des Angebotes ist neben der Verbesserung der Professionalität in der JW-Arbeit angesichts des zu erwartenden schwierigeren Klientels unabdingbar und sollte neben der stationären auch die mobile JW-Arbeit umfassen. Maßnahmen zur Qualitätssicherung sind dabei ebenso gefragt wie Modelle einer adäquaten Finanzierung, um die Qualität langfristig zu sichern. Eine stärker leistungs- und sozialraumorientierte Budgetierung sollte daher bei weiteren Planungen gegenüber den momentan vorherrschenden Objekt- und Subjektförderungen überlegt werden. Damit einhergehen könnte eine nachdrücklichere Orientierung der JW-Arbeit am sozialen Raum.

Anmerkungen:
1) Die Erhebungsunterlagen bzw. die Telefonumfrage besorgte Frau Mag. Maria SCHMIKL.

6. Literaturverzeichnis

AMT DER STEIERMÄRKISCHEN LANDESREGIERUNG / RECHTSABTEILUNG 9 – JUGENDWOHLFAHRTS-REFERAT (Hrsg.): Verzeichnis der Heime und Einrichtungen im Bereich der Jugendwohlfahrt. Stand Juli 2000 – o.O u. o.J.

AMT DER TIROLER LANDESREGIERUNG / ABTEILUNG JUGENDWOHLFAHRT (Hrsg.): Verzeichnis der Heime, Wohngemeinschaften und Internate für Kinder und Jugendliche. Stand: Januar 2000 – o.O. u. o.J.

COLLA, H.E. u.a. (Hrsg.): Handbuch Heimerziehung und Pflegekinderwesen in Europa. Neuwied/Kriftel 1999.

EICHMANN, E. / SEISER, W.: Heim 2000. Die Umstrukturierung der Heimerziehung/Fremdunterbringung in Wien. 1. Zwischenbericht. Mai 1996 bis Mai 1997.
In: INFORMATION. Zur Bildung und Fortbildung für SozialpädagogInnen und SozialarbeiterInnen. Heft 2,1997, S.1-22

LAND SALZBURG (Hrsg.): Einrichtungen der Jugendwohlfahrt. Informationen über Sozialpädagogische Einrichtungen im Bundesland Salzburg. Salzburg 2000.

MAGISTRAT DER STADT WIEN / MAGISTRATSABTEILUNG 11 – DEZERNAT V: Heim 2000. 2. Zwischenbericht. Juni 1997 bis Juni 1999.
In: INFORMATION zur Bildung und Fortbildung für SozialpädagogInnen und SozialarbeiterInnen. Heft 3,1999, S.1-33.

NIEDERÖSTERREICHISCHE LANDESREGIERUNG / ABTEILUNG JUGENWOHLFAHRT (Hrsg.): Verzeichnis der Heime und Einrichtungen im Bereich der Jugendwohlfahrt. Stand Mai 2000. St. Pölten 2000.

SCHEIPL, J.: Heimerziehung in Österreich.
In: COLLA, H.E. u.a. (Hrsg.): Handbuch Heimerziehung und Pflegekinderwesen in Europa. Neuwied/Kriftel 1999, S.71-84.

II. HEIMREFORM IN ÖSTERREICH

Karin Lauermann

REFORMBESTREBUNGEN DER HEIMERZIEHUNG IN ÖSTERREICH SEIT 1945: EINE HISTORISCHE RÜCKBLENDE

1. Einleitende Gedanken

Heimerziehung ist ohne die Rückbesinnung auf ihre historischen Wurzeln und Wege nicht begreifbar. Quellen, die sich in der Vergangenheit gebildet haben, sprudeln und wirken in die Gegenwart. Eine Rückschau auf die Heimerziehung in Österreich möge daher den Blick für die Genese der Heimerziehung öffnen und helfen, die aktuellen Wege sozialpädagogischen Denkens und Handelns in der österreichischen Heimlandschaft zu verdeutlichen sowie gegenwärtige Trends und Tendenzen, Aus- und Herausforderungen, Potentiale und Ressourcen zu erkennen.

2. Heimerziehung, ein Begriff aus Tradition

An der Schwelle zum 21. Jahrhundert kann nicht einfach mehr von *der* Heimerziehung gesprochen werden. Entwicklungs- und Reformbestrebungen haben in den letzten dreißig bis vierzig Jahren vielfältige Veränderungen im Bereich der Heimerziehung bewirkt. Das Spektrum, das sich heute hinter dem Etikett „Heim" verbirgt, ist weit gespannt. Es reicht von klassischen Großeinrichtungen bis hin zu (sozial)therapeutischen Wohngruppen, von familienanalog konzipierten Kinderdörfern zum betreuten Jugendwohnen, vom Therapieheim zum Wohn- oder Arbeitsprojekt, um nur einige Beispiele zu nennen. Das enge klassische Feld der Heimerziehung hat sich in eine weite Flur unterschiedlichster sozial(pädagogischer) Dienstleistungsangebote gewandelt.
Über Jahrhunderte hinweg galt das „Heim" als die fast einzige Form der Fremderziehung als Ersatz für die Herkunftsfamilie bei plötzlichem und unvorhersehbarem Ausfall der Familie oder zur Gewährleistung (höherer) schulischer Bildung und Ausbildung (vgl. HEITKAMP 1984, S.52). Heute, am Ende des 20. Jahrhunderts, hat diese Beschreibung von „Heimerziehung" ihre Gültigkeit verloren.

Heimerziehung hat sich durch anhaltende Entwicklungs- und Reformbestrebungen in den letzten Jahrzehnten erheblich ausgeweitet und differenziert bzw. auf Grund der veränderten gesellschaftlichen, ökonomischen und sozialpolitischen Bedingungen und unter Einbeziehung neuer sozialpädagogischer Paradigmata ausweiten und differenzieren müssen (vgl. STAHLMANN 1994, S.71; SCHEIPL 2000). Gegenwärtig ist Heimerziehung im Begriff, sich als Teil einer lebensweltorientierten Sozialpädagogik zu etablieren.
Von Aufbewahrung und Verwahrung, von Disziplinierung und Zwang in Erziehungs- und Besserungsanstalten früherer Jahrzehnte hat sich Heimerziehung zu einer qualifizierten und leistungsfähigen Integrationshilfe entwickelt. Die jahrzehntelang existierende Monopolstellung der großen Heime (Anstalten) ist zunehmend in Frage gestellt worden. Das Spektrum der Heimerziehung hat sich von den traditionellen Waisenhäusern und Erziehungsheimen um eine Vielzahl stationärer, teilstationärer, ambulanter und mobiler Einrichtungen erweitert. Die von früheren Jahrzehnten her bestehenden Heimtypen werden den aktuellen gesellschaftlichen Bedingungen und den modernen pädagogischen Erkenntnissen nicht mehr gerecht (vgl. STAHLMANN 1994, S.71).

3. Entwicklungslinien der Heimerziehung

Im Folgenden sei der Weg der Heimerziehung von der Anstaltserziehung, die auf Massenunterbringung mit entsprechender Massenerziehung und dem Ziel kostengünstiger Versorgung ausgerichtet war, über das Familienprinzip und das therapeutische Milieu zur neuen lebens- und alltagsweltorientierten Sozialpädagogik nachvollzogen (vgl. Lauermann 1998, S.66).

3.1 Streifzug zu den Anfängen institutioneller Erziehung

Die Versorgung, Pflege und Erziehung elternloser bzw. unversorgter Kinder und Jugendlicher als soziale Aufgabenstellung oblag der offenen Armenpflege des Mittelalters. Aus der religiösen Verpflichtung der reichen Bevölkerung, Armen und Bettlern durch Almosen zu helfen, entwickelte sich im Laufe der Jahrhunderte ein System von Findel-, Waisen-, Zucht- und Arbeitshäusern sowie Besserungsanstalten; Waisenhäuser für unversorgte Kinder und Besserungsanstalten für Jugendliche, die sich einer strafbaren Handlung schuldig gemacht hatten (vgl. OSZTOVITS

1990, S.4; SCHEIPL 1999, S.72). Der schlechte Ruf der Besserungsanstalten, der vor allem aus dem zum Teil äußerst brutalen, und sträflingsähnlichen Umgang mit den Jugendlichen in geschlossener Unterbringung resultierte, führte zu Beginn des 20. Jahrhunderts zur Umbenennung der Besserungsanstalten in „Fürsorgeanstalten" bzw. „Erziehungsanstalten". Die neuen Bezeichnungen führten jedoch nicht zu Veränderungen der inneren Organisation der Erziehungsanstalten (vgl. SCHEIPL 1999, S.72). Diese geschlossenen Systeme mit allen Merkmalen der totalen Institution erreichten in der Österreich-ungarischen Monarchie ihren Höhepunkt (vgl. OSZTOVITS 1990, S.4).
Nach dem Zusammenbruch der Monarchie begann ein Umdenken. Erste Bestrebungen, die totalen Institutionen der geschlossenen Anstaltserziehung zu öffnen, setzten ein. Pädagogische Reformgedanken, fußend auf den Ideen der Psychoanalyse und der Individualpsychologie führten in der Zwischenkriegszeit die Wiener Heimerziehung zu ihrer ersten Hochblüte. Aufbauend auf das Gedankengut von August AICHHORN (1878-1949) und Anna FREUD (1895-1982) gestaltete Julius TANDLER (1869-1936) die Anstaltserziehung grundlegend um. Als verantwortlicher Stadtrat setzte TANDLER in den Wiener Erziehungsanstalten und Waisenhäusern zunehmend qualifiziertes Personal ein, das individualpsychologisch und psychoanalytisch orientierte pädagogische Arbeit leistete (vgl. OSZTOVITS 1990, S.5).
Die psychoanalytische Pädagogik der späten zwanziger Jahre, spätestens mit August AICHHORN (1878-1949) und seinen Veröffentlichungen über seine gezielten therapeutisch-pädagogischen Bemühungen an verwahrlosten Jugendlichen in dem von ihm geleiteten Jugendheim in Oberhollabrunn bei Wien, bewirkte sichtbare Spuren der Neuerung. An Stelle der bisher in Erziehungsheimen und Waisenhäusern üblichen militärischen Ordnung kamen immer stärker pädagogische Prinzipien zum Durchbruch. So wurden beispielsweise uniformierte Aufseher von Berufserziehern und Heimmüttern abgelöst, die in eigenen Fachkursen ausgebildet wurden (vgl. OSZTOVITS 1975, S.32).
Mit dem Anschluss an das Deutsche Reich im Jahre 1938 war diese für die (Wiener)Jugend sozialpädagogisch wichtige Epoche jäh unterbrochen worden, bewirkt durch das weitgehende Verbot der Ideen und des Gedankenguts von Sigmund FREUD, Alfred ADLER, Julius TANDLER und August AICHHORN (vgl. GRESTENBERGER 1991, S.76; SCHEIPL 1999, S.74).
Der Zweite Weltkrieg löste einen gewaltigen Rückschritt aus und führte wieder das Anstaltsprinzip in die (Wiener) Heimerziehung ein. Die Wirren der Zeit des Nationalsozialismus und des Zweiten Weltkrieges ver-

zögerten die Entwicklungs- und Reformbestrebungen der Zwischenkriegsjahre. Das Wissen um die Situation der Heime der Zeit des Nationalsozialismus ist insgesamt gesehen sehr gering. Sicher ist, dass die auf den Einzelnen hin orientierte Heimerziehung wieder zur anonymen Massenbetreuung wurde, charakterisiert durch Disziplin, Zwang, Strafe und Verwahrung. Diese Einschätzung, meint GRESTENBERGER (1981, S.48f.) rückschauend, beschreibe auch weitgehend die Situation der österreichischen Heimerziehung in den beiden ersten Jahrzehnten nach dem Zweiten Weltkrieg.

3.2 Heimerziehung in den Nachkriegsjahren

Nach 1945 orientierte sich Heimerziehung in Wien zunächst nicht an der sozialdemokratischen Reformpädagogik des „Roten Wiens" der Zwischenkriegszeit, sondern nach autoritären Strukturen in Form streng hierarchisch geführter Anstalten des Wiens der Österreich-ungarischen Monarchie.
Trotz der wissenschaftlichen Erkenntnisse (vgl. Réne SPITZ, James und Joyes ROBERTSON, Charlotte BÜHLER) kam es beispielsweise noch bis in die späten sechziger Jahre in den Heimen zu augenscheinlichen Hospitalisierungserscheinungen, da vorwiegend pflegerische und medizinische Betreuungsformen Anwendung fanden. Diese Tendenz wurde durch den Umstand, dass die meisten Erzieher in den Heimen noch während der Kriegszeit oder unmittelbar nach ihrer Entlassung aus dem Militärdienst eingestellt wurden, weit in die Nachkriegszeit hineingetragen. Es gab keine Erzieherausbildung, und Aufnahmegespräche über die Qualifikation wurden oft bedauerlicherweise in inferiorem Bewusstsein geführt. Die Mitteilung eines damals Aufgenommenen wirft ein bezeichnendes Licht auf die Situation: „Wenn Sie nicht saufen, sind Sie für den Erzieherberuf geeignet" (vgl. DIPPELREITER 1995, S.4; LAUERMANN 1997, S.42 und 1998, S.46f.).
Ansätze für Reformen gab es im Laufe der Geschichte der Heimerziehung immer wieder. Doch zu sehr blieb dabei das Denken auf das Heim bzw. auf die traditionellen Formen der Heimerziehung beschränkt, was zum Ausbau neuer Großheime zu einem Zeitpunkt führte, da die Fachwissenschaft bereits mit Nachdruck individuelle Betreuungsangebote forderte. Aus dem Denkfehler: „Wichtig und finanzierbar seien nur Großinstitutionen", plante man in Wien noch um 1966 ein Heim für 800 Kinder. „Diese Sucht, ständig und undifferenziert auszuweiten, führte die Heimerziehung immer wieder in die Sackgasse der Straf- und Be-

wahranstalten", beschreibt GRESTENBERGER (vgl. 1991, S.18) die Wiener Heimszene der sechziger Jahre.
Reformversuche waren letztlich in Detailverbesserungen angesiedelt. Bestenfalls konnte ein gewisses Konkurrenzverhalten bzw. Elitärstreben bemerkt werden. Zum Gipfelpunkt wurde eine Differenzierung in einem Abstufungssystem, „Heime für Brave" (Internate) und „Heime für Böse" (Erziehungsheime). Dieses System hatte auch Auswirkungen auf das Personal: „Es gab ‚Erzieher', und es gab ‚Aufseher'. Die ‚Heime für die Braven' hatten noch bis in die sechziger Jahre elitären Charakter und die ‚Heime für die Schlimmen' Strafcharakter, auch für das Personal" (GRESTENBERGER 1994, S.74). Mit dem Beginn der siebziger Jahre wurde diese traditionelle Denkschablone durchbrochen.

Heimerziehung Vom Spezialfall des Aufwachsens ...		
bis 1965	• Disziplinierung • Isolierung • Anstaltsprinzip	*Ernste Zucht - Gold'ne Frucht!*
1966 - 1970	• Heimkampagne • Öffnung • Demokratisierung	*Öffnet die Heime!*
1971 - 1980	• Differenzierung • Diagnostizierung • Familienorientierung	*Welches Heim für welches Kind?*
1981 - 1990	• Spezialisierung • Therapeutisierung • Gruppenorientierung	*Geplante Erziehung!*
ab 1991	• Individualisierung • Regionalisierung • Lebensweltorientierung	*Mit dem Kind anstatt für das Kind!*
... zur biographischen Option des Aufwachsens **Sozialpädagogik**		

(Quelle: LAUERMANN 1998, S.45)

3.3 Der Wiener Weg der Heimerziehung

Die Reformbestrebungen der Wiener Heimerziehung waren in allen historischen Entwicklungs- und Reformperioden impulsgebend für das gesamte Heimwesen in Österreich (vgl. KNAPP 2000, S. 16).
Die „Spartakusbewegung“, die Wiener „Heimkampagne“ der 68er zu Ende der sechziger Jahre, gilt als Aufbruch und Meilenstein der (Wiener) Heimgeschichte. Mit ihrem schlagkräftigen Ruf „Öffnet die Heime!“ und den strikten Forderungen nach Demokratie und Chancengleichheit brachte die Bewegung der studierenden und arbeitenden Jugend Bewegung in die (Wiener) Heimszene. Unter dem Titel „Wiener Weg der Heimerziehung“ führte diese Reform in drei großen Entwicklungsphasen aus der totalen Institution der geschlossenen Anstalten zu offenen Einrichtungen und zur lebenswelt- und alltagsorientierten Sozialpädagogik des auslaufenden 20. Jahrhunderts.

❶ Die äußere Heimreform

In den Reformbemühungen der siebziger Jahre standen strukturelle und organisatorische Veränderungen der Heime im Mittelpunkt der Anstrengungen, wie beispielsweise Auflösung der geschlossenen Heime, Verringerung der Gruppengrößen in den Heimen, Verbesserung des Erzieher-Kind-Schlüssels in der Betreuung, Schaffung von Wohngemeinschaften, Einrichtung ambulanter Beratungsstellen, Verringerung der Zahl der Heimeinweisungen durch Installierung neuer ambulanter Maßnahmen im Vorfeld der Heimerziehung u.a.m. (vgl. EICHMANN 1991, S.2).

❷ Innere Heimreform

In den Reformbestrebungen der achtziger Jahre standen pädagogische Umschwünge, wie beispielsweise verbesserte diagnostische Abklärung, Einführung kontinuierlicher Fallverlaufskonferenzen, verstärkte Einbindung der Eltern in den Erziehungsprozess, Schaffung familienorientierter Atmosphäre in den Heimgruppen, Individualisierung, u.a.m., im Mittelpunkt (vgl. EICHMANN 1991, S.2).

❸Heim 2000

Die Reformbestrebungen der neunziger Jahre führten die Wiener Heimerziehung unter der Parole „Heim 2000“ in die Richtung der alltags- und lebensweltorientierten Sozialpädagogik.
Während die „Äußere Heimreform“ verhältnismäßig leicht und zügig voranschritt, ging die „Innere Heimreform“ wesentlich langsamer, unbemerkter und unspektakulärer voran (vgl. EICHMANN 1991, S.3). Sie findet ihre Weiterführung in der zu Beginn der neunziger Jahre einsetzenden dritten Reformwelle, die unter dem Schlagwort „Heim 2000“ zusammengefasst ist. Auf eine Kurzformel gebracht kann ihr Ziel folgend formuliert werden: „Ein politisch umsetzbares Konzept für ein modernes soziales ‚Dienstleistungsunternehmen‘ zu schaffen, das sich einer ständig wandelnden Umwelt anpasst und den Anforderungen auf eine menschliche Art gerecht wird“ (FLEISCHMANN 1997, S.57). Dieses neue Reformkonzept soll helfen, die Probleme der Kinder und Jugendlichen früher zu erkennen, sie kürzer zu betreuen, und ihnen differenzierter zu helfen (vgl. FLEISCHMANN 1999, S.19ff.). Die individuellen Bedürfnisse und Interessenslagen der Kinder und Jugendlichen werden dabei zum Ausgangspunkt der sozialpädagogischen Hilfe.
„Die außerfamiliären Betreuungsangebote sollen dabei in ein regionales Netzwerk mit einer neuen Organisationsstruktur für Problemlösungen vor Ort in ein Gesamtsystem eingebettet werden, um auf neue Problemlagen adäquat reagieren zu können unter Wahrung von Kostenneutralität“ (KNAPP 2000, S.18; vgl. FLEISCHMANN 1997, S.57ff. und 1998, S.19ff.).
Das neue Reformkonzept basiert auf dem Grundsatz der Stadtteilorientierung, sodass Probleme dort gelöst werden, wo sie entstehen. Fremdunterbringung wird als ein zeitlich begrenzter Prozess mit dem Ziel, die Kinder und Jugendlichen in ihre Herkunftsfamilien und alltäglichen Bezugssysteme zu reintegrieren, verstanden.
Die Realisierung des Konzeptes erfolgt schrittweise und soll bis zum Jahr 2001 abgeschlossen sein (vgl. FLEISCHMANN 1997, S.57ff.; OLIVIER 1997, S.64ff.; FLEISCHMANN 1998, S.19ff.; KNAPP 2000, S.18f.).

3.4 Illustrative Skizzen aus der Wiener Heimerziehung

Die Entwicklung und die Reformbestrebungen der Heimerziehung in Wien wurden, wie bereits verdeutlicht, von Namen wie Sigmund FREUD

(1856-1939), Anna FREUD (1895-1982), August AICHHORN (1878-1949) und Julius TANDLER (1869-1936) geprägt. Ihre theoretischen Überlegungen und praktischen Anstrengungen (vgl. AICHHORNS Kinderheim Oberhollabrunn, 1919-1921), erwachsen aus der Psychoanalyse bzw. der Individualpsychologie, gaben den Entwicklungs- und Reformbestrebungen der Wiener Heimerziehung am Beginn des 20. Jahrhunderts die wegweisende Richtung. Auch die Reformperiode der Zwischenkriegszeit war geprägt von diesen „Klassikern der österreichischen Sozialpädagogik", zu denen neben den genannten auch Siegfried BERNFELD (1892- 1953), pädagogischer Mentor des Kinderheimes Baumgarten (1919-1920), gezählt wird. Ihr Gedankengut gab auch noch der „Heimkampagne der 68er", als „Spartakusbewegung" in die Geschichte der Wiener Heimerziehung eingegangen, wesentliche Impulse.
Zu Beginn des Jahres 1971 fand im Wappensaal des Rathauses in Wien eine erste, historisch bedeutsame Enquete des Amtes für Jugend und Familie zum Thema „Aktuelle Fragen der Heimerziehung" statt (vgl. JOCHUM 1991, S.13). Die in diesem Rahmen lautstark geäußerte Kritik an den Zuständen in den Wiener Heimen war letztlich der Auftakt zu einer weitreichenden strukturellen Umgestaltung der Heime. Im Umkreis dieser Reformbewegung, die unter dem Titel „Wiener Weg der Heimerziehung" öffentlich wurde, kam es im Anschluss an die Enquete zur Konstituierung der „Wiener Heimkommission", die umfangreiche Reformempfehlungen formulierte (vgl. GRESTENBERGER 1971). Die Empfehlungen der „Wiener Heimkommission" gaben der Neukonstruktion des Wiener Heimwesens das Fundament. Der Weg von der obsoleten traditionellen Heimerziehung zu neuen zeitgemäßen Betreuungsformen war geebnet (vgl. LAUERMANN 1997, S.44ff.).
Zu den erschwerenden Faktoren im System der Heimerziehung zählten, erinnert sich Wolfgang SEISER, die örtliche Lage der Heime fernab von Ausbildungsstätten; fehlende kulturelle Anregungen und soziale Kontakte; eingeschränkte berufliche Möglichkeiten, die den Neigungen und den späteren Lebenszielen der Jugendlichen nicht entsprachen; Fluktuation in den Heimen bei den Mitarbeitern und den Jugendlichen, die eine soziale Integration immer wieder erschwerte; mangelnde Ausbildung eines großen Teiles der Erzieher und Heimleiter sowie deren geringe Entlohnung; die fehlende Anerkennung ihrer Arbeit und genereller Personalmangel; die geringen Mittel, die den Heimen für Differenzierung, für bessere Ausstattung, für moderne Einrichtungen zur Verfügung standen; Überalterung und Fehlvorstellungen in den Rechts- und Verwaltungsbestimmungen sowie Systemzwang, der einer wirksamen Erziehungsarbeit

kaum den nötigen Spielraum ließ (vgl. SEISER 1991, S.40; LAUERMANN 1998, S.48).

Dem Expertenteam der Wiener Heimkommission war die Aufgabe gestellt, auf breiter Basis die äußere und innere Struktur der Heime inklusive der in der Heimerziehung gehandhabten Erziehungspraxis auf deren Effektivität hin zu überprüfen. Die Kommissionsmitglieder entwickelten Vorschläge tiefgreifender Strukturveränderungen.

Die Analyse der „äußeren Heimstrukturen" führte zu folgenden Überlegungen in Bezug auf eine strukturelle und organisatorische Umgestaltung (vgl. GRESTENBERGER 1971; AMT FÜR JUGEND UND FAMILIE 1994, 5ff.; LAUERMANN 1997, S.47f.):

- Heime sollen koedukativ geführt werden.
- Die Bemessung der Gruppengröße müsse sich am Familiensystem orientieren, um eine ähnlich intime Situation wie in der Familie zu schaffen.
- Allen Kindern und Jugendlichen solle eine breite Ausbildungspalette geboten werden.
- Psychische Diagnose solle zum Zweck der Informationsvermittlung eingesetzt werden, um individuelle Erziehungspläne in Teamarbeit von Fachleuten für jedes einzelne Kind zu erarbeiten.
- Für kurzfristige außerfamiliäre Aufenthalte sollen Intensiveinrichtungen anstelle von Langzeitunterbringung treten.
- Therapieheime als neue Form seien zu installieren, um Kindern und Jugendlichen mit physischen und/oder psychischen oder sozialen Behinderungen individuelle Unterstützung zu gewährleisten.
- Die Kooperation und Zusammenarbeit mit ambulanten Einrichtungen, besonders in Bezug auf Prophylaxe und Nachbetreuung sollte selbstverständlich werden.

Die „Wiener Heimkommission" artikulierte folgende Überlegungen zur pädagogischen Neugestaltung der „inneren Heimstrukturen":

- Die Eltern sollen in die Erziehungsarbeit einbezogen werden, insbesondere durch eine Neugestaltung der Besuchs- und Ausgangsregelungen zugunsten der individuellen Bedürfnisse und nicht analog allgemeiner Schemata.

- Selbststeuerung und Eigenverantwortung der Kinder und Jugendlichen sollen durch demokratischen Arbeits- und Führungsstil in der Gruppenarbeit wie in den Institutionsleitungen gefördert werden.
- Öffnung und Abkehr vom Isolierungsprinzip solle das Heim in die regionale Umwelt, beispielsweise durch externen Schulbesuch oder Schaffung offener Jugendgruppen, integrieren.
- Teamarbeit zwischen Heimleitung und gesamtem Mitarbeiterstab solle den Arbeitsstil kennzeichnen.
- Lebenspraktisches Training anstelle einer Glashausatmosphäre solle die Kinder und Jugendlichen auf spätere Lebenssituationen und deren Anforderungen vorbereiten.
- Durch Schaffung multiprofessioneller Mitarbeiterteams oder Einrichtung von Therapieheimen sollen Psychotherapie und psychotherapeutische Maßnahmen sozial auffälligen Kindern und Jugendlichen selbstverständlich zur Verfügung stehen.
- Das überlieferte autoritäre Belohnungs- und Bestrafungssystems solle unter Einbeziehung moderner Erkenntnisse der Lernpsychologie ersetzt werden.
- Der Freizeitbetreuung möge verstärktes Augenmerk zuteil werden.
- Eingriffe in Intimsphären seien nur dort zu befürworten, wo sie zur Sicherstellung des pädagogischen Erfolges unvermeidbar sind (vgl. GRESTENBERGER 1971; AMT FÜR JUGEND UND FAMILIE 1994, S.5ff.; LAUERMANN 1997, S.47f.).

Doch so fortschrittlich die Formulierungen klangen, so schwer tat man sich bei deren Umsetzung (vgl. GRESTENBERGER 1991).
Zu betonen ist an dieser Stelle jedoch, dass mit dem Forderungskatalog der „Wiener Heimkommission“ eine mehr als dreißig Jahre andauernde Reformbewegung ihren Anfang fand. Veränderungen erfassten den gesamten psychosozialen Bereich der Wiener Heimerziehung. Umdenkprozesse, die neuen Handlungskonzepten Eingang in die Heimerziehung ermöglichten, begannen einzusetzen. Schrittweise setzte sich Kritik am alten Erbe der Heimerziehung durch. Wenn auch zu Beginn der siebziger Jahre noch nicht von einer neuen, so konnte doch vom Ende der alten Heimerziehung gesprochen werden (vgl. GRESTENBERGER 1991, S.17 und EYFERTH 1987, S.489). Eine Reformbewegung, die an der Schwelle zum 21. Jahrhundert durch die aktuellen Bestrebungen im Rahmen der Umsetzung des Konzeptes „Heim 2000“ das Wiener Heimwesen der Nachkriegszeit in ihre dritte Etappe geführt hat, ist beharrlich ihren Weg gegangen.

4. Innovative Heimerziehung braucht qualifizierte Sozialpädagogen

Hand in Hand mit der Neuorientierung und Neuordnung der Heimerziehung ging die Einrichtung von öffentlich anerkannten Ausbildungsgängen für Heimerzieher bzw. Sozialpädagogen. In einem ersten Schritt wurden im Rahmen des Schulgesetzes von 1962 Bildungsanstalten für Erzieher (vgl. DIEMERT 1990, S.91f.) zunächst als vierjährige mittlere Schulen installiert. Sie schlossen mit einer Befähigungsprüfung ab und gewährleisteten, dass zunehmend qualifizierte Heimerzieher ins Berufsfeld drängten, welche die Reformbestrebungen mitentwickelt, mitgetragen und unterstützt haben. 1982, zwanzig Jahre nach ihrer Begründung, erfolgte die Weiterentwicklung in fünfjährige höhere Schulen mit Reife- und Befähigungsprüfungsabschluss. Zur gleichen Zeit wurde auch die Möglichkeit, viersemestrige Kollegs für Erzieher mit äquivalenter Ausbildung im postsekundären Bereich zu eröffnen, eingeräumt (vgl. DIEMERT 1990, S.90ff.; LAUERMANN 1997 und 1998). Die im Jahre 1994 erfolgte Umbenennung der „Bildungsanstalten für Erzieher“ zu „Bildungsanstalten für Sozialpädagogik“ spiegelt die gesellschaftlichen Veränderungen bzw. die Veränderungen im Berufsfeld wider. Die „zeitgemäßere“ und „berufsfeldrelevantere“ Bezeichnung machte diesen Wandel nach außen hin sichtbar (vgl. RÜCKERT 1995, zit. nach DIPPELREITER 1995, S.8) und verdeutlicht: „Jeder Heimerzieher ist ein Sozialpädagoge, aber nicht jeder Sozialpädagoge ist ein Heimerzieher“ (TUGGENER 1971).

Die Etablierung der „Bildungsanstalten für Heimerziehung“ bzw. „Bildungsanstalten für Sozialpädagogik“ hat durch die Heranbildung qualifizierter sozialpädagogischer Fachkräfte gute Bedingungen für die Umsetzung und Weiterführung der Reformarbeit im mittlerweile sich differenzierenden Angebot von stationären, ambulanten und mobilen sozialpädagogischen Einrichtungen für Kinder und Jugendliche geschaffen (vgl. SCHEIPL 1999, S.74).

Der nächste Entwicklungsschritt, die sozialpädagogische Berufsbildung zu akademisieren und im tertiären Bildungsbereich zu platzieren, wird gegenwärtig von vielen Seiten (Berufsträgern, Ausbildern, Studierenden der Sozialpädagogik u.a.m.) mit Vehemenz gefordert, ist aber zur Zeit noch ausständig.

5. Resümee

Zusammenfassend kann festgehalten werden: Der sogenannten „Revolution von 1971“ ist es zuzuschreiben, dass Heimerziehung heute als Bestandteil der sozialen Hilfen gesehen wird, die ursprünglichen Ausgrenzungstendenzen abgeschafft und in Richtung einer klientenorientierten Betreuung zu arbeiten begonnen worden ist. Die Heimreformen haben sich letztendlich nicht nur auf das „Heim“ beschränkt, sondern alle involvierten Institutionen miteingeschlossen. Heimerziehung wird in Zusammenhang mit ihren Beziehungssystemen, wie beispielsweise mit Schule, mit psychologischen wie therapeutischen Einrichtungen, gesehen.
Heimerziehung hat sich vom Anstaltsprinzip, das auf Massenunterbringung mit entsprechender Massenerziehung und dem Ziel kostengünstiger Versorgung ausgerichtet war, über das Familienprinzip und das therapeutische Milieu zu einem Teilbereich der neuen lebensweltorientierten Sozialpädagogik entwickelt.

6. Literaturverzeichnis

DIEMERT, K.-P.: Erzieherausbildung zwischen Anspruch und Wirklichkeit.
In: KNAPP G. / TIETZE, W. (Hrsg.): Erzieherarbeit, Gesellschaft und Sozialpolitik in Österreich. Wien/Köln 1990, S.91-95.

DIPPELREITER, M.: Eu-Anerkennung.
In: SOZIALPÄDAGOGISCHE IMPULSE.
Heft 4, 1995, S.28-29.

EICHMANN, W.: Aktuelle Trends und Perspektiven in der Heimerziehung.
In: AMT FÜR JUGEND UND FAMILIE DER STADT WIEN (Hrsg.): Aktuelle Probleme der Heimerziehung.
Wien 1991, S.2-15.

EYFERTH, O. u.a. (Hrsg.): Handbuch zur Sozialarbeit/Sozialpädagogik.
Neuwied 1987.

FLEISCHMANN, P.: Heim 2000.
In: LAUERMANN, K. / LINDMAYER, M. (Hrsg.): Sozialpädagogik im Aufbruch. 1. Sozialpädagogisches Symposion. Dokumentation. Wien 1997, S.56-62.

FLEISCHMANN, P.: Sozialpolitik konkret. Die Fortsetzung des „Wiener Weges der Heimerziehung".
In: SOZIALPÄDAGOGISCHE IMPULSE.
Heft 4,1998, S.19-21.

GRESTENBERGER, J.: Von der Revolution zur Evolution.
In: AMT FÜR JUGEND UND FAMILIE DER STADT WIEN (Hrsg.): Aktuelle Probleme der Heimerziehung. Wien 1991, S.17-30.

GRESTENBERGER, J.: Die Tätigkeit der Wiener Heimkommission.
In: AMT FÜR JUGEND UND FAMILIE DER STADT WIEN (Hrsg.): Informationen zur Bildung und Fortbildung für Erzieher und Sozialarbeiter. Nr.4. Wien 1994, S.3-19.

HEITKAMP, H.: Sozialarbeit im Praxisfeld Heimerziehung. Zu pädagogisch-therapeutischen, rechtlichen und verwaltungsbedingten Aspekten des Alltagshandelns. Frankfurt am Main 1984.

JOCHUM, M.: Heimerziehung 1971-1981-1991.
In: AMT FÜR JUGEND UND FAMILIE DER STADT WIEN (Hrsg.): Aktuelle Probleme der Heimerziehung. Wien 1991, S.13-17.

KNAPP, G.: Enquete zur Heimerziehung in der Steiermark.
Unveröffentlichtes Manuskript. Klagenfurt 2000.

LAUERMANN, K.: Sozialpädagogische Berufsbildung. Die Ausbildung für Sozialpädagogik und für das Arbeitsfeld der Sozialpädagoginnen - Entwicklungstendenzen in Europa.
Unveröffentlichte Dissertation. Wien 1997.

LAUERMANN, K.: Sozialpädagogische Berufsbildung. Genese-Gegenwart-Zukunftsperspektiven. Wien/Innsbruck 1998.

OLIVIER, M.: Kriseninterventionsstellen. Regionalisierung.
In: LAUERMANN, K. / LINDERMAYER, M. (Hrsg.): Sozialpädagogik im Aufbruch. 1. Sozialpädagogisches Symposion. Dokumentation. Wien 1997, S.64-67.

OSZTOVITS, O.: Geschichte und Effektivität der Erzieherausbildung in Österreich. Unveröffentlichte Dissertation. Wien 1975.

OSZTOVITS, O.: Vom Aufseher zum Sozialpädagogen.
In: DU. Heft 2, 1990, S.4-6.

SCHEIPL, J.: Heimerziehung in Österreich.
In: COLLA, H.E. u.a. (Hrsg.): Handbuch Heimerziehung und Pflegekinderwesen in Europa. Neuwied/Kriftel 1999, S.71-84.

SEISER, W.: War der Weg das Ziel? Geschichte und Funktion einer Modelleinrichtung.
In: AMT FÜR JUGEND UND FAMILIE DER STADT WIEN (Hrsg.): Aktuelle Probleme der Heimerziehung. Wien 1991, S.40-47.

STAHLMANN, M.: Betreuungsformen (in) der Heimerziehung.
In: KUPFFER, H. / MARTIN, K.-R. (Hrsg.): Einführung in die Theorie und Praxis der Heimerziehung.
Heidelberg/Wiesbaden 1994, S.71-99.

TUGGENER, H.: Social Work. Versuch einer Darstellung und Deutung im Hinblick auf das Verhältnis von Sozialarbeit und Sozialpädagogik. Weinheim/Berlin/Basel 1971.

Peter Fleischmann

HEIM 2000: Zur Reform der sozialpädagogischen Fremdunterbringung in Wien

1. Entstehung

1.1 Der Wiener Weg der Heimerziehung

Im Jahr 1971, bei der ersten Wiener Heimenquete wurde, nicht zuletzt ausgelöst durch die vom Gedankengut der 68er-Bewegung getragenen Kampagne der Spartakusbewegung „Öffnet die Heime", der Auftakt zu einer weit reichenden strukturellen Reform der Heime eingeleitet. Ziel war es, den Bereich der Heimerziehung, den gesamten Bereich der Kinder- und Jugendarbeit wirksamer und offener zu gestalten.
Es wurden, neben der Neuorganisation der Heime, Einrichtungen im ambulanten Bereich geschaffen, die Erzieherausbildung professionalisiert, Supervisions- und Weiterbildungsangebote forciert. Angebote, wie das Kindertelefon, die Kinder- und Jugendanwaltschaft, die ersten Wohngemeinschaften und andere sozialpädagogische Projekte wurden ins Leben gerufen. Ziel war die Heimeinweisungen zu senken und den Familien zu helfen, selbständig ihr Leben zu gestalten.
Die Einweisungszahlen sanken von etwa 1800 Kindern 1971 auf knapp über 1000 Kinder 1981 und auf 622 im Jahr 1991.

Die KlientInnenorientierung zeigte sich in einer verstärkten Elternarbeit, in individuellen sozialpädagogischen und therapeutischen Angeboten für Kinder und Jugendliche und in einem verstärkten ambulanten Betreuungsangebot. In den ersten Wohngemeinschaften wurde Kindern und Jugendlichen eine familienähnliche Betreuungssituation geboten.
Die rasante gesellschaftliche Entwicklung (Individualisierung, Leistungsgesellschaft etc.) bewirkte das Entstehen neuer sozialpolitischer Problemstellungen (Zunahme der Arbeitslosigkeit, Migrationprobleme etc.), die bisher durchgeführten Reformen reichten für die Bewältigung vermehrter und auch neuer sozialpädagogischer Aufgaben nicht mehr aus.

1.2 Die neue Reform erfolgte in enger Zusammenarbeit mit den politisch Verantwortlichen

Etwa zwei Jahre dauerte der Prozess der Vorbereitung der neuen Reform. In vielen Arbeitskreisen, die sich aus MitarbeiterInnen des Amtes für Jugend und Familie der Stadt Wien, PolitikerInnen, PersonalvertreterInnen und externen Fachleuten zusammensetzten, wurden die unterschiedlichen Teilbereiche bearbeitet. Folgende Grundsätze für eine Reform der Fremdunterbringung in Wien waren die Conclusio:

„Motto: Früher, Kürzer, Differenzierter

Früher erkennen, kürzer betreuen und differenzierter helfen:

- Ausgangspunkt für alle Überlegungen sind die Interessen- und Bedürfnislagen der Kinder und Jugendlichen im Bereich außerfamiliärer Betreuungsformen.
- Die Schaffung eines **neuen** Systems der Fremdunterbringung, die letzte größere Reform war 1971 („Wiener Weg der Heimerziehung"), soll zum „Heim 2000" führen.
- Anhebung der Qualität und Quantität von Fremdunterbringung in einem veränderten sozialen Spannungsfeld mit neuen Bedürfnislagen.
- Qualitätssicherung – Qualitätsentwicklung (extern) – Zielplan.
- Einbettung des Systems der Fremdunterbringung in ein regionales Netzwerk mit neuer Organisationsstruktur.
- Einbindung der MitarbeiterInnen in die Reform, um die Motivation und Arbeitszufriedenheit zu heben.
- Fremdunterbringung kann und soll als modernes, soziales Dienstleistungsunternehmen funktionieren, das sich einer ständig wandelnden Umwelt anpasst und den neuen Anforderungen auf menschliche Art gerecht wird.
- Das neue System muss daher flexibel auf neue Problemlagen reagieren können – das wird u.a. durch die Schaffung kleiner und flexibler Einheiten erreicht.
- Die Schaffung regionaler Netzwerke gewährleistet Problemlösung vor Ort (Stufenplan: Beratung, Betreuung, Unterbringung, Nachsorge).
- Die Reform der Fremdunterbringung kann kostenneutral sein. Kurzfristig ist in der Umbauphase mit erhöhtem Sach- und Personalaufwand zu rechnen. Mittelfristig (5 bis 10 Jahre) sind durch die Nachnutzung diverser Großeinrichtungen sogar frei werdende Mittel zu

erwarten, die für weitere Sozialprojekte zur Verfügung stehen können" (ARBEITSKREIS „HEIM 2000", S.1).

2. Leitsätze, Leitlinien

Die so formulierten Grundsätze der Reform wurden gemeinsam mit den Festlegungen des Wiener Jugendwohlfahrtsgesetzes 1990 (JWGW) zur politischen Zielsetzung der Wiener Stadtregierung bzw. der zuständigen Stadträtin. Zwei fachlichen Grundannahmen, die dann zu den unten beschriebenen Leitsätzen führten, scheinen besonders wichtig:

- „Großinstitutionen, wie z.B. Heime, entwickeln eigene Regeln und Verhaltensmuster, die einer familienähnlichen Lebensform entgegen laufen. Wenn ein Kind/Jugendlicher schon zeitweise nicht in seiner Ursprungsfamilie leben kann, sollten zumindest die äußeren Wohn- und Lebensverhältnisse denen einer familiären Lebensform angepasst sein.

- Je mehr „normale" gesellschaftliche Verhaltensmuster ein Kind /Jugendlicher in der Zeit der stationären Unterbringung erfahren und erlernen kann, desto einfacher ist die Re-Integration in die Familie. Zum Beispiel die Bewältigung des Schulweges, der Umgang mit Freunden und Schulfreunden, die Kontinuität der schulischen Bezugspersonen, die Stabilität der räumlichen Bezüge wie Parks, Geschäfte, bekannte Straßen, Verkehrsverbindungen usf., Einkaufen lernen, Haushalt erleben, kochen, zum benachbarten Arzt gehen, ganz „normale" Nachbarn kennen lernen. ... (vgl. EICHMANN/SEISER/HÖGLINGER 1999, S.1).

2.1 Stadtteilorientierung

Soziale Probleme sind dort zu lösen, wo sie entstehen.

Die Verantwortung bezüglich
- sozialpädagogischer Hilfestellung zur Verhinderung von Fremdunterbringung,
- Abklärung in Krisensituationen im Hinblick auf geeignete (Jugendwohlfahrts-) Maßnahmen,

- Bereitstellung eines geeigneten Platzes, beim Bedarf einer Fremdunterbringung,
- Organisation und Verwaltung sozialpädagogischer Einrichtungen der Stadt Wien,
- Zusammenarbeit mit Vertragseinrichtungen und privaten Trägern,
- Arbeit an einer Rückführung in die Herkunftsfamilie (vgl. BALIC-BENZING 1997, S.3)

wird regionalen Fachkompetenzen übertragen. Dadurch wird die Abschiebung der Verantwortung, die Anonymisierung und „Verwaltung" der Probleme verhindert bzw. die milieubezogene, effiziente, rasche und unbürokratische Problembearbeitung ermöglicht.
Über die Stadtteilorientierung werden die bislang zentral organisierten Kompetenzen aufgeteilt und die Gesamtverantwortung für KlientInnen regional organisiert (vgl. BALIC-BENZING 1997, S.3).

2.2 Zeitorientierung

Jede Fremdunterbringung muss als zeitlich begrenzter Prozess definiert werden.

Nach dem JWGW verstehen sich alle sozialen Hilfestellungen als familienergänzende Maßnahmen, d.h., die Verantwortung für Kinder und Jugendliche bleibt grundsätzlich bei den Familien. Aus diesem Grund sind alle Maßnahmen als zeitlich begrenzter Prozess zu definieren. Um die Erfolgschancen einer Maßnahme möglichst hoch zu konzipieren, ergibt sich die Notwendigkeit einer klaren Problemdefinition, der Entwicklung von transparenten Lösungsstrategien und der verantwortungsbewussten und verantwortlichen Einbeziehung aller am Problem Beteiligten.
Die Zeitorientierung schafft durch die – unter verantwortlicher Einbeziehung aller am Problem Beteiligten – Planung der Hilfestellung, die für einen Erfolg notwendige Transparenz und Akzeptanz (vgl. BALIC-BENZING 1997, S.3).

2.3 Familien- und Systemorientierung

Ziel ist die Re-Integration in die Herkunftsfamilie sowie in das sonstige alltägliche Beziehungssystem, wie z.B. Freundeskreis und Schule.

Professionelle Hilfen für Familien werden dann greifen, wenn Problemdefinitionen und die dazugehörenden Lösungen die jeweiligen Lebensumstände mit einbeziehen. Professionelle Hilfestellungen verstehen sich in diesem Zusammenhang als Hilfe zur Selbsthilfe, d.h., die Entwicklung des Selbstwertgefühls der Beteiligten, klare Rollenverteilung, Stärkung der Rollenkompetenz, Verbesserung der Kommunikation untereinander u.a.m. sind zentrale Themen sozialpädagogischen Handelns.
Familien- und Systemorientierung geht davon aus, dass jedes „System" bei geeigneter Hilfestellung in der Lage ist, eigene und effiziente Problemlösungsstrategien zu entwickeln und auch umzusetzen (vgl. BALIC-BENZING 1997, S.3).

2.4 Schaffung regionaler Netzwerke

Alle in der Region vorhandenen sozialen Hilfssysteme, wie ambulante und stationäre Einrichtungen, arbeiten koordiniert im Sinne einer adäquaten Problemlösung zusammen.

Durch eine arbeitsfähige Vernetzung aller in einem/einer Stadtteil/Region vorhandenen sozialen Hilfseinrichtungen, wie ambulante und stationäre Angebote, können Hilfsangebote effizient organisiert werden. Im Rahmen der Vernetzung tragen alle Einrichtungen gemeinsam die Verantwortung für die Umsetzung der Hilfen, die in den meisten Fällen mehrere unterschiedliche Angebote umfassen. Solche unterschiedlichen Angebote sind z.B. Freizeitangebote, Beratungsgespräche, Betreuungsangebote für Familien, psychologische und therapeutische Angebote, zeitlich begrenzte Angebote zur Pflege und Erziehung u.a.m.
Die Schaffung regionaler Netzwerke entwickelt einerseits ein gemeinsames Verantwortungsgefühl der sozialen Helfer und Helfergruppen und schafft andererseits die effiziente Nutzung aller zur Verfügung stehenden Ressourcen (vgl. BALIC-BENZING 1997, S.4).

2.5 Randgruppen-Integration

In neu entstehenden und im Rahmen der Stadtentwicklung erweiterten Siedlungsgebieten sind soziale Stützpunkte ambulanter und stationärer Art einzuplanen.

Bezüglich der sozial schwachen Randgruppen und der Ausländerintegration wird festgehalten, dass die bereits vorhandenen Einrichtungen der Jugendwohlfahrt die neuen Anforderungen nicht vollständig abdecken und somit zusätzliche neue Angebote entwickelt werden müssen (vgl. BALIC-BENZING 1997, S.4).

3. Strukturreform

Mit der Umsetzung der Leitlinien wurden im gesamten Wiener Raum 6 sozialpädagogische Regionen für die Fremdunterbringung der etwa 2- bis 15Jährigen geschaffen bzw. je eine Region für den Bereich der weiblichen und männlichen Jugendlichen - die so genannten Überregionen. Für Neugeborene und Kinder bis zwei Jahre, so sie nicht von Geschwisterreihen getrennt werden können, sind spezielle Einrichtungen vorhanden bzw. werden diese bei Pflegefamilien untergebracht.

Region I	für die	Bezirke 1,4,5,6,7,8,9 und 20
Region II	für die	Bezirke 21 und 22
Region III	für die	Bezirke 2. 3 und l.
Region IV	für die	Bezirke 10 und 23
Region V	für die	Bezirke 12, 13 und 14
Region VI	für die	Bezirke 15, 16, 17, 18 und 19
Überregion weibl. Jugendliche	für	ganz Wien
Überregion männl. Jugendliche	für	ganz Wien

Gleichzeitig mit der Schaffung der sozialpädagogischen Regionen und Überregionen wurde die Auslagerung der traditionellen Gruppen in den Heimen als Wohngemeinschaften, verteilt über den gesamten Bereich der Stadt Wien beschlossen und ein Zeitplan für die Auslagerung festgelegt. Begonnen wurde mit den großen Heimen. Der Wohnraum für die Wohngemeinschaften entsteht hauptsächlich in neuen Wohngebieten bzw. in neuen Wohnanlagen der Gemeinde Wien. Während die Heime

eher in Wiener Nobelbezirken etabliert waren, entstehen neue Wohngemeinschaften vorwiegend in Stadtgebieten, in denen die KlientInnen beheimatet sind.
Die Umsetzung liegt sehr gut im Zeitplan - Ziel war innerhalb von 5 Jahren die großen Heime mit ca. 40 Gruppen zu schließen: Im Jahr 1997 – Beginn der Reform – gab es im gesamten Wiener Raum 10 Wohngemeinschaften und heute, Frühjahr 2000 – nach 3 Jahren Laufzeit der Reform Heim 2000 - gibt es 34 Wohngemeinschaften; 13 weitere werden heuer bzw. nächstes Jahr eingerichtet.

3.1 Organisation der Regionen

Jede sozialpädagogische Region umfasst:

- Einen regionalen Stützpunkt für die/den Regionalleiterin /Regionalleiter, für die regionale Verwaltung und für pädagogische LeiterInnen,
- ein oder mehrere Krisenzentren,
- mehrere Wohngemeinschaften,
- eventuell ein (kleines)Heim,
- sozialpädagogische Beratungsstellen,
- angeschlossen sind privat geführte Vertragseinrichtungen (Heime, Wohngemeinschaften).

3.1.1 RegionalleiterInnen

Die RegionalleiterInnen tragen die Gesamtverantwortung für die KlientInnen der Region bezüglich Fremdunterbringung und organisieren die regionale Vernetzung mit relevanten Institutionen und Einrichtungen, wie freien Jugendwohlfahrtsträgern, Ämtern für Jugend und Familie, Familienintensiv-Betreuung, den Instituten für Erziehungshilfe u.ä. und sind für die institutionsbezogene Öffentlichkeitsarbeit zuständig. Sie sind der Dezernatsleitung des Dezernates VI unmittelbar unterstellt. Im regionalen Leitungsteam entscheiden neben den RegionalleiterInnen, die pädagogischen LeiterInnen bzw. HeimdirektorInnen, die KoordinatorInnen der Krisenzentren und teilweise VertreterInnen der Vertragseinrichtungen mit (vgl. BALIC-BENZING 1997, S.26).

3.1.2 „Krisenzentren (KRIZ)"

Als Herzstück der Region dienen die Krisenzentren allen Kindern von 2 bis 15 Jahren und deren Eltern, aber auch den professionellen Helfern der Region, SozialarbeiterInnen, Lehrkräften und der Polizei als erste Anlaufstelle bei Krisen in Familien.

Funktion/Aufgabe: Clearingstelle bei Krisen, bestehende Probleme definieren und gemeinsam mit SozialarbeiterInnen der Ämter für Jugend und Familie (ÄjF) analysieren, Lösungsstrategien entwickeln, adäquate Unterstützung für Kinder, Eltern, Helfer organisieren, Sicherheit bieten, Grundversorgung gewährleisten.

Plätze: 8-10 Plätze.

Aufenthalt: Maximal 6 Wochen.

Zugang/Benützung: Durch SozialarbeiterInnen während der Amtsstunden der ÄJF, durch Polizei außerhalb der Amtsstunden, direkt durch Betroffene - Kinder aber auch Eltern.

Team: 1 KoordinatorIn, 6 SozialpädagogInnen" (vgl. BALIC-BENZING 1997, S.12).

3.1.3 Wohngemeinschaften (WG) / Kleinheime

Wohngemeinschaften/Wohngruppen in Kleinheimen bieten Betreuung für 8 (in Kleinheimen bis zu 10) Kinder /Jugendliche pro Gruppe nach den Grundsätzen der Reform: Zielorientierung, Familien- und Systemorientierung und vernetzt mit anderen regionalen Hilfsangeboten.

Das Motto: *So kurz als möglich, so lange als nötig.*

Für diese Aufgabe stehen 4 SozialpädagogInnen zur Verfügung, regelmäßige Teambesprechungen mit der pädagogischen Leitung, Teamsupervision und gezielte Fort- und Weiterbildungsangebote sichern eine hohe Qualität.
Elternarbeit und die regelmäßige Überprüfung der Zielsetzung mit den zuständigen SozialarbeiterInnen gewährleisten eine effektive Betreuung bezüglich Fremdunterbringung.

3.1.4 Sozialpädagogische Beratungsstellen (SPB)

Um die Grundsätze der Reform „Früher erkennen - kürzer betreuen - differenzierter helfen“ umsetzen zu können, stehen die „Sozialpädagogischen Beratungsstellen“ den SozialarbeiterInnen und SozialpädagogInnen der WG/dem Heim als Unterstützung zur Verfügung, sie bieten Beratung und Betreuung in pädagogischen Fragestellungen:

- Im Vorfeld der Unterbringung, mit dem Ziel, eine drohende Überstellung abzuwenden.
- Nach einer Krisenunterbringung, um die während des Krisenaufenthaltes gewonnene Stabilität zu erhalten und neuen Krisen Vorbeuge zu leisten.
- Während einer stationären Unterbringung, entweder als zusätzliche Ressource für Kinder und Jugendliche, die vermehrte Hilfe benötigen, und/oder als Unterstützung bzw. Vorbereitung einer Entlassung.
- Nach einer stationären Unterbringung, als Stütze für Kinder/Jugendliche und für die Familie, um mit den geänderten Lebenssituationen besser zurechtzukommen, Krisen vorzubeugen und eine neuerliche Fremdunterbringung zu verhindern (vgl. BALIC-BENZING 1997, S.24).

4. Vorteile der Reform

4.1 Die Betreuungszuständigkeit wird eindeutig definiert

Die Regionalisierung und die damit verbundene Übertragung der Gesamtverantwortung für die Betreuung der KlientInnen rund um die Fremdunterbringung an regionale Entscheidungsgremien führte sehr bald sowohl bei MitarbeiterInnen an der Basis als auch bei den leitenden MitarbeiterInnen zu einer hohen Identifikation mit ihrer Aufgabenstellung. Es entstand die Haltung: „Wir sind für die Kinder/Jugendlichen unserer Region zuständig“ (auch wenn deren Betreuung oft zu Problemen führt). Vor der Heimreform mussten „verhaltenskreative“ Kinder und Jugendliche immer wieder von Einrichtung zu Einrichtung wechseln, nachdem kaum eine Einrichtung - nach ihrem Selbstverständnis - für eine effiziente Betreuung ausreichende Ressourcen zur Verfügung hatte. Jede Einrichtung war darauf bedacht, nur jene Kinder und Jugendlichen aufzu-

nehmen (oder bei auftretenden Problemen weiter zu betreuen), die nach den jeweiligen Konzepten ins „Haus“ oder in die „WG“ passten.
Eine Folge davon war, dass in der zentralen Stelle im Julius Tandler Heim – früher KÜST (Kinderübernahmestelle) besonders bedürftige Kinder oder Kinder, die als besonders auffällig beschrieben wurden, mehrere Monate, in extremen Fällen auch über ein Jahr, „festsaßen“, weil kein geeigneter Platz gefunden werden konnte. Solche Fälle wurden oft über Dienstaufträge des Dezernates geregelt.
In manchen Einrichtungen, wie Heimen mit Expposituren von Sondererziehungsschulen, sammelten sich, um ein konkretes Beispiel zu nennen, Schulverweigerer aus ganz Wien. Es kam zu zahlreichen Entweichungen und Delinquenzhandlungen in der unmittelbaren Umgebung. Die Folge war, dass die Einrichtungen mit zunehmender Ablehnung durch die umliegende Bevölkerung konfrontiert wurden. In mehreren Fällen gab es auch politische Interventionen zur Schließung der Einrichtung.
Durch die eindeutige Klärung der Zuständigkeit wurde eine Situation geschaffen, die eine gleichmäßigere Verteilung der Problematik der einzelnen Kinder und Jugendlichen auf alle Einrichtungen zur Folge hatte. Die Zahl der Entweichungen und der Delinquenzhandlungen nahm rasch ab.
Für die SozialpädagogInnen im Gruppendienst fiel dadurch das Gefühl weitgehend weg, dass „sich´s einige richten und andere die Krot fressen müssen“. Die Notwendigkeit der Betreuung von „verhaltenskreativen Kindern und Jugendlichen“ innerhalb der regionalen (d.h. überschaubaren) Ressourcen zu organisieren, ist für die SozialpädagogInnen im Gruppendienst einsichtig und nachvollziehbar geworden. Zum Großteil entstand bereits ein regionales Zusammengehörigkeitsgefühl.

4.2 Der sozialpädagogische Arbeitsauftrag wird definiert

Durch die Schaffung der Krisenzentren als Clearingstelle wurde der Prozess der Überstellung in eine Fremdunterbringung professionalisiert. Folgender Ablauf wurde vereinbart: Nachdem das bestehende Problem definiert ist, werden gemeinsam mit SozialarbeiterInnen, Familien und/oder anderen wichtigen Bezugspersonen Lösungsmöglichkeiten erarbeitet. Wenn die Lösung eine Fremdunterbringung vorsieht und ein geeigneter Platz gefunden ist, wird eine gemeinsames Gespräch zwischen der Familie der zuständigen SozialarbeiterIn, VertreterInnen des Krisenzentrums und der Einrichtung für Fremdunterbringung organisiert, bei dem das Problem nochmals beschrieben wird, gemeinsam das Ziel,

der Zeitraum und der Arbeitsauftrag sowie ein Termin für die Überstellung festgelegt werden.
Dieses Procedere schafft in den meisten Fällen für alle Beteiligten die notwendige Transparenz und Akzeptanz, die für eine erfolgreiche Arbeit Voraussetzung ist.
Während der Fremdunterbringung sind regelmäßige Fallverlaufskonferenzen unter Beteiligung der Familien und aller wesentlichen HelferInnen vorgesehen, bei denen Ziele und Arbeitsaufträge überprüft und nötigenfalls nachjustiert werden.
Vor der Entlassung findet das so genannte Entlassungsgespräch statt - gleiche Beteiligte wie bei einer Fallverlaufskonferenz - mit dem Ziel, notwendige Stützmaßnahmen und Hilfestellungen festzulegen.
Diese Maßnahmen führen dazu, dass sozialpädagogische Arbeit überprüfbar wird, dass Erfolge deutlicher sichtbar und Misserfolge weitgehend vermieden werden.

4.3 Die Vernetzung macht notwendige Ressourcen leichter zugänglich

Durch die immer stärkere Vernetzung relevanter HelferInnen und Helfersysteme in der Region werden bislang von den Einrichtungen der Fremdunterbringung kaum genutzte Ressourcen einbezogen. Die Erfolgschancen sozialpädagogischer Arbeit steigen – dadurch erhöht sich die Zufriedenheit der Beteiligten.

4.4 Die Strukturreform schafft KlientInnennähe

Die Strukturreform schafft räumliche Nähe:
Die Schaffung von mehreren fachkompetenten regionalen Organisationseinheiten bei gleichzeitiger Auflösung der großen Heime bringt für die meisten KlientInnen wesentlich geringere Wegstrecken (und Wegzeiten), um geeignete Hilfsangebote zu erreichen. Um geeignete Hilfe in Anspruch nehmen zu können, musste die Mehrzahl der KlientInnen oft quer durch ganz Wien fahren, die Fahrzeiten betrugen für die Eltern oft mehr als eine Stunde, um ein Kind im Heim zu besuchen - Zeiten, die für manche KlientInnen eine unüberbrückbare Hürde darstellten.
Die Strukturreform schafft personelle Nähe:

Es ist bekannt, dass kleinere Organisationseinheiten flexibler, rascher und effizienter entsprechende Hilfen anbieten können. Die Anonymität der KlientInnen aber auch – vice versa – die der HelferInnen nimmt ab.

5. Anstehende Probleme

Nach wie vor scheint uns das vielschichtige Problem der besonders verhaltensauffälligen Kinder und Jugendlichen nicht ausreichend gelöst. Zwar stehen zur diagnostischen Abklärung und zur Krisenintervention psychiatrische Einrichtungen zur Verfügung, aber geeignete Einrichtungen zur häufig notwendigen mittel- bis längerfristigen Betreuung fehlen. Solche, von Vertretern der Psychiatrie im Zuge der Reform angeregten sozialtherapeutischen Heime wurden bisher aus nachvollziehbaren Gründen (z.B. Regionalisierung) nicht umgesetzt.
Angebote von privaten Trägern sind in Zeiten von notwendigen Sparmaßnahmen immer seltener finanzierbar, sodass der Druck, eigene geeignete Einrichtungen zu schaffen, steigt.
Vor kurzer Zeit haben erste Überlegungen stattgefunden, *sozialtherapeutische Wohngruppen* einzurichten. Auch diesen Wohngruppen liegt der Integrationsgedanke zu Grunde: Zwei besonders verhaltensauffällige Kinder/Jugendliche sollen in einer Gruppe von insgesamt acht Kindern/Jugendlichen von sechs Sozialpädagoginnen, die speziell auf diese Arbeit vorbereitet sind, betreut werden.
Ebenso unbefriedigend ist der Umgang mit unbegleiteten ausländischen Kindern/Jugendlichen gelöst. Hier stehen aus unserer Sicht das Jugendwohlfahrtsgesetz und die Ausländergesetzgebung im Widerspruch.
Eine Entschärfung dieser Problematik kann nur durch eine Einigung zwischen Bund und Ländern unter Berücksichtigung der Gesetzeslagen erreicht werden.

6. Zusammenfassung

Die Reform Heim 2000 ist ein äußerst wichtiger Meilenstein für die Verbesserung der Betreuung von Kindern und Jugendlichen in Wien. Die Reform wurde von allen in der Stadtregierung anwesenden Parteien mitgetragen und hat deutliche Verbesserungen bezüglich Bürgernähe, Verbesserung der Arbeitsqualität, Arbeitsmotivation, Effizienz und Anpassung an neue Aufgaben gebracht.

Mit der Reform untrennbar verbunden sind die politischen und fachlichen ProponentInnen der Reform:
Auf der Seite der Politik: Vizebürgermeisterin und zuständige Stadträtin GRETE LASKA als wichtiger politischer Motor.
Auf der fachlichen Seite: Abteilungsleiterin Mag. RENATE BALIC-BENZING, die die Verankerung der Reform in der MAGISTRATSABTEILUNG ELF (Amt für Jugend und Familie) zügig vorangetrieben hat, Dezernentin Mag. EVELINE EICHMANN, der unermüdliche fachliche Motor und der die organisatorische Umsetzung tatkräftig vorantreibende Projektleiter AR WOLFGANG SEISER.

Jede Reform, auch die Reform Heim 2000, ist nur so gut wie ihre Umsetzung. Die schönsten Pläne auf Papier bringen wenig, wenn sie nicht mit Leben erfüllt werden, wenn sie nicht Platz greifen im WG-Alltag/Heim-Alltag.
Motivation und Wille zum Handeln sind wichtige Bestandteile jeder Neuerung. Träger der Reform sind somit die LEITENDEN MITARBEITERINNEN und insbesondere die vielen MITARBEITERINNEN AN DER BASIS, im Bereich der Sozialpädagogik als auch der Sozialarbeit.

Warum die Reform so gut ankommt?

- Alle beteiligten MitarbeiterInnen sind in die neue Entwicklungsarbeit einbezogen.
- Es gilt für alle Bereiche, wesentliche Ziele zu formulieren und einen angemessenen Zeitrahmen festzulegen.
- Große Entscheidungen werden unter Einbeziehung aller Sichtweisen getroffen.
- Transparenz wird dadurch gewährleistet, dass alle Teams über die regionalen Koordination von den Entwicklungen in den anderen Teams informiert werden.
- Die motivierte Arbeit an sich selbst und innerhalb des Teams sichert die ständige Verbesserung in der Betreuung der Kinder und Jugendlichen.

All das drückt die Reform Heim 2000 aus und bedingt ihren Erfolg.

7. Literaturverzeichnis

BALIC-BENZING, R.: Heim 2000. 1. Zwischenbericht. Mai 1996 bis Mai 1997. Wien 1997.

EICHMANN, W. / HÖGLINGER, M. / SEISER, W. (Hrsg.): Heim 2000. 2. Zwischenbericht. Juni 1997 bis Juni 1999. Wien 1999.

Michael Winkler

HEIMERZIEHUNG, HILFEN ZUR ERZIEHUNG – WIEN[1]

1. Einleitung

Die Untersuchung von Systemen der Jugendwohlfahrt und Jugendhilfe versetzt den Beobachter in der Regel in die Situation eines Ethnologen, der einen fremden Stamm besucht, um dessen Leben zu beschreiben und zu verstehen versucht. Er steht in der Gefahr, am Ende in diesem aufzugehen oder es doch nicht begriffen zu haben. Denn es scheint nahezu unmöglich, die Institutionen und Pragmatiken distanziert und nüchtern zutreffend darzustellen oder gar angemessen und insofern gerecht zu beurteilen. Entweder bewegt man sich in den institutionellen Zusammenhängen eines Jugendhilfesystems mit, vollzieht die in ihm üblichen Rituale und teilt Sprachspiele wie Semantiken der Beteiligten soweit, dass das System funktional und plausibel erscheint, oder aber man sieht nur Unstimmigkeiten und vielleicht auch fehlende Tauglichkeit.
Dabei handelt es sich zunächst, aber eben nicht nur um ein Forschungsproblem. Um ein solches geht es, sollen in vergleichender Perspektive nationale oder regionale Ausprägungen der Jugendhilfe oder Jugendwohlfahrt untersucht werden. Vergleiche liegen nahe, wenn beispielsweise in einem sich zunehmend einigenden Europa auch die Sozialhilfe- und die pädagogischen Systeme sich faktisch annähern und vielleicht sogar angleichen – und sei es nur unter dem wachsenden Kostendruck. Weiter reicht jedoch die Frage nach der Leistungsfähigkeit und der Qualität von Angeboten und Formen der Jugendwohlfahrt. Spätestens hier berühren sich dann wissenschaftliche, sozialpolitische und sozialpädagogische Interessen. Denn die Unterbringung von Kindern und Jugendlichen an einem „fremden", am „anderen Ort" steht zunehmend vor der Herausforderung, dass sie für alle Beteiligten transparent werden muss – für die jungen Menschen selbst, ihre Eltern, für die Fachkräfte und für die Aufwandsträger, endlich aber auch für eine demokratische Öffentlichkeit. Der oft genug unheimliche Ort Heim, die zuweilen wohl tatsächlich in äußere und innere Heimatlosigkeit treibende Heimerziehung hat sich für den bei ihr betriebenen Kostenaufwand zu rechtfertigen, ihre Notwendigkeit und ihre Leistungspotentiale darzustellen, den Nachweis zu erbringen, dass sie Kindern und Jugendlichen auch die Chancen eröffnet, welche sie ihnen verspricht. Immerhin muss man sich vergegen-

wärtigen, dass jede stationäre Unterbringung eines Kindes oder Jugendlichen - gleich ob es sich um Formen der freiwilligen Erziehungshilfe oder behördlich angeordneter Unterbringung handelt - einen gravierenden Eingriff in die Privatheit familiärer Sozialisationsverhältnisse darstellt, der nicht nur rechtsstaatlichen Ansprüchen genügen muss, sondern zugleich eine Alternative zur bisherigen Lebenssituation zu eröffnen hat. Auch wenn man inzwischen vorsichtig Abstand von allzu emphatischen Vorstellungen von der Sicherung des Kindeswohls gewonnen hat, eher von der am „wenigsten schädlichen Alternative" spricht (vgl. GOLDSTEIN/FREUD/SOLNIT 1974) oder – wie das neue österreichische Jugendwohlfahrtsgesetz – die *leichteste Maßnahme* empfiehlt, bleibt die Frage nach den Standards, nach der Qualität, der eine solche Fremdplazierung zu genügen hat. Was hilft belasteten Kindern und Jugendlichen am ehesten, eine schwierige Lebenssituation zu überwinden, in einen Bildungsprozess einzutreten, in welchem sie Souveränität im Umgang mit sich und Autonomie in ihren Lebensbedingungen finden können? Wie können sie, trotz Misshandlungen, Armut, schwieriger Familiensituationen, trotz eigener Erfahrung des Scheiterns und zuweilen auch schon der Delinquenz auf einen Weg gelangen, der ihnen Entwicklungschancen eröffnet? Vor allem: Helfen in solchen Belastungssituationen tatsächlich Heime oder müsste nicht viel intensiver nach anderen Formen der Unterstützung für Familien, Kinder und Jugendliche gesucht werden?

Das Dilemma besteht jedoch darin, dass wir bis heute über die Realität der Hilfesysteme schlechthin, der stationären Unterbringung von Kindern und Jugendlichen zu wenig wissen. Einiges spricht sogar dafür, dass Fremdplazierung zu den geradezu archaischen, normalen Praktiken gehört, die Gesellschaften für die Erziehung der jungen Generation entwickeln (vgl. NIEDERBERGER 1997, zahlreiche Hinweise bei GILLIS 1980, WINKLER 2000a); möglicherweise stellt sie ein spezifisches Strukturelement noch der frühen Moderne dar (vgl. mit besonderen Bezug auf DICKENS: ASSMANN 1999, S.102f.). Das Aufwachsen in der kleinen Familie, ein Verbleib über zwei Jahrzehnte im Elternhaus bilden historisch gesehen eher unwahrscheinliche Fälle, die sich erst in den letzten hundert Jahren als Standardsituation in den wohlhabenderen mitteleuropäischen Ländern durchgesetzt haben. In diesen gilt eine öffentlich verantwortete, meist kollektive Betreuung von Kindern „über Tag und Nacht" – so die Formel des deutschen Kinder- und Jugendhilfegesetzes – als *Ergänzung* familiärer Erziehung und dient nur in – durch staatliche Gesetzgebung beschriebenen und insofern ordnungspolitisch definierten – *Notfällen* ihrem *Ersatz*.

Jenseits dieser Grundstruktur haben sich offensichtlich nationalstaatlich und regional hochgradig differente Systeme mit eigenen institutionellen Angeboten, Praktiken ausgebildet, die möglicherweise kaum zu vergleichen sind. Sie ruhen auf langen Traditionslinien des Umgangs mit Kindern und Jugendlichen einerseits, mit Hilfebedürftigen andererseits. Sie sind also offensichtlich eingebettet in spezifische Hilfementalitäten und pädagogische Muster. Dabei wirken sich möglicherweise, wenn auch auf eine bisher kaum analysierte Weise, ethnische und vor allem religiöse Muster aus – Hinweise bieten hierfür beispielsweise die eigenen, innovationsstarken Linien einer kollektiven Erziehung in der jüdischen Tradition, wie sie bei KORCZAK und BERNFELD zu entdecken sind. Berücksichtigt man nämlich die große Bedeutung familiärer Zusammenhänge im Judentum, so zeigt sich hier eine besondere Dimension gemeinschaftlich getragener Verantwortung.

Vor diesem hier nur knapp angedeuteten Horizont sollen die im Folgenden angestellten Überlegungen zur Situation der Heimerziehung in Wien gesehen werden. Sie gehen zurück auf ein Seminar an der Universität Wien, das am Gegenstand der stationären Unterbringung von Kindern und Jugendlichen den Vergleich des österreichischen Jugendwohlfahrtssystems mit der bundesdeutschen Jugendhilfe zum Thema machte und eine größere Vergleichsstudie vorbereiten sollte. Wie bei anderen Vergleichsstudien – etwa mit dem Jugendhilfesystem Großbritanniens, sowie im Kontext der Arbeiten am „Handbuch Heimerziehung und Pflegekinderwesen in Europa (vgl. COLLA u.a. 1999) – ergaben sich zunächst erhebliche Darstellungs- und Verständnisprobleme, die auf unerwarteten Verständigungsproblemen beruhten; sie überraschten, weil die Gemeinsamkeit der Sprache in trügerischer Weise mehr Ähnlichkeiten als bei größerer sprachlicher Differenz erwarten ließ. Als weitere Schwierigkeit ergab sich die oben angedeutete Exklusivität des Systems gegenüber Außenbeobachtern. Diese Feststellung darf nicht pejorativ verstanden werden. Sie verweist vielmehr auf eine Funktionslogik vermutlich eines jeden Jugendhilfesystems, die sich – wenn überhaupt – nur in langwieriger teilnehmender Beobachtung erschließt – ein Indiz dafür findet sich darin, dass auch die Teilnehmerinnen des Seminars, die mit dem System aus eigener Praxis gut vertraut waren, Schwierigkeiten hatten, es gleichsam in eine andere Sprache zu übersetzen.
Darin zeichnen sich die Grenzen und Möglichkeiten einer Beschreibung und Analyse des „Wiener Systems" ab; sie geschehen aus der Haltung des interessierten Beobachters, dem es um die Entzifferung einer Eigenlogik von Funktionsäquivalenten, nicht jedoch um eine Bewertung nach

äußeren Maßstäben geht. Dies hat – erstens – zu einer (vergleichsweise) langen Skizze der historischen Dimension geführt, in der stationäre Unterbringung in Wien gesehen werden könnte – die Forschungslage erzwingt hier den Konjunktiv der Vermutung, denn gesicherte Befunde fehlen. Ein zweiter Teil gilt der jüngsten Entwicklung, wie sie durch das neue österreichische Jugendwohlfahrtsgesetz bestimmt und unter dem Titel „Heim 2000" als Reform der stationären Unterbringung in Wien eingeleitet wurde. In einem dritten Teil wird angesichts einer notwendigerweise noch unentschiedenen Situation über den Forschungsstand und eine explorative Untersuchung berichtet, um in einem vierten Teil Fragen an die Heimentwicklung in Wien zu stellen, eingedenk ihrer Differenz, dennoch durchaus kritisch, nämlich im Blick auf pädagogische Qualität.

2. Geschichte

Vor dem eben als ethnographische Problematik angedeuteten Zusammenhang mit sozial- und mentalitätsgeschichtlichen Entwicklungen wird nicht nur die Bedeutung einer umfassenden Geschichte der Sozialen Arbeit und der Sozialpädagogik in Österreich sichtbar. Vielmehr zeigt sich, dass auch die regionalen Entwicklungen vor einem solchen Horizont nachgezeichnet und analysiert werden müssten. In besonderem Maße tritt dies für das System der Betreuung und Unterstützung von Familien, Jugendlichen und Kindern hervor, das in Wien entstanden ist und gegenwärtig einer Reform unterliegt, die bewusst an Traditionen anknüpft, aber diese zugleich mit den professionellen Standards zu verbinden sucht, die - auch international – im Bereich der Jugendhilfe und insbesondere für die Fremdunterbringung junger Menschen geltend gemacht werden.
Anders als in der Historiographie des Bildungswesens (vgl. ENGELBRECHT 1982; SCHEIPL/SEEL 1987) liegt eine solche umfassende Geschichte der sozialen Arbeit mit Kindern und Jugendlichen für Österreich leider nicht vor. Sie könnte nachzeichnen, wie sich in Österreich seit Maria Theresia und dem aufgeklärten Absolutismus Josef II. eine eigene Tradition der Versorgung von Menschen in schwierigen Lebenslagen herausgebildet hat. Das österreichische Modell des „sorgenden Staates“ (ABRAM DE SWAAN) zeichnet dabei zwar Züge von obrigkeitlichen Denk- und Kontrollformen ab, die jedoch schon früh mit geradezu naturwissenschaftlich-technischen, medizinisch orientierten Handlungsmodellen einhergehen, zugleich durch den starken Einfluss der

katholischen Kirche geprägt werden. Insbesondere für das 19. Jahrhundert sticht eine spezifische Modernität des Hilfedenkens hervor, das Überlegungen des *social engineering* vorbereitet, wie sie später für Anhänger des „Wiener Kreises" bedeutsam wurden und sich noch bei Karl POPPERS Theorie des *social piecework* wiederfinden lassen. Diese meint einen wissenschaftsbasierten, gleichwohl pragmatischen Ansatz, der realistisch, pragmatisch und reformistisch angelegt auf Evolution zielt und Revolution zu vermeiden sucht. Zugleich wurden hier die Grundlagen für die hohe Affinität der Jugendhilfe zur Medizin und Psychiatrie gelegt, die bis heute als ein Differenzmerkmal der österreichischen Jugendwohlfahrt zu beobachten ist. Mit dieser paradigmatisch zu nennenden Vorentscheidung lässt sich auch die enge Beziehung innerhalb der Sozialpädagogik zwischen Versorgungsleistungen sehen, die fachlich als Betreuung behinderter Menschen eher dem sonderpädagogischen Bereich zuzuordnen wären, und jenen, die mit im strengeren Sinne sozialen und pädagogischen Problemlagen zu tun haben. Darin liegen Chancen – paradoxerweise sogar die auf eine einheitliche *pädagogische* Wahrnehmung von jungen Menschen unabhängig von ihrer je besonderen Belastungssituation, gleich ob diese stärker als somatisch, psychosomatisch oder im biographischen Erfahrungskontext bedingt gelten muss. Zweifelsohne hat diese Ausgangskonstellation die Ansätze integrativer Pädagogik gestützt, wie sie in den letzten zehn Jahren in Österreich verwirklicht wurden. Auf der anderen Seite könnte die so gegebene Dominanz des – standespolitisch normalerweise überlegenen – medizinischen Modells sich als ein Hindernis auf dem Weg fachlicher Profilierung der Sozialpädagogik erweisen; allerdings finden sich dafür kaum Hinweise.

Eine solche Geschichte des System der sozialen, vor allem personenbezogenen Hilfeleistungen fehlt leider auch bezogen auf Regionen und vor allem für besondere Handlungsfelder wie etwa das der Heimerziehung. Grundlinien ihrer Geschichte hat unlängst Josef SCHEIPL skizziert. Er zeigt, wie die stationäre Unterbringung von Kindern und Jugendlichen in Heimen in Österreich „ihren Ausgang von Waisenhäusern für nicht (mehr)versorgte Kinder und von ‚Besserungsanstalten' für Jugendliche [nimmt], ‚welche sich einer strafbaren Handlung schuldig gemacht' hatten" (SCHEIPL 1999, S.72). Den Einrichtungen für die verwahrloste Jugend haftete – zurecht – ein notorisch schlechter Ruf an, den auch die Umbenennung in „Fürsorgeerziehungsanstalten" kaum besserte; Disziplinierung zum Gehorsam, Drill, Arbeitszwang stellten die Substanz der Erziehung dar.

Im Kern gilt dieser Befund auch für die Situation im Wien der Jahrhundertwende, für dessen Waisenhäuser und Kinderasyle sich allerdings aufschlussreiche Hinweise sogar in der Architekturgeschichte finden. Erinnert wird dort an das älteste Wiener Waisenhaus, das auf eine Gründung durch den Wiener Kaufmann Michael KIRCHMAYER 1742 zurückgeht, von MARIA THERESIA vergrößert und von JOSEF II. in den IX. Bezirk verlegt wurde. Seit Bestehen dieser klassischen Großeinrichtung mit 400 Plätzen waren rund zehntausend Kinder dort untergebracht. Neben diesem k. und k. Waisenhaus bestanden in Wien um 1905 acht städtische Einrichtungen für insgesamt 750 schulpflichtige Vollwaisen (bzw. unter bestimmten Umständen auch Halbwaisen) sowie eine Reihe konfessionell getragener kleinerer Heime. Daneben verfügte Wien über eine Reihe von Kinderasylen für verlassene Kinder sowie – von Vereinen getragene – Rettungshäuser und Schutzstellen für misshandelte und verwahrloste Kinder mit einem überraschend hohen Platzangebot, das auf einen erheblichen Bedarf schließen lässt (vgl. KORTZ 1906, S.262 ff.). Doch sind damit die Institutionen noch keineswegs annähernd beschrieben, in welchen junge Menschen Lebensmöglichkeiten und – im wei-testen Sinne – Betreuung fanden. Abgesehen nämlich von der Inkarcerierung delinquenter Jugendlicher in gefängnisähnlichen Einrichtungen und Gefängnissen, lebten diese auch in hohen Zahlen und mit durchaus gesellschaftlicher Normalität in Wohnheimen. Als beispielhaft galt das Wohnheim in Wien-Brigittenau, das 1905 eröffnet worden war, erstmals keine Massenschlafsäle, sondern Einzelkabinen für jeden der 544 möglichen Gäste vorsah. Angesichts der Anziehungskraft Wiens und des Arbeitskräftebedarfs in der expandierenden Industrie der Donaumetropole war es konzipiert vor allem für alleinstehende Arbeiter, um die Zahl der „Bettgeher“ zu verringern; auch für Jugendliche bestand eine sozial übliche Praxis in einer solchen „Fremdunterbringung“ bei Familien, bei der häufig noch die wenigen Schlafstellen mehrfach vermietet wurden. Diese galt als belastend für diese Familien wie für die jungen Menschen selbst und verschlechterte die zum Teil katastrophale Wohnsituation. Gleichwohl war sie von beiden Seiten gewünscht, sowohl als billige Schlafmöglichkeit wie auch zur Verbesserung der familiären Einkommenssituation; oft genug war das Existenzminimum nur durch solche Praktiken zu sichern. Das Heim in der Brigittenau sollte geradezu Weltgeschichte machen, weil dort der junge Hitler Aufnahme fand – seine Jugendbiographie spiegelt dabei in typischer Weise den Wanderungsdruck wider, der auf jungen Menschen lastete (vgl. HAMAN 1999).

Die entscheidenden Entwicklungen vollzogen sich allerdings in der Phase des „roten Wien“, mithin in den durch eine sozialistischsozialdemokratische Stadtverwaltung geprägten zwanziger Jahren. Vor dem Hintergrund eines in vielerlei Hinsicht einmaligen und einzigartigen Aufbruchs zur Moderne (vgl. LeRIDDER 1990) gelang es, ein umfassendes sozialpolitisches Programm durchzusetzen, das weit über die zeitgenössischen Vorstellungen der Gemeinwesenarbeit hinausging (vgl. MÜLLER 1982), wobei jedoch offenbleiben muss, wie weit beispielsweise angelsächsische Erfahrungen in Wien rezipiert wurden. Das Wiener Modell zielte weniger auf eine Arbeit in den Armenvierteln, sondern verfolgte eine – modern gesprochen – sozialökologische Perspektive: Wie in anderen urbanen Zentren Europas (und der Vereinigten Staaten) wurden zwischen 1870 und 1920, in den Phasen der Gründerzeit bis hin zum Jugendstil, die technischen Infrastrukturen und hinreichende Verkehrssysteme errichtet – symbolisch stand und steht dafür bis heute die Wiener Ringstraße. Nach dem Ende des I. Weltkrieges, dem Zusammenbruch der Monarchie und der Ausrufung der Republik im November 1918 sah sich die Stadt allerdings aus ihrer staatlichen Zentrallage in eine Randlage gedrängt, sodass die Ausbaupläne hinfällig wurden. Wien geriet in eine desolate wirtschaftliche und soziale Situation, die durch massive Flüchtlingsströme verschärft wurde. Chronischer Wohnungsmangel, Ernährungsprobleme und schlechte hygienische Bedingungen ließen einen beispiellosen Bedarf nach sozialer Hilfe entstehen (vgl. CZEIKE 1984, S.237) - mit hochgradig belastenden Verhältnissen für Familien.

Nach ihrem Wahlerfolg 1919 galt die Aufmerksamkeit der Sozialdemokratie in Wien einer Herstellung von menschenwürdigen, sozial und kulturell hinreichenden Lebensverhältnissen. „Die Politik des ‚roten Wien' ist das einzig bekannte und im wesentlichen auch gelungene Beispiel eines großangelegten Versuchs, mit Hilfe gesellschaftspolitischer Maßnahmen – primär auf dem Steuersektor, sekundär auf dem Boden- und Mietensektor – ein Programm großen Stils zu verwirklichen, ein Beispiel, das nicht nur in seinen theoretischen Konzeptionen in der Geschichte des Reformsozialismus seinesgleichen sucht, sondern das auch in der Praxis [...] die Zustimmung der Mehrheit der Bevölkerung erhielt" (CZEIKE 1984, S.238). Im Prinzip bewegte sich diese Politik des „roten Wien" in zwei Dimensionen, nämlich die einer systematischen Prävention und die der Etablierung eines Fürsorgesystems, das zwar auch die Vermeidung von Notlagen anstrebte, zugleich aber realistisch blieb und als soziale Infrastruktur zur Verfügung stehen sollte: *Einerseits* zielte das von Karl SEITZ als Bürgermeister verantwortete Programm daher im Rahmen des Wiener Gemeindebaus auf die Errichtung und den Ausbau zureichenden Wohnraums, der zugleich auch sozial-kommunikative

Funktionen erfüllte. Wie in kaum einer vergleichbaren Stadt bemühten sich Politik und Verwaltung um die Sicherung sozialer Milieus, wobei unterschiedliche Wohnformen erprobt wurden: Sie reichten von den großen Wiener Gemeindebauten bis hin zu kleinräumigen, durch das Modell der Gartenstadt inspirierten Siedlungen; hier sind nicht zuletzt die unterschiedlichen architektonischen Entwürfe von Adolf LOOS zu nennen, die vom großvolumigen Arbeiter-Terrassenhaus mit mehrgeschossigen Kleinwohnungen bis hin zu Siedlungshäusern im Lainzer Tiergarten und am Laaer Berg reichten (vgl. RUKSCHIO/SCHACHEL 1982). Dem Wohnungsbau wurden die Etablierung eines gesundheitlichen Versorgungssystems und endlich ein kulturell anspruchsvolles Bildungssystem zur Seite gestellt, das hohe Attraktivität für alle Altersgruppen beanspruchte. Als beispielhaft für die Synthese dieser Absichten und ihre Konkretisierung können die Aktivitäten Otto NEURATHS gelten, der den linken Flügel des Wiener Kreises repräsentierte (vgl. NEURATH/NEMETH 1994; WINKLER 1995). *Andererseits* wurde ein dichtes Hilfesystem errichtet, das durch Beratung und psychotherapeutische Angebote prophylaktisch wirken sollte. Sein Schwerpunkt lag hierbei in der Jugendfürsorge, für das ein enges Netz an regelmäßig verfügbaren, „normalen“ sozialpädagogischen Dienstleistungen und Hilfeangeboten für Belastungssituationen geknüpft wurde. Als politischer Protagonist dieses Ansatzes wirkte der Universitätsprofessor und (von 1920 bis 1933) amtsführende Stadtrat Julius TANDLER, der schon 1921 Richtlinien für Aufbau, Leistung und Wirkung aller Fürsorgezweige vorlegte (sich zudem im Bereich des Gesundheitssystems insbesondere bei der Säuglingsversorgung engagierte).

Diese sozialpolitischen Entwicklungen schufen Rahmenbedingungen sowohl für eine Verringerung der Problemlagen wie aber auch für neuartige Hilfesettings der Jugendfürsorge. Zugleich erhielt Heimerziehung einen anderen, pädagogisch akzentuierten Stellenwert, wie sie auch inhaltlich reformiert wurde. Auch wenn empirisch wenig Zweifel daran bestehen, dass die Klientel der Jugendfürsorge und Jugendwohlfahrt mehrheitlich aus den sozialen Unterschichten stammte, belegen doch die Fallberichte, wie sogar Heimerziehung als fachlich pädagogische und therapeutische Leistung verstanden werden sollte. Zugleich waren sich die Beteiligten darüber bewusst, dass sie sich in einem Zwischenfeld bewegten, das auf der einen Seite die Herstellung einer sozialpädagogischen Normal- und Infrastruktur auszeichnete, auf der anderen Seite aber doch als Experimentalraum wahrgenommen wurde. Oft genug wird daher von *Versuchen* gesprochen, um die dann letztlich der Reformpädagogik zugerechneten Unternehmungen im Bereich der Sozialpädagogik zu charakterisieren. Für diese fachlich-inhaltliche Reform der Wiener Jugendfürsorge stehen Namen wie die von August AICHHORN und Siegfried BERNFELD sowie der von Fritz REDL: REDL, der nach der Emigration mit David WINEMAN in Chicago das Pioneer House für extrem aggressive Kinder („Kinder, die hassen") aufbaute und leitete, spielte wohl eine entscheidende Rolle in den „Beratungsstellen für Lernstörungen und Erziehungsschwierigkeiten", die in den Volksbildungshäusern Urania, Stöbergasse und Ottakring bis 1934 eingerichtet waren.

Tatsächlich weisen jedoch diese Namen auf eine Besonderheit der Jugendfürsorge im „roten Wien" hin: Obwohl eine starke sozialistische Strömung die Arbeit mit Kindern und Jugendlichen als Auseinandersetzung mit der Situation des Proletariats im Kapitalismus sah und durchaus revolutionäre Ambitionen verfolgte, war sie immer stark psychologisch beeinflusst und daher an individuellen Entwicklungsprozessen interessiert. Otto F. KANITZ, der im Schloss Schönbrunn ein Kinderheim der Kinderfreunde einrichtete, um neue kollektive Lebensformen mit antiautoritären Zügen zu erproben und zu etablieren, formulierte in seinem Buch „Das proletarische Kind in der bürgerlichen Gesellschaft" deutliche Kritik an den Einseitigkeiten in der Begründung sozialistischer Politik: „Die marxistische Geschichtsforschung und Gesellschaftslehre hat Kindheit und Jugend bis heute allzusehr vernachlässigt" (KANITZ 1970, S.111). Er plädierte theoretisch wie praktisch für eine Balance zwischen politischem Massenkampf und pragmatisch-pädagogischer Einzelarbeit, „Einzelarbeit vor allem in dem Sinne, dass man den Kindern sagt, dass ihre Arbeit, sei es Lernarbeit oder häusliche Arbeit notwendig ist, dass ohne die erstere später ein Zusammenbruch der gesamten Produktion und damit der Kultur erfolgen muss, dass ohne die zweite die Führung des Haushalts bei dem geringen Anteil, den der Arbeiter in der gegenwärtigen Wirtschaftsordnung von seinem Arbeitsertrag erhält, nicht möglich wäre" (KANITZ 1970, S.112).

Die Jugendfürsorgepolitik im roten Wien prägten mithin weniger die Modelle kollektiver Erziehung, wie sie in den unterschiedlichsten pädagogischen Zusammenhängen der zwanziger Jahren diskutiert und praktiziert wurden (vgl. KAMP 1995). Sie genossen zwar hohe Attraktivität nicht nur bei kommunistischen Pädagogen wie etwa Anton S. MAKARENKO und bei jenen, die sich einer libertären Tradition verschrieben, sondern vor allem in den radikalen zionistischen Kreisen; diese zeigten sich eher kritisch gegenüber der (bürgerlichen) Familie und entwickelten Modelle, wie sie später in der Kibbuzerziehung zum Tragen kamen (vgl. LIEGLE 1985). Wenn auch Siegfried BERNFELD mit seinem „Kinderheim Baumgarten" einen „ernsthaften Versuch mit neuer Erziehung" unternahm (vgl. BERNFELD 1996), zeichnete den Wiener Weg der zwanziger Jahre konzeptionell ein Ansatz aus, der sich am Lebens- und Herkunftsmilieu hilfebedürftiger Kinder und Jugendlichen orientierte und das Augenmerk auf die Unterstützung ihrer Familien richtet. Im Hintergrund stand zugleich das individualpsychologische Konzept Alfred ADLERS, dem sogar die sozialistischen Pädagogen zuneigten, weil es „Umwelteinflüssen in der Entwicklung des Menschen eine hervorragende Rolle zuschrieb. Adlers Bemühungen waren jedoch weniger theoretischer Art. Sie sind primär praxisbezogen, woher auch seine Erfolge rühren, zu denen u.a. die sozialdemokratische Wiener Gemeindeverwaltung ihm die nötigen Gelegenheiten bot" (REICHMAYR 1981, S.150).

Das Hilfesystem im „roten Wien" operierte *strukturell* auf zwei Ebenen: Im Vorfeld wurde ein dichtes Netz von – nach heutigen Maßstäben: niedrigschwelligen – Beratungsstellen geknüpft, dem eine Vielzahl von Tageseinrichtungen insbesondere für die Versorgung von kleineren Kindern zur Seite gestellt wurde. Auf einer zweiten Ebene entstand ein Angebot an Kriseninterventionsstellen sowie eine Vielzahl von Heimen für die Unterbringung von Kindern und Jugendlichen. In diesem Kontext ist auch die „Stadt des Kindes" zu sehen, eine Großeinrichtung, die noch in ihrem Namen an Ideen einer kollektiven, politisch-republikanisch Erziehung erinnerte. *Inhaltlich und methodisch* wurden die Hilfen individuell akzentuiert. Zumindest vordergründig wirkten sie therapeutisch ausgerichtet, wobei eine grundsätzlich pragmatische Haltung überwog: „Unsere Aufgabe als Fürsorgeerzieher", notiert August AICHHORN im ersten Vortrag über „Verwahrloste Jugend", setzt ein, wenn ein Erziehungsnotstand vorliegt, das heißt, wenn es der Erziehung nicht gelungen ist, dem Kinde oder Jugendlichen die seiner Altersstufe normal entsprechende Kulturfähigkeit zu vermitteln. Die Fürsorgeerziehung unterscheidet sich daher dem Zwecke nach nicht von der Erziehung im allgemeinen, denn beide haben die Jugend kulturfähig zu machen. Sie sondern sich von der Erziehung vor allem durch die Methoden ab, die wesentlich andere sind als die der allgemeinen Erziehung" (AICHHORN 1977, S.13). Dabei wirkte einerseits das allerdings gespannte Verhältnis zur Psychoanalyse nach. Anna FREUD sah Wien damals als „fruchtbare[n] Boden für die analytische Erforschung der normalen Kinderentwicklung und für die Anwendung der hier gewonnenen Einsichten auf die Erziehung" (FREUD 1987, S.4), ihre vier Vorlesungen zur Einführung in die Psy-

choanalyse für Pädagogen erreichten bald den Rang klassischer Texte; AICHHORN und BERNFELD verstanden sich ebenfalls als Vertreter einer psychoanalytischen Pädagogik (vgl. ADAM 1999). Die Mehrzahl der sozialistischen Pädagogen folgten allerdings eher Adler. Andererseits lassen sich die Einflüsse und Anregungen kaum übersehen, die der reformpädagogischen Bewegung zuzurechnen wären (vgl. ADAM 1981) und bis zur Rezeption der Pädagogik Maria MONTESSORIS reichten. Im Zusammenhang eines erfolgreichen praktischen Systems führte diese theoretische Gemengelage zu bemerkenswerten Einsichten in die Struktur sozialpädagogischer Handlungen. Indirekt macht diese August AICHHORN in seinem „Verwahrloste Jugend“ sichtbar, wenn er in seinen Vorträgen ausführt: „Es war und von allem Anfange an rein gefühlsmäßig klar, daß wir Knaben und Mädchen und jungen Menschen im Alter von vierzehn bis achtzehn Jahren vor allem Freude zu bereiten hatten. Keinem von uns war je eingefallen, in ihnen Verwahrloste oder gar Verbrecher zu sehen, vor denen die Gesellschaft geschützt werden müsse; für uns waren es Menschen, denen das Leben eine starke Belastung gebracht hatte, deren negative Einstellung und deren Haß gegen die Gesellschaft berechtigt war; für die daher ein Milieu geschaffen werden mußte, in dem sie sich wohl fühlen konnten. [...] Wir betrieben so, ohne es damals zu wissen, schon durch die Milieuschaffung eine praktische Psychologie der Versöhnung, von der wir heute sagen können, daß sie für die überwiegende Mehrheit der gegenwärtig in Besserungsanstalten untergebrachten Zöglingen anzuwenden ist“ (AICHHORN 1977, S.130 f.).
Die Überlegungen AICHHORNS machen dabei eine nichtstigmatisierende Haltung gegenüber Kindern und Jugendlichen deutlich, zeigen indirekt auch einen subjekttheoretischen Impuls; Freude zu bereiten gehorcht weniger einem hedonistischen Konzept, sondern zielte auf Motivation und Stärkung der Handlungsfähigkeit junger Menschen, zugleich auf eine verstehende Rekonstruktion der biographisch relevant gewordenen Erlebnisse und Erfahrungen. In dieser individualisierenden Sicht kann man einen Reflex reformpädagogischer Konzepte sehen, die eine Pädagogik vom Kinde aus favorisieren. Zugleich wird sichtbar, wie sich AICHHORN einer wichtigen, konstitutiven Spannung in der Struktur pädagogischer Handlungen bewusst ist: Zwar kann von den Pädagogen als Personen nicht abgesehen werden – im Gegenteil tragen diese nicht zuletzt unter dem Gesichtspunkt von Übertragung und Gegenübertragung Verantwortung für den Erfolg des pädagogischen Handelns (vgl. AICHHORN 1977, S.102 ff.). Der Fokus pädagogischen Handelns richtet sich jedoch auf die Organisation und Gestaltung der Lebenszusam-

menhänge von Kindern und Jugendlichen, in welchen diese nicht nur Schutz und Entlastung, sondern auch Anregung und Anstoß zu Prozessen der Selbstveränderung finden. Angeregt durch den reformpädagogischen Sprachgebrauch nannte AICHHORN die von ihm geleitete Einrichtung in Oberhollabrunn *Jugendheim* bzw. sogar *Landerziehungsheim*, um so die Differenz und Neuartigkeit „einer kind- und jugendgemäßen Siedlung lebensbejahender Menschen“ zu betonen (ADAM 1999, S.268f.). Damit wird allerdings auch schon das Konzept des pädagogischen Milieus umrissen. Es war in der Idee der therapeutischen Gemeinschaft vorformuliert, wurde dann eine der maßgebenden Konzeptionen für eine moderne stationäre Betreuung von psychisch belasteten Menschen und für die Heimerziehung. Auch die Vorstellungen Bruno BETTELHEIMS wurden zweifelsohne durch seine Wiener Erfahrungen geprägt. Stärker pädagogisch entwickelte Siegfried BERNFELD diese Vorstellung weiter, wenn er die Idee des „sozialen Ortes“ entwirft (vgl. BERNFELD 1996, S.255ff.), aus der heraus dann der sozialpädagogischen Grundbegriff des „pädagogischen Ortshandelns“ entwickelt werden konnte (vgl. WINKLER 1999, mit Bezug auf BETTELHEIM: derselbe 1997).
Bei aller Faszination der sozialpolitischen und fachlich sozialpädagogischen Entwicklung im „roten Wien“ muss dennoch festgehalten werden, dass diese spätestens 1938 abgebrochen wurde. Möglicherweise war sie sogar in ihrer Bedeutung überschätzt worden, während die reale Lage von belasteten Kindern und Jugendlichen sich nur partiell verbessert hatte. Insbesondere bleibt unklar, wie sich die Lebenssituation von körperlich und geistig behinderten jungen Menschen darstellte, in welchem Ausmaß psychiatrisierte Kinder und Jugendliche nur bewahrend versorgt wurden. So lässt sich schwer beurteilen, ob die in jüngster Zeit vorgelegten dramatischen Berichte über die Behandlung in den NS-Erziehungsanstalten nicht doch auf eine sehr viel länger anhaltende Tradition eines menschenunwürdigen Umgangs schließen lassen (vgl. GROSS 2000). Nicht ausschließen lässt sich zudem, dass der durch die Medizin dominierte Umgang mit belasteten Kindern und Jugendlichen zu einer Hypothek für die sozialpädagogische Arbeit wurde: Während diese stärker ethisch gesteuert wird und daher resistent bleibt gegenüber einer Änderung der politischen Vorstellungen, versteht sich Medizin möglicherweise wertneutral und technisch mit der Konsequenz, dass sie sich eher affin zu einem politischen System verhält – freilich wäre dies nur eine absichtsvoll provozierende Arbeitshypothese, die einer sorgfältigen Prüfung anhand von Dokumenten bedarf.

Die Geschichte der Jugendhilfe nach dem II. Weltkrieg und seit der Unabhängigkeit Österreichs lässt sich parallel zu den bildungspolitischen Entwicklungen zumindest diskutieren (vgl. SCHEIPL/SEEL 1988), wobei für Wien ein reizvolles Thema darin läge, die Situation während des Viermächte-Status zu erforschen: Maßgebend wird österreichweit das Jugendwohlfahrtsgesetz von 1955, wobei einiges auf restaurative Tendenzen in der institutionellen wie pragmatischen Versorgungsstruktur hinweist. Für Wien bleibt der Befund eines hohen Anteils öffentlich – also kommunal – getragener Jugendfürsorgeleistungen. Etwa 80 Prozent der Heimplätze werden zunächst von städtischen Einrichtungen getragen, sodass private – freie – Träger nur als Minderheit gelten. Anders als in anderen Bundesländern haben in Wien auch die „SOS-Kinderdörfer" keine Bedeutung gewonnen. Wenn auch weniger spektakulär und mit geringerer, genauer: *anderer* öffentlicher Resonanz, setzt seit Mitte der sechziger Jahre ein Diskussionsprozess ein, der sich mit den Entwicklungen vergleichen lässt, wie sie in Deutschland mit dem Ausdruck „Heimkampagne" bezeichnet werden: Eine *erste* Differenz liegt allerdings darin, dass diese Debatten offensichtlich sehr rasch von Politik und Verwaltung aufgenommen und anerkannt wurden. So wurde Ende der sechziger Jahre in Wien zunächst eine Heimenquete durchgeführt, auf deren Befunde hin unter Leitung des Neuropsychiaters Walter SPIELS eine Wiener Heimkommission eingesetzt wurde, die konkrete Reformvorschläge zu erarbeiten, bzw. deren (ansatzweise) Realisierung zu überprüfen und zu beurteilen hatte. Den pragmatischen Zug sowohl der Enquete wie auch der Heimkommission signalisiert, dass schon eingangs „die Auflösung all dieser Einrichtungen" als „romantischer Utopismus" bezeichnet wird (SPIEL u.a. o. J., S.3), jedoch alle Beiträger darin übereinstimmen, der Spannung zwischen Individualisierung und sozialer Integration in der Heimerziehung mehr Aufmerksamkeit schenken zu wollen. In dieser Spannung wären die Probleme institutioneller Erstarrung und der Heimdifferenzierung zu betrachten und zu analysieren, wobei insbesondere Karl WILFERT besonderes Gewicht auf die Förderung der Selbstständigkeit und Eigenverantwortlichkeit gelegt sehen wollte. Kernpunkte der Reformempfehlungen bildeten u.a. die Verwirklichung einer gemäßigten Koedukation, die Verbesserung von Diagnose und Erziehungsplanung, eine Verringerung der Gruppengrößen, die Durchführung externer Ausbildung und die regelmäßige Überprüfung der Aufenthaltsdauer. Eine organisatorische Selbstverwaltung der Heime war nur in „Versuchen auf privater Basis" festzustellen, zu Demokratisierungstendenzen bestand Bereitschaft, ohne dass die Kommission jedoch klare Belege anführen konnte. Indirekt zeigen sich erhebliche Defizite bei der Vermittlung von Alltagskompetenzen, in der Freizeitgestaltung und vor allem bei der Wahrung der Intimsphäre. Liest man die Befunde und Empfehlungen kritisch, so lassen sie einen hohen Institutionalisierungsgrad mit stark reglementierenden Zügen ahnen. Gleichwohl forderten die Mitglieder der Heimkommission die Einrichtung von Spezialheimen mit Intensivbetreuung für Kinder mit psychiatrischen Diagnosen, Cerebralgeschädigte und – irritierenderweise – „Schwersterziehbare". Auch sollten Heime mit geschützten Werkstätten eingerichtet, zudem therapeutische Modelleinrichtungen geschaffen werden. (SPIEL u.a. o. J., S.55). Eine *zweite* Differenz könnte man darin sehen, dass diese Debatten zu keinem massiven Bruch, sondern zu einer – bei aller Ambivalenz – kontinuierlichen Entwicklung geführt haben. Belege dafür finden sich beispielsweise in den Arbeiten von Otto WILFERT, die erneut die schon für die zwanziger Jahre skizzierten pragmatischen Tendenzen belegen, so aber zu einer fachlichen Gleichmäßigkeit führen (vgl. z.B. WILFERT 1976). Sie ist vielleicht ein Grund dafür, dass seine Arbeiten in Deutschland gerade nach der „Heimkampagne" in der Ausbildung rezipiert werden.

3. Heimreform 2000

Dieser Ausflug in die Geschichte der Wiener Jugendhilfe mag ein wenig lang geraten erscheinen. Aber er markiert nicht nur Forschungsdesiderata, sondern zeigt einen für das Verständnis der Wiener Situation unverzichtbaren Hintergrund auf, der im letzten Jahrzehnt neue Relevanz gewinnt. Zu den Eigentümlichkeiten der Wiener Entwicklung gehört zunächst jedoch, dass Effekte dieser Heimreform als Folge einer eher zivilisierten und moderaten Heimkampagne nicht dokumentiert sind. Einiges spricht für die Vermutung, dass die fachliche Weiterentwicklung der institutionellen Erziehung sich nur sehr langsam vollzogen hat; ein Indiz kann man darin sehen, dass die Ausbildung für HeimerzieherInnen – bis heute – stärker auf dem Niveau einer Fachschule sich vollzieht, eine akademisch sozialpädagogische Professionalisierung dagegen noch fehlt. Erst im Ausgang der achtziger Jahre zeichnen sich zumindest in Teilbereichen neue fachliche Akzente ab, sodass man von einer Parallelität von Modernisierung der stationären Unterbringung und der Implementation des neuen Jugendwohlfahrtsgesetzes ausgehen kann. Spätestens Mitte der 90er Jahre liegen jedenfalls für eine Reihe von Einrichtungen in privater (freier) Trägerschaft konzeptionelle Vorstellungen und erste Erfahrungsberichte vor. Sie belegen, wie von diesen „Vertragseinrichtungen"

der zuständigen Wiener Magistratsabteilung 11 Impulse des Reformansatzes „Heim 2000" aufgenommen werden. Sie deuten eine entscheidende Veränderung in der Wiener Jugendwohlfahrt an, da so den freien, privaten Trägern überhaupt ein höheres Gewicht zukommt. Die Dominanz der öffentlichen Jugendwohlfahrt, mithin auch der kommunalen Trägerschaft wird somit gebrochen. Allerdings gilt dies unter einem Vorbehalt: Obwohl man sich hier auf Eindrücke berufen muss, kam doch immer schon wenigstens in der stationären Betreuung der behinderten Kinder und Jugendlichen wohl auch in ihrer klinischen Versorgung kirchlichen Trägern eine erhebliche Bedeutung zu. Dabei haben nicht zuletzt auch fiskalpolitische Überlegungen offensichtlich eine bedeutende Rolle gespielt.
Das neue Jugendwohlfahrtsgesetz von 1989, dem als Ausführungsgesetz das „Wiener Jugendwohlfahrtsgesetz 1990" (WrJWG 1990) folgt, setzt eine wichtige Zäsur. Eine Reihe von weiteren Verordnungen und Richtlinien etwa zur Errichtung von Heimen konkretisieren es auf Landesebene (z.B. in der 3. und 4. Verordnung vom Jänner 1991). Sowohl das Bundesgesetz wie auch das Wiener Gesetz zeichnet eine vorsichtige Balance zwischen einer zurückhaltenden sozialstaatlichen Auslegung mit deutlichen Zügen zur Stärkung subjektiver Rechte und einem klassisch interventionsorientierten Zugang aus. Charakteristisch dafür ist die Formulierung im § 1, Satz 1, der in seinem zweiten Teil davon spricht, dass „die Entwicklung Minderjähriger durch Angebot von Hilfen zur Pflege und Erziehung zu fördern und durch Gewährung von Erziehungsmaßnahmen zu sichern“ ist. Dem Angebot, das ein subjektives Recht festhält, steht zugleich der „sichernde“ Charakter von „Maßnahmen“ gegenüber, mit dem ein verbindlicher Ordnungsanspruch des Staates aufrechterhalten wird. Rechtssystematisch kann man darin einen disziplinierenden Zug sehen, wenngleich auch festzuhalten wäre, dass so ein höheres Maß an Steuerungsmöglichkeiten bei den staatlichen Instanzen verbleibt.

Entsprechend unterscheiden Bundesgesetz wie auch das Wiener Gesetz bei den „Hilfen zur Erziehung“ *inhaltlich* flankierende Angebote („Unterstützung der Erziehung“) und „volle Erziehung“, die formal als freiwillige, auf Vereinbarung gestützte Leistung gewährt oder als „Erziehung gegen den Willen der Erziehungsberechtigten“ angeordnet und durchgeführt werden (Dies ist bemerkenswert etwa im Vergleich zur deutschen Gesetzgebung im KJHG, welches solche ordnungsrechtlichen Vorstellungen, damit auch die Unterscheidung von freiwilliger Erziehungshilfe und Fürsorge- bzw. Zwangserziehung völlig aufgegeben hat). Wie in Europa nahezu alle – übrigens überraschend gleichzeitig erlassenen – Reformgesetze zur Jugendhilfe legt auch das österreichische JWG entscheidenden Wert auf eine Familienorientierung. Allerdings gibt es einen ungewöhnlichen Ächtungsvorbehalt. Demnach ist die öffentliche Jugendwohlfahrt zu Eingriffen besonders dann berechtigt, „wenn zur Durchsetzung von Erziehungszielen Gewalt angewendet oder körperliches oder seelisches Leid zugefügt wird“ (§ 2, Abs. 3 des JWG). Als Standard von Angeboten und Interventionen gilt, dass jeweils die gelindeste, noch zum Ziel führende Maßnahme durchgeführt werden soll. Auf allen Ebenen der Gesetzgebung schlägt sich ein Trend zur Verfachlichung nieder, der in der Wiener Gesetzgebung besonders deutlich hervorgehoben wird (vgl. WrJWG 1990, § 6); sie verlangen u.a. für den Betrieb eines Heimes, dass ein dem Stand wissenschaftlicher Erkenntnis genügendes sozialpädagogisches Konzept vorliegt, entsprechend qualifiziertes Fachpersonal in ausreichender Zahl zur Verfügung steht. Außerdem wollen sie durch die baulichen und wirtschaftlichen Gegebenheiten eine kontinuierliche Betreuung sicherstellen. Unterstrichen wird diese Verfachlichungstendenz durch die Verpflichtung zu „Planung, Forschung, Öffentlichkeitsarbeit“ (WrJWG 1990, § 7). Auch lässt sich ein Bedeutungszuwachs der freien Jugendwohlfahrt erkennen, die allerdings nicht den in Deutschland (durch das aus der katholischen Soziallehre entstandene Subsidiaritätsprinzip) gegebenen Vorrang freier Träger erreicht. Bundesgesetz wie Wiener Gesetz lassen sich übrigens als ein Plädoyer für die Entwicklung eines umfassenden, integrierten Systems sozialer Dienste lesen. So wird das Land zur Bereitstellung sozialer Dienste verpflichtet, die regionale Verhältnisse, Bevölkerungsstrukturen und Problemlagen berücksichtigen müssen, zudem sind die Beratungsstellen so einzurichten, dass sie ohne erheblichen Aufwand aufgesucht werden können. Als ein impliziter, durch die systematische Ordnung angelegter Kernpunkte des Reformgesetzes kann man eine deutliche Familienorientierung sowie eine Präferenz für den Ausbau eines Pflegekinderwesens erkennen – sichtbar wird dies an der prioritären Nennung der „Pflegekinder“ gegenüber den Heimen und sonstigen Einrichtungen für Minderjährige.

Vor dem Hintergrund dieser gesetzlichen Regelungen, eingedenk freilich auch der fachlichen Debatten, endlich auch unter dem Eindruck demographischer Veränderungen, wird in Wien seit 1994 im Bereich der Jugendwohlfahrt ein tiefgreifender Reformprozess in Gang gesetzt. Nach einer zweijährigen Planungsphase und einer Fachtagung im Oktober 1995 strebt diese unter dem Titel „Heim 2000" eine radikale Neugestaltung des gesamten Systems der Jugendhilfe an, deren Grundzüge jedoch durchaus an das „rote Wien“ erinnern. Als Initiatorin kann die Abgeord-

nete des Wiener Gemeinderats und Geschäftsführerin der zuständigen Magistratsabteilung 11, Grete LASKA, gelten.
Im Grundsatz verfolgt die Reform (vgl. EICHMANN/SEISER/ MAYRHOFER 1997 sowie Information 1999) unter dem Motto „Früher erkennen – kürzer betreuen – differenzierter helfen" einen präventiven Ansatz, der sozialräumlich, wenn nicht sogar sozialökologisch angelegt ist. Dabei gelten fünf Prämissen, nämlich Stadtteilorientierung, Zeitorientierung (d.h. zeitliche Definition und Begrenzung von Fremdunterbringung), Familien- und Systemorientierung, Schaffung regionaler Netzwerke, Randgruppen-Integration. Die Heimreform 2000 löst die einheitliche, auf die Gesamtkommune bezogene Versorgungsstruktur in doppelter Hinsicht auf: Unter den Prämissen der in der fachlichen Debatte favorisierten milieuorientierten Ansätze zielt sie – erstens – auf eine radikale Regionalisierung der Angebote und Leistungen (vgl. EICHMANN/SEISER/MAYRHOFER 1996). Sie will einerseits die regionale Häufigkeit von Problemlagen berücksichtigen, versucht daher sich von den überkommenen Bezirkseinteilungen der Stadt zu lösen, die kaum mehr angemessen die sozialstrukturelle Bevölkerungsentwicklung repräsentieren. Andererseits möchte sie die lokalen und regionalen Ressourcen für die Hilfeprozesse nutzen – pragmatisch schweben die Stützung der Familien in ihren lebensweltlichen Bezügen sowie Modelle der Beratung und ambulanten Betreuung vor. Die Fremdunterbringung wird dabei in sechs Regionen organisiert (vgl. auch die Internetdarstellung: www.mgwien.gv.at/ma11), die zum Teil um die modifizierten und in ihrer Funktionen als sozialpädagogische Verwaltungsstützpunkte gestalteten Heimeinrichtungen – etwa für die Region I das Julius-Tandler-Heim – angesiedelt werden. Als Kernstück des Betreuungsangebots sollen alle Regionen über – mindestens – ein Krisenzentrum verfügen, das neben diagnostischen Aufgaben Plätze für Kriseninterventionen und Kurzzeitunterbringungen bereithalten soll; diese Krisenzentren werden mit Teams besetzt – wobei für deren Zusammensetzung neben einem leitenden Koordinator sechs Sozialpädagogen und eine Wirtschaftshelferin vorgesehen sind (vgl. MA 11 - Amt für Jugend und Familie 1996). Zweitens verfolgt die Heimreform zunächst und vorrangig eine Verkleinerung der Institutionen; konzeptionell ist eine Auflösung der Großeinrichtungen (etwa des Julius-Tandler-Heims, des Heims Hohe Warte und der „Stadt des Kindes") vorgesehen. Präferiert werden stattdessen für die dauerhafte Unterbringung der Kinder und Jugendlichen Wohngemeinschaften, wobei unter diesen eher dezentralisierte, altersheterogene und koedukative Wohngruppen zu verstehen sind; aus den vorliegenden Unterlagen wird zumindest nicht ersichtlich, ob die Gruppen beispielsweise

als Jugendlichengruppen mit hohem Grad an Selbstverwaltung geführt werden, wie dies in Deutschland programmatisch gefordert, faktisch jedoch – mit Ausnahme einiger Einrichtungen in Berlin – kaum realisiert wurde. Zugleich wird eine Ausdifferenzierung des Angebots in *regionale Krisenzentren* – mit Aufenthaltsmöglichkeiten für Kinder im Alter von zwei bis 15 Jahren für höchstens sechs Wochen –, insgesamt 17 *Sozialpädagogische Beratungsstellen* als ambulante Serviceeinrichtungen vorgesehen. In diesen steht ein Team von SozialpädagogInnen mit unterschiedlichen therapeutischen Zusatzausbildungen für Kinder, Jugendliche und Eltern sowohl für kurzfristige wie langfristige begleitende Betreuung zur Verfügung; einige Einrichtungen bieten Sonderleistungen bis hin zur Arbeit mit sexuell Missbrauchten an. Als besonderes, übergreifendes Ziel gilt die Vermeidung von stationärer Unterbringung. Endlich wird programmatisch eine Differenzierung des Leistungsangebots der einzelnen Einrichtungen angestrebt, die jedoch für Außenstehende bislang nur an den Konzepten der in freier Trägerschaft geführten Einrichtungen zu erkennen ist, nicht jedoch an solchen der kommunalen Angebote (vgl. INFO 1998) .

4. Forschungsansätze

Auf den ersten Blick muss die wissenschaftliche Forschungslage zur Situation der Jugendwohlfahrt in Wien - wie auch zu den anderen Bundesländern – als unbefriedigend und defizitär erscheinen. Sieht man von der jüngsten Überblicksstudie von SCHEIPL (1999) ab, so finden sich weder befriedigende statistische Erhebungen und deren Auswertung, noch Studien, die – gleich ob empirisch oder theoretisch angelegt – die Heimsituation beschreiben und analysieren. Überraschenderweise fehlen sogar rein deskriptive und synoptische Darstellungen, welche das Leistungsangebot in seiner Struktur und mit seinen spezifischen Qualitäten sichtbar machen. Jenseits der genannten Internet-Seiten haben Außenstehende erhebliche Schwierigkeiten, sich mit dem System vertraut zu machen, zugleich gibt es jedoch auch keine skandalisierende Literatur, sodass man weder im Positiven noch im Negativen einen Zugang findet. Tatsächlich werden jedoch eine Reihe von naheliegenden und in der internationalen Diskussionen virulenten Fragen offensichtlich nicht aufgeworfen – so beispielsweise die nach der Realität der Plazierungsprozesse, Verlegungen zwischen Einrichtungen, insbesondere auch im Austausch mit jugendpsychiatrischen Kliniken, der Unterbringungsdauer, einer möglichen alterspezifischen Segmentierung der jungen Menschen in stationären Betreuungssettings, ihren Problembelastungen, endlich aber auch die Frage nach einer Relevanz ethnischer Hintergründe. Überraschen müssen diese Forschungsdefizite angesichts der hohen Aufmerksamkeit und Sensibilität für soziale Prozesse in der österreichischen Wissenschaftslandschaft. Jugendhilfe scheint hier noch ausgenommen, obwohl die gesetzliche Lage Forschung energisch einklagt.

Ein besonderes Defizit besteht in dieser Situation darin, dass selbst die Grundoptionen und Strukturen des Systems unklar bleiben. Ein Beispiel für eine solche ungeklärte Grundoption kann in der gemeinsamen Regelung und Pragmatik einer Versorgung von behinderten und nichtbehinderten Kindern gesehen werden. Es bleibt unklar, wie weit unterschiedliche Bedürfnislagen, Entwicklungspotentiale und Unterstützungsmöglichkeiten hier realisiert werden. Dies scheint in zweierlei Hinsicht problematisch: Einerseits gehen damit die Chancen einer einheitlichen pädagogischen Wahrnehmung und Betreuung von belasteten Kindern und Jugendlichen verloren; möglicherweise werden sogar die Vorteile von Kooperationen unterschiedlicher Disziplinen nicht wahrgenommen. Im Gegenteil lässt sich ein erheblicher Einfluss medizinischer Diagnosen im Bereich der sozialpädagogischen Notlagen und Belastungssituationen nicht ausschließen; zumindest drängt sich der Verdacht auf, dass problemangemessene Diagnosen und Hilfeangebote für sozial konstituierte und pädagogische Problemlagen rasch zugunsten von eher kausalen Therapiemodellen verdrängt werden. Zum anderen legen zumindest – nicht nachgeprüfte und nachprüfbare Erfahrungsberichte – die Befürchtung nahe, dass „schwierige" junge Menschen in klinische Versorgungssettings abgeschoben und dort als reine Betreuungsfälle behandelt werden, ohne pädagogische Förderung zu erhalten. Eine strukturelle Dilemmatik liegt zudem darin, dass jenseits der von der Magistratsabteilung 11 benannten sozialpädagogischen Einrichtungen insbesondere für diese schwierigen Fälle Institutionen des Gesundheitsbereichs zuständig sind, die ihrerseits kirchlich getragen werden. Darin muss kein grundsätzliches Problem liegen, wenn die sozialpädagogischen Standards gesichert sind, die eine der individuellen Situation und Entwicklung gerechte Förderung und Unterstützung von Kindern verlangen. Vor allem muss gewährleistet sein, dass nicht eintritt, was die englische Studie „lost in care" zum Skandal gemacht hat, dass nämlich Kinder in den Einrichtungen der Hilfeinstanzen gleichsam verschwinden und vergessen werden.

Freilich lässt sich diese defizitäre Forschungssituation angesichts der aktuellen Reformen rechtfertigen. Noch befindet sich das System in einer Übergangssituation, so dass Befunde vorschnell erscheinen müssten. Ohnedies führt ein zweiter Blick zumindest zu einer vorsichtigen

Relativierung des Urteils. Wenn auch mit einigen Vorbehalten kann man doch sagen, dass zwar eine externe wissenschaftliche Beobachtung und Begleitung der Jugendwohlfahrt in Wien fehlt, dafür jedoch eine Reihe interner Beobachtungsinstrumentarien vorhanden sind; eine solche gleichsam systeminterne wissenschaftliche Beobachtung muss im internationalen Vergleich als keineswegs ungewöhnlich und nachteilig für die Objektivität der Befunde gelten. So ist beispielsweise die erziehungswissenschaftliche Beobachtung des französischen Schulsystems weitgehend auf der Ebene der Schulverwaltung angesiedelt, ohne die Validität von Urteilen in auffälliger Weise zu belasten. In Wien findet eine solche interne Beobachtung im Rahmen der Grundlagenforschung in der Magistratsabteilung 11 (MA 11 oder in öffentlicher Darstellung: MAG ELF) statt (vgl.: Grundlagenforschung Wien o. J.), die auch mit Informationsschriften zur Bildung und Fortbildung von SozialpädagogInnen und SozialarbeiterInnen beiträgt. Aus dem Arbeitskontext der MA 11 stammt zudem eine Reihe von Veröffentlichungen, die systematisch in einem Bereich zwischen „Grauer Literatur" und offizieller wissenschaftlicher Literatur einzuordnen sind, zum Teil auch konzeptionelle Entwicklungen im Gesamtsystem wie auch in seinen einzelnen Einrichtungen dokumentieren. Dies weist auf eine Kommunikationsstruktur hin, in der fachliche Prozesse intern ausgetauscht und kommentiert werden. Dabei ist freilich nicht sicher, ob und inwiefern jene *professionelle Verstörungen* beobachtet und kontrolliert werden, die sich in solchen Binnendebatten häufig festsetzen und zu einer Verzerrung des Blicks führen. Vor allem aber werden – zumindest für Außenstehende – manche Themen und Erfahrungszusammenhänge nicht sichtbar. Neben allen Nachteilen für eine fachliche Entwicklung besteht hierin ein Problem der Rechtsstaatlichkeit. Jugendwohlfahrt als öffentlich geordnete und getragene Leistung und Intervention ist zur Dokumentation ihrer Tätigkeiten in einer Weise verpflichtet, die ihre demokratische Kontrolle ermöglicht. Dies mag in Widerspruch geraten mit der für pädagogische Prozesse in Heimen geforderten Intimität und Authentizität. Doch besteht darin ein deutlicher Unterschied gegenüber dem familiären Leben, das explizit vor dem Zugriff öffentlicher Kontrollinstanzen zu schützen und in der Pluralität der in ihm praktizierten Lebensweisen nicht berührt werden darf. Jugendwohlfahrt ist dagegen ein politisch verantwortetes Handeln mit einem fachlichen Anspruch. Nicht zuletzt um seiner Klienten willen unterliegt es daher einer Kontrolle. Hier spricht das Gesetz klare Regelungen aus, die bisher nur bedingt eingehalten sind. Neben der öffentlichen Präsentation der relevanten Daten ist wissenschaftliche Forschung verlangt – unzweifelhaft besteht hier Nachholbedarf.

Dabei müssen Daten möglicherweise gar nicht beunruhigen; eine Befriedigung des Nachholbedarfs an Forschung kann sogar zu unerwarteten Effekten führen. Öffentliche Verwaltung, die Systeme der Jugendhilfe, ihre Träger und letztendlich auch die beteiligten Fachkräfte empfinden Forschung zwar häufig als Kontrolle. Neben dem – aus verschiedenen Gründen übrigens zurecht erhobenen – Vorbehalt, der Blick externer Wissenschaftler könne den erlebten und erfahrenen Sachverhalten alltäglicher fachlicher Praxis gar nicht gerecht werden, fürchten sie eine Kritik eben ihrer Praxis. Tatsächlich liegt jedoch ein entscheidendes Defizit von Jugendhilfesystemen darin, dass sie häufig genug schon über ihre Strukturdaten keine Auskunft geben können. Dies ist fatal, weil damit sowohl nach außen wie auch nach innen kein Wissen über die Leistungen der Jugendhilfe und Jugendwohlfahrt zur Verfügung steht, mithin Mythen entstehen können sowohl über Belastungen wie aber auch Defizite. Ohnedies können angesichts mancher Besorgnisse dann wiederum die Ergebnisse einer kleinen Explorationsstudie überraschen, die in den Jahren 1998/1999 (im Rahmen des eingangs erwähnten Seminars an der Wiener Universität) durchgeführt worden ist.
Eine Schwierigkeit bestand bei dieser und besteht zunächst schon darin, dass die Angaben über die bereitgestellten Plätze in Wien aufgrund des Reformprozesses nicht eindeutig sind.[2] Auszugehen ist jedoch von einem säkularen Rückgang der Unterbringungszahlen in allen Betreuungsformen. So waren 1971 in kommunalen Heimen 1804, in Vertragseinrichtungen 1779, in Wiener Pflegestellen 503 und in auswärtigen Pflegestellen 1438 Kinder und Jugendliche untergebracht. Die Zahlen für 1991 lauten dagegen: Städtische Heime 816, Vertragseinrichtungen 605, Wiener Pflegestellen 900, auswärtige Pflegestellen 618 Unterbringungen. Für 1997: Städtische Heime: 858, Vertragseinrichtungen 605, Wiener Pflegestellen 625 und auswärtige Pflegestellen 618 Unterbringungen (vgl. EICHMANN/SEISER/MAYERHOFER 1997, S.4). Die zum 31.12. 1997 verfügbaren Datenbestände weisen folgende Zahlendegression aus: Danach befanden sich 1985 4097 Kinder und Jugendliche in Heimen, 1994 2746 und 1996 nur noch 1400 in stationärer Unterbringung (davon ca. 1300 in Heimen). In kommunaler Trägerschaft standen 11 Heime mit Plätzen für ca. 700 Kindern zur Verfügung, wobei die Einrichtungsgrößen zwischen 20 und 180 Plätzen variierten. Darüber hinaus konnten 21 Wohngemeinschaften mit je acht Plätzen, 44 Plätze im betreuten Wohnen, sieben ambulante Plätze, zehn professionelle Pflegeeltern belegt werden. Außerdem waren 18 sozialpädagogische Beratungsstellen und Formen der Familienintensivbetreuung mit 18 MitarbeiterInnen eingerichtet. Zu diesem Zeitpunkt wirkten in der Wiener Fremdunterbringung

713 MitarbeiterInnen – eine Zahl die wohl weiterhin Bestand hat, damit jedoch zugleich eine zunehmende Verbesserung der Betreuungsrelationen anzeigt.
Der Rückgang bei der Unterbringung auf stationären Plätzen wird dabei auf die Errichtung von ambulanten Angeboten zurückgeführt – wobei diese Annahme in der Forschung allerdings inzwischen umstritten ist (vgl. BÜRGER 1998). Gleichwohl: In einem Vergleich lassen sich dabei Parallelen der Unterbringungstrends (nicht nur) zu Deutschland erkennen – einschließlich übrigens einer Zunahme der Plazierungszahlen in den neunziger Jahren und eines – nach einem steilen Anstieg – Rückgangs der Zahlen bei Pflegeverhältnissen. Dies legt den – übrigens in Wien durch die Einführung von professionellen Pflegestellen vollzogenen – Schluss nahe, dass „normale" Familien für die Betreuung belasteter Kinder und Jugendlicher nicht mehr hinreichen (vgl. WINKLER 2000b) Allerdings geben die verfügbaren Zahlen keine Auskunft über die Dauer von Fremdplazierungen, noch darüber, ob und inwiefern Kinder wiederholt im Laufe eines Jahres untergebracht wurden.
Seit der durch die Reform Heim 2000 ansatzweise realisierten Regionalisierung ergibt sich folgendes Bild der Platzzahlen für die kommunal getragenen Heime: Zum Stand 1998 werden in der Region I: 88 Plätze, in der Region II: 104 Plätze, in der Region III: 90 Plätze, in der Region IV: 82 Plätze, in der Region V (mit den Stadtbezirken 12, 13, 14): 188 Plätze sowie in der Region VI: 128 Plätze bereitgehalten. Insgesamt stehen knapp 600 Plätze in den Regionen zur Verfügung, zu welchen noch überregional genutzte kommen. Die Monatsstatistik 1998 weist Ende Februar leicht abweichende Zahlen aus, nämlich für die Region I: 72 Plätze, Region II: 82 Plätze, Region III: 58 Plätze, Region IV: 74 Plätze, Region V: 180 Plätze und Region VI: 144 Plätze, überregional konnten hiernach 343 Plätze genutzt werden, sodass ein Angebot für Wien von 953 Plätzen zur Verfügung stand, das zu 92 Prozent ausgelastet wurde. Daneben werden noch fünf Vertragsheime in kirchlicher Trägerschaft mit behinderten Kindern belegt, wobei hier vorrangig Kostenargumente für die Wahl der Träger geltend gemacht werden. Unklar ist auch, in welchem Ausmaß ein „Export" von Kindern und Jugendlichen in niederösterreichische Einrichtungen – sicher wohl in das Heim Hinterbrühl – stattfindet. Dies ist nicht zuletzt unter dem Gesichtspunkt eines möglichen Nebeneffekts der Verringerung von Platzzahlen in Wien zu beobachten und ggf. zu bewerten. Immerhin sind zumindest in der Bundesrepublik Deutschland Strukturveränderungen häufig zu Lasten von benachbarten Regionen durchgeführt worden, sodass die in der Regel programmatisch erklärte Milieuorientierung häufig auch die ge-

wünschte Verkleinerung durch die tatsächliche Plazierungspraxis konterkariert wurde. Ein möglicher Indikator für eine solche Verschiebungspraxis könnte darin gesehen werden, dass die Aufwendungen für die niederösterreichischen Einrichtungen offensichtlich parallel zur Implementation des Wiener Reform-Konzepts gestiegen sind. Für den Gesamtbereich der stationären Unterbringung im Rahmen der Jugendwohlfahrt sprechen interne Angaben von einem Kostenaufwand der Stadt Wien für die stationäre Unterbringung von etwa 7,8 Millionen ATS, wobei ein jährliche Steigerung von zehn Prozent vorgesehen ist. Rund achtzig Prozent der Aufwendungen gelten den Personalkosten, wobei auch hohe Beträge für den Erhalt der zum Teil alten Bausubstanz verwendet werden müssen. Rein rechnerisch geht man (mit Stand 1998) von einem Betrag von etwa 1.300.- ATS pro Kind/Tag aus.

Die erwähnte Explorationsstudie versuchte über diese Strukturdaten hinaus ein qualitatives Bild der Heimerziehung in Wien zu erarbeiten – um Missverständnissen vorzubeugen: sie arbeitete nicht mit qualitativen Verfahren im Sinne eines fallrekonstruktiven Zugangs oder der grounded theory. Um eine Explorationsstudie handelte es sich dabei, weil es neben der Ermittlung von Strukturdaten nur darum ging, mit Hilfe einer kleinen, informell angelegten Fragebogenerhebung mögliche forschungsrelevante Bereiche zu identifizieren. Die Untersuchung zielte mithin nicht primär auf die Erhebung von Daten zur Situation der Heimerziehung in Wien, sondern wollte in einem ersten Zugang einen Überblick über die Situation und die Befindlichkeit aller Beteiligten gewinnen, um eine phänomenologische Darstellung stützen zu können. Insofern war sie – um Vorbehalten vorzubeugen – eher affirmativ und nicht kritisch angelegt. Diese Einschränkungen gelten auch für die verwendeten Fragebögen, die den Status von Testfragebogen und nicht den von geprüften Erhebungsinstrumenten hatten.[3] Unter diesen Prämissen wurden drei Befragungen vorgenommen. Eine richtete sich an das Personal von Wiener Heimen, ergänzend wurden hier auch informelle Gespräche durchgeführt. Eine zweite wurde bei Leiterinnen von Einrichtungen vorgenommen. Beidemal wurde das Verfahren einer nicht-repräsentativen Zufallserhebung gewählt. Die benutzten Fragebögen enthielten standardisierte, geschlossene Teile mit Antwortvorgaben und offene Teile. Bei einer dritten Befragung wurden – nach methodischen Standards: völlig unsystematisch - Kinder und Jugendliche aus Einrichtungen gebeten, über ihre Lebenssituation in den Heimen anhand eines Leitfadens zu berichten.

An das Personal von Einrichtungen wurden rund 200 Fragebögen ausgegeben[4], für die sich mit einem Rücklauf von 48 eine hohe Antwortquote ergab. Überwiegend (n=34) antworteten SozialpädagogInnen. Das Alter der Antwortenden streute zwischen 20 und 60 Jahren, mit einem leichten Übergewicht bei den 20-30jährigen. Immerhin fünf der SozialpädagogInnen gehörten der Gruppe der über 50jährigen an, was zumindest als ungewöhnlich für den Bereich der Heimerziehung gelten kann. Ihre Ausbildungsgänge waren extrem heterogen, wobei die Ausbildung zu HeimerzieherInnen von 25 intern im Institut für Sozialpädagogik, von 19 extern wahrgenommen wurde. Zusätzliche Ausbildung fand zum Erlebnispädagogen, im Bereich der Familientherapie und in verschiedenen, nicht weiter qualifizierten Seminaren statt. Die Berufseinmündungsphase gestaltete sich überwiegend unproblematisch.

In der Mehrheit gaben die Befragten ihrer Ausbildung mittlere bis gute Noten. Die Antworten fallen allerdings keineswegs frei von Paradoxien aus. So wird die Ausbildung von manchen gelobt, die gleichzeitig „zu wenig pädagogisches Grundwissen" und „Mangel an Abwechslung" beklagen. Kritisiert wurden eine unzureichende Vorbereitung auf die psychische Belastung, Defizite in der Ausbildung für die Elternarbeit. Moniert wurden Wissensdefizite. Generell klingt die Klage über mangelnde Fachlichkeit an, obwohl die Ausbildung auch als „umfassende theoretische Grundlage zur bereits vorhandenen Praxis" gewürdigt wird. Ein Problem der Ausbildung scheint darin zu liegen, dass sie zwar als zielführend für die praktische Vorbereitung erlebt, dann jedoch so konkret realisiert wird, dass sie den veränderten Praxisanforderungen nicht mehr gerecht werden kann. Man könnte hier von einem praktischen Konkretionismus sprechen, der zwar den Bedürfnissen der Auszubildenden nach gleichsam handwerklichen Kenntnissen gerecht wird, dann aber rasch zu veralten droht. Diese Praxisorientierung wird jedoch zugleich auch lobend hervorgehoben, obwohl sich eine fast resignative Tendenz nicht übersehen lässt, mit der auf die Bedeutung der eigenen Person verwiesen wird: „Die Ausbildung war so gut, wie es ging. Letztendlich ist die Person gefragt, die man mitbringt und die Ausbildung tritt in den Hintergrund".

Die Befragung der SozialpädagogInnen ergibt eine hohe Berufszufriedenheit; dies bestätigt sich noch in der Befragung der Leiterinnen, nicht zuletzt, wo Gründe nach dem Ausscheiden aus dem Beruf abgefragt werden. Hier werden überwiegend „private Gründe", in der Regel die Gründung einer eigenen Familie genannt. Allerdings spielen auch Belastungssituationen und psychische Probleme eine Rolle. Nimmt man den Faktor Alter hinzu, so liegt allerdings der Schluss nahe, dass Heimerziehung in Wien keinen „Durchgangsberuf" darstellt; dabei spielen offensichtlich auch hochgradig flexible Dienstregelungen („Radldienst") eine wichtige Rolle, die sowohl eine Vereinbarkeit der Berufstätigkeit mit familiärer Verantwortung wie auch mit Freizeitbedürfnissen erlaubt. Kritisch anzumerken wäre hier freilich, wie weit eine solche arbeitnehmerfreundliche Regelung den Bedürfnissen gerade hochbelasteter Kinder nach Kontinuität, Sicherheit und Verlässlichkeit exklusiver und zuverlässiger Erwachsener gerecht wird.

Prüft man die Feststellungen zum Alltag der Einrichtungen, so zeigt sich – aus der Sicht aller Beteiligten – eine Standardisierung in den Zeitabläufen und Regelhaftigkeit im Zusammenleben. Sie wird allerdings nicht als belastend empfunden, zumal den Kindern und Jugendlichen auch erhebliche Freiräume gewährt werden. Zwar setzen die Erzieherinnen deutliche Grenzen, die jedoch von den Kindern nicht als Druck erlebt werden: „Sie vertrauen uns, dass wir uns nicht blöd aufführen" (Elfriede 13 J.). Fragt man nach Standardsituationen der Heimerziehung (vgl. PLANUNGSGRUPPE PETRA 1988), so heben die Kinder zunächst die Qualität des Essens hervor, schildern allerdings eine eher unstrukturierte Mittagssituation – dies lässt sich auch auf die unterschiedlichen Bedingungen der externen Beschulung zurückführen. Hervorgehoben wird von allen Kindern, dass die Erzieherinnen mit ihnen gemeinsam das Essen einnehmen, wohl mit mehr Fröhlichkeit beim Frühstück. Eine Hausaufgabenbetreuung findet in der Regel nicht statt, doch Kinder können sich aber mit Problemen bei diesen an ihre Erzieher wenden. Diese kontrollieren offensichtlich nicht von sich aus. Ob darin ein Zeichen von Liberalität liegt, muss dahingestellt bleiben; gemessen am Verhalten von Eltern könnte man vielmehr auch eine pädagogische Nachlässigkeit darin sehen. Bedingt durch die Dienstpläne scheint vor allem die Situation des Schlafengehens für einige Kinder unklar; einige deuten an, dass sie sich eher alleingelassen fühlen. Gut gesichert scheint nach den Befunden die Ausbildung der Kinder und Jugendlichen. Dabei überwiegt offensichtlich die externe Beschulung, wobei die vorliegenden Statistiken hier durchaus Anlass zum Rätselraten geben. Immerhin weist eine Statistik beispielsweise 79% der jungen Menschen als Schüler aus, ohne jedoch zu verraten, in welcher Bildungs- oder Beschäftigungssituation sich der verbleibende Rest befindet.

Als kritisch zeichnet sich im Urteil der Beteiligten ab, dass die Einrichtungen offensichtlich nur unzureichend für die spezifischen Problemlagen der Kinder und Jugendlichen ausgestaltet sind. Darin könnte sich eine mehrfach ambivalente Tendenz niederschlagen, bei der neben einem – sofern es dieses angesichts der Vielschichtigkeit und Komplexität von Problemlagen überhaupt gibt – individuell angemessenen pädagogischen Arrangement oder Setting entweder ein technisch-medizinisches Modell der Problembearbeitung erhofft oder gar eine Form der Problemausgrenzung verfolgt wird: „Es ist“, äußert eine Erzieherin, „wünschenswert, wenn für besonders auffällige Kinder auch entsprechende Einrichtungen geschaffen werden, z.B. mit einer permanenten Therapeutenbesetzung“. Deutlich wird jedoch als generelle Tendenz, dass die SozialpädagogInnen erheblich individualisierte Betreuungsformen anstreben, dabei vor allem auch fachliche Teams erhoffen, um konkrete Hilfestrategien flexibel entwickeln und entwerfen zu können. So deutet sich – auch in Gesprächen – an, dass ein entschieden höheres Maß an professioneller Selbstständigkeit erhofft oder erwartet wird. Oder umgekehrt formuliert: Die SozialpädagogInnen sprechen wenigstens implizit eine deutliche Kritik an bürokratischen Mustern und Regelungen aus, die ihnen keine Handlungsmöglichkeiten erlauben, welche den einzelnen Kindern und Jugendlichen gerecht werden.

Will man die Beobachtungen zusammenfassen, so ergibt sich ein überraschend harmonisches Bild, das – wiederum aus vergleichender Perspektive – zunächst eine hohe Berufszufriedenheit der ErzieherInnen signalisiert. Dies bestätigt einen Befund aus einer 1997 vorgelegten Absolventenstudie des Badener Instituts für Sozialpädagogik, nach der rund drei Viertel der Absolventen mit ihrer Arbeitssituation zufrieden sind (vgl. RÜCKERT/DANGL/BENETKA 1997). Die befragten SozialpädagogInnen sprachen in überwiegender Mehrheit von Zufriedenheit mit ihren Arbeitsbedingungen, obwohl (oder weil) sie selbst keine Aufstiegsmöglichkeiten sehen konnten, zudem auch Belastungen durch Überstunden monierten. Knapp über die Hälfte hielten übrigens auch die Personalausstattung ihrer Einrichtung für zureichend. Damit stellt sich - wenn auch mit höherer Signifikanz – ein Eindruck ein, den auch – wider die oftmals artikulierten Klagen über Belastungen und hohe Fluktuation in den öffentlichen Erklärungen – Studien zur Personalsituation sowohl in Deutschland (vgl. STAHLMANN 1993) als auch in der Schweiz (vgl. SCHOCH 1989) schon erbracht haben (ähnliche Befunde ergeben sich übrigens auch bei Befragungen von Lehrern zu ihrer Berufszufriedenheit). Ganz offensichtlich stützen sich die Fachkräfte auf eine hohe intrinsische, berufsethische Motivation; möglicherweise wird diese noch dadurch verstärkt, dass die Beteiligten in dem Veränderungsprozess „Heim 2000" involviert sind, der zwar Belastungen mit sich bringt, jedoch als wichtige Entwicklung empfunden wird. In der Tat weist einiges darauf hin, dass das Modell der Regionalisierung zumindest die Hoffnung auf eine Stärkung von Zuständigkeit und Verantwortlichkeit nährt. Diese Vermutung stützt sich auf ein zwiespältiges Bild im Blick auf die Ausbildung der Fachkräfte: Während die Daten der schriftlichen Erhe-

bung überwiegende Zufriedenheit mit dieser signalisieren, weisen – freilich informelle und einzelne – Gespräche auf einen Bedarf an besserer Ausbildung hin. Allerdings muss diese Bedarfsanmeldung doppelt relativiert werden: Möglicherweise zeigt sie einerseits weniger Kritik an der Ausbildung, wohl aber doch ein deutliches Interesse an zusätzlichen, insbesondere pädagogischen und psychologischen Inhalten. Dies lässt sich durchaus erneut als Ausdruck hoher beruflicher Motivation werten, die für eine Verfachlichung genutzt werden müßte. Zum anderen – und dies wäre allerdings als ein hochgradiges Problem zu bezeichnen – weisen die Daten auf eine extreme Heterogenität der Ausbildung hin. Trifft dieser Befund generell zu, so lässt dies allerdings befürchten, dass sich die Fachkräfte kaum über ein einheitliches, ausbildungs- und damit auch wissensgestütztes Fachprofil definieren. Das würde bedeuten, dass ein seit Ende der fünfziger Jahre – etwa auf der Tagung „Jugend in Not" – beklagter Missstand trotz der Einrichtung des Instituts für Heimerziehung in Baden bei Wien und der Bemühungen des Wiener Instituts für Heimerziehung nicht grundsätzlich behoben ist.
Abgesehen davon jedoch, dass dieser Befund mit den gesetzlich vorgegebenen Fachlichkeitsansprüchen kollidiert, wiegt die von ihm nahegelegte Vermutung um so schwerer, als die Daten auch eine nur sehr geringe Akademisierungsquote ausweisen. Dies ist problematisch vor allem im Blick auf die fachlichen Anforderungen, welche durch flexible und integrierte Dienste gestellt werden. Akademische Abschlüsse finden sich offensichtlich vorrangig in den Leitungspositionen der Einrichtungen. Zwar entspricht dies den normalen Hierarchien insbesondere in den Bereichen des öffentlichen Dienstes, kollidiert aber mit den Anforderungen an Selbstständigkeit und fachlicher Kompetenzen, wie sie das moderne Arbeitsprofil des Reformkonzepts unterstellt. Aufschlussreich scheint hier die Feststellung eines Heimleiters, der als besonderen Bedarf festhält: „Fähigkeit zur Analyse von Problemen; ‚Lesen' und Verstehen der Biographien der Kinder". Darin klingt die Notwendigkeit eines kategorialen Instrumentariums an, das mit sozialwissenschaftlicher und pädagogischer Theorie geladen mit hoher hermeneutischer Kreativität genutzt wird, um zu individuellen, weder standardisierten noch stigmatisierenden Beschreibungen von Lebensgeschichten und Lebenssituationen zu gelangen. Kurz: vor dem Hintergrund des Reformkonzepts bricht hier eine Spannung zwischen praktisch-handwerklicher Ausbildung und der theoretisch gestützten, diagnostischen wie pragmatischen Kreativität auf, welche Professionelle auszeichnet.
Ein weiteres, perspektivisch vielleicht sogar schwerwiegendes Problem zeichnet sich in den Klagen über unzureichende Information und Kom-

munikation insbesondere zwischen den unterschiedlichen Ebenen der Jugendwohlfahrt ab. Man kann darin zunächst die negative Seite einer Heimreform vermuten, die von manchen Beteiligten zwar begrüßt, zugleich doch als von „oben herab“ durchgesetzt empfunden wird. Die Reform „Heim 2000" erscheint so als ein „Top-down“ Vorgang, der sich wenig auf die offensichtlichen Kompetenzen stützt, welche einen „Bottom-up“ Vorgang fördern könnten. Noch kritischer muss man bewerten, dass die SozialpädagogInnen die Fragebogenaktion offensichtlich nutzten, um eine Vielzahl von eher kleinen, oftmals pragmatisch zu bearbeitenden Kritikpunkten und Vorschlägen vorzutragen. So kontrastiert der generellen Zufriedenheit eine umfangreiche Liste von Verbesserungsvorschlägen sowohl im Blick auf die Situation der Kinder wie auch im Blick auf die Einrichtungen. Neben dem Wunsch nach höherer Autonomie, größerer Geschwindigkeit bei administrativen Vorgängen – allerdings auch bei der Genehmigung ärztlicher Untersuchungen! –, werden immer wieder die fehlende Kommunikation mit der Magistratsabteilung und Defizite der Information durch diese bemängelt. Abgesehen von einiger Intransparenz fehlt offensichtlich eine Art Clearing-Stelle, die im Jugendhilfesystem Mitarbeiterinnen und Mitarbeitern zur Seite stehen könnte.
Endlich: den Beobachter bedrücken muss der Eindruck, dass die Kinder und Jugendlichen in der Denkwelt zumindest einiger SozialpädagogInnen nur bedingt vorkommen. Andeutungen für diesen Befund konnte man schon der Verbleibestudie des Badener Instituts entnehmen, wenn dort nur ein ganz geringer Prozentsatz der Befragten mögliche Burn-Out-Effekte auf die Arbeit mit einer schwierigen Klientel zurückführen (wobei dies optimistisch auch als ein Beleg für gute fachliche Vorbereitung gelesen werden könnte). Ohnedies deutet sich hier ein Strukturproblem aller professionellen Fremdplazierung an. Ähnliche Beobachtungen wurden nämlich auch bei den englischen Untersuchungen gemacht, die in die Studie „lost in care“ und dann in das Projekt „looking after Children“ mündeten. Heimerziehung scheint auf irritierende Weise dazu zu führen, dass die Kinder und Jugendlichen in ihrer Lebenssituation nicht thematisiert werden. Die aus der Befragung von Heimleitern gewonnenen Daten geben in diesem Zusammenhang allen Anlass zur Besorgnis. So zeigte sich bei der Frage nach der Verweildauer von jungen Menschen in den Einrichtungen, dass nur die wenigsten innerhalb eines Zeitraums von einem Jahr das Heim wieder verlassen können. Für eine Einrichtung mit rund 150 Plätzen befanden sich beispielsweise über vierzig Kinder zwischen zwei und drei Jahren im Heim, 36 lebten schon fünf Jahre in der Einrichtung, 22 waren zwischen sechs und zehn Jahren

untergebracht, zwei sogar noch länger. Auffallen musste, dass in der Gruppe der langfristig Untergebrachten die Burschen, in der Gruppe der bis zu drei Jahren Fremdplatzierten hingegen die Mädchen dominierten. Freilich müssen auch diese Zahlen vor dem Hintergrund der Frage nach den Unterbringungsgründen interpretiert werden (s.u.).
Unterhalb dieser – hier auch nur unsystematisch erhobenen Strukturdaten – fehlen auch Informationen über die Einweisungsgründe; möglicherweise waren diese zuletzt nicht generell verfügbar, da zumindest von den Kriseninterventionszentren entsprechende Daten geliefert werden. Freilich taugt deren Qualität nur bedingt, um sich der biographischen Verfasstheit der Kinder im Hilfe- und Platzierungsprozess anzunähern. Die Erhebungskriterien sind allzu pauschal angelegt – so wurde knapp ein Drittel der Kinder aufgrund von „Erziehungsproblemen“ aufgenommen, rund 13 Prozent wegen „Gefährdung“, immerhin ein Fünftel jedoch auf eigenen „Wunsch des Minderjährigen“ (wobei leider altersspezifizierte Daten fehlen). Gleichwohl deutet diese Zahl auf erheblichen Bedarf und eine große Akzeptanz der Kriseninterventionszentren bei jungen Menschen selbst hin.
Sieht man nun von der Erhebung der Aufnahmegründe ab, fehlt der Blick auf die Kinder weitgehend. Versteckt klingt dies in der Feststellung einer Erzieherin an: „Das reformpädagogische Gedankengut (MONTESSORI, KORCZAK, WILD, FREINET, HENGSTENBERG, ...) spricht die Kompetenz der Kinder an und nicht deren Inkompetenz; gerade Heimkinder müssen sehr früh selbständig leben können und werden zu wenig drauf vorbereitet“. Im Kern beklagt sie damit, dass der Blick mehr den Defiziten der Kinder einerseits, den Institutionen andererseits gilt. Die konkrete, lebendige Individualität, in der Kinder und Jugendliche ihren Lebensweg gehen, ihre oft dramatischen Erfahrungen verarbeiten und für sich selbst eine Zukunft gestalten wollen, kommen kaum in den Blick. Offensichtlich fehlt hierfür eine zureichende Begrifflichkeit, die auch ermöglichen könnte, hilfreiche und förderliche Situationen und Prozesse für die Kinder zu organisieren.
Auch diese – wie ich sie hier nennen will – *kategoriale Vernachlässigung* der Kinder ist jedoch zunächst durchaus mehrdeutig. Möglicherweise weist sie auf eine Selbstverständlichkeit der alltäglichen Heimsituation hin, die von allen Beteiligten als unproblematisch und unbelastet verstanden und praktisch gelebt wird. Die Befunde aus der Kinderbefragung könnten diese These einer solchen, gleichsam lebenspraktischen Entstigmatisierung bestätigen. Andererseits weisen alle qualitativen Untersuchungen darauf hin, dass Heimunterbringungen von jungen Menschen als belastende Lebensereignisse wahrgenommen werden und sich

bei aller eingestanden Verbesserung der eigenen Lebenschancen nur bedingt in den Entwurf einer normalen Biographie einfügen lässt (vgl. LAMBERS 1996, WIELAND u.a. 1992). Dies legt eine Interpretation nahe, nach der HeimerzieherInnen entweder die kategorialen Möglichkeiten zur Beschreibung der Situation von Kindern in stationärer Unterbringung oder gar eine hinreichende Sensibilität für diese fehlen – eine solche Vermutung ist schon früher als Annahme von einem fachlichen Desinteresse der Lohnerzieher kritisch diskutiert worden. Wie auch immer dies sein mag: Die – überspitzt formuliert – notorische Nichtaufmerksamkeit entzieht den Kindern möglicherweise das fundamentale Kapital, das für ihre Entwicklung erforderlich ist. Urie BRONFENBRENNER hat es einmal mit den Worten beschrieben, dass jedes Kind eine erwachsene Person benötige, die *einfach verrückt* nach diesem ist: Erforderlich ist insofern eine liebevolle Wachsamkeit und Besorgnis, die der von Eltern ähnelt – was auch immer diese erzählen, sie kommen doch auf ihre Kinder zu sprechen. Es scheint zumindest HeimerzieherInnen zu geben, bei welchen dies nicht der Fall ist. Darin liegt sicher ein strukturelles Dilemma professioneller und stationärer Betreuungssettings, zugleich aber ein Mangel an pädagogischer „Awareness", wie sie eine reflexiv gebundene Fachlichkeit auszeichnen muss (vgl. DREITZEL 1992).

5. Überlegungen und Perspektiven

Sieht man davon ab, dass schon die statistische Datenlage wenig befriedigt, Daten aus Erhebungen mit operationalisierten Fragestellungen oder qualitativen Verfahren leider fehlen oder der Öffentlichkeit nicht zugänglich sind, erlauben die hier – zum Teil mutig formulierten – Befunde und Überlegungen, den Wiener Reformprozess aufs Ganze gesehen als ein gewichtiges und wichtiges Vorhaben zu beurteilen. Es wäre fatal, ihn durch eine Kritik zu gefährden, die sich selbst kaum rechtfertigen könnte. Dennoch sollten einige Vorbehalte angedeutet werden. Denn eine unübersehbare Problematik des Konzepts „Heim 2000" liegt zweifelsohne darin, dass dieses sich auf strukturelle Vorschläge und Entwicklungsperspektiven beschränkt. Es nimmt zwar die fachliche Diskussion und Programmatik auf, wie sie in der Jugendhilfediskussion der letzten zwei Jahrzehnte entwickelt worden ist – neben der schon angedeuteten Familienorientierung findet sich diese in Milieu- und Alltagsbezug. Sie bleibt jedoch in dreierlei Hinsicht theoretisch wie empirisch ungesichert:

- Zum einen wird die Strukturreform zwar mit Defiziten der vorhandenen Großeinrichtungen begründet – wobei ein Effekt der internen Kommunikationskultur darin liegt, dass diese Defizite kaum nachzuvollziehen sind. Theoretisch spricht einiges dafür, dass auch diese Reform weniger auf externen, nicht einmal auf fiskalpolitischen Druck, aber auch nicht auf interne fachliche Kritik zurückzuführen ist, sondern mit Mechanismen einer systeminternen Wandlungsdynamik zu tun hat (vgl. HANSBAUER 1999a, b). Entsprechend überrascht dann gar nicht, wenn weder explizite empirische Bedarfsanalysen vorgenommen worden sind, noch jedoch die Leistungsfähigkeit und Kompetenzprofile der Einrichtungen und Angebote bewertet worden sind. Immerhin kann inzwischen als gesicherter Befund gelten, dass große Einrichtungen keineswegs prinzipiell schlecht und kleine Einheiten keineswegs von vornherein gut sein müssen. Vor allem in jüngerer Zeit spalten sich hier die sozialpädagogischen Diskurse, weil angesichts einer wachsenden Bedeutung von Peer-Group-Erfahrungen wenigstens für bestimmte Belastungslagen größere Einrichtungen als hilfreich gesehen werden. Ebenso darf man sich nach jüngeren Befunden nicht erhoffen, dass ambulante Angebote die klassischen stationären Settings substituieren können. Offensichtlich brauchen Jugendhilfesysteme beides: Im Vorfeld niedrigschwellige Hilfen über Beratungsangebote und flankierende Stützungsmaßnahmen, im Hintergrund aber auch gute, sichere Orte, an welchen Kinder und Jugendliche gestützt und gefördert aufwachsen können.
- Mehr noch überrascht, in welch geringem Ausmaß die soziale und pädagogische Situation von Familien und Kindern thematisiert wird. Dies gilt in vielerlei Hinsicht. Generell bleiben – wie übrigens in der Mehrzahl solcher Reformkonzepte – die weitreichenden Probleme in der Veränderung von Lebenslagen und Sozialisationsbedingungen unausgesprochen. Was aber definiert den sozialen Bedarf an Jugendfürsorge? Was zeichnet den erzieherischen Bedarf aus? Sieht man von den klassischen Belastungsproblemen wie Armut, Arbeitslosigkeit, Wohnungsnot, früher Mutterschaft, schwierigsten familiären Verhältnissen und endlich vor allem Schulproblemen ab, so zeichnen sich heute offensichtlich auch spezifische pädagogische Problemlagen ab. Kinder geraten gleichsam aus Gleisen, die doch schon marode sind; sie werden schwierig, brauchen Entlastung, gesundheitliche Versorgung, psychischen Aufbau noch bis in die elementarsten Bereiche ihrer Bindefähigkeit als Voraussetzung dafür, selbstbewußt Bildungsprozesse eingehen zu können. Aber davon ist im Reform-

> konzept und in der Reformpraxis ebensowenig die Rede wie in den Urteilen der Beteiligten. Insgesamt muss endlich ein erhebliches Defizit dort konstatiert werden, wo es um die Frage nach den biographischen Erfahrungen von Kindern vor der Heimunterbringung und im Zusammenhang mit dieser geht. Wie sind die Hilfeverläufe gestaltet? Ausgeblendet werden zudem – politisch verständlich, weil brisant – Fragen nach ethnischen Hintergründen und nach der Delinquenzbelastung von jungen Menschen.

Hinzu kommt, dass das Reformkonzept auf zwei Instanzen setzt, über die man zumindest streiten kann: Die eine findet sich in Gestalt der Herkunftsfamilie, in welche wohl mehr als die Hälfte der fremdbetreuten Kinder zurückkehren. Für eine solche Familienorientierung gibt es gute Gründe, auf die nicht zuletzt der Gesetzgeber auch abhebt. Gleichwohl darf man sich wenig Illusionen über den desolaten Zustand von familiären Lebensverhältnissen hingeben. Mehr noch aber wiegt, dass ein auf Regionen und Milieus ausgerichteter Ansatz möglicherweise allzu optimistisch ist im Blick auf den Zustand von Wohnvierteln und Alltagssituationen. Auch wenn man nur bedingt den sozialwissenschaftlichen Szenarien folgen will, die in der Konsequenz jüngster Modernisierungsprozesse eine dramatische Erosion von Lebenswelten sehen, bleibt doch festzuhalten, dass es häufig eben solche alltäglichen Lebenswelten sind, die von den Kindern als traumatisierend und extrem nachteilig erfahren werden. Die Milieuorientierung birgt hier einigen Zynismus, weil sie zuweilen die Betroffenen in eine Welt zurückverweisen will, die selbst beschädigt und zerstört ist, sodass sie kaum mehr erfolg- und chancenreiche Entwicklungen erlaubt. Um nicht missverstanden zu werden: damit soll nur ein grundsätzliches Argument vorgetragen werden, das doch an den Wiener Regionen erst geprüft werden müsste, für welche die Strukturen der Heimreform 2000 entwickelt wurden.

Im Ergebnis kann man, wenn auch etwas überspitzt und bewusst aus der Position des Außenbeobachters formuliert, den Eindruck gewinnen, dass die Wiener Heimklientel brav und unauffällig ist, mehr in der Tradition der klassischen Waisenhauserziehung steht, jedoch wenig mit den andernorts vertrauten Jugendhilfefällen zu tun hat. Dies könnte damit zu tun haben, dass junge Menschen in der öffentlichen Erziehung tatsächlich weniger belastet, weniger durch ihre familiär desolate Situation traumatisiert sind; auch könnte es sein, dass die österreichische, insbesondere die Wiener Gesellschaft, in einem geringerem Maße Kinder und Jugendliche aus Heimen stigmatisiert – vielleicht bietet der großstädtische Raum Wiens auch andere Möglichkeiten der Integration von jungen

Menschen, deren Biographien Brüche aufweisen, vielleicht ist hier ein höheres Maß an Toleranz gegenüber Lebensgeschichten gegeben, weil insgesamt eine größere Pluralität an Lebensformen zugelassen ist. Aber dies sind Spekulationen, die nur durch systematische, quantitativ wie qualitativ angelegte Verbleibestudien geklärt werden können. Sie müssen fragen nach der objektiven Lebensbewältigung – etwa jenseits von sanktionierenden Instanzen – wie nach der subjektiven Lebenszufriedenheit.[5] Das für den Außenstehenden entscheidende Problem der Wiener Heimreform liegt jedoch in ihrer pädagogischen Qualität. Sie tritt gegenwärtig *nur* als eine Strukturreform in Erscheinung, die sich – mit welchen Vorbehalten im Einzelnen – gut nachvollziehen lässt. Sowohl der Blick auf den Ausbildungsstand der ErzieherInnen wie auch der auf die Alltagssituation der Kinder legt jedoch die Frage nahe, ob in ihr ein hinreichendes pädagogisches Bewusstsein zum Tragen kommt. Was zeichnet eigentlich Erziehung grundsätzlich aus? Was sind die besonderen Ansprüche, die an sie in Einrichtungen professioneller Erziehungshilfe gestellt werden müssen? Wie sieht die formale, vor allem die inhaltliche Stellung der Kinder und Jugendlichen aus? Werden sie überhaupt als Subjekte wahrgenommen? Brisant könnte hier werden, dass das Wiener System aus seiner langen modernen Tradition heraus therapeutische Ansätze präferiert, die jedoch in den angestrebten offenen und alltagsnahen Settings kaum zu verwirklichen sind. Hier könnte das verfügbare Kompetenzprofil mit den neuen, angestrebten Strukturen kollidieren.

Endlich muss hier noch die Frage nach der Partizipation von Kindern in Einrichtungen der Jugendwohlfahrt, mithin die nach deren Demokratisierung aufgenommen werden. Schon in den siebziger Jahren benannte die Wiener Heimenquete sie als dringlich diskussionswürdig. Der jüngste – dritte – österreichische Jugendbericht hat diese Frage nach der Partizipation in seinen Mittelpunkt gestellt, sich dabei allerdings auf die Mitwirkung junger Menschen auf den unterschiedlichsten Ebenen des politischen Systems und der kulturellen Bereiche einschließlich der Jugendarbeit konzentriert. Wie die Mitwirkung in den Einrichtungen der Jugendfürsorge aussieht, blieb – vielleicht bezeichnenderweise – ausgeklammert. Es scheint aber eher zweifelhaft, dass sie Inseln der Seligen bilden. Im Gegenteil: Gerade weil hier ein Raum öffentlich verantworteter und professionell gestalteter Erziehung vorzufinden ist, müssen besondere Ansprüche an sie gestellt werden – übrigens auch als Schutz junger Menschen gegenüber dem Effekt des „lost in care“. Pragmatisch wären hier Zugänge schon durch die Instanz des Kinder- und Jugendanwaltes möglich, wie ihn das Jugendhilferecht fordert. Wie auch immer:

Der strukturellen Reform muss doch unbedingt eine inhaltliche zur Seite gestellt werden.

Anmerkungen:

1) Die hier vorgetragenen Überlegungen und Befunde wären nicht möglich gewesen ohne die intensive, konstruktive und außerordentlich ertragreiche Arbeit der Studierenden, die an einem Seminar „Jugendhilfe im Vergleich: Deutschland - Österreich“ teilgenommen haben, das ich im Sommer-Semester 1998 an der Universität Wien durchgeführt habe. Die Teilnehmerinnen dieses Seminars haben ausführliches Material zusammengetragen und in hervorragenden Arbeiten dokumentiert. Hier kann ich nur allen - ohne Nennung einzelner - danken, hoffe jedoch auf die Möglichkeit, die Leistungen andernorts hinreichend würdigen zu können. Mögliche Fehler der Darstellung verantworte ich allerdings allein und persönlich.

2) Da die statistischen Erhebungskriterien und die Herkunft der Zahlen nicht immer eindeutig ausgewiesen sind und insofern nachvollzogen werden können, verzichte ich hier auf eine tabellarische Auflistung. Bei aller Leserfreundlichkeit würde diese Einheitlichkeit suggerieren, wo diese u. U. nicht begründet ist.

3) Ausdrücklich darf vermerkt werden, dass die Fragebogen auch der Magistratsabteilung 11 vorgelegt wurden. Das Interesse der Untersuchung zielte letztlich auf die Entwicklung von Qualitätsstandards aus dem Wiener Jugendhilfesystem heraus, wobei die durch die vergleichende Perspektive wahrgenommene Außenperspektive aus den oben schon diskutierten Gründen nur eine „Hebammenfunktion“ erhalten sollte.

4) Hier ist noch einmal an die Seminarsituation zu erinnern, die eine klar kontrollierte Ausgabe nur bedingt ermöglichte; dies war allerdings auch nicht angestrebt.

5) Solche Studien sind zwar aufwendig, lassen sich jedoch als Evaluationsstudien kaum entbehren. Möglicherweise führen auch sie zu überraschenden Ergebnissen, die das Stereotyp „vom Heim in den Knast“ widerlegen können.

6. Literaturverzeichnis

ADAM, E. (Hrsg.): Die österreichische Reformpädagogik 1918-1938. Wien/Köln/Graz 1981.

ADAM, E.: August Aichhorn.
In: COLLA, H.E. u.a. (Hrsg.): Handbuch Heimerziehung und Pflegekinderwesen in Europa. Neuwied/Kriftel 1999, S.265-274.

AICHHORN, A.: Verwahrloste Jugend. Die Psychoanalyse in der Fürsorgeerziehung. 9. Auflage. Stuttgart/Wien 1977.

AMT FÜR JUGEND UND FAMILIE DER STADT WIEN (Hrsg.): Krise = Chance. Krisenzentren. Konzept. MAGISTRAT 11. Stand September 1996. Wien 1996.

AMT FÜR JUGEND UND FAMILIE DER STADT WIEN (Hrsg.): Information zur Bildung und Fortbildung für SozialpädagogInnen und SozialarbeiterInnen. MAGISTRAT 11. Heft 4. Wien 1998.

AMT FÜR JUGEND UND FAMILIE DER STADT WIEN (Hrsg.): Information zur Bildung und Fortbildung für SozialpädagogInnen und SozialarbeiterInnen. MAGISTRAT 11. Heft 3. Wien 1999.

AMT FÜR JUGEND UND FAMILIE DER STADT WIEN (Hrsg.): Grundlagenforschung. Veröffentlichungen und interne Arbeitsberichte. MAGISTRAT 11. Wien o. J.

BERNFELD, S.: Sämtliche Werke. Band 11. Sozialpädagogik. Schriften 1921-1933. Hrsg. v. U. HERRMANN. Weinheim/Basel 1996.

BÜRGER, U.: Ambulante Erziehungshilfen und Heimerziehung. Empirische Befunde und Erfahrungen von Betroffenen mit ambulanten Hilfen vor einer Heimunterbringung. Frankfurt am Main 1998.

COLLA, H.E. u.a. (Hrsg.): Handbuch Heimerziehung und Pflegekinderwesen in Europa. Neuwied/Kriftel 1999.

CZEIKE, F.: Schwerpunkte der Kommunalpolitik von 1870 bis 1930. In: HISTORISCHES MUSEUM DER STADT WIEN (Hrsg.): 1870-1930. Traum und Wirklichkeit. Salzburg/Wien 1984, S.231-239.

DREITZEL, H.P.: Reflexive Sinnlichkeit. Mensch - Umwelt – Gestalttherapie. Köln 1992.

EICHMANN, E. / SEISER, W. / MAYRHOFER, E.: Heim 2000. Konzept: Regionalisierung der Fremdunterbringung. MAGISTRAT DER STADT WIEN, Magistratsabteilung 11, Dezernat VI. Typoskript. Wien 1996.

EICHMANN, E. / SEISER, W. / MAYRHOFER, E.: Heim 2000. 1. Zwischenbericht Mai 1996 bis Mai 1997. MAGISTRAT DER STADT WIEN, Magistratsabteilung 11, Dezernat VI. Typoskript. Wien 1997.

ENGELBRECHT, H.: Geschichte des österreichischen Bildungswesens. 5 Bände. Wien 1982.

FREUD, A.: Die Schriften der Anna Freud. Band 1. Frankfurt am Main 1987.

GILLIS, J.R.: Geschichte der Jugend. Weinheim/Basel 1980.

GOLDSTEIN, J. / FREUD, A. / SOLNIT, A.: Jenseits des Kindeswohls. Ffm 1974.

GROSS, J.: Spiegelgrund. Leben in NS-Erziehungsanstalten. Wien 2000.

HAMAN, B.: Hitlers Wien. Kehrjahre eines Diktators. 2. Auflage. München/ Zürich 1999.

HANSBAUER, P.: Traditionsbrüche in der Heimerziehung. Analysen zur Durchsetzung der ambulanten Einzelbetreuung. Münster 1999 (a).

HANSBAUER, P.: Wie aus Innovationen Institutionen werden. Ein Beitrag zum theoretischen Verständnis des Wandels der Heimerziehung in den 80er Jahren. In: ZEITSCHRIFT FÜR ERZIEHUNGSWISSENSCHAFT. Heft 2, 1999, S.73-97 (b).

KAMP, J.-M.: Kinderrepubliken. Geschichte, Praxis und Theorie radikaler Selbstregierung in Kinder- und Jugendheimen. Opladen 1995.

KANITZ, O.F.: Kämpfer der Zukunft. Für eine sozialistische Erziehung. Hrsg. v. LUTZ von WERDER. Frankfurt 1970.

KORTZ, P.: Wien. Am Anfang des XX. Jahrhunderts. Ein Führer in technischer und künstlerischer Richtung. Zweiter Band. Wien 1906.

LAMBERS, H.: Heimerziehung als kritisches Lebensereignis. Münster 1996.

LeRIDDER, J.: Das Ende der Illusion. Zur Kritik der Moderne und die Krisen der Identität. Wien 1990.

LIEGLE, L.: Tagträume, Wirklichkeit und Erinnerungsspuren einer neuen Erziehung im jüdischen Gemeinwesen Palästinas (1918-1948). In: NEUE SAMMLUNG. 25,1985, S.60-77.

MÜLLER, C.W.: Wie Helfen zum Beruf wurde. Eine Methodengeschichte der Sozialarbeit. Weinheim/Basel 1982.

NIEDERBERGER J.M.: Kinder in Heimen und Pflegefamilien. Fremdplazierung in Geschichte und Gesellschaft. Bielefeld 1997.

NEURATH, P. / NEMETH, E. (Hrsg.): Otto Neurath oder Die Einheit von Wissenschaft und Gesellschaft. Wien/Köln/Weimar 1994.

PLANUNGSGRUPPE PETRA: Analyse von Leistungsfeldern der Heimerziehung. Ein empirischer Beitrag zur Indikation. 2. Auflage. Regensburg 1988.

REICHMAYR, J.: Sozialistische Erziehung und Psychoanalyse in der Ersten Republik. In: ADAM, E.: Die österreichische Reformpädagogik 1918-1938. Wien/Köln/Graz 1981, S.149-161.

RÜCKERT, K./ DANGL, M. / BENETKA, G.: Was ist aus den AbsolventInnen des Instituts für Sozialpädagogik geworden? Baden bei Wien 1997.

RUKSCHCIO, B. / SCHACHEL, R.: Adolf Loos. Leben und Werk. Salzburg/Wien 1982.

SCHEIPL, J.: Heimerziehung in Österreich. In: COLLA, H.E. u.a. (Hrsg.): Handbuch Heimerziehung und Pflegekinderwesen in Europa. Neuwied/Kriftel 1999, S.71-84.

SCHEIPL J. / SEEL, H.: Die Entwicklung des österreichischen Schulwesens von 1750 - 1938. Graz 1987.

SCHEIPL, J. / SEEL, H.: Die Entwicklung des österreichischen Schulwesens in der Zweiten Republik 1945-1987. Graz 1988.

SCHOCH, J.: Heimerziehung als Durchgangsberuf? Eine theoretische und empirische Studie zur Personalfluktuation in der Heimerziehung. Weinheim/München 1989.

SPIEL, W. u.a.: Aktuelle Probleme der Heimerziehung. Mit Ergebnissen der Wiener Heimkommission. Hrsg. v. Institut für Stadtforschung Wien. Wien /München o. J.

STAHLMANN, M.: Die berufliche Sozialisation in der Heimerziehung. Erziehende im Spannungsfeld von Grenzsituationen, Leitbildern und Berufsbiographie. Bern/Stuttgart/Wien 1993.

WIELAND, N. / MARQUARDT, U. / PANHORST, H. / SCHLOTMANN, H.O.: Ein Zuhause – kein Zuhause. Lebenserfahrungen und -entwürfe heimentlassener junger Erwachsener. Freiburg 1992.

WILFERT, O.: Das Erziehungsheim. Beiträge zur Theorie der Heimerziehung. 2. Auflage. Neuwied/Darmstadt 1976.

WINKLER, M.: Klassiker der Sozialen Arbeit – neu gelesen. Michael Winkler las Otto Neurath. In: GISA. Rundbrief Gilde soziale Arbeit. 49,1995, Heft 2, S,8-75.

WINKLER, M.: Die Matrix des Lebens – Bruno Bettelheim und die Konstitution des pädagogischen Ortes. In: KRUMENACKER, F. (Hrsg.): Liebe und Haß in der Pädagogik. Freiburg 1997, S.170-212.

WINKLER, M.: Ortshandeln – die Pädagogik der Heimerziehung. In: COLLA, H.E. u.a.: Handbuch der Heimerziehung und des Pflegekinderwesens in Europa. Neuwied/Kriftel 1999, S.307-323.

WINKLER, M.: Kindheit ohne Elternhaus – Hilfe zur Erziehung. In: LARASS, P. (Hrsg.): Kindsein kein Kinderspiel. Das Jahrhundert des Kindes (1900-1999). Halle 2000, S.245-260(a).

WINKLER, M.: Kinder im Heim. Stationäre und teilstationäre Hilfen (§§ 32, 33, 34 KJHG). In: SACHVERSTÄNDIGENKOMMISION (Hrsg.): Materialien zum 10. Jugendbericht. Band 5. München 2000, S.53-170 (b).

Michael Winkler

DIE REFORM DER LANDESJUGENDWOHLFAHRTSHEIME IN DER STEIERMARK: EINIGE GRUNDSÄTZLICHE ÜBERLEGUNGEN

1. Einleitung

Seit bald zwei Jahrzehnten, verstärkt jedoch in den letzten zehn Jahren unterliegen europaweit die Systeme der Jugendhilfe und Jugendwohlfahrt einem zum Teil dramatischen Veränderungsprozess. Symptomatisch für diesen ist, dass in einer Vielzahl europäischer Länder insbesondere um 1990 die gesetzlichen Grundlagen der Jugendhilfe neu formuliert und erlassen worden sind – dies gilt etwa für Großbritannien, die Bundesrepublik Deutschland und auch für Österreich. Auch wenn diese Neuformulierung rechtlicher Grundlagen im Einzelnen unterschiedlichste Bedingungen konkret ausgelöst haben, lassen sich zwei Problemdimensionen erkennen, die sich in diesem Veränderungsprozess der Jugendhilfe auswirken: Zum einen hat eine längere fachliche Diskussion dazu geführt, insbesondere Formen der stationären Unterbringungen von Kindern und Jugendlichen außerhalb ihrer Herkunftsfamilien kritisch zu prüfen und inzwischen eher vorsichtig als Hilfeangebot einzusetzen; Jugendhilfe, ehedem vor allem auf Heimerziehung konzentriert, stellt sich heute als vielfältige, freilich auch hochkomplexe Landschaft unterschiedlichster sozialpädagogischer Angebote dar, die problemangemessen und möglichst zeitlich beschränkt, mithin auch nach Kriterien der Effektivität erbracht werden sollen. Adressaten dieser Hilfeangebote sind Familien und junge Menschen, deren Belastungssituation und Notlagen nicht in Zweifel stehen, die jedoch gleichwohl als kompetente Bürger gesehen werden, die einen – mehr oder weniger deutlichen – Rechtsanspruch auf Hilfe und Unterstützung haben. Die alte Tradition eines staatlichen Eingriffs in familiäre Lebensverhältnisse, die als untauglich für eine erfolgreiche Erziehung gesehen werden, tritt langsam in den Hintergrund.

Zum anderen steht dieser Veränderungsprozess auch unter dem Druck wachsender Finanznot der öffentlichen Hand. Die Staaten, genauer: die jeweils zuständigen Gebietskörperschaften, sehen sich zunehmend weniger in der Lage, die zum Teil außerordentlich hohen Aufwendungen für Wohlfahrtsleistungen zu tätigen, deren pädagogische Effekte zumindest

nicht unumstritten sind; hinzu kommen auch Tendenzen zu einer politisch gewollten Liberalisierung als Rückzug des Staates, die ihren Ausdruck noch darin findet, dass klassische Bereiche sozialstaatlichen Handelns deutliche Legitimationsverluste erfahren. Man kann und muss dies zwar als eine Form prekärer Entsolidarisierung beurteilen, die am Ende als ein Indiz für einen schleichenden und hochproblematischen Verlust der sozialen und kulturellen Grundlagen von politischen Gemeinwesen zu lesen ist. Nüchtern betrachtet verfolgen jedoch – wenn auch mit unterschiedlichen Akzentsetzungen – alle politischen Parteien eine solche Strategie und erhalten Zustimmung für diese.
Am Beispiel der Jugendwohlfahrt zeigt sich allerdings auch, wie wenig eindeutig solche Veränderungsprozesse sind. Sie vollziehen sich in einem Spannungsfeld, das durchaus Chancen zu einer Art Repolitisierung eröffnet. Abgesehen davon, dass solche Veränderungsprozesse nicht mehr einfach als staatliche Anordnung implementiert werden können und dürfen, sondern nur in möglichst gemeinsamen Diskussionsprozessen aller Beteiligten zu realisieren sind. Politik, zuweilen als abgehobenes Geschehen einer Kaste von Berufspolitikern bewertet, kehrt nun durchaus wieder zurück in die Hände wenigstens fachlich zuständiger und befasster Gruppen. Vielmehr lassen sich Veränderungsprozesse nicht als einfacher, mechanischer „Umbau" vorhandener Systeme vollziehen. Sie sind vielmehr komplex und – wenn man so will – in hohem Maße eben auch abhängig von den beteiligten Subjekten. Diese erhalten somit ungewöhnliche Mitwirkungs- und Entscheidungschancen, müssen sich freilich auch auf solche Prozesse einlassen. Die hohe Bedeutung von Subjektivität läßt sich dann auch als entscheidendes Problem eines Verweigerungsfaktors beschreiben.
Die Mehrdeutigkeit der Veränderungsprozesse von Jugendhilfe und Jugendwohlfahrt ergibt sich zunächst schon daraus, dass *einerseits* äußerer Druck und innerer Veränderungsbedarf zusammentreffen. Extern wirken sich die schon angedeuteten gesetzlichen Änderungen und die fiskalpolitische ausgelösten Restriktionen aus. Nicht ausschließen lässt sich ein Wandel in der mentalen Bereitschaft, Menschen in schwierigen Situationen zur Seite zu stehen. Man könnte hier von einer fatalen Dialektik der Ethnophobie sprechen: Wer Ausländer als Wirtschaftsflüchtlinge denunziert, sich gegen „Fremde" wehrt, operiert mit einem Mechanismus der Ausschließung, der sich bald auch gegen andere, als belastend interpretierte Gruppen richten kann; die dümmsten Kälber, so hatte schon Bert BRECHT bemerkt, suchen ihre Metzger selber. Intern wirkt sich vor allem der fachliche Veränderungsbedarf aus, den die neugefassten Gesetze häufig jedoch nur widerspiegeln und formal fassen. In der Jugend-

hilfe stellt sich dieser fachliche Veränderungsdruck vor allem als Abkehr von einem Vorrang der stationären Unterbringung als Reaktion auf schon eingetretene Notlagen dar. Präferiert werden nun präventive Angebote in Gestalt von früh einsetzender Beratung, Begleitung und Unterstützung von Familien und jungen Menschen in belasteten Lebensphasen, ambulante Angebote, etwa auch mit therapeutischen Akzentsetzungen, teilstationäre Hilfen, etwa als Tagesgruppen für Kinder und Jugendliche. Das Angebot an Heimen differenziert sich zunehmend aus, so dass inzwischen ein zuweilen unübersichtlich bunter Markt an Hilfemöglichkeiten entstanden ist. Vor allem wird zunehmend über die Verknüpfung von unterschiedlichsten pädagogischen Angeboten und Leistungen nachgedacht. Integration und Flexibilität lauten die Zauberworte, die zugleich zu einer Normalisierung der Jugendhilfe beitragen wollen. Sie richten sich gegen eine übermäßige Spezialisierung, Verselbstständigung und Verhärtung einzelner Angebote, deren institutioneller Gestalt gleichsam den Blick über den Tellerrand verhindert und so vermeintliche Störungen geradezu festschreibt, weil beispielsweise Jugendhilfe nicht mit Schule kooperiert.

Andererseits zeichnet die Jugendwohlfahrtssysteme eine überraschende Zähigkeit und Konstanz aus. Faktisch darf man sich daher keinen Illusionen hingeben: Auch wenn die Fachdiskussionen sich mit Veränderungen bis zu einem Maß befassen, das den Beteiligten zuweilen die Köpfe schwirren lässt, erstaunt die Beharrlichkeit des ganzen Systems und der einzelnen Einrichtungen. Manche Änderungen werden gar nicht zur Kenntnis genommen, oft genug, weil fachliche Debatten kaum wahrgenommen werden. Zuweilen wächst der Widerstand gegen Wandel wohl proportional mit dem Druck, der von außen ausgeübt wird. Zugleich gibt es jedoch innerhalb des Jugendhilfesystems selbst gute Gründe, sich gegenüber der Veränderungsdynamik zu sperren: Nicht nur lässt diese zuweilen Zweifel entstehen, ob sie überhaupt sachlich gerechtfertigt ist oder nicht eher einer politisch inspirierten Reformrhetorik folgt. Insbesondere die in jüngerer Zeit geführten Diskussionen um Qualität und Evaluation in der Jugendhilfe wecken zuweilen – etwas flapsig formuliert – den Eindruck, hier werde das Rad neu erfunden – zumal in Wirklichkeit häufig nur Worte ausgetauscht oder kosmetisch behandelt werden. Öffentliche, auch akademisch geführte Reformdebatten berücksichtigen dabei oft nur unzureichend die interne Kommunikation wie auch die Erfahrungen der Beteiligten, weil sie manchmal nur unzureichenden Zugang zur Sprache der „Praktiker" finden. Auch wenn sich in dieser manche Betriebsblindheit und einiger Schlendrian ausdrücken mag, verrät sie doch auch Wissensbestände, die nicht ignoriert werden dürfen; sie gehören zu dem systeminternen Wissen, das in diesem objektive soziale Realität gewonnen hat. Vor allem jedoch: Jugendhilfesysteme müssen auf Stabilität insistieren, weil sie angesichts der Lebenssituation von Kindern und Jugendlichen nicht beliebig verändert werden dürfen, die aktuell in ihren Institutionen betreut werden. Hier muss das System aus fachlichen Gründen beharrlich bleiben.

In diesem Spannungsfeld bewegt sich auch das Jugendwohlfahrtssystem der Steiermark – wobei dem Ausdruck „System“ hier keine theoretisch fundierte Bedeutung zugemessen werden soll. Gemeint ist nur der Zusammenhang von Einrichtungen und Pragmatiken, welche die Jugendwohlfahrt in der Steiermark bestimmen. Es befindet sich in einer beachtlichen Veränderungsdynamik, zeigt zugleich aber auch überraschende Beharrungstendenzen. In einem Brennpunkt dieser Entwicklungen stehen die Jugendwohlfahrtseinrichtungen des Landes, deren künftiger Entwicklung sowohl in fachlicher wie aber auch in sozialpolitischer Hinsicht ein wichtiger Stellenwert zukommt. Überspitzt könnte man sagen, dass ihrer Situation und Veränderung eine durchaus symptomatische Qualität für die Bereitschaft zukommt, eine öffentlich getragene, politisch verantwortete Jugendwohlfahrt auf fachlich hohem Niveau zu gestalten.

Dabei liegt seit 1999 ein „Organisationskonzept“ für die Jugendwohlfahrtseinrichtungen des Landes Steiermark vor, das von der Wiener Managementberatungsgesellschaft „SOLVE-Consulting“ erarbeitet worden ist. SOLVE war dabei schon bei der Erstellung des Jugendwohlfahrtsplan beteiligt gewesen und verfügte daher über intime Kenntnis der Jugendhilfeszene in der Steiermark. Dieses „Organisationskonzept für die Jugendwohlfahrtseinrichtungen des Landes Steiermark” wurde in einem komplexen Forschungsprozess entwickelt, den neben der Erhebung von „harten“ Daten auch vielfache Diskussionen mit Mitarbeiterinnen und Mitarbeitern der Einrichtungen bestimmten, um ein objektiv wie subjektiv zureichendes Bild ihrer Situation und Entwicklungsmöglichkeiten entwerfen zu können. Die Studie verfolgte dabei das Interesse, sozialpolitische, fachlich-pädagogische und endlich auch ökonomische Interessen aufeinander abzustimmen, um eine Optimierung des Jugendwohlfahrtssystems zu erreichen.

Um jedoch Missverständnissen vorzubeugen: Auch diese Studie kann nur als ein Diskussionsvorschlag gelten – und wurde auch als solcher den Beteiligten präsentiert. Sie wollte bewusst aus der Außenperspektive Befunde über das System festhalten und formulieren, um so einer Auseinandersetzung gleichsam einen festen Punkt zur Verfügung zu stellen. Entscheidungen müssen jedoch von Beteiligten und Betroffenen

auf unterschiedlichsten Ebenen getroffen werden: Nach politischen Kriterien, die sich in einem weiten Spektrum zwischen den Ansprüchen von Gerechtigkeit und Solidarität bewegen müssen, die dem Gemeinwesen wie auch dem Einzelnen zu gelten haben; nach sozialpädagogischen Maßstäben, die den fachlichen Ansprüchen genügen, zugleich doch offen genug bleiben, um die Besonderheit der konkreten, individuellen Situation von Familien und jungen Menschen berücksichtigen und würdigen zu können. Es gibt hier zwar Wissen, begründete Argumente, aber doch keine verbindliche Weisheit – es wird letztendlich um verantwortliche Entscheidungen gehen.
Weil es um ein noch schwebendes Verfahren geht, soll und darf der Vorschlag noch nicht vorgestellt und diskutiert werden[1]; dies wird voraussichtlich von anderen und an anderer Stelle geschehen. Die hier angestellten Überlegungen versuchen, die Situation der Jugendwohlfahrt in der Steiermark aufgrund eigener Beobachtungen und Erfahrungen zu beschreiben und mit einer grundlagentheoretischen Ambition sozialpädagogisch zu diskutieren. Es geht darum, die Spannungsdimensionen der Situation darzustellen und zu analysieren, weniger um Lösungen anzubieten, sondern um die Widersprüche so weit auseinanderzutreiben, dass ein radikales Denken in pädagogisch praktischer Hinsicht vielleicht möglich wird[2].

2. Voraussetzungen und Anforderungen an eine Reform der Landeswohlfahrtseinrichtungen

Darstellung und Analyse der Jugendwohlfahrtssituation in der Steiermark stehen vor der Schwierigkeit, dass statistische Datenbestände und wissenschaftliche Untersuchungen zu ihr weitgehend fehlen (eine kurze Übersicht bietet SCHEIPL 1999). Verfügbar sind der Jugendwohlfahrtsplan für die Steiermark (AMT DER STEIERMÄRKISCHEN LANDESREGIERUNG 1992) sowie Konzepte einzelner Einrichtungen. Darüber hinaus kann man weder auf Erhebungen und gesicherte Befunde zur organisatorischen Gesamtstruktur des gesamten Jugendhilfesystems und seiner Entwicklungsdynamik, zu seinem Personalbestand und dessen Veränderung, noch auf sichere Aussagen über die Zusammensetzung der von ihm versorgten Klientel zurückgreifen. Selbst Einzelbeobachtungen sind eher selten, die zumindest plausible Annahmen über einen künftigen Bedarf stützen könnten.
Diese für den Sozial- und Erziehungswissenschaftler eher prekäre Situation schafft jedoch einen nicht unerheblichen Freiraum für einen politi-

schen Gestaltungswillen. Insofern vollzieht sich die steirische Reformdebatte zunächst vorrangig vor dem Hintergrund der normativen Vorstellungen und Erwartungen, welche durch das neue österreichische Jugendwohlfahrtsgesetz und das diesem folgende Landesgesetz sowie die einschlägigen Ausführungsbestimmungen für die Steiermark formuliert werden – die übrigens auch in erheblichem Ausmaß wissenschaftliche Forschung verbindlich machen (vgl. JWG § 7). Gelingt es nicht, innerhalb des Jugendhilfesystems selbst eine wissenschaftliche Beobachtung und Begleitung einzurichten, die auch und besonders qualitative Standards zu einer internen Evaluation entwickelt und realisiert, werden sich die Praktiker deshalb auf die bekanntermaßen zuweilen mühsamen Prozesse der Auseinandersetzung mit externen Beobachtern einstellen müssen. Anstrengend sind solche Prozesse vor allem deshalb, weil sie zunächst sprachliche und begriffliche Klärungsprozesse voraussetzen – die Beteiligten verständigen sich mit deutlich unterschiedenen Semantiken; dann aber führen sie dazu, dass Routinen aufgedeckt und ausgesprochen werden müssen, die den Beteiligten oftmals gar nicht mehr bewusst sind, das System aber im Guten wie im Schlechten stabilisieren. Im Guten, weil solche selbstverständlichen Routinen und Rituale ein System erst funktionsfähig erhalten, zugleich auch allen Beteiligten Sicherheiten geben – und das heißt auch den betreuten Kindern und Jugendlichen Verlässlichkeit verschaffen. Auf die schlechten Seiten eines verstetigten Schlendrians braucht nur hingewiesen zu werden; sie sind jedem bekannt.

Auch wenn die Kenntnis der gesetzlichen Lage vorausgesetzt werden kann, liegt vor dem eben skizzierten Hintergrund nahe, sich zumindest die Aufgaben und Möglichkeiten für eine Strukturreform der Jugendhilfe vor Augen zu stellen, welche eine reforminteressierte Interpretation der rechtlichen Vorschriften nahelegt (vgl. hierzu auch meinen Beitrag zur Wiener Situation in diesem Band). Anders als vergleichbare europäische Gesetze sucht es im Kern, sowohl einen subjektiven Rechtsanspruch von Familien auf Unterstützung und Förderung ihrer Erziehungstätigkeit sowie korrespondierend dafür Leistungsangebote der öffentliche Jugendliche verbindlich zu sichern. Gleichzeitig hält es jedoch als gleichsam objektive Norm noch einen Eingriffsanspruch des Staates aufrecht. Zu dessen Realisierung müssen entsprechend pädagogische Angebote bereitgehalten werden – durchaus in der damit kaum zu vermeidenden Ambivalenz von Hilfe und Kontrolle (vgl. JWG § 2). Ein entscheidender Gesichtspunkt der Neufassung des Gesetzes liegt in der Betonung der Fachlichkeit; wobei auch hier eine Einschränkung durch die Formulierung gemacht wird, die auf ein Erfordernis in der Durchführung der

Aufgabe abhebt. Generell wird übrigens auch hier die Beachtung „allgemein anerkannter wissenschaftlicher Erkenntnisse“ verlangt (JWG § 6, 3). Dieses Erfordernis wird – im Steirischen Gesetz – noch einmal ausdrücklich wiederholt, wo es um „Pilotprojekte“ etwa in der stationären Unterbringung geht. Hier verlangt das Gesetz „ein sozialpädagogisches Konzept [...]“, dessen Sinnhaftigkeit wissenschaftlich belegt werden kann (vgl. § 29 (3), 2 StJWG).
Vor allem das – hierin von anderen Ländergesetzen deutlich zu unterscheidende – Gesetz über die Jugendwohlfahrtspflege für die Steiermark eröffnet die Perspektive auf eine Integration der pädagogischen Leistungen für Kinder und Jugendliche. Dies lässt sich daraus schließen, dass der Gesetzgeber an der – fachlich allerdings nicht unumstrittenen – Formel vom „Wohl des Kindes“ festhält, mithin die normativen Regelungen um eine Vorstellung von einem Aufwachsen ansiedelt, das pädagogische Anforderungen erfüllt. Um eine solche – implizite – Leitkategorie werden dann normativ die möglichen Träger des Erziehungsgeschehens angeordnet. Dies geschieht in zwei Dimensionen: Zunächst im Blick auf das Verhältnis von Familie und öffentlicher Jugendwohlfahrt; hier allerdings formuliert der Gesetzgeber auch einen Eingriffsvorbehalt insbesondere gegenüber Erziehungsformen, bei welchen „Gewalt angewendet oder körperliches oder seelisches Leid zugefügt wird“. Als zweite Dimension regelt dann § 3 des StJWG das Verhältnis von Kindergärten, Schulen und öffentlicher Jugendwohlfahrt mit der ausdrücklichen Aufgabe, dass diese, „soweit es das Wohl des Minderjährigen erfordert, zusammenarbeiten“. Im Grundgedanken für das Aufwachsen der Kinder und Jugendlichen schlechthin, zumindest aber im Fall eines Jugendhilfebedarfs, ist somit offensichtlich eine Vernetzung gefordert.
Ausdrücklich stellt das Gesetz dabei Leistungen und Angebote der Jugendwohlfahrt unter den Begriff der sozialen Dienste (§ 16). Es nimmt mithin eine Dienstleistungsorientierung auf, wobei erneut die Aufgabe der Zusammenarbeit sowohl innerhalb des Jugendhilfesystems wie auch „mit den Einrichtungen der außerschulischen Jugenderziehung und anderen Einrichtungen“ betont wird, „die ebenfalls Aufgaben der Betreuung und Förderung der Jugend wahrnehmen“. Als soziale Dienste werden „insbesondere“ – d.h. nicht ausschließlich – vier Bereiche vorgesehen: Beratungsdienste und weitere vorbeugende Hilfen, Betreuungsdienste und therapeutische Hilfen, Unterbringungsmöglichkeiten sowie Erholungsaktionen.
Nach Erfahrungen mit vergleichbaren Aufzählungen von Angeboten und Leistungen der Jugendhilfe muss auch die Reihung im steirischen Gesetz als nicht ganz unproblematisch angesehen werden. Auch wenn der Koo-

perations- und Vernetzungsgedanke systematisch prioritär gestellt wird, kann eine solche Darstellung in der Praxis den Effekt der „Versäulung“ provozieren. Damit ist gemeint, dass nach der Entscheidung über die Gewährung einer bestimmten Hilfeart, die Klienten sich nur in dieser Hilfeform bewegen, alternative Angebote und der Wechsel in andere Hilfearten dagegen nicht erfolgt; insbesondere in Deutschland hat dies zur Debatte um flexible und integrierte Hilfen geführt, bei denen die gesetzlich möglichen Hilfeformen zusammengeführt und fallbezogen organisiert werden sollen. Mit der abschließenden Regelung zu den Erholungsaktionen vermeidet das steirische Jugendhilfegesetz immerhin jene etwa für das deutsche KJHG charakteristische Suggestion einer Steigerungslogik, die von der „sanften“ Beratung bis hin zur „harten“ Heimunterbringung führt. Zudem hebt der Gesetzgeber besonders auf die Bereitstellung präventiver Angebote ab (vgl. § 17, 3 StJWG).
Blickt man auf die Regelungen für Familien und Kinder in belasteten Lebenslagen, so zeigt sich zunächst, dass der Gesetzgeber – mit den Bestimmungen des zweiten Abschnitts des StJWG – der Betreuung in Pflegefamilien eine Präferenz einräumt. In einem dritten Abschnitt werden „Heime und sonstige Einrichtungen für Minderjährige“ geregelt. Dies überrascht im Vergleich mit den jüngeren Gesetzen zur Jugendhilfe, die in der Regel Heime als eine Form der Hilfe zur Erziehung interpretieren. In Österreich hat diese Sonderstellung vermutlich damit zu tun, dass das Jugendhilferecht die Unterbringung von Kindern in Heim nicht nur im klassischen Fall der Jugendhilfe, sondern auch in sonderpädagogischen Zusammenhängen regelt. Zugleich entsteht hier eine besondere Chance: Systematisch gesprochen ermöglicht der Gesetzgeber so über alternative Lebensorte für Kinder nachzudenken und diese auch zu gestalten, wie sie sich aus unmittelbar pädagogischer Relevanz ergeben. Endlich regelt dann der fünfte Abschnitt die „Hilfen zur Erziehung“, die er allerdings nur sehr formal als „Unterstützung der Erziehung“, „volle Erziehung“, „freiwillige Erziehungshilfen“ und „Erziehungshilfen gegen den Willen der Erziehungsberechtigten“ unterscheidet.
In seiner Gesamtheit zielt das Gesetz jedenfalls auf eine (Neu)Gestaltung der Jugendwohlfahrt als ein fachlich qualifiziertes System der Jugendhilfe mit deutlichem Dienstleistungscharakter. Darauf heben auch die einschlägigen Kommentare ab. Nach dem Stand der fachlichen Diskussionen bedeutet dies, dass Jugendhilfeangebote möglichst niederschwellig, in guter Erreichbarkeit für die Klienten – das heißt sowohl für Familien, Eltern wie auch für die Minderjährigen – und eher nicht-intervenierend angeboten werden sollen. Die Leistungen müssen bedarfsgerecht und problemangemessen entwickelt werden. Dabei darf allerdings eine Dia-

lektik zwischen der Etablierung von sozialen Diensten und dem Verlust von Eigenkompetenzen nicht übersehen, freilich auch nicht überbewertet werden.
Unterhalb der Regelungen des neuen Gesetzes, dieses zugleich doch auch interpretierend, müssen zudem noch Tendenzen jugend- und familienpolitischer Auseinandersetzungen in Rechnung gestellt werden. Zu nennen wären hier etwa die differenzierten Überlegungen zur Situation und Entwicklung von Familien, insbesondere zum Ausbau von Stützungssystemen für diese, wie sie etwa im letzten österreichischen Familienbericht vorgelegt wurde (vgl. BADELT u.a. 1999). Nicht minder wichtig sind die konzeptionellen Vorstellungen zur Partizipation junger Menschen an politischen und lebensweltlichen Vorgängen, die der dritte österreichische Jugendbericht in sein Zentrum gestellt hat (vgl. BUNDESMINISTERIUM FÜR UMWELT, JUGEND UND FAMILIE 1999).

3. Veränderter Bedarf und Wandel der fachlichen Ansprüche

Die Entwicklung und die Reform von Jugendhilfesystemen kann aber auch nicht jenseits von Überlegungen zum gegebenen und zu einem zu erwartenden Bedarf vorgenommen werden. Hier fallen Überlegungen in einem besonderen Maße schwer. Abgesehen von kontingenten Ereignissen – wie kriegerischen Auseinandersetzungen und Naturkatastrophen, die Flüchtlingsbewegungen auslösen und so auch Jugendhilfebedarf schaffen –, wenig absehbaren wirtschaftlichen Veränderungen und noch schwieriger abzuschätzenden, weil in mentale Muster hineinreichende, Erosionsprozessen sozialer Institutionen, haben wir es regelmäßig mit kollektiven sozialen Praktiken zu tun. Das bedeutet aber, dass gleichsam objektive (oder wenigstens objektivierte) Trends mit subjektiven Entscheidungen zusammenfallen, in welchen Akteure lebensweltlich auf die realen oder vermuteten Trends reagieren und diese somit revidieren.
Unter allen diesen Vorbehalten darf man davon ausgehen, dass der demographische Wandel und seine unterschiedlichsten Folgen zur entscheidenden Größe bei der Bestimmung des künftigen Jugendhilfebedarfs wird. Wie in der überwiegenden Mehrzahl der europäischen Länder sinkt auch in Österreich die Geburtenrate. Allerdings beginge man einen Fehlschluss, wollte man aufgrund zurückgehender Kinderzahlen unmittelbar auf einen Minderbedarf in der Jugendhilfe schließen. Als – sicher überspitzte – These könnte man sogar formulieren, dass der Jugendhilfebedarf in zwei Dimensionen sogar zunehmen wird. Wo die klassischen Indikatoren wie Armut, Wohnungsnot und Kinderreichtum zwar fehlen,

wächst offensichtlich der Bedarf nach einer fachlichen Unterstützung und Begleitung pädagogischer Prozesse. Da die Wohlstandssicherung häufig nur über eine stärkere berufliche Belastung beider Eltern einhergeht, müssen diese auf Dienstleistungen auch im Zusammenhang von Betreuung und Erziehung ihres Nachwuchses zurückgreifen. Inzwischen werden im Bereich der stationären Unterbringung Angebote eines eher hotelähnlichen Aufenthalts für Kinder und Jugendliche gemacht, wenn deren Eltern beispielsweise im Rahmen beruflicher Fortbildung oder auswärtiger Tätigkeit gleichzeitig nicht zur Verfügung stehen. Zugleich auch reklamieren sie durchaus mit einer Art von Optimierungsideologie pädagogische Beratung und Unterstützung, nicht zuletzt im Zusammenhang möglicher Krisen, die als bedrohlich für Lebenschancen interpretiert werden. (Hier kann mit Effekten gerechnet werden, die jenen gleichen, die wir schon lange bei der eher kosmetischen zahnärztlichen Korrektur von Zahnfehlstellungen beobachten.)
Gegenüber einer solchen modernen und gleichsam sauberen Jugendhilfe kann man jedoch zugleich davon ausgehen, dass der Bedarf im klassischen Klientel ebenfalls eher wächst. Hier sind zwei Faktoren in Rechnung zu stellen. Die Prekarität der Lebensverhältnisse von ohnedies schon belasteten Familien nimmt in den Prozessen der Liberalisierung sozialer Strukturen eher zu. Hier geraten Familien schneller denn je in eine existentiell bedrohliche Situation. Zugleich gilt auch: Gerade weil die sozialen und kulturellen Ansprüche an Sozialisationsprozesse steigen, zeichnet sich ab, dass diese zunehmend schlechter zu bewältigen sind. Sie verlangen längst mehr an pädagogischer Kompetenz als dies bislang üblich war. Dafür können mehrere Faktoren als ausschlaggebend gelten: Insgesamt werden in einem umfassenden Prozess die sozialen Stützungssysteme schwächer; im Prozess der Modernisierung erodieren lebensweltliche Zusammenhänge, die eine stützende Funktion wahrgenommen haben: Nachbarschaftssysteme, großfamiliäre Netze sind schlechter verfügbar. Zugleich werden die binnenfamiliären Strukturen faktisch wie aber auch in ihrer normativen Verbindlichkeit zunehmend labiler – ein deutliches Indiz stellt dafür die Zunahme von Einelternschaft, von rechtlich nicht gesicherten Lebensverhältnissen und von Konsekutivfamilien dar. Das Zusammentreffen all dieser Entwicklungsprozesse führt mit hoher Wahrscheinlichkeit dazu, dass die Jugendwohlfahrt schlechthin, die Heimerziehung im besonderen einerseits mit komplizierten „Multiproblemlagen“ konfrontiert wird, die kaum in Settings zu bearbeiten sind, welche sich an einem medizinisch-therapeutischen Modell ausrichten. Sie umfassen in biographisch oftmals kaum zu rekonstruierender Überlagerung manchmal eine langanhaltende Traumatisie-

rung der Gewalt und des sexuellen Missbrauchs, oft (wenn nicht sogar in der Regel) durch eher nahestehende Personen (wie zum Beispiel einem neuen Lebenspartner der Mutter) bis hin zu Belastungsbildern, die mit psychiatrischen Diagnosen zu beschreiben sind. Andererseits (oder wahrscheinlicher: gleichzeitig) hat sie mit Kindern und Jugendlichen zu tun, die auf eine elementare Weise für die Bewältigung alltäglicher Lebenssituation auch und besonders im Zusammenhang mit sozialen Hilfeinstanzen vorzubereiten sind; es geht dann um die Sicherung des „Überlebens".

In beiderlei Hinsicht stehen Hilfestrategien vor erheblichen Schwierigkeiten. So kommt es zwar darauf an, in zuverlässigen Diagnosen nicht zuletzt die biographischen Entwicklungen zu rekonstruieren, allzumal nur so die Kompetenzprofile junger Menschen zu erkennen sind. Während dies Zeit für Beobachtung und anamnestische Verfahren erfordert, scheint es jedoch zugleich sinnvoll und geboten, etwa eine Fremdunterbringung als möglichst stabiles Verhältnis zu ermöglichen; zugleich muss über diese jedoch gemeinsam mit den Kindern und Jugendlichen im Sinne von partizipatorischen Prozessen befunden werden. Junge Menschen müssen dabei Entlastung, auch Ruhe und die Chance finden, stabile Beziehungen zu verlässlichen, ihnen auch exklusiv zugänglich erscheinenden Erwachsenen einzugehen. Erforderlich ist dabei, dass sie ihr häufig geschwächtes Selbstvertrauen, die eigene Unsicherheit und ein zuweilen belastetes Körperverhältnis neu begründen und aufbauen können; nicht zuletzt spielt hierbei ein guter, als gelingend und befriedigend empfundener Umgang mit Sexualität eine tragende Rolle.

Die Erfahrung lehrt, dass dies wenigstens in der Anfangsphase von Betreuungsverhältnissen eine schwierige Balance zwischen unaufdringlicher Verfügbarkeit und zugleich doch jener fordernden Nachdrücklichkeit verlangt, in welcher junge Menschen das Gefühl erhalten, selbst bedeutsam zu sein, Zuwendung zu erhalten, akzeptiert zu werden. Sie müssen ihren ErzieherInnen in einer Form persönlicher Unmittelbarkeit begegnen, sich von diesen jedoch auch distanzieren zu können, nicht zuletzt um eigene Perspektiven zu entwickeln; ein ganz entscheidender Faktor bildet hierbei die Chance zu einer beruflichen Ausbildung. Endlich stehen Institutionen der Unterbringung vor der nicht minder dilemmatischen Aufgabe, besondere Problemstellungen zu bearbeiten, den Lebensprozess des Kindes oder Jugendlichen jedoch nicht über diese „Auffälligkeit" zu definieren, um keine stigmatisierenden Effekte zu erzeugen. Im Gegenteil soll dieser in einer Einrichtung als zwar geordneter und durch Zeitregelungen strukturierter Alltag erlebt werden, der gestützt wird, zugleich aber doch authentisch und nicht artifiziell wirkt.

Diese kurze Skizze deutet schon die Veränderung fachlicher Standards an, die für eine Weiterentwicklung von Jugendhilfe maßgebend sind oder zumindest doch geprüft werden müssen. Im SOLVE-Konzept sind sechs Leitlinien konkretisiert, die auch mit Kommentaren versehen sind (vgl. SOLVE 1999, S.4ff.). Ergänzend sollen hier aus fachlicher Hinsicht noch einige Überlegungen genannt werden:

- *Aufenthalte sollen so kurz wie möglich, aber so lange wie notwendig ausfallen.* Gegenüber radikalen – freilich als unrealistisch erkannten – Forderungen einer Abschaffung von stationärer Unterbringung, hebt dies zunächst eine grundsätzliche Anerkennung von Formen der Heimerziehung hervor. Die Leitlinie erinnert zugleich daran, dass jede Heimunterbringung ein dramatisches Lebensereignis darstellt, zugleich nur bedingt familiäre Lebenszusammenhänge ersetzen kann. Faktisch bleiben Kinder und Jugendliche an ihrer Herkunftsfamilie interessiert und richten sich an dieser aus. Die Leitlinie wendet sich zugleich gegen eine – insbesondere unter dem Kostendruck – zunehmende „Ex-und-Hopp Mentalität" in der Jugendhilfe. Hilfen müssen bedarfsgerecht, d.h. auch im Blick auf Kontinuitätsbedürfnisse von jungen Menschen und im Blick auf die Dauer gewährt werden, die etwa der Aufbau stabiler, förderlicher Beziehungen verlangt. Möglicherweise sind auch Arrangements zu entwickeln, bei welchen Kinder in Heimen leben, zugleich aber neue, gute Beziehungsformen zu ihren Eltern entwickeln können. Indirekt erwartet diese Leitlinie übrigens auch, dass Kinder rasch einen stabilen Lebensort finden können, nicht den Unwägbarkeiten eines Jugendhilfeverschiebebahnhofs ausgesetzt sind. Erkennt man zugleich einen Bedarf an Diagnosen an, so spricht dies für räumliche Verknüpfungen von Diagnoseeinheiten und Lebensorten.

- *Verstärkung des Angebots an psychotherapeutischen, psychologischen und sozialpädagogischen Leistungen in den Einrichtungen.* Gestützt auf die Einsicht, dass Multiproblemlagen zunehmen, fordert diese Richtlinie eine weitere Profilierung professioneller Angebote. Sie macht deutlich, dass – durchaus eingedenk der Bedeutung alltäglicher Kompetenzen – Kinder ein Recht auf zielführende Hilfen haben. SozialarbeiterInnen wie Einrichtungen müssen sich Rechenschaft darüber abgeben, ob Sie konkrete Hilfestellungen geben oder die Hilfe mit der Unterbringung als abgeschlossen ansehen.

- *Berufliche Perspektive durch Lehrabschluss bzw. Schulabschluss sichern.* Perspektiven eröffnen sich für junge Menschen nur dort, wo sie die Chance haben, eine möglichst eigenständige berufliche Existenz aufbauen zu können; davon hängt wesentlich ab, dass sie ein Leben ohne bedrohliche Sanktionen führen können.

- *Stationärer Aufenthalt als ein wichtiger Lebensmittelpunkt mit konstanten sozialen Beziehungen:* Grade weil Unterbringungen in Heimen biographisch dramatische Ereignisse darstellen, müssen sie für Kinder und Jugendliche so gestaltet werden, dass sie das Gefühl und die Erfahrung eines lohnenden Geschehens machen. Das Heim muss ein guter Ort sein, ihnen eine Heimat bieten, an welchem verlässliche Erwachsene ihnen zur Seite stehen.

- *Besonderer Schutz in geschlechtsspezifischer Gruppe soll bei Bedarf ermöglicht werden* und

- *Koedukation im (Lehr- bzw. Schul)Unterricht ist anzustreben, Koedukation in der Gruppe in zweiter Linie ebenfalls:* Die fachliche Diskussion hat als Antwort auf die traditionellen, geschlechtshomogenen (und häufig auch altershomogenen) Einrichtungen sowohl die Alters- wie auch Geschlechtsheterogenität verlangt. Im Grundsatz ist dem zuzustimmen, allzumal unter dem Gesichtspunkt einer in doppelter Hinsicht realistischen Pädagogik. Erziehung muss Kindern und Jugendlichen die Möglichkeit eröffnen, nicht nur die eigene Geschlechtlichkeit kennen zu lernen, Geschlechtsrollen zu übernehmen und diese in den altersüblichen Praktiken bewähren zu können; im Blick auf das künftige Leben, aber auch auf die aktuellen Erfahrungszusammenhänge von Heimjugendlichen wäre es eher fatal und hochgradig entwicklungsstörend, wollte man ihnen die Chance zu einer erfüllenden, ihre emotionalen Bedürfnisse befriedigenden sexuellen Entwicklung vorenthalten. Falsche Tabuisierung würde sich sowohl negativ auf die psychische Entwicklung als auch auf die Formung sozialer Kompetenzen auswirken. Man sollte sich zudem nicht naiv gegenüber den faktischen Möglichkeiten verhalten, die Jugendliche sich selbst eröffnen, um erste Erfahrungen mit Geschlechtspartnern zu machen. Professionelle Erziehung hat sich hier möglicherweise sogar besonders auszuweisen und zu bewähren. Andererseits darf nicht übersehen werden, dass Kinder und Jugendliche in der stationären Betreuung häufig mit tiefgreifenden Traumatisierungen konfrontiert waren. Sie haben oft genug frühzeitig Sexualität als extrem belastend, gewalttätig und als Missachtung ihrer Selbstbestimmung erlebt – dies gilt für Mädchen, aber auch für Burschen. Stationäre Unterbringung kann hier einen dringend benötigten, von den Minderjährigen selbst gewünschten Schonraum gewähren, der ihnen nicht erlaubt, Distanz zu gewinnen und Erfahrungen aufzuarbeiten. Hinzu kommt, dass insbesondere Mädchen Heimunterbringungen nützen können, ihre eigene Identität jenseits von Herrschaftsverhältnissen aufzubauen, die sie über die Geschlechtsrolle definiert erlebt haben. Für diese Jugendlichen bieten geschlechtshomogene Angebote eine besondere Chance. Sie dürfen daher nicht völlig aufgegeben werden.

4. Aktuelle Situation und Entwicklungsperspektiven

Die steiermärkische Landesregierung fungiert als Träger von vier Einrichtungen, die über eigene Kompetenzprofile verfügen: In Graz betreibt das Land den „Rosenhof", eine stationäre Einrichtung mit der Zielgruppe von Lehrlingen und Schülern, die zugleich deutliche Belastungsmerkmale aufweisen. Ebenfalls in Graz wird ein Landesjugendheim für Mädchen betrieben, der „Blümelhof" Maria Trost. Eine besondere Stellung nimmt die Heilpädagogische Station ein, die in einem Zwischenbereich von Sozialpädagogik, Medizin, Psychiatrie und Psychotherapie angesiedelte diagnostische, beratende und begleitende sowie kurzfristige stationäre Unterbringung ermöglichen kann. Ihr kommt zugleich auch die Funktion eines Kriseninterventionszentrums zu. In mehrfacher Hinsicht eine Sonderstellung nimmt das Heim in Hartberg ein. Äußerlich gesehen, weil es zunächst in räumlicher Distanz zu Graz liegt und daher nur bedingt in einen Verbund von Einrichtungen eingebunden werden kann. Dem entspricht zudem seine offensichtlich gute Integration in das lokale Milieu. Im Blick auf seinen pädagogischen Status sticht es hervor, weil es in besonderem Maße und erfolgreich Jugendlichen Ausbildungsmöglichkeiten eröffnet.
Sieht man von den oben skizzierten generellen Entwicklungstendenzen ab, so steht die Entwicklung der Jugendwohlfahrtseinrichtungen des Landes vor mehreren Problemen. Offensichtlich kommt nämlich – neben der demographischen Entwicklung – der grundsätzlich angedeuteten und erörterten Problembelastung und Veränderung in der Klientel in der Steiermark ein erheblicher Stellenwert zu. Aufgaben und Leistungen der Landesjugendwohlfahrtseinrichtungen müssen daher vor dem Hinter-

grund einer offensichtlich besonderen Belastungssituation für Familien in der Steiermark gesehen werden. So hält die Kommentierung des neuen österreichischen Jugendwohlfahrtsgesetzes und des ihm folgenden Landesgesetzes (StJWG 1991) aufgrund der zugänglichen Daten „eine überdurchschnittliche Belastung der steirischen Bevölkerung durch Arbeitslosigkeit, Alkoholmissbrauch, Suizide, zunehmende Scheidungsraten und uneheliche Geburten (verglichen mit dem österreichischen Durchschnitt)“ fest. Für die Jugendwohlfahrt ergeben sich daher eine Vielzahl verschiedener Probleme.
Als Beispiele seien folgende angeführt:

- „zunehmender Alleinerzieheranteil mit den Problemen der Kinderbetreuung, Erziehungsfragen, rechtlicher Fragen usw.,
- Restfamilien nach Selbstmord oder Tod durch Alkohol eines Partners,
- Erziehungsnotstände (Kindesmisshandlung, -missbrauch,
- Verwahrlosung usw.),
- Jugendarbeitslosigkeit mit allen psychosozialen Folgewirkungen,
- Sorgerechts- und Besuchsrechtsprobleme nach Scheidungen und
- ineffiziente Förderung und Erziehung von Kindern infolge Zeit- und
- Geldmangels” (Erläuterungen zum StJWG S. 7).

Die geographische Lage der Steiermark lässt zudem mittelfristig eine Zunahme von Problemen erwarten, die auf Migrationprozesse zurückzuführen sind, möglicherweise auch mit ethnisch bedingten Differenzen zu tun haben. Zugleich unterliegt die Steiermark einem kaum zu übersehenden wirtschaftlichen Strukturwandel; einiges spricht hier für eine Labilität: Wenngleich zwar sowohl in klassischen Bereichen der Industrie als auch in neuen Zweigen – etwa von High-Tech-Branchen – offensichtlich neue Beschäftigungschancen entstehen, zeichnen sich für die traditionell belastenden sozialen und kulturellen Milieus eher verstärkt Tendenzen zur Depression und entsprechend desolaten Lebensverhältnissen ab. Insofern ist es durchaus realistisch von einem steigenden Hilfebedarf im Grundsatz auszugehen, für die Fremdunterbringung trotz des Ausbaus alternativer Hilfesysteme eine steigende Unterbringungsquote anzunehmen. Im Gesamtsaldo wird man realistischerweise einen leichten Rückgang des Platzbedarfs prognostizieren können, wobei flankierend jedoch ein Ausbau ambulanter Hilfen notwendig ist, zugleich aber auch das Maß der Intensität der Betreuung voraussichtlich zunehmen wird. Insofern darf und sollte man von einer Reform des Unterbringungssystems keine Einsparungen im Personalbereich erwarten. Im Gegenteil sollten sogar Anstrengungen unternommen werden, die Qualifikation des Personals zu verbessern. Als Stichwort wäre hier die Akademisierungsquote zu nennen. Daher wäre auch mit höherwertigen Arbeitsplätzen zu rechnen, allzumal dann, wenn man Formen vernetzter und integrierter Hilfen favorisiert; erfahrungsgemäß verlangen diese höhere fachliche, nämlich stärker auf wissenschaftliches Wissen begründete Kompetenzen, die zugleich auch in höherem Maße auf organisatorischer Ebene realisiert werden.

Eine weitere Schwierigkeit ergibt sich aus dem Stellenwert der Landeseinrichtungen im Verhältnis zu den freien, privaten Trägern der Jugendwohlfahrt. Durch deren „gehobene Bedeutung" haben sich in der Steiermark offensichtlich Ungleichgewichte für die Landesjugendheime ergeben. Einiges spricht dafür, dass die zuständigen Behörden im Einvernehmen mit den privaten Einrichtungen eine – zunächst und prinzipiell berechtigte – Art von Vorauswahl bei der Unterbringung von Kindern und Jugendlichen treffen; diese werden möglichst in Übereinstimmung mit den konzeptionellen Profilen der Vertragseinrichtungen belegt. Dies führt zu dem Effekt, dass die Landeseinrichtungen gleichsam als letzte Station für besonders schwierige, in ihrer Entwicklungsgeschichte auch diffuse Fälle genutzt werden. Auch dies darf man nicht nur kritisch sehen: Die Landeseinrichtungen haben damit spezifische Kompetenzen entwickelt, die durchaus offensiv in einer Jugendhilfelandschaft geltend zu machen sind, freilich nicht im Sinne von Residualangeboten, sondern als Leistungsprofile.

Eine dritte Schwierigkeit zeichnet sich endlich im Blick auf den Einrichtungszustand und die Personalstruktur ab. Zumindest für einen Teil der Einrichtungen besteht ein erheblicher Investitionsbedarf (umgekehrt können zugleich auch lukrative Gewinne etwa beim Verkauf von Immobilien erwartet werden). Zugleich zeichnet sich in einigen Einrichtungen ein Personalwechsel aufgrund der Altersstruktur der MitarbeiterInnen ab. Dies ist nicht unproblematisch insbesondere im Blick auf die erreichten Leistungsprofile. Möglicherweise lohnt es sich, eher von dem Szenario eines Neufanfangs auszugehen, bei dem eine neue Leistungsstruktur mit den entsprechenden Fachkräften aufgebaut wird.

Idealerweise müsste eine Reform der Jugendwohlfahrtseinrichtungen des Landes Steiermark auf die Entwicklung eines weitgehend integrierten Jugendhilfesystems mit hoher innerer Flexibilität zielen. Es könnte hier ein umfassendes – für Klienten gut zugängliches – Leistungsangebot eröffnet werden, das vor allem problemadäquate und fallgerechte Hilfeangebote ermöglicht. Die entscheidende Chance des Reformprozesses der Steirischen Landsjugendheime läge also darin, ein vernetztes System von unterschiedlichen Hilfen in einem vergleichsweise klar umrissenen Milieu zu schaffen. Wenn auch die Vorstellung einer Regionalisierung des Hilfeangebots und der damit gegebenen – freilich auch nicht ganz unproblematischen – Milieunähe nur für die Grazer Einrichtungen zu verwirklichen wäre, darf von einem Gesamtsystem ausgegangen werden. Mögliche Bedenken im Blick auf den Stellenwert des Hartberger Heimes lassen sich ausräumen. Unbestritten ist nämlich, dass seine besonderen Qualitäten erhalten bleiben müssen; eher ist Sorge zu tragen, dass diese über einen möglichen Personalwechsel erhalten bleiben – aus welchen Gründen dieser auch immer eintreten mag. Gleichwohl kann das Heim auch als integriertes Element eines Jugendhilfeverbundes diskutiert werden. Zum einen kann es gerade in seiner besonderen Leistungsfähigkeit attraktiv für junge Menschen werden, die zunächst und längerfristig in Grazer Einrichtungen untergebracht sind. Werden die Verbindungslinien nicht gekappt, bietet sich ein möglicher Wechsel des Lebensortes in der Pubertät insbesondere dann an, wenn er mit erhöhten Chancen auf berufliche Qualifikation verbunden ist. Hier könnte das Hartberger Heim durchaus im Sinne einer „mittleren Perspektive" im Entwicklungsprozess junger Menschen wirken, zugleich aber auch einen Statusgewinn verschaffen. Eine zweite Chance könnte darin bestehen, dass die räumliche Lage des Hartberger Heims in Krisensituationen gleichsam als Möglichkeit genutzt wird, Kindern und Jugendlichen eine Form der „Auszeit" zu verschaffen. Wenngleich eine systematische Beobachtung hierzu fehlt, weisen doch Praktiker der Heimerziehung häufig darauf hin, dass in der Vergangenheit Einrichtungen auch über informell „ausgelagerte" Plätze (etwa auf Bauernhöfen) verfügten. Sie eröffneten jungen Menschen vorübergehend ein alternatives Setting, ohne jedoch das grundsätzliche pädagogische Arrangement aufzuheben.

Stellt man allein die Grazer Einrichtungen vergleichend nebeneinander, so drängt sich gegenwärtig eine Disproportionalität zwischen funktionaler und fachlicher Bedeutung einerseits, örtlicher Lage und baulich-räumlicher Ausstattung andererseits unmittelbar auf. Sie gilt besonders für die Heilpädagogische Station, die von ihrem Angebots- und Leistungsprofil her auf eine zentrale Lage mit leichter Zugänglichkeit angewiesen ist, zudem im Spektrum ihrer Arbeitsmöglichkeiten – sie reichen von beratenden Aktivitäten, über ambulante Betreuung bis hin zu intensiver Diagnostik und stationärer Unterbringung – ein ausreichendes und differenziertes Raumangebot benötigt. Umgekehrt erfüllt der „Rosenhof" ideale Voraussetzungen für eine Integration der Angebote von heilpädagogischer Station und stationärer Einrichtung für Schüler und Lehrlinge.

Nicht zuletzt sind hier die geographischen Vorteile in Rechnung zu stellen, die eine gute Zugänglichkeit der heilpädagogischen Station und zugleich eine nichtdiskriminierende Lebensform für die stationär untergebrachten Kinder und Jugendlichen eröffnen. Ähnlich könnte man für eine Verlagerung eines Teils der Klientel des bisherigen Rosenhofs an den bisherigen Blümelhof argumentieren, der sich dann als ein sozialpädagogisches Zentrum Maria Trost profilieren könnte. Auch hier wäre zu überlegen, ob sich nicht eine Erweiterung der Kompetenzen empfiehlt; in einem – sicher eingeschränkten – Bereich könnte man sich die Weiterentwicklung eines solchen sozialpädagogischen Zentrums zu einer Kriseninterventionseinrichtung vorstellen. Perspektivisch wäre für beide Standorte in Graz zu überlegen, wie weit sie nicht auch Funktionen in der soziokulturellen Entwicklung ihrer jeweiligen Regionen übernehmen. Dieser Gedanke bietet sich angesichts der vorhandenen räumlichen Ressourcen und der Leistungsmöglichkeiten insbesondere des bisherigen Blümelhofs an; möglicherweise eröffnen sich hier auch besondere Qualifizierungschancen für die Jugendlichen.
Ein solches Konzept bedeutet allerdings auf den ersten Blick eine Vergrößerung der Einrichtungen. Diesem Vorbehalt muss jedoch prinzipiell entgegengehalten werden, dass die jüngeren Untersuchungen eher Skepsis gegenüber einer Bewertung von stationären Angeboten allein auf der Grundlage von Einrichtungsgrößen nahelegen; danach gibt es auch gute große und schlechte kleine Einrichtungen. Entscheidend sind vielmehr pädagogisches Profil und realisierter pädagogischer Alltag. Ohnedies gehen die Reformüberlegungen für die Landesjugendheime insgesamt von einem Rückgang der Gesamtplatzzahl aus, wobei zugleich das Leistungsprofil der Landeseinrichtungen nicht unabhängig von den Angeboten freier Träger gesehen werden darf. In Betracht gezogen werden müssen zudem die Geländemöglichkeiten sowie die baulichen Gegebenheiten an den ins Auge gefassten Standorten. Sie sind groß genug und weitgehend offen, so dass die fatalen Effekte großer Einrichtungen weniger zum Tragen kommen; in mancher Hinsicht bieten sie Areale, die an solche englischer Internatsschulen erinnern – wobei auch dies nicht von vornherein als ein positives Qualitätsmerkmal angesehen werden kann. Ohnedies scheint entscheidender, wie es den Einrichtungen gelingt, institutionell und pädagogisch pragmatisch Offenheit gegenüber ihrer Umwelt sicherzustellen. Dabei kommt es für die Kinder und Jugendlichen in stationärer Unterbringung vor allem darauf an, dass sie einen lohnenswerten Lebensort finden, der ihnen hinreichenden Schutz und genügende Intimität des Lebens gewährt, zugleich den Weg nach außen ermöglicht. Dies gilt im Sinne weiterer Perspektiven, welche nicht zuletzt durch gute

Ausbildungsmöglichkeiten gesichert werden sollten, wie auch im Alltag. Nicht minder kommt es jedoch auch darauf an, dass der Weg zu den Jugendlichen offen bleibt, zunächst für die eigenen Eltern, dann auch für Gleichaltrige, um die Möglichkeit für Peer-Group-Kontakte auch außerhalb der eigenen Institutionen zu finden. Unter diesem Gesichtspunkt der lebensgeschichtlich entscheidenden Öffnung wird auch die Frage nach der Koedukation zu diskutieren sein. Pädagogische Einrichtungen müssen sich dabei darin bewähren, jungen Menschen ein Verhältnis zur eigenen Geschlechtlichkeit zu eröffnen, das ihnen die Selbstverfügung ermöglicht. Dies mag nach Traumatisierungen lange Phasen des Schutzes verlangen, doch müssen sie am Ende so betreut werden, dass ihnen Autonomie zuwächst.
Aufgabe wird es in jedem Fall bleiben, in der Steiermark und insbesondere in Graz ein leistungs- und entwicklungsfähiges Jugendhilfesystem zu begründen und zu etablieren. Dies wird fachliche Vernetzungen, intensive Teamarbeit zwischen allen Beteiligten, faktisch auch Beweglichkeit der MitarbeiterInnen zwischen den einzelnen Standorten verlangen. Die überschaubare Größe des Systems, seine gleichzeitige räumliche Konzentration im wesentlichen auf das Stadtgebiet von Graz und die Diversifikation auf zwei Standorte in der Stadt und den in Hartberg, könnte geradezu ideale Voraussetzungen für Synergieeffekte eröffnen. Dabei wird möglicherweise der heilpädagogischen Station eine gewisse Schlüsselfunktion zukommen. Aus fachlicher Perspektive kann sie diese eher erfüllen, wenn sie sich nicht zu sehr von einem medizinisch-klinischen Paradigma beeindrucken lässt, sondern stärker eine sozialpädagogische Kompetenz entwickelt. Intern wird sicher die Frage der Teamarbeit realistisch diskutiert werden müssen. Zugleich könnte es hilfreich sein, wenn ihre MitarbeiterInnen in einen intensiven fachlichen Austausch mit denjenigen der anderen Einrichtungen treten.

Über den Ausgang dieser Heimreform in der Steiermark, in Graz insbesondere ist nicht entschieden. Gegenwärtig zeichnet sich eine Blockade ab, die sich leider auf die Bereitschaft zu gemeinsamen fachlichen Gesprächen auswirkt. Aus der Außenperspektive wirkt dies um so bedauerlicher, weil die Rahmenbedingungen und die Voraussetzungen in geradezu einmaliger Weise Chance für ein modernes, ja geradezu beispielhaftes System eröffnen. Vor allem liegt der *eine* Nachteil dieser aktuell erstarrten Situation sicher darin, dass die vorhandenen Kompetenzen der ErzieherInnen möglicherweise nicht in den Reformprozess eingehen. Dies kann man nämlich aus vergleichbaren Vorgängen lernen: Wer auf seinen Positionen beharrt, nicht argumentiert und schon gar nicht eigene

Vorschläge der Veränderung offensiv vorträgt, wird rasch von politischen Entscheidungen überrollt. Dass diese meist fiskalpolitisch begründet werden, dabei durchaus auf Sympathie in der Bevölkerung stoßen, darf ebenso wenig verschwiegen werden. Der *andere* Nachteil zeichnet sich hier ab – er soll in aller Vorsicht formuliert werden: Wer auf vermeintlich angestammten Positionen beharrt, kann nicht immer in Anspruch nehmen, für die Kinder und Jugendlichen einzutreten, um deren Erziehung es letztlich geht. Zu der fachlichen gebotenen Anwaltschaft gehört nun auch die Bereitschaft, Veränderungen in den Problemsituationen und Lebenslagen junger Menschen und ihrer Familien wahrzunehmen sowie an der Entwicklung angemessener, pädagogisch sinnvoller und zugleich auch menschenwürdiger Hilfestrategien zu arbeiten. Dies setzt auf Seite der Hilfesysteme allerdings auch Bereitschaft zu fachlich begründetem Wandel voraus.

Anmerkungen:

1) Der Verfasser war im Rahmen wissenschaftlicher Beratung an der Entwicklung des Organisationskonzepts beteiligt, ist jedoch aufgrund vertraglicher Vereinbarungen nicht berechtigt, die Ergebnisse der Studie vorzutragen. Verfasser der Studie waren Dr. Gerhard ANGERER, Mag. Gerhard GRETZL und Mag. Andrea SCHÖRNER.

2) Das SOLVE-Konzept ist zwar mit den MitarbeiterInnen der betroffenen Einrichtungen diskutiert worden, wurde jedoch auf politischer und sozialadministrativer Ebene bisher eher diskret behandelt. Das hat offensichtlich zur Entstehung von Gerüchten und Vorurteilen geführt, die einige leicht bizarre Reaktionen ausgelöst haben. Das ist zu bedauern, weil so die Chance zu einer guten fachlichen Diskussion geschmälert wurden.

5. Literaturverzeichnis

AMT DER STEIERMÄRKISCHEN LANDESREGIERUNG: Jugendwohlfahrtsplan für die Steiermark 1992. Graz 1992.

BADELT, Ch. u.a.: Österreichischer Familienbericht 1999 (Internet-Fassung).

BUNDESMINISTERIUM FÜR UMWELT, JUGEND UND FAMILIE (Hrsg.): Dritter Bericht zur Lage der Jugend in Österreich. Teil C. Rahmenbedingungen, Formen und Auswirkungen von Jugendbeteiligungsmodellen. Endbericht. Wien 1999a.

BUNDESMINISTERIUM FÜR UMWELT, JUGEND UND FAMILIE (Hrsg.): Dritter Bericht zur Lage der Jugend in Österreich. Teil D. Jugendförderungsrechtsbewegungen in Europa. Endbericht. Wien 1999b.

SOLVE CONSULTING MANAGEMENTBERATUNG: Organisationskonzept für die Jugendwohlfahrtseinrichtungen des Landes Steiermark. Zieldefinition-Gesamtkonzept. Endbericht. Wien 1999.

Josef Scheipl

HEIMREFORM IN DER STEIERMARK: 1980 - 2000[1]

1. Einleitung

Heimreformen entwickeln bisweilen ihren besonderen Charme.

Etwa, wenn DiskussionspartnerInnen, welche kritische Standpunkte vertreten, bei einer Enquete nicht zu einem Vortrag eingeladen werden, weil man durch aufgebrachte TeilnehmerInnen um den Verlauf der Veranstaltung fürchtet. Könnte es sein, dass es sich dabei um ein in der Jugendarbeit häufig vorfindbares Phänomen handelt – ErzieherInnen äußern über die Identifikation mit ihrem Klientel relativ unreflektiert alterstypisch jugendliches Verhalten wie Protest und Widerstand? Hier wären Anregungen zur Reflexion und eine deutliche Anerkennung ihrer Leistungen – etwa im Rahmen von Weiterbildungsseminaren – notwendig. Damit könnte man sie für eine differenziertere Diskussion gewinnen.

Etwa, wenn verantwortliche PolitikerInnen mit sogenannten „killing phrases“ unter Druck gesetzt werden: „ ... wenn ein Mädchen schwanger wird, sind Sie daran schuld“ – um z.B. die koedukative Führung von Gruppen abzublocken; oder: „ ... als ‚sozialdemokratisch bewegter Mensch‘ bin ich nicht bereit, solche Planungen unwidersprochen zur Kenntnis zu nehmen“ – um eine in Aussicht genommene Mischform zwischen privater und öffentlicher Trägerschaft in der Heimerziehung abzuwehren.

Klaus WOLF (1999, S.139ff.) hat in seiner Analyse der Machtprozesse in der Heimerziehung sieben Machtquellen aufgezeigt, die sich als besonders wirksam erweisen, wie etwa materielle Leistungen, Zuwendung und Zuwendungsentzug etc. In Bezug auf Heimreformen kämen sehr wahrscheinlich weitere spezifische Machtquellen der ErzieherInnen zum Vorschein, welche die Machtbalance im Reformprozess beeinflussen.

„Heimreform in der Jugendwohlfahrt“ – in der Steiermark. Das ist offenbar ein schwieriges Unterfangen.

Bei allem Zwiespalt sind die Heimreformdiskussionen der letzten Jahrzehnte für die Jugendwohlfahrtsarbeit im Land aber schlußendlich fruchtbringend gewesen.

2. Die steirische Heimenquete von 1981

2.1 Vom Beginn der Diskussion bis zur Enquete

Im Oktober 1980 veranstaltete der Sozialarbeitskreis „Erklärung von Graz für eine solidarische Entwicklung" (EVG) gemeinsam mit der Urania für Steiermark ein Seminar zu Heimerziehung und zu Alternativen.
„Der Erfolg übertraf unsere Erwartungen: Kaum vorher sprachen so verschiedene Gruppen (sic!) (Erzieher, Sozialarbeiter, Heimverwaltung und leitende Beamte des Landes Steiermark und der Stadt Graz) in einem öffentlichen Forum miteinander über die Zukunft der steirischen Jugendwohlfahrt" (BAUMANN/MITTELBACH 1980, S.1).
Für den Herbst 1980 hat auch der damalige Landesrat, Josef GRUBER, eine Steirische Jugendwohlfahrtsenquete einberufen (vgl. STEIERMÄRKISCHE LANDESREGIERUNG 1981). Sie ist wohl nicht ganz ohne den sanften Druck der seit 1979 intensiv geführten Diskussion im vorhin genannten Sozialarbeitskreis zu denken.
Gemeinsam war beiden Initiativen, dass sie ein langfristiges (zehn Jahre) und ein umfassendes, d.h., die gesamte Jugendwohlfahrt umgreifendes Konzept anstrebten (vgl. BAUMANN/MITTELBACH 1980, S.1; STEIERMÄRKISCHE LANDESREGIERUNG 1981, Vorwort).
Anstoß für die damalige Reformdiskussion war die Unzufriedenheit mit der Heimsituation: „Sorgfältig geplante und vorbereitete Alternativen zum Großheim sollten erarbeitet werden" (BAUMANN/MITTELBACH 1980, 2). „Viele sahen das Heimproblem als vordringlich an und stellten es in den Mittelpunkt der Diskussionen" (STEIERMÄRKISCHE LANDESREGIERUNG 1981, Vorwort).
„Dominierende Großheime, ... pädagogisch falsche und schädigende Unterbringung von Säuglingen in Heimen, starre geschlechts- und altersspezifische Differenzierung der Heime, strenge Hierarchie, keine Teamarbeit, repressiver Erziehungsstil" (BAUMANN/MITTELBACH 1980, S.4) – so lauteten unter anderem die Vorwürfe der radikalen HeimkritikerInnen.
Die MitarbeiterInnen im Arbeitskreis C (zur Heimerziehung) der Jugendwohlfahrtsenquete formulierten etwas moderater: „Heime (Großheime) müssen in ihrer Tradition und Entwicklung gesehen werden. Die Definition vom Großheim beinhaltet nicht nur die Größe des Heimes, sondern auch Tradition, Gesellschaft, Standort, Personalstand usw. ... Es herrschte keine einheitliche Meinung im Arbeitskreis, welche der bestehenden Heime als Großheime gelten können. Es gibt bereits in allen Heimen kleine, abgeschlossene Wohngruppen bzw. Wohneinheiten"

(STEIERMÄRKISCHE LANDESREGIERUNG 1981, S.29). Doch einen Absatz weiter hatte sich offensichtlich eine andere Lobby beim Formulieren des Textes durchgesetzt:
„Installierung von Kleingruppen, wo solche noch nicht vorhanden sind. Ausgestaltung der Wohngruppen nach den Bedürfnissen der Kinder und Jugendlichen" (STEIERMÄRKISCHE LANDESREGIERUNG 1981, S.29). Gefordert wurden selbständige Wohnverbund-Systeme – zunächst innerhalb des Heimes; in der Folge wurde deren Verlagerung in die einzelnen Bezirke oder Stadtteile nahegelegt (STEIERMÄRKISCHE LANDESREGIERUNG 1981, S.31).
Die Gruppengröße dürfe bei bis 15Jährigen zehn nicht übersteigen; bei Jugendlichen über dem 15. Lebensjahr konnte man sich höchstens zwölf in der Gruppe vorstellen (vgl. STEIERMÄRKISCHE LANDESREGIERUNG 1981, S.32). Über die Anzahl der ErzieherInnen in solchen Gruppen schwiegen sich die MitarbeiterInnen dieses Arbeitskreises aus.
An konkreten Maßnahmen wurden unter anderem alters- und geschlechtsgemischte Gruppen und – wie gesagt – die Forcierung von Alternativen zu Heimen gefordert (BAUMANN/MITTELBACH 1980, S.4).
Einschlägiges know how versprach man sich aus Wien. Der Heimreferent der Stadt Wien, GRESTENBERGER, wurde zu einer Informationsveranstaltung eingeladen. Er hatte die Wiener-Heimenquete von 1981 organisiert und war dort seit den frühen 70er Jahren maßgeblich in die Heimreformdiskussionen involviert.

2.2 Einschub: Wien – Ein Streifzug zwischen 1970 und 2000

In der Entwicklung der Jugendwohlfahrt in Österreich lief bis in die späten 80er Jahre nichts, ohne dass man nicht auch einen Blick in die „Haupt- und Residenzstadt" geworfen hätte. Die Fürsorge- und Heimentwicklung im Roten Wien der 20er und frühen 30er Jahre unter der Leitung von Julius TANDLER war tatsächlich klassisch und hatte europaweit einen Spitzenplatz eingenommen. Nach den unfassbaren Praktiken in NS-Erziehungsanstalten wurde nach dem Zweiten Weltkrieg auch in der Heimerziehung wieder eine positivere Erziehungskultur sichtbar (vgl. GROSS 2000, S.129ff.). Doch insgesamt orientierte man sich damals noch stärker an autoritären Strukturen und traditioneller Disziplinierung als an den reformpädagogischen Ansätzen eines August AICHHORN, Siegfried BERNFELD oder Julius TANDLER. Die „Spartakus Bewegung" („Öffnet die Heime") Ende der 60er Jahre rüttelte die

Verantwortlichen wach. Allmählich kam ein Reformprozess in Gang (vgl. EICHER 1994, S.25ff.). Die Errichtung der „Stadt des Kindes" (offizielle Eröffnung 1974) war in Österreich die letzte Realisierung der Idee des Großheimes in einer Stadtrandlage.
Der „Wiener Weg in der Heimerziehung" (SPIEL u.a. 1972) und die Heimenqueten des Jugendamtes Wien von 1970 und 1981 ließen die Stadt Wien nun auch in der Zweiten Republik die Reformdiskussion dominieren. Zunächst war jedoch auch dort nur von strukturellen Veränderungen innerhalb des Heimsektors die Rede. Damals gründete – vielleicht als private Provokation, um endlich auch inhaltliche Aktivitäten vom Magistrat Wien einzufordern – Harald PICKER im Jahr 1972 die erste therapeutisch orientierte Wohngemeinschaft in Wien (vgl. KIEHN 1990, S.19).
Zur Zeit ist Wien bemüht, ein durchaus ehrgeiziges und innovatives Konzept im Rahmen der stationären Unterbringung im Jugendwohlfahrtsbereich umzusetzen. Mit Mai 1996 startete das Reformkonzept mit dem für die Zielstellung etwas missverständlichen Titel „Heim 2000" (vgl. STADT WIEN 1999a). Am Ende dieses Weges soll entsprechend den Planungen und als Ergebnis dieses Reformprozesses, das sich bereits deutlich abzeichnet, ein differenziertes und regionalisiertes Angebot für stationäre Betreuung entstehen. Die Unterbringung in Heimen soll jedenfalls deutlich zurückgehen (vgl. STADT WIEN 1999a; SCHEIPL in diesem Band). Die Reduzierung der Heimunterbringung erfolgt zugunsten des Aufbaus einer verzweigten Wohngemeinschaftslandschaft verbunden mit Krisenzentren, die einem differenzierten Clearingprozess dienen (STADT WIEN 1999b). In diesen werden meines Wissens keine spezifischen sozialpädagogischen Diagnoseinstrumente verwendet. Auch setzen sich die Teams noch nicht multiprofessionell zusammen. Solches würde meines Erachtens eine gewisse Mehrdimensionalität bei der Diagnoseerstellung unterstützen.
Mit dieser Reform schließt Wien wieder an die aktuellen Diskussionen der stationären Jugendwohlfahrts-Arbeit an. Die Reform ist jedenfalls sehr umfassend und mutig angelegt. Dennoch könnte eine stärkere Verankerung flexibler Betreuungsformen wichtige Ergänzungen bringen (vgl. SCHEIPL 1999, S.82), da schwierige Klienten – auch nach Aussagen von MitarbeiterInnen in Krisenzentren – zunehmend häufiger werden. Sie finden im Wohngemeinschaftsangebot möglicherweise nicht die ihnen adäquate Betreuungsform. Als Anregung könnte etwa das Konzept der flexiblen Erziehungs- bzw. flexiblen Betreuungshilfen der PESTALOZZI-Stiftung in Hamburg (vgl. 1998) oder das Pilotprojekt „ambulante intensive Begleitung" des RAUHEN HAUSES (vgl. 1998) dienen.

Dies allerdings unter der Wahrung eines einheitlichen konsistenten Hilfesystems (vgl. WINKLER 1999, S.351) und unter Bewältigung der Problematik, dass mit ambulanten Erziehungshilfen nicht experimentiert wird und Heimerziehung dann womöglich zu spät gewährt würde (vgl. BÜRGER 1998, S.14ff.).
Doch in der ersten Hälfte der 90er Jahre wurde zumindest in der Steiermark (in anderen Bundesländern wie etwa in Salzburg oder Vorarlberg wahrscheinlich schon früher) der „Youth welfare lag" gegenüber Wien allmählich abgebaut. Alle sind nun gut auf dem Weg. Und sie haben gute Ideen. Dabei meint jeder, er hätte die noch etwas besseren. Ein solcher konstruktiver Wettbewerb kann durchaus nicht schaden.

2.3 Der Nachklang

Die steirische Heimenquete von 1981 war der Ausgangspunkt der steirischen Heimreformdiskussion, die sich bis in die Gegenwart zieht. Sie hat damals sicherlich den Ausbau der Wohngruppen in den Heimen beschleunigt und gefestigt. Von einer Autonomie der Gruppen konnte allerdings nicht die Rede sein. Auch der Aufbau von Außenwohngruppen kam nicht voran. Ein wesentliches Ergebnis dieser Enquete war die Einrichtung der ersten Wohngemeinschaft in der Steiermark (1982) und der Aufbau des Pflegeelternvereines. Dieser blieb unter seiner Initiatorin und Obfrau, Frau Helga BAUMANN, lange Jahre hindurch ein wichtiger Impulsgeber für die Jugendwohlfahrtsentwicklung in der Steiermark.

Erwähnung finden soll in diesem Zusammenhang auch noch die IFES-Studie vom November 1981: Sie befasste sich im Abschnitt IV auch mit der Jugendwohlfahrt: „Die Einweisung in Landesjugendheime ist in den letzten zehn Jahren rapide zurückgegangen, da der beabsichtigte Erfolg kaum erreicht wurde ... Jugendwohlfahrtsreferenten wie Sozialarbeiter waren sich einig, dass es derzeit an ‚Institutionen' fehlt, die zwischen Familie und Landesjugendheim eingeschaltet werden können" (IFES-STUDIE 1981, S.125).
Eine wissenschaftliche Unterstützung fand der Prozess, der durch die Enquete 1980 – 1981 eingeleitet worden ist, in einem Forschungsbericht des Instituts für Erziehungswissenschaften (vgl. WURZWALLNER 1984). WURZWALLNER hat sich mit DiplomandInnen der Abteilung für Sozialpädagogik vor allem mit grundlegenden theoretischen und vergleichenden Aspekten der Heimerziehung aber auch anderer Jugendwohlfahrtsmaßnahmen auseinandergesetzt. Er und sein Team bemühten

sich zunächst um eine Akzentuierung des pädagogischen Aspekts Sozialer Arbeit in der Steiermark sowohl hinsichtlich bestehender Einrichtungen als auch bezüglich orientierender Leitlinien für allfällige Modelle (vgl. WURZWALLNER 1984, S.3). In Detailstudien wurden Fragen bezüglich der KlientInnen der Sozialarbeit – wie etwa Pflegefamilien – untersucht und Vorschläge für allfällige Weiterentwicklungen von Einrichtungen der Jugendwohlfahrt erarbeitet.

3. Der Heimreformansatz im Jahr 1990

Einen neuerlichen Anlauf zur Reform der Heimerziehung startete man in der Steiermark etwa zehn Jahre später. Auch dafür kann als ein Impulsgeber die Enquete des Jugendamtes Wien von 1988 gelten (vgl. JUGENDAMT DER STADT WIEN 1988). Ein weiterer war das 1989 vom Nationalrat verabschiedete Jugendwohlfahrtsgesetz des Bundes. Es hat bereits deutlich Wirkung gezeigt (vgl. KRICKL u.a. 1990, S.1).
Das Jahr 1990 sollte das Jahr der grundlegenden Heimreform werden. Dies wollte man unter anderem dadurch ausdrücken, dass die Initiatoren des Reformvorhabens aus der Rechtsabteilung 9 der Landesregierung die Projektleitung nicht den Pädagogen sondern den Betriebswirten überantwortet hatten.
Solches war dem Unternehmen zunächst durchaus nicht abträglich. Projektleiter KRICKL hatte eine sehr gut strukturierte Vorgangsweise des Projektes gewählt. Dieses startete am 15. März 1990; die Präsentation der Ergebnisse folgte bereits am 2. Juli desselben Jahres. Dazwischen lag eine Befragung von 120 SozialarbeiterInnen (Rücklauf: 50%) sowie die Organisationsanalyse der drei Landesjugendheime Rosenhof, Blümelhof und Hartberg (die Heilpädagogische Station wurde damals nicht einbezogen). Es war ferner die Analyse der Vorstellungen in den pädagogischen Konzepten der Heime zu leisten. Dafür zeichnete der Verfasser verantwortlich. Und schließlich wurden ausführliche Differenzierungsvorschläge hinsichtlich Wirtschaftlichkeit und Management erarbeitet, welche auf die drei in Rede stehenden Heime bezogen waren.
Knackpunkt in diesem Projekt war die „berüchtigte“ Variante II: Die beiden in Graz platzierten Heime (Blümelhof, Rosenhof) sollten zwar weiterbestehen – „aber gemeinsam auf der Liegenschaft des Heimes Blümelhof untergebracht“ werden (KRICKL u.a. 1990, S.220). Den Erziehern des Rosenhofes wurde garantiert, dass sie vollzählig übernommen würden. Die MitarbeiterInnen des Verwaltungsbereiches des Rosenhofes „sollten allerdings für andere Aufgaben im Landesdienst

freigesetzt werden. Dadurch könnten die Kapazitäten des Verwaltungsbereiches, die derzeit in allen Heimen um mindestens 50% überdimensioniert sind, im Heim Blümelhof vertretbar ausgelastet werden" (KRICKL u.a. 1990, S.200f.).
Das war für damals eindeutig zuviel verlangt. Dabei lagen die pädagogischen Überlegungen des Gutachters und die von den ErzieherInnen erarbeiteten Konzepte gar nicht so weit auseinander:

- Wir waren uns nicht einig über die Koedukation. Das habe ich in der Einleitung bereits kurz angesprochen. Die damals aufkommende Mißbrauchsdebatte verschärfte die Diskussion und erschwerte eine differenzierte Argumentation (vgl. KRICKL u.a. 1990, S.63). Es soll nicht verschwiegen werden, dass heute wie damals in einer Entfernung von etwa 1 km Luftlinie die zwei Heime der Stadt Graz die Koedukation bereits praktiziert haben. In Summe schienen die Argumente den an der Reformdebatte beteiligten ErzieherInnen zu wenig überzeugend.
- Einiges ging manchen wohl auch zu schnell. Ein Beispiel: „Kochen? – dazu sind doch die in der Küche da! Ich bin Erzieher!" Der erzieherische Wert der Herausforderung und Bewältigung der alltäglichen Lebenswelt in der Heimerziehung wurde noch nicht erkannt – dafür hatte man pädagogische Arrangements gefordert. Knapp danach ist der sozialpädagogische Klassiker von Hans THIERSCH (1992) „Lebensweltorientierte Soziale Arbeit" erschienen. Mittlerweile sind auch die „Sozialpädagogischen Diagnosen" von MOLLENHAUER/UHLENDORFF (1992) weit verbreitet. Das hat seither bei den ErzieherInnen wohl dazu beigetragen, dieses damalige paradigmatische Verständnis „Alltag raus – Pädagogik rein" aufzuweichen.
- Dezentrale Gruppen sollten eingerichtet werden – man war sich nur nicht einig über deren Anzahl.
- Was allerdings schwerer wog: Die Personalvertretung sprach sich interessanterweise gegen eine Verbesserung des Erzieherschlüssels aus (vgl. KRICKL 1990, S.5).
- Eine höhere Abgeltung der Erziehertätigkeit, welche allerdings an Fort- und Weiterbildung zu knüpfen war, wurde angeregt (vgl. KRICKL u.a. 1990, S.165f.).

Die auf den Tisch gelegten Einsparungspotentiale, der unverblümte Vorschlag, den Rosenhof als Liegenschaft zu veräußern, die klaren Zahlen der Kostenrechnungen – all das hat Angst gemacht. Diese wurde vom Projektteam in ihren Konsequenzen eindeutig unterschätzt. Die vielen

Anreize, welche angeboten worden sind (alle Erzieher werden übernommen, besserer Erzieherschlüssel, bessere Fortbildung, bessere Bezahlung), konnten die Furcht vor der Veränderung nicht wett machen. Diese Angst reichte von den MitarbeiterInnen über die Personalvertretung und die Heimleitungen bis in die Rechtsabteilung als leitende Verwaltungsebene.
Der Heimreformversuch von 1990 hat zunächst also nicht sehr viel zu bewegen vermocht. Zumindest mit einer umfassenden, qualitativ ausgerichteten Arbeit konnten wir das Innenleben eines Heimes damals etwas ausleuchten (vgl. GROSS 1994). Die Ergebnisse haben unter anderem große Reformverdrossenheit signalisiert. Vielleicht auch deshalb, weil die Ideen, die 1990 von den aktiven ErzieherInnen an der Basis ausgegangen sind – ich erinnere an die Konzepte der ErzieherInnen (vgl. LANDESJUGENDHEIM 1990) –, zuwenig Unterstützung gefunden haben. Eines ist damals jedenfalls ganz deutlich auch passiert: Zahlreiche ErzieherInnen haben sich von der Verwaltung in einem hohen Maße emanzipiert, indem sie Konzepte selbst entwickelt haben. Sie hätten mehr gefördert werden müssen und das strategische Denken so mancher Unbewegbaren, die zum Zögern und Zaudern, teils zum Widerstand geraten haben, hätte öffentlich diskutiert werden müssen. Das sagt sich nach zehn Jahren leicht.

4. Aus aktuellem Anlass

Das gegenwärtige Reformvorhaben steht vor ähnlichen Herausforderungen, denn es ist sehr ambitioniert (vgl. im folgenden SOLVE CONSULTING 2000, S.3ff.): Die Einrichtung des „Sozialpädagogischen Zentrums – Mariatrost" soll die Zielgruppen der bisherigen Landesjugendheime Blümelhof (Mädchen) und Rosenhof (Burschen) umfassen. Von den fünf Wohngruppen am Standort sollte eine aufbauend koedukativ geführt werden. Für selbständiges Wohnen sollen am Standort fünf, extern ca. sieben Plätze bereitgestellt werden.
Externe Wohngemeinschaften (zwei für Burschen, eine für Mädchen) sind in Kooperation mit freien Trägern aufzubauen, welche diese Leistungen mittelfristig übernehmen können. „Dabei sind Formen von Leistungsverpflichtungen zu entwickeln, in denen auch die Koordination mit dem SPZ-Mariatrost festgelegt ist, sowie eine Übergangslösung für die Mitarbeiter geregelt wird" (SOLVE CONSULTING 2000, S.3).
Die Heilpädagogische Station (HP) hätte im bestehenden Umfang auf das Gelände des derzeitigen Landesjugendheimes Rosenhof zu übersie-

deln. Solcherart könnte das bestehende Raumdefizit abgedeckt werden. Durch die HP ist ein dezentrales Leistungsangebot in den Bezirken aufzubauen.
Das Landesjugendheim Hartberg bleibt bis auf die laufende Aktualisierung des Lehrangebotes grundsätzlich unverändert.
Wie gesagt – ein ambitioniertes Vorhaben mit strategischer Orientierung. Auch dieses wird letztlich an der Umsetzung zu messen sein.

5. Beachtliche Fortschritte auf dem Sektor der Jugendwohlfahrt

Misst man die Entwicklung in der Steiermark auf dem Sektor der Jugendwohlfahrt an den Leistungen der letzten zehn Jahre, dann ist in der Tat sehr viel Positives geschehen:
Mit der Einrichtung einer „Fachabteilung für das Sozialwesen" im Jahr 1997 wurden die strukturellen Voraussetzungen für eine sehr viel stärker fachbezogene Entwicklung geschaffen.
Im Jahr 1999 wurde bereits der zweite! Jugendwohlfahrtsplan verabschiedet. Der dabei erhobene „Ist Vergleich 1992-1995-1997" (vgl. AMT DER STEIERMÄRKISCHEN LANDESREGIERUNG 1999, S.21) weist insgesamt eine erfreuliche Bilanz in der Angebotsstruktur auf. Im Rahmen der stationären Betreuung etwa durch den Ausbau der Wohngemeinschaften oder des Betreuten Wohnens. Aber auch Einrichtungen wie die Sozialpädagogische Familienbetreuung und die Mobile Frühförderung, die allgemeinen Beratungsdienste und die Jugendberatungsdienste u.v.a.m. konnten ihre Leistungen deutlich ausbauen.
Mit diesen Planungsaktivitäten und Realisierungsschritten erarbeitete sich die Steiermark österreichweit bei der Bewältigung der Herausforderungen durch den Jugendwohlfahrtsbereich insgesamt eine Spitzenposition. Im Segment der Heimerziehung ringt man gegenwärtig um Reformen. Doch die Problemsensibilität der Fachleute, aber auch der betroffenen Jugendlichen, hat deutlich zugenommen.

6. Ausblick: Professionalisierung zur Unterstützung der Reform

Jetzt sind die Chancen offensichtlich günstig, um verbesserte Strukturen zu schaffen. Doch dabei sind die PraktikerInnen zu unterstützen. Zum Beispiel beim Aufbau von Metaebenen, von „exzentrischen Standpunkten" (vgl. MÜLLER 1999, S.390). Diese ermöglichen es, das eigene professionelle Handeln selbstkritisch zu begleiten. Es soll durch Fortbildung eine theoriebezogene „Tatbestandsgesinnung“ entwickelt werden (vgl. MÜLLER 1999, S.390), die auch den eigenen gut gemeinten Absichten gegenüber unbestechlich bleibt. Die ErzieherInnen sollen in die Lage versetzt werden, die eigenen Praktiken und die Vorsätze des Handelns mit einem skeptischen, durch Theorien angereicherten Blick zu vermessen. Dies versetzt sie in die Lage, „die prinzipielle Ohnmacht zu ertragen, die sich allein schon aus der faktischen und geforderten Klientenautonomie“ ergibt. Mit der Analyse von Machtbeziehungen (vgl. WOLF 2000, S.139ff.) fängt professionelle Arbeit im Heim überhaupt erst an.

Anmerkungen:

1) Überarbeitete und leicht erweiterte Fassung des Vortrages anlässlich der Enquete zur Heimreform in der Jugendwohlfahrt in Graz, am 31.3.2000.

7. Literaturverzeichnis

AMT DER STEIERMÄRKISCHEN LANDESREGIERUNG – FACHABTEILUNG FÜR DAS SOZIALWESEN (Hrsg.): Steirischer Jugendwohlfahrtsplan 1999. Perspektiven eröffnen. Graz 1999.

BAUMANN, H. / MITTELBACH, G.: Fürsorgeerziehung – Heimerziehung – Sozialarbeit. Skizzen einer Reform. Unveröffentlichtes Manuskript. Graz 1980.

BÜRGER, U.: Ambulante Erziehungshilfen und Heimerziehung. Frankfurt am Main 1998.

EICHER, W.: Der sozialpädagogische Ort – Jugendwohngemeinschaft. Unveröffentlichte Diplomarbeit. Graz 1994.

GROSS, D.: Das Klima in einem Jugendheim. Unveröffentlichte Dissertation. Graz 1994.

GROSS, J.: Spiegelgrund. Leben in NS-Erziehungsanstalten. Wien 2000.

INSTITUT DES RAUHEN HAUSES FÜR SOZIALE PRAXIS (Hrsg.): Das Pilotprojekt zur Methode der Ambulanten Intensiven Betreuung. Hamburg 1998.

INSTITUT FÜR EMPIRISCHE SOZIALFORSCHUNG: Analyse der Bedarfstendenzen in der Sozialarbeit, bezogen auf das Land Steiermark. Wien 1981.

JUGENDAMT DER STADT WIEN (Hrsg.): Aktuelle Probleme der Heimerziehung. Wien 1981.

JUGENDAMT DER STADT WIEN (Hrsg.): Der Wiener Weg in der Heimerziehung. Wien 1988.

KIEHN, E.: Sozialpädagogisch betreutes Jugendwohnen. Freiburg/Breisgau 1990.

KRICKL, O. / SCHEIPL, J. / PAIL, F. / MADNER, A. / WALLNER, D.: Konzept zur Umstrukturierung der steirischen Landesjugendheime. Graz 1990.

LANDESJUGENDHEIM FÜR MÄDCHEN: Umstrukturierung des Landesjugendheimes für Mädchen. Eine gedankliche Auseinandersetzung zum Thema Heimerziehung. Graz 1990.

MOLLENHAUER, K. / UHLENDORFF, U.: Sozialpädagogische Diagnosen. Weinheim 1992.

MÜLLER, B.: Lebendiges Wissen und totes Wissen. In: NEUE PRAXIS. Heft 4,1999, S.383-394.

PESTALOZZI-STIFTUNG – HAMBURG: Jugendhilfekonzept der Flexiblen Betreuung. Hamburg 1995.

PETERS, F. / TREDE, W. / WINKLER, M. (Hrsg.): Integrierte Erziehungshilfen. Qualifizierung der Jugendhilfe durch Flexibilisierung und Integration. Frankfurt am Main 1998.

SCHEIPL, J.: Heimerziehung in Österreich. In: COLLA, H. u.a. (Hrsg.): Handbuch Heimerziehung und Pflegekinderwesen in Europa. Neuwied/Kriftel 1999, S.71-84.

SOLVE CONSULTING MANAGEMENTBERATUNG GmbH.: Organisationsanalyse Landesjugendheime Steiermark. Umsetzungskonzept. Endbericht vom 4.5.2000; erstellt für FASW, Steiermark. Landesregierung. Wien 2000.

SPIEL, W. u.a.: Der Wiener Weg in der Heimerziehung. Institut für Stadtforschung. Heft 4. Wien 1972.

STADT WIEN MAGISTRAT ELF – AMT FÜR JUGEND UND FAMILIE (Hrsg.): Heim 2000 – 2. Zwischenbericht. In: INFORMATION. Heft 3,1999a, S.1-41.

STADT WIEN MAGISTRAT ELF – AMT FÜR JUGEND UND FAMILIE (Hrsg.): Fachliche Standards für die sozialpädagogische Arbeit im Krisenzentrum. In: INFORMATION. Heft 4,1999b, S.2-39.

STEIERMÄRKISCHE LANDESREGIERUNG / RECHTSABTEILUNG 9 (Hrsg.): Steirische Jugendwohlfahrtsenquete 1980-1981 zum Thema Jugendwohlfahrt – bestehende Möglichkeiten und ihre Alternativen – Zusammenfassung der Ergebnisse der Arbeitskreise. Graz 1981.

WINKLER, M.: Jugendhilfe im Zehnten Kinder- und Jugendbericht – ein Kommentar. In: NEUE SAMMLUNG. Heft 2,1999, S.343-362.

WOLF, K.: Machtprozesse in der Heimerziehung. Münster 1999.

WURZWALLNER, H. (Hrsg.): Sozialarbeit in der Steiermark. Problemfelder – Perspektiven – Modelle. Forschungsbericht des Instituts für Erziehungswissenschaften der KFU-Graz. Graz 1984.

Martina Gasser

JEDEM DAS SEINE: INDIVIDUELLE BETREUUNGSKONZEPTE ALS HERAUSFORDERUNG IN DER PÄDAGOGISCHEN ARBEIT MIT VERHALTENSAUFFÄLLIGEN KINDERN UND JUGENDLICHEN IN VORARLBERG

1. Historische Entwicklung in Vorarlberg

Das Institut für Sozialdienste (IfS) betreut seit 1972 jugendliche Mädchen und Burschen im stationären sozialpädagogischen Bereich. Das IfS, und damit Vorarlberg, waren dadurch einer der österreichischen Vorreiter der sozialpädagogischen Wohngemeinschaften.
Seit dieser Zeit haben sich gesellschaftliche Bedingungen und damit die Bedürfnisse der Jugendlichen weitgehend geändert. Sowohl die Vielschichtigkeit der Probleme als auch die der benötigten Lösungsstrategien ergeben die Notwendigkeit der Betrachtung von Individualität und mehr Flexibilität im sozialpädagogischen Setting.
Dieser neuen Herausforderung stellt sich die Fachgruppe „Sozialpädagogik“ des IfS.

Die erste „Offene Wohnung“ für verhaltensauffällige Mädchen wurde 1972 von Frau Hedwig GMEINER ins Leben gerufen, nachdem sie viele Jahre ein Mädchenwohnheim leitete. Diese Mädchen waren zwischen 14 und 18 Jahren alt und kamen zumeist aus der unteren sozialen Schicht. Besonders schwierige Mädchen wurden in Erziehungsheimen in anderen Bundesländern untergebracht, obwohl die Betreuung von Jugendlichen in Anstalten zu dieser Zeit schon sehr kritisch gesehen wurde, auch deshalb, weil es schon viele Erfahrungen mit den negativen Auswirkungen dieser Heime gab: Hospitalisierung, Heimatlosigkeit und Orientierungslosigkeit. Frau GMEINER war von dieser Situation sehr betroffen und so startete sie den damals revolutionären Weg zu einer „Offenen Wohnung“. Statt junge Mädchen in schwierigen Situationen in Heime zu schicken, sollte ihnen jetzt angeboten werden, freiwillig, in familiärer Atmosphäre zu wohnen und neue Lebensziele zu suchen. Für wichtig erachtet wurde die „Beheimatung“, ein Begriff der von Frau GMEINER geprägt wurde und über die Jahrzehnte ein wichtiger Aspekt in der Ar-

beit der Fachgruppe blieb. Weiters sollten emotionale Defizite durch intensive, auf Wertschätzung und Respekt der Individualität basierende Beziehungsarbeit, Förderung der unterschiedlichen Fähigkeiten und der Selbstständigkeit aufgearbeitet werden. Leitideen die gerade heute an Gewicht gewinnen.
1975 wurde die 2. WG, und 1979 die erste Burschen WG eröffnet. Bis zum Jahr 1994 gab es in ganz Vorarlberg 5 Wohngemeinschaften mit 7 Regelplätzen und einem Krisenplatz, welche vom IfS geführt wurden.
Bis 1980 wurden diese Wohngemeinschaften familiär geführt, das heißt, die Erzieherinnen lebten in der Wohngemeinschaft mit den Mädchen zusammen und verzichteten weitestgehend auf ein Privatleben außerhalb der WG.
Anfang der 80er Jahre waren die Erzieher und Erzieherinnen nicht mehr bereit, auf ihr Privatleben zu verzichten und es entstanden größere Teams mit abwechselnden Diensten, geringerer Arbeitszeit und niemand wohnte mehr im selben Haus wie die Mädchen.
In den ersten Jahren arbeiteten hauptamtlich nur Frauen in den WGs. Diesen war aber wichtig, dass die Mädchen auch männliche Bezugspersonen hatten. Einige Studenten und Sozialarbeiter stellten sich zur Verfügung und arbeiteten ehrenamtlich mit.
Mit dem Aufbau der Burschen WGs kamen auch die hauptamtlichen Erzieher dazu.
Seit 1984 war die Koedukation ein Thema im Fachbereich. Diese Idee wurde schließlich 1990 umgesetzt. Es stellte sich heraus, dass die Mädchen im gruppendynamischen Prozess mindestens genauso stark waren wie die Burschen und oft sogar die Führung übernahmen. Es entstanden auch Paare, deren Beziehungen wiederum in der Gruppe thematisiert wurden. Die Paarbildung nahm nie überhand und die Koedukation bewährte sich in dieser Wohngemeinschaft.
1984 wurde auch die erste Außenwohnung eröffnet. 1985 – 1990 waren Jahre der inhaltlichen Weiterentwicklung und Professionalisierung. Die Arbeitsweise wurde reflektiert und Kriterien für eine Qualitätsverbesserung ausgearbeitet.
Die Geschichte des Fachbereiches Sozialpädagogik ist geprägt von der Suche nach der optimalen Antwort auf die unterschiedlichsten Bedürfnisse der Jugendlichen.
1994 begann im Fachbereich die Diskussion einer gravierenden Umstrukturierung. Diese war einerseits eine Folge der massiven Sparmaßnahmen der öffentlichen Hand, welche sich durch permanente Unterbelegung zeigte, als auch dem Bewusstsein mit „nur“ 5 Wohngemeinschaften nicht mehr zeitgerecht zu sein.

Inspiriert von modernen Trends, aktuellen Angeboten, Erfahrungen aus den Außenwohnungen und einem Kriseninterventionsprojekt baute das IfS ein vielschichtiges Angebot auf, welches sich an den individuellen Bedürfnissen der Jugendlichen und deren Angehörigen orientiert.
1995 wurde das ambulant betreute Wohnen und 1997 das Jugendintensivprogramm umgesetzt, indem dafür Wohngemeinschaften geschlossen wurden.

Abb. 1: Organigramm der derzeitigen Struktur:

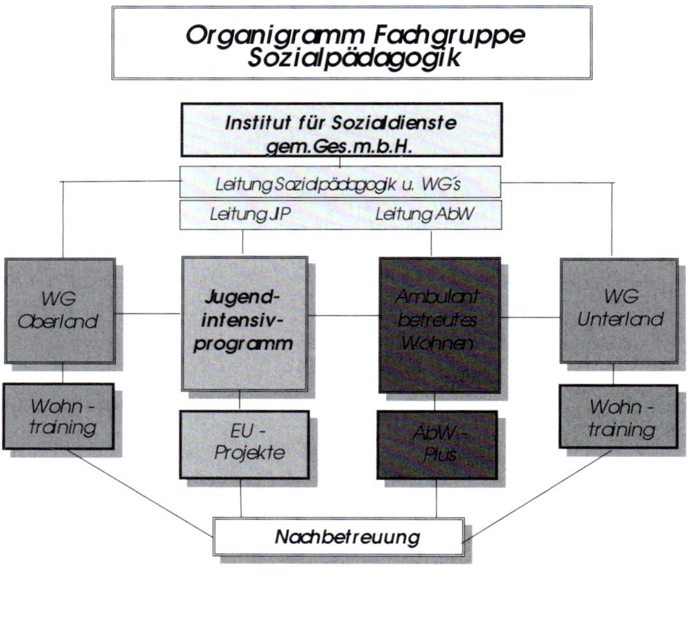

2. Rechtliche Voraussetzungen

Ein neues Projekt zur Unterbringung von Jugendlichen muss von der Landesregierung genehmigt werden.
Im Landesjugendwohlfahrtsgesetz (L-JWG) § 21 heißt es:

„ (1) Wohngemeinschaften und sonstige Einrichtungen, die zur Übernahme von Minderjährigen in Pflege und Erziehung bestimmt sind, dürfen nur mit Bewilligung der Landesregierung errichtet und betrieben werden. Dies gilt nicht für Einrichtungen, welche der Aufsicht einer Schulbehörde unterliegen".

Voraussetzung zur Unterbringung:
Im L-JWG § 1 wird beschrieben, dass die Jugendwohlfahrt dem Ziel der freien Entfaltung der Persönlichkeit des Minderjährigen dient. Um dies zu gewährleisten und die nötigen Maßnahmen dazu sicherzustellen, stellt sie ein Angebot an Hilfsdiensten zur Verfügung.

„§ 10 (1) Wenn die Erziehungsberechtigten die Pflege oder Erziehung der Minderjährigen nicht gewährleisten oder dabei Unterstützung benötigen, hat die Bezirkshauptmannschaft dafür zu sorgen, daß die erforderlichen Maßnahmen der Erziehungshilfe getroffen werden.

(2) Die Maßnahmen der Erziehungshilfe sind im Einzelfall als Unterstützung der Erziehung oder als volle Erziehung zu gewähren.

(3) Die Maßnahmen der Erziehungshilfe sind als freiwillige Erziehungshilfe oder als Erziehungshilfe gegen den Willen der Erziehungsberechtigten zu gewähren.

(4) Es ist jeweils die gelindeste zum Ziel führende Maßnahme zu treffen".

„§ 12 (1) Wenn die Familie des Minderjährigen auch bei Unterstützung der Erziehung nach § 11 nicht in der Lage ist, eine ausreichende Pflege und Erziehung zu gewährleisten, ist der Minderjährige in einer anderen Familie, in einer Wohngemeinschaft oder in einer sonstigen Einrichtung (§ 21) zu pflegen und zu erziehen".

3. Betreuungsbeginn und Zugangsweg

Die Fachgruppe „Sozialpädagogik" bietet insgesamt 54 Plätze an. Aufgenommen werden Mädchen und Burschen im Alter von 14 bis 19 Jahren. Nach einer gesonderten Abklärung kann diese Regelung verändert werden. Die Aufenthaltsdauer richtet sich nach der individuellen Entwicklung der Jugendlichen und der zielführenden Integration in das soziale Umfeld.

Der Hauptzugangsweg erfolgt über die Wohngemeinschaften, da diese „rund um die Uhr" erreichbar sind. Die in den Wohngemeinschaften installierten Beauftragten (Funktion „ Nahtstelle") sind erste Ansprechpartner in der Bearbeitung von Anfragen. Sie verwalten Platzanfragen, koordinieren Aufnahmetermine und stehen für Fachgruppeninformationen als auch für Fachberatung auf Vereinbarung zur Verfügung. Jugendliche, die den Aufnahmekriterien des ambulant betreuten Wohnens (AbW) oder des Jungendintensivprogramms (JIP) eindeutig entsprechen, können direkt bei den jeweiligen Fachbereichen angemeldet werden.
Der Ablauf von der Anmeldung bis zu einer Aufnahme ist in den jeweiligen Fachbereichen unterschiedlich festgelegt, da diese auch von der Ausgangssituation unterschiedliche Aufgabenstellungen haben.
Ist im JIP kürzeste Vorbereitungszeit aufgrund der meist vorhandenen Krisensituation und eines wahrscheinlichen weiteren Abgleitens eines Jugendlichen bei zeitlicher Verzögerung anzustreben, so muss bei einer Aufnahme ins AbW die bereits erlangte oder vermutete Selbstständigkeit als auch die Motivation eines Jugendlichen überprüft werden. Dies erfordert eine andere Vorgangsweise als im JIP.
In den Wohngemeinschaften als Hauptzugangsweg wird darauf bedacht genommen, dass eine Aufnahme sowohl vorbereitet als auch eine Unterbringung möglichst schnell zu erfolgen hat.

Jede Anfrage wird angenommen, und bei Notwendigkeit innerhalb der Fachgruppe schnellstmöglich bearbeitet und weitergeleitet.

In einer Abklärungs- und Diagnosephase wird zunächst der IST-Stand erhoben und daraus gemeinsam mit den Jugendlichen und deren Angehörigen die ihrem individuellen Entwicklungsstand und Bedürfnissen entsprechenden Ziele erarbeitet. In einem gemeinsamen Gespräch werden diese verschiedenen Ziele zu einem gemeinsamen Kontrakt zusammengeführt und von allen Beteiligten unterschrieben. Damit ist dieser

Kontrakt für die Jugendlichen, deren Angehörige, dem IfS und der Jugendwohlfahrtsabteilung verbindlich. Dieser Vertrag ist die Basis für den notwendigen Handlungsplan, welcher genau auf die Bedürfnisse und Notwendigkeiten der Jugendlichen abgestimmt ist.

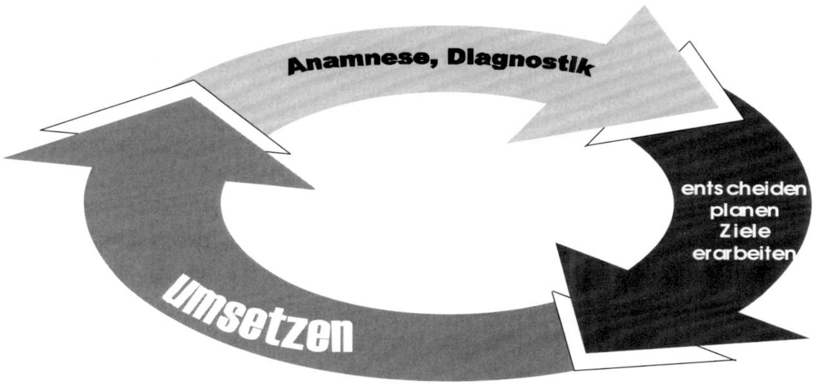

4. Individuelle Betreuungskonzepte am Beispiel Jugendintensivprogramm (JIP)

Das Jugendintensivprogramm versteht sich als ein Projekt zur sozial- und erlebnisorientierten Persönlichkeitsentwicklung für Burschen und Mädchen.

4.1 Zielgruppe

- Jugendliche Burschen und Mädchen, die entweder in einer konventionellen Einrichtung nicht gehalten werden können und einer ganz spezifischen Form der erlebnis-, sozialpädagogischen und therapeutischen Kurzintervention bedürfen.
- Jugendliche, die aufgrund ihrer besonderen Lebenssituation nicht gruppen- oder arbeitsfähig sind.
- Jugendliche, die mit Alkohol- bzw. Drogenmissbrauch bereits konfrontiert waren bzw. sind, jedoch „noch nicht“ abhängig sind (ge-

sonderte Abklärung notwendig).

- Jugendliche, mit sozial auffälligem Verhalten, deren Entwicklung mit einer erlebnis-, sozialpädagogischen Intervention positiv beeinflusst werden kann.
- Jugendliche, die einen kurzfristigen aber massiven Abstand von ihrem sozialen Milieu brauchen, um dann wieder in der Familie Fuß fassen zu können.

4.2 Voraussetzungen der Jugendlichen

- Mindestmaß an Bereitschaft, Vereinbarungen einzuhalten.
- Ärztliches Gutachten über die körperliche Verfassung.
- Mindestmaß an Bereitschaft der Eltern bzw. Angehörigen zur aktiven Mitarbeit.

4.3 Gruppenstruktur

- Zwei Jugendliche (die Geschlechter können auch gemischt sein) und ein/e BetreuerIn.

Abb. 2: Das JIP Verständnis

4.4 Projektablauf und Zuständigkeit

Abb. 3: Gesamtstruktur des Projektablaufes

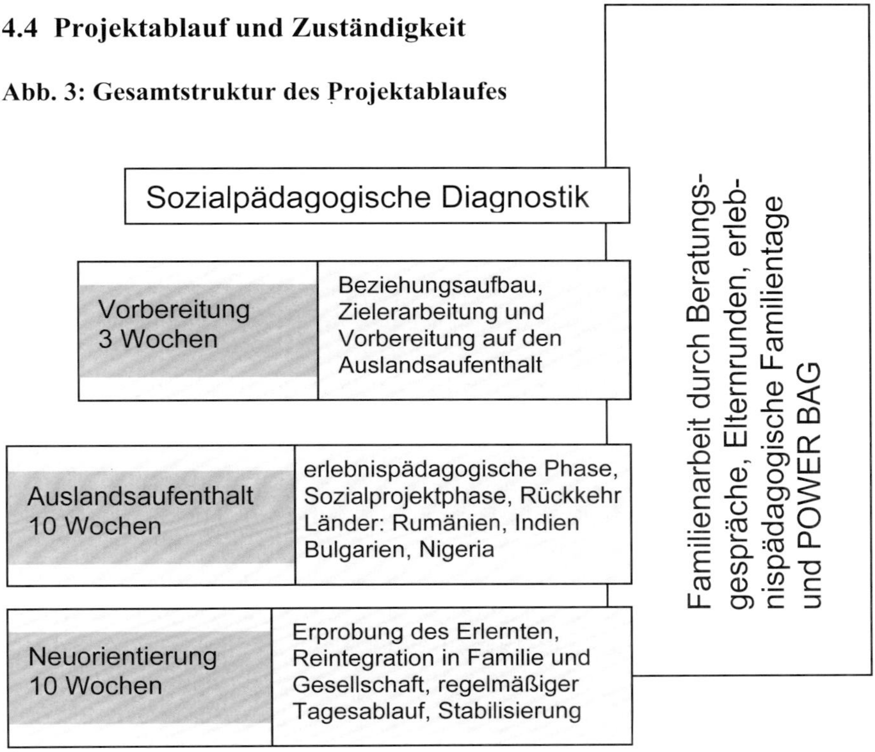

Auf Grund der nötigen Flexibilität und Vielfältigkeit, welche in diesem Projekt benötigt wird, wurden verschiedene Länder ausgesucht. Zumeist stehen in den Ländern auch mehrere Sozialprojekte zur Verfügung, damit z.B. zwei Gruppen zur gleichen Zeit im selben Land, aber voneinander getrennt, arbeiten können. Dies stellt gerade in Krisenzeiten eine Erleichterung für die BetreuerInnen dar.
In jedem Land stehen Einheimische zur Verfügung, welche die nötigen Kontakte zu örtlichen Behörden und auch zur Leitung in Österreich halten.

4.4.1 Vorbereitung: Dauer ca. drei Wochen

In dieser Zeit lebt der Jugendliche entweder im bisherigen Setting bzw. bei ganz massiven Schwierigkeiten in einer voll- oder teilstationären Wohnform (sinnvollerweise unter Nutzung bereits bestehender Infra-

strukturen). Die Intensität der ambulanten Betreuung wird seitens der MitarbeiterInnen des Intensivprogramms und aller weiteren Beteiligten abgesprochen.
Der/die zuständige BetreuerIn bereitet mit den Jugendlichen das Projekt vor, z.B. durch die Einführung in die notwendigsten Sprachkenntnisse, spezielle Kenntnisse für das Projekt, individuell Organisatorisches, macht mit ihnen bereits erlebnispädagogische Vorerfahrungen (weg vom Alltag), Hüttenwochenenden, Alltagsbewältigung in der Wohnung usw. Weiters erhalten die Jugendlichen therapeutische Sitzungen, um Widerstände, Ängste usw. besprechen zu können. In dieser Phase beginnt auch die Elternarbeit. Hier erfolgt ein erster Schritt weg vom bisherigem Werdegang und der Abgrenzung vom aktuellen Freundes- und Bekanntenkreis.

4.4.1 Auslandsaufenthalt : Dauer zehn Wochen

In der ersten Zeit treten spezielle erlebnispädagogische Aspekte in den Vordergrund. Diese Phase erfolgt in der Natur, weg von zivilisierten Einflüssen. Die Jugendlichen sollen in der Natur und in der Kleingruppe sich speziell mit sich selbst und ihrer Geschichte auseinandersetzen. Sie sollen lernen, auf sich selbst und die anderen Rücksicht zu nehmen und erfahren, dass manche Aufgaben nur gemeinsam bewältigt werden können.
Der genaue Ablauf ist vom Gastland abhängig. So sieht diese Phase anders aus, ob die vorgesehene Route durch die Wüste oder durch eine Dschungellandschaft führt. Die zwei Jugendlichen werden von ihrem/ihrer BetreuerIn und bei Bedarf von einer ortskundigen Person begleitet. Sie sollen in dieser ersten Zeit eine vorher abgesprochene Strecke mit verschiedensten Aufgabenstellungen (Zeltaufbau, Kochen usw.) absolvieren. Ob sie zeitweise Hilfsmittel wie Lasttiere zur Verfügung gestellt bekommen, muss noch vor Ort abgeklärt werden. Dies ist wiederum vom Land abhängig.
Durch die Selbstversorgung mittels minimaler Hilfsmaterialien lernen die Jugendlichen sich selbst zu helfen, sie müssen kreative Lösungsmuster suchen, da "überflüssige" Gegenstände nicht vorhanden sind.
Aufgrund dessen, dass das Projekt in der freien Natur, fernab von bekannter Zivilisation, stattfindet, sind die Fluchtmöglichkeiten minimiert. Die Teilnehmer haben keine andere Chance, als sich den Aufgaben zu stellen und diese durchzumachen. Dies ist oftmals eine neue Lernerfahrung, da viele Jugendliche mit Flucht und Verweigerung reagieren, so-

bald sie sich einer Aufgabe nicht gewachsen fühlen und glauben, diese nicht erfüllen zu können.
Auch können die Jugendlichen ihre persönliche Situation aufgrund solcher Erfahrungen und dadurch, dass sie fernab ihres Herkunftsmilieus sind, dissoziiert betrachten, was oft zur Folge hat, dass nicht mehr alles so aussichtslos und trist ausschaut.
In allabendlichen Sitzungen werden die Eindrücke und Vorkommnisse des Tages besprochen und durch verschiedene therapeutische Techniken und Interventionen vertieft. Diese sind abhängig von den therapeutischen Grundkenntnissen der Betreuungspersonen. Analogien zur Herkunftsgeschichte, Erinnerungen traumatischer Erfahrungen, die durch die spezielle Begebenheit hervorbrechen können, werden aufgefangen und aktiv bearbeitet.
Die Jugendlichen lernen mit Hilfe ihres/ihrer Betreuers/Betreuerin ihnen zugeführte und erfahrene Schmerzen zu bewältigen und so neue Ressourcen für das weitere Leben neu zu erschließen.
Aufgrund der Möglichkeit, Neues auszuprobieren, ohne sofort auf gesellschaftliche Grenzen zu stoßen, erhalten die Jugendlichen die Chance, Positives zu erleben und zu sehen, dass sie sehr wohl etwas Produktives leisten können und so auch den Mut bekommen, „Anderes“ zu probieren.
Durch dieses “Learning by doing" und der Vertiefung dieser Erfolgserlebnisse wird das Selbstwertgefühl des Jugendlichen so weit gestärkt, dass er in der nächsten Phase nicht mehr nur auf sich, sondern auch auf andere schauen kann.
Durch die Reduktion auf das Individuum, die Kleingruppe und die Natur lernen die Teilnehmer auch einen anderen Umgang mit Aggressionen, Ängsten, Verletzungen. Es müssen andere Kommunikationsmuster und Konfliktbewältigungen gefunden werden, wenn man für lange Zeit auf eine kleine Gruppe beschränkt und auf diese angewiesen ist.
Es ist ein wichtiger Aspekt, dass Flucht als Lösungsmöglichkeit nicht gegeben ist.
Durch Zeiten der Selbstreflexion, in der die Jugendlichen über sich selbst nachdenken können, ergibt sich dann auch die Basis für intensive Gespräche mit Betreuern sowie auch mit anderen Jugendlichen.
Diese spielen hierbei eine sehr wichtige Rolle, weil die Jugendlichen sehr viel voneinander lernen.
Im Anschluss daran sollen die Jugendlichen, sobald sie wieder mehr Zugang zu sich gefunden haben, mehr Selbstwert und mehr Zutrauen zu sich haben und erfahren, dass sie nicht nur Konsumierende von Hilfe sind, sondern auch produktiv anderen helfen können.

In einem Sozialprojekt sollen sie Menschen, denen es wirtschaftlich schlecht geht, helfen, indem sie beim Aufbau von Hütten, bei der Ernte usw. helfen.
In dieser Phase lernen die Jugendlichen Menschen einer anderen Kultur und Lebensweise kennen. Sie müssen sich mit „Fremden“ auseinandersetzen und erfahren, wie es ist, auch Fremder in einem Land zu sein, welches gerade bei Jugendlichen, die zu Rechtsradikalismus neigen, sehr wichtig ist. Wir haben oft die Erfahrung gemacht, dass gerade sozial benachteiligte Jugendliche allem Neuem, Fremdem äußerst argwöhnisch, ängstlich und damit auch aggressiv gegenübertreten, um ihrerseits von diesem nicht verletzt zu werden. Die Jugendlichen lernen die Bevölkerung des Gastlandes als Individuen kennen, was dazu beitragen kann, dass die Angst vor dem Fremden nachlässt. Auch kann durch diese Erfahrung ihr Sinnbild vom Leben erneuert bzw. relativiert werden.
Im Projekt Sinai haben wir die Erfahrung gemacht, dass die Jugendlichen von der Lebensweise der Beduinen betroffen waren und mit großem Respekt deren Kulte und Lebensweisen auf sich zukommen ließen. In einem anderen Kontext hätten die Mädchen wohl über die Bräuche der Beduinen gespottet. Hier waren sie fasziniert und motiviert, etwas davon zu lernen. Sie waren sich nicht "zu schön", bei den Beduinen-Tänzen mitzumachen und sich von den Beduinen etwas lehren zu lassen.
Bei einem Sozialprojekt, bei dem Jugendliche nicht nur nehmen, sondern auch geben können, wird dieser Aspekt noch mehr verstärkt, da die Jugendlichen auf noch produktivere Weise ihre Hemmschwellen abbauen können. Wichtig ist dabei, den Jugendlichen genügend Zeit zu lassen.
Ein weiterer wichtiger Aspekt ist, dass die Jugendlichen etwas leisten sollen, was produktiv und hilfreich ist, sodass sie stolz auf sich sein können.
Diese Jugendlichen machen sehr oft die Erfahrung, dass das, was sie in Angriff nehmen, nicht funktioniert. Sie erwarten von vornherein einen Misserfolg, da sie das schon so oft erlebt haben, brechen sie gerne vor Beendigung ab, um sich selbst den Misserfolg zu ersparen. Indem wir Hilfsprojekte anbieten, welche die Fähigkeiten der Jugendlichen nicht übersteigen und sie auch kaum die Möglichkeit der Flucht haben, müssen die Jugendlichen durchhalten und können so vielleicht erstmals erfahren, dass sie sehr wohl etwas leisten können und nicht die "ewigen Versager" sind. Dies kann dann ein erster Schritt sein, dass sie auch in unserer Gesellschaft Aufgaben und Anforderungen angehen.
Nachdem sich die Jugendlichen neun Wochen auf sich und das Gastland eingestellt haben, sollen sie in der letzten Woche die Möglichkeit haben, sich wieder bewusst auf ihre Rückkehr nach Vorarlberg vorzubereiten.

In dieser Zeit werden die Eltern auch intensivst auf die Rückkehr ihrer Kinder vorbereitet.
An dem Wochenende vor deren Rückkehr findet ein Elternseminar statt. Dabei wird die Elternarbeit, die während des Aufenthaltes stattfand, vorerst beendet, um zur Familienarbeit erweitert zu werden.
An diesem Wochenende werden die Eltern speziell auf den Tag der Rückkehr und die nächste Zeit vorbereitet. Sie sollen die Veränderung ihres Kindes verstehen.
Ziel ist es, die Eltern und ihr Kind wieder einander näher zu bringen und eine positive Atmosphäre von Liebe, Verständnis und gegenseitigem Respekt aufzubauen.
Die Eltern empfangen ihr Kind am Flughafen und bringen es, wenn nötig, in die neue Wohnform. Ab diesem Zeitpunkt beginnt eine intensive Familienarbeit.
Im nächsten Projekt startet ein Pilotversuch, bei welchem die Jugendlichen vier Tage früher vom Ausland zurückkehren, von ihren Bezugspersonen empfangen werden und mit diesen vier Tage in einem geschützten Rahmen außerhalb Vorarlbergs verbringen.

4.4.3 Neuorientierung: Dauer zehn Wochen

Diese Phase findet wieder in Vorarlberg statt.
Jetzt soll der Jugendliche zur Ruhe kommen, dabei das bisherige Projekt reflektieren und für sich ein erstes Resümee ziehen. Er kehrt entweder in das Herkunftssetting zurück oder kommt in eine neue Wohnform, welche während seiner Abwesenheit vorbereitet wurde.
Der Jugendliche wird in Zusammenarbeit mit Betreuer und Eltern wieder auf unsere Gesellschaftsform vorbereitet. Durch die Planung der nächsten Zukunft (Arbeitsuche, Schule, gezieltes Freizeitverhalten usw.) beginnt der Ablöseprozess von seinem Betreuer.

Die Ablöse soll in kleinen Schritten und bestimmten Ritualen erfolgen. Auch hier gibt es noch erlebnispädagogische Nachfolgewochenenden/ Aktionen mit starker Einbindung des neuen Umfeldes.

4.4.4 Systemische Arbeit und Power Bag

Systemisches Denken ist ein fixer Bestandteil der Arbeit im JIP.

Aus dieser Grundhaltung ergibt sich eine notwendige und enge Zusammenarbeit mit den Eltern, welche unter anderem auch das ganze soziale Umfeld der Jugendlichen einschließt. Der/die Jugendliche ist nicht allein SymptomträgerIn. Er/sie wird von den Menschen in seinem/ihren System, in dem er/sie durch soziale Beziehungen integriert ist, beeinflusst. Die sozialen Aspekte seiner/ihrer Entwicklung, wie z.B. familiäre Erziehungspraktiken, Verhaltensweisen, soziale Stellung und Schichtzugehörigkeit, sind für die Ursache seiner/ihrer Störung von großer Bedeutung.

Aspekte des Systemischen Arbeitens im JIP:

➔ Therapeutische Beratung der Eltern,
➔ Elternabende,
➔ Power Bag für Jugendliche.

A) Therapeutische Beratungsgespräche

Elterngespräche stellen eine der wichtigsten Formen der Elternarbeit dar. Die bisherige Erfahrung im JIP ergab, dass durch die besondere Situation, da der/die Jugendliche fort ist, die Eltern sich nicht mehr nur auf die Aktivitäten ihres Kindes beschränken können, sondern auch ihre persönliche Situation reflektieren müssen. Weiters erleben die Eltern in dieser Situation den Berater nicht mehr als Konkurrenz, sondern wirklich als Partner und Unterstützer.
Daraus ergab sich sehr schnell eine sehr positive Arbeitsatmosphäre, welche eine therapeutische Handlungsmöglichkeit ergab.
Die Elternarbeit im JIP ist therapeutisch, da die Eltern ihre Lebenssituation mit Gefühlen, Schwierigkeiten und Chancen reflektieren und ihre Ressourcen erarbeiten, welche ihnen eine neue Basis schaffen, um mit ihrem Kind nach der Rückkehr anders umgehen zu können.

Ziele:

- Kontaktpflege,
- Bearbeitung des Erziehungsverhaltens der Eltern gegenüber ihrem
- Kind,
- Informationsaustausch auf allen Seiten (z.B. wie geht es dem Jugendlichen im Ausland).

Diese Informationen erhöhen das Verständnis für die jeweilige Problematik der Familie und helfen den Umgang mit dem/ der Jugendlichen und den Eltern zu modifizieren.
Themen:

- Einstellung der Eltern zum/zur Jugendlichen,
- Verhalten des/der Jugendlichen, Zukunftsperspektiven,
- positive Veränderungen, Krisen ...

Regelmäßige Elterngespräche dienen einer anderen Zielsetzung und finden daher in unterschiedlichen Abständen und mit den einzelnen Eltern statt (ca. alle zehn Tage).
Jede Art der Familienberatung bedarf zu Beginn besonderer Anstrengungen aller Beteiligten, miteinander in Kontakt zu kommen.
Wenn es gelingt, am Anfang ein positives Klima aufzubauen, sind beide Seiten meist so flexibel und anpassungsfähig, dass im weiteren Prozess Diskrepanzen bezüglich Sprache, Verhalten und Einstellungen ausgehalten werden können.
Der/die BeraterIn kann durch ein starkes Entgegenkommen die hemmenden Barrieren abbauen. Auch wenn wir unsere Erwartung der Zusammenarbeit klar und deutlich signalisieren, dürfen die Eltern nicht das Gefühl der Aufdringlichkeit haben, da es sonst zur Abwehr von ihrer Seite kommt.
Der Abbau der räumlichen und sozialen Distanz erleichtert die Kontaktaufnahme, sodass es für uns offen ist, wo die Treffen stattfinden, weil dies individuell gehandhabt werden kann.
Eine wichtige Entlastung für die Familie bedeutet es, wenn man sich zu Beginn mit der akuten Krise und den manifesten Problemen beschäftigt und nicht mit tiefer liegenden psychischen Konflikten. Dabei werden vor allem die vorhandenen Ressourcen herausgearbeitet.
Gerade am Anfang ist es wichtig, Unterstützung und Stabilisierung in massiven Krisen, Vermittlung von Informationen, Aufklärung in Sachverhalten, Eingreifen in Erziehung als Modellcharakter anzubieten.

Der/die BeraterIn nimmt die eindeutige Führungsposition ein ohne aber dabei zu vergessen, dass im Mittelpunkt die Werte, Bedürfnisse und Wünsche der Familie stehen.

Besprechen und Vorbereiten von Verhaltensweisen gegenüber dem Jugendlichen.

Oft sind massive Konflikte zwischen Jugendlichem und Eltern Hauptgründe für die Einweisung in den stationären Bereich. Beiderseitiges abweisendes Verhalten weicht wieder dem Wunsch, mehr miteinander zu machen. Dieser Wunsch wächst mit der geographischen Distanz. Eine Erfahrung des JIP ist, je größer die räumliche Distanz, desto größer wird die emotionale Nähe.

Dabei ist zu beachten, dass die Familie nicht in alte Gewohnheiten zurückfällt oder neu aufgebaute Umgangsformen durch gegenseitige Überforderung wieder zerstört werden.

Daher ist vor dem ersten Wiedersehen eine vorbereitende intensive Arbeit wichtig.
Diese passiert parallel, d.h., die Eltern bearbeiten das Thema mit dem Berater, der Jugendliche mit seinem Betreuer im Ausland. Auch hier sind die Kooperation und der Austausch zwischen Berater und Betreuer sehr wichtig. Diese Arbeit soll allen Familienmitgliedern dazu dienen, Befürchtungen und Wünsche zu artikulieren, Fehlverhalten zu antizipieren und Ressourcen zur zielführenden Problembewältigung zu entdecken. Auch bei folgenden Gesprächen werden vergangene, gegenwärtige und zukünftige Situationen wechselweise thematisiert, um dadurch die Basis für andere, neue familiäre Kontakte zu schaffen.

B) Elternabende

Teilnehmer sind alle Eltern, deren Kinder gerade im Rahmen des JIP betreut werden. Auch hier wird von den Eltern eine Teilnahme erwartet. Nach anfänglichen Widerständen haben die Eltern diese Arbeit bisher als sehr hilfreich und unterstützend erlebt, da sie erfahren, dass sie mit ihren Problemen nicht alleine sind. Auch konnten sich die Eltern untereinander sehr positiv begegnen und sich gegenseitig positiv unterstützen.

Themen: Je nach Gruppendynamik, Aktualität oder Bedürfnisse

Ziele: Im Sinne von Selbsthilfegruppen sollen die Eltern neue Konfliktlösungsmuster und Verhaltensmöglichkeiten bezüglich folgender Bereiche erarbeiten:

- Selbstwerterfahrung,
- Kompetenzerweiterung,
- gegenseitige Unterstützung,

- üben, trainieren und erleben einer effektiven Kommunikation,
- anleiten von neuen Verhaltensmöglichkeiten, z.B. durch Rollenspiele, Soziogramme, Skulpturen,
- Die Eltern sollen die Möglichkeit haben, über ihre Situation mit ihrem Kind zu erzählen und ähnliche Erfahrungen mit anderen Eltern zu teilen.

C) POWER BAG für Jugendliche

Aus den ersten Erfahrungen ergab sich, dass die Betreuer kurz vor der Abreise und kurz nach der Rückkehr eine Pause brauchen. Auch kann es vorkommen, dass der Betreuer noch erkrankt oder in Krisensituationen alleine zuwenig Unterstützung bieten kann.
In solchen Situationen mussten andere Betreuer des JIP einspringen, was aber schwierig war, weil der/die Jugendliche diese Person überhaupt nicht kannte, und aufgrund der geforderten Flexibilität auch das Team immer wieder numerisch reduziert war.
Andererseits war es gerade in der Neuorientierung wichtig, dass der Jugendliche und seine Familie einen geschützten Rahmen hatten, um auftretende Krisen, welche es immer wieder gab, bewältigen zu können.
Dieser Unterstützungskreis erleichtert auch die Ablösung vom Betreuer.
Das POWER BAG ist ein Zusammenschluss von Personen rund um den Jugendlichen, welche bereit sind sich um die Belange des Jugendlichen zu kümmern und auch Aufgaben in der Realisierung der Zielformulierungen zu übernehmen.
In der Vorbereitungsphase wird die Gruppe eingeladen, um die Zielformulierung festzusetzen und um die Ressourcen auszuarbeiten, welche die einzelnen Personen haben, um den Jugendlichen bei seinen Zielen zu unterstützen.
Danach gibt es je nach Themen verschiedene Sitzungen, bei denen auch nur jene Personen dabei sein können, die dafür relevant sind. Die Arbeiten können durchaus innovativ und kreativ sein und bedienen sich auch gruppendynamischer Methoden. Die Treffen finden regelmäßig statt.
In Schritten wird bearbeitet, wie die einzelnen Mitglieder des POWER BAG den Jugendlichen in der Umsetzung seiner Ziele konkret unterstützen können (z.B., ob ein Onkel mit dem Jugendlichen auf Jobsuche geht oder ob die Vertrauensperson bei Konflikten mit den Eltern als Vermittler eintreten kann).
Da das POWER BAG aus einem Großteil von Personen besteht, die nicht im JIP Team sind, kann diese Ressource den Jugendlichen auch nach der Beendigung des Projektes eine große Hilfe sein.

5. Sicherstellung und „controlling“ fachlicher Arbeit (Fallmanagement)

Durch die neue Organisationsform der Fachgruppe „Sozialpädagogik“, mit sich ergänzenden Betreuungsstrukturen in intensiver, vollstationärer und ambulant betreuter Form, kommt der klaren Kompetenzzuordnung in der Zuständigkeit der Betreuung sowie der Kontrolle des laufenden Betreuungsprozesses eine verstärkte Bedeutung zu.
Es ist eine Leitungsaufgabe sowohl dem Kostenträger als auch der Öffentlichkeit Transparenz dahingehend zu bieten, wie die Fallsteuerung und Kontrolle fachlich fundierter Arbeit und der kostenbewußte Umgang am Einzelfall, als auch in der gesamten Fachgruppe (speziell bei Übertritten von Settings), gehandhabt wird.

Dies erfolgt

- durch festgelegte Kompetenzen und Zuständigkeiten innerhalb der Fachgruppe (Leitung Fachgruppe „Sozialpädagogik“, LeiterInnen der einzelnen Fachbereiche, Fachpersonal),
- durch stützende und reflektierende Maßnahmen im Betreuungsprozess,
- durch ein Berichtswesen, welches sowohl in inhaltlicher Hinsicht, als auch im zeitlichem Ablauf mit der Abteilung Jugendwohlfahrt abgestimmt ist.

5.1 Evaluation der Fachgruppe „Sozialpädagogik“

Die Evaluation soll sowohl die qualitative als auch die quantitative Reflexion unserer Arbeit in verschiedenen Teilbereichen umfassen.

Diese erfolgt durch:

a) *Prozessevaluation*, die sowohl hinsichtlich der Jugendlichen als auch bezüglich der Mitarbeiter stattfindet.

Prozessevaluation der Jugendlichen:

- Anamnese,
- Zielformulierung,
- Dokumentation,
- Fallbesprechungen,
- Berichte mit Zielüberprüfung und Handlungsplan,

- Selbsteinschätzung der Jugendlichen und Eltern durch Fragebogen.

Prozessevaluation der MitarbeiterInnen:
- Selbst- und Fremdeinschätzung,
- MitarbeiterInnengespräche,
- Daraus sich ergebende Konsequenzen, welche danach wieder überprüfbar werden.

b) Ergebnisevaluation:
- Abschlussbericht,
- Abschlussgespräch,
- Überprüfung der Leistung (z.B. durch Fragebogen), wobei Betreuer, Jugendliche, Eltern und teilweise Einweiser gefragt werden.

c) *Strukturevaluation* für die einzelnen Bereiche:
Hier wird der Fragebogen der öffentlichen Jugendwohlfahrt herangezogen.

Da das JIP derzeit einen Projektstatus hat, wurde auch das Evaluationsprogramm neben den Standards der Fachgruppe erweitert. Es wurden in den ersten zwei Jahren insgesamt 150 Interviews mit Jugendlichen, Eltern, Einweisern und Betreuern geführt. Derzeit werden diese in Zusammenarbeit mit der Universität Innsbruck ausgewertet. Das Ergebnis wird im Herbst 2000 vorliegen.

6. Sonderaufträge durch die Jugendwohlfahrtsabteilungen

Im Schnitt können mit dem Angebot der Fachgruppe „Sozialpädagogik" ca. 95% der Anfragen bearbeitet werden.
Für die restlichen Jugendlichen werden Sonderlösungen gesucht. Diese können eine Kombination aus den drei Angeboten, aber auch etwas ganz „Neues" sein. Diese Sonderlösungen bedürfen aber einer gesonderten Vereinbarung mit der Jugendwohlfahrt.

III. BEITRÄGE ZUR SOZIALPÄDAGOGISCHEN FORSCHUNG

Gerald Knapp / Gerald Salzmann

SOZIALISATIONSBEDINGUNGEN UND KONFLITKLAGEN VON JUGENDLICHEN IN KÄRNTNER HEIMEN AUS DER SICHT DER HEIMLEITERINNEN, ERZIEHERINNEN, ELTERN UND JUGENDLICHEN

1. Einleitende Bemerkungen

Eine möglichst differenzierte Situationsanalyse der bestehenden institutionellen Voraussetzungen in den „Kärntner Heimen[1]" aus der Sicht der HeimleiterInnen, der ErzieherInnen, der Eltern und der Jugendlichen kann als hauptsächliche Zielsetzung des Forschungsprojektes („Zur sozialen Situation der österreichischen Heime") – das an der Universität Klagenfurt durchgeführt wurde – angesehen werden. Die Planungsarbeiten zum Forschungsvorhaben, die Entwicklung der Forschungsinstrumente (HeimleiterInnen-, ErzieherInnen-, Eltern- sowie Jugendlichenfragebogen) sowie die Erhebung der Daten wurden an der Abteilung für Sozialpädagogik unter der Leitung von Gerald KNAPP durchgeführt und dauerten mehrere Jahre.
Im Zuge des Gesamtprojektes wurden insgesamt 5.629 Fragebögen von den Befragten ausgefüllt und deren Antworten an der EDV-Anlage der Universität Klagenfurt sozialwissenschaftlich ausgewertet:

- Antworten von 203 HeimleiterInnen und 695 ErzieherInnen aus ganz Österreich auf Fragen zu „Erziehungsvoraussetzungen", „Berufszufriedenheit", „Fort- und Weiterbildung" usw. in Institutionen der Heimerziehung (vgl. KNAPP 1987, KNAPP 1990),

- Antworten von 1.646 Eltern von Jugendlichen auf Fragen zu „Erziehungsvoraussetzungen" in den Institutionen und zur „Zusammenarbeit zwischen Elternhaus und Heim" (vgl. RAMUSCH 1991),

- Stellungnahmen von 3.085 Jugendlichen aus Kärntner Heimen zu ihren „Sozialisationsbedingungen und Konfliktlagen" in der Institution (vgl. SALZMANN 1997).

Die vorliegende Arbeit versucht folgende Fragen zu klären:

Wie schätzen die HeimleiterInnen, ErzieherInnen, Eltern und Jugendlichen
- die baulichen und materiellen Erziehungsvoraussetzungen,
- die Wohnverhältnisse,
- die Regelungen der Heimvorschriften,
- die sozialen Beziehungen,
- die heiminterne Freizeitgestaltung und
- das Heimklima in den Institutionen ein?

Die Bewertung der Erziehungsbedingungen in den Kärntner „Heimen" durch HeimleiterInnen, ErzieherInnen, Eltern und Jugendlichen kann wichtige Ansatzpunkte für eine Verbesserung der oben angeführten Bereiche liefern. Die Stellungnahmen der „Betroffenen" zu den verschiedenen Aspekten des Heimlebens können auch dazu beitragen, dass die tatsächlichen Bedürfnisse der jungen Menschen in den Institutionen besser erfasst werden und bereits bestehende Bedingungen zumindest reflektiert werden. Mögliche Verbesserungsvorschläge können nur dann zielführend realisiert werden, wenn die unterschiedlichen Erwartungshaltungen aller Beteiligten eine Berücksichtigung finden. Dabei sollte allerdings nicht übersehen werden, dass die Grenzen der Verbesserungsbemühungen nicht nur durch die HeimleiterInnen, ErzieherInnen und Eltern, sondern vorwiegend durch institutionelle, organisatorische, hierarchisch-bürokratische Strukturen und durch die Interessen der Trägerverbände bzw. bestimmter sozialer Gruppen festgelegt werden. Verbesserungsversuche haben nur Aussicht auf Erfolg, wenn sie durch gesellschaftliche und sozialpolitische Maßnahmen abgestützt werden. Dazu ist es erforderlich, die Bedingungen in den Heimen einer breiteren Öffentlichkeit zur Kenntnis zu bringen. Die Bewertung der institutionellen Voraussetzungen, der sozialen Beziehungen und des „Heimklimas" in den Kärntner Heimen durch HeimleiterInnen, ErzieherInnen, Eltern und Jugendliche soll, weil kaum Untersuchungsergebnisse in dieser Hinsicht vorliegen, das wenig erforschte Gebiet der „Heime" und die sozialen Probleme der jungen Menschen in diesen Erziehungsinstitutionen bewusst machen.

2. Bewertung der „Kärntner Heime" aus der Sicht der HeimleiterInnen, ErzieherInnen, Eltern[2] und Jugendlichen

2.1 Bauliche und materielle Erziehungsvoraussetzungen

Der Bauzustand, die Heimzimmer, die sanitären Anlagen (WC, Dusche) und die Speisesäle der Institutionen werden im allgemeinen von den HeimleiterInnen und den ErzieherInnen mit „gut" (Skala: 1 = sehr gut/sehr zufrieden, 2 = gut/zufrieden, 3 = mittelmäßig/mittelmäßig zufrieden, 4 = eher schlecht/ etwas zufrieden, 5 = sehr schlecht/ganz unzufrieden) bewertet. Die Mittelwerte sind bei den ErzieherInnen nur geringfügig höher. Obwohl die Jugendlichen mit den „baulichen Grundausstattungen" der Einrichtungen zufrieden sind, wobei sie bei den sanitären Anlagen mit ihrer Beurteilung zwischen „zufrieden" und „etwas zufrieden" liegen, gibt es sehr signifikante Differenzen. Die größten Unterschiede sind im Bereich der sanitären Anlagen festzustellen, die von den Jugendlichen weitaus schlechter wahrgenommen werden als vom „Erziehungspersonal".
Wesentlich unzufriedener sind nicht nur die HeimleiterInnen und die ErzieherInnen mit den Räumlichkeiten für die kommunikative sowie für die aktiv-schöpferische Freizeitgestaltung, sondern vor allem die Jugendlichen. Sie vertreten die Meinung, dass die räumlichen Voraussetzungen für diese Aktivitäten „schlecht" sind, während die HeimleiterInnen und die ErzieherInnen die Bewertungsstufe „mittelmäßig" wählen. Bei den Räumlichkeiten für die bastlerischen Aktivitäten divergieren die Meinungen der HeimleiterInnen und jene der ErzieherInnen deutlich, die ErzieherInnen beurteilen sie signifikant schlechter.
Hinsichtlich der Bewertung des „Fernsehraumes" und des „Musikzimmers" gibt es keine signifikanten Differenzen. Sowohl die Jugendlichen als auch die HeimleiterInnen und die ErzieherInnen sind sich darüber im klaren, dass in den Heimen bezüglich eines „Musikzimmers" sehr schlechte („ganz unzufriedene") räumliche Bedingungen vorhanden sind.
Während die Ausstattung der Institutionen für aktiv-sportliche Tätigkeiten der Jugendlichen (Turnsäle und Sportplätze) von den Jugendlichen ebenfalls als eher unbefriedigend („schlecht") beurteilt wird, neigen die ErzieherInnen zu einem positiveren Urteil. Sie sind mit den Turnsälen und Sportplätzen „etwas zufrieden" und unterscheiden sich in ihrer Bewertung signifikant von den Jugendlichen. Bemerkenswert ist, dass die HeimleiterInnen das Merkmal „Turnsaal" scheinbar schlechter wahrnehmen als die Jugendlichen (MwHL = 4,15; MwJU = 4,03 / Skala: 1 = sehr zufrieden, 2 = zufrieden, 3 = mittelmäßig zufrieden, 4 = etwas zufrieden, 5 = ganz unzufrieden; der einzige Mittelwert von allen baulichen und ma-

teriellen Voraussetzungen, der über dem der Jugendlichen liegt). Eine Umkehrung lässt sich bei der Bewertung des „Tischtennisraumes“ feststellen. Die ErzieherInnen empfinden die räumlichen Bedingungen für das Tischtennisspielen etwas schlechter als die HeimleiterInnen und die Jugendlichen. Im Gesamten bringen die Ergebnisse zum Ausdruck, dass alle Betroffenen eher der Meinung sind, dass die institutionellen Rahmenbedingungen für die schöpferischen und sportlichen Aktivitäten der Jugendlichen nicht ausreichend vorhanden sind.
Auch bezüglich des Vorhandenseins von „Zeitschriften und Büchern“ gibt es sehr signifikante Differenzen. Die Jugendlichen sind weitaus weniger mit dem Angebot in diesem Bereich zufrieden als die HeimleiterInnen und ErzieherInnen.
Die durchwegs positivere Bewertung der baulichen und materiellen Voraussetzungen durch die HeimleiterInnen bzw. ErzieherInnen kann möglicherweise auf eine gewisse „Berufsblindheit“ zurückgeführt werden. Eine mehr oder weniger große Anpassung an die bestehenden Bedingungen sowie eine „nüchterne“ Einstellung im Zusammenhang mit möglichen realisierbaren Veränderungen bzw. Verbesserungen wäre ebenfalls denkbar (vgl. KNAPP 1987, S.91).

2.2 Wohnverhältnisse

2.2.1 „Erwünschte“ und „tatsächliche“ Personenzahl im Schlafraum

Die HeimleiterInnen, ErzieherInnen und Jugendlichen bewerten die „tatsächliche“ Personenzahl im Schlafraum annähernd gleich, es liegen hier nur geringfügige Differenzen vor (p = .0504, n.s.). In den Kärntner Heimen sind die Burschen und Mädchen durchschnittlich in Drei- bzw. Vierbettzimmern untergebracht. Während die Jugendlichen sich eher Zweibettzimmer „wünschen“, vertreten die HeimleiterInnen und ErzieherInnen die Ansicht, dass eine Unterbringung zu dritt in einem Zimmer die angemessenste Form wäre. Die signifikant abweichende Beurteilung (p = .0000, s.s.) durch die HeimleiterInnen und die ErzieherInnen könnte durch deren realistische Einschätzung der institutionellen Bedingungen (finanzielle Lage, bauliche Strukturen usw.) beeinflusst worden sein. Wissend, dass Zweibettzimmer vorwiegend wegen finanzieller Gründe unmöglich sind, ist es vorstellbar, dass die Wunschvorstellungen den baulichen Voraussetzungen angepasst werden.

Abb. 1: Durchschnittliche Beurteilung der „erwünschten“ und der „tatsächlichen“ Personenzahl im Schlafraum durch die HeimleiterInnen, ErzieherInnen und Jugendlichen

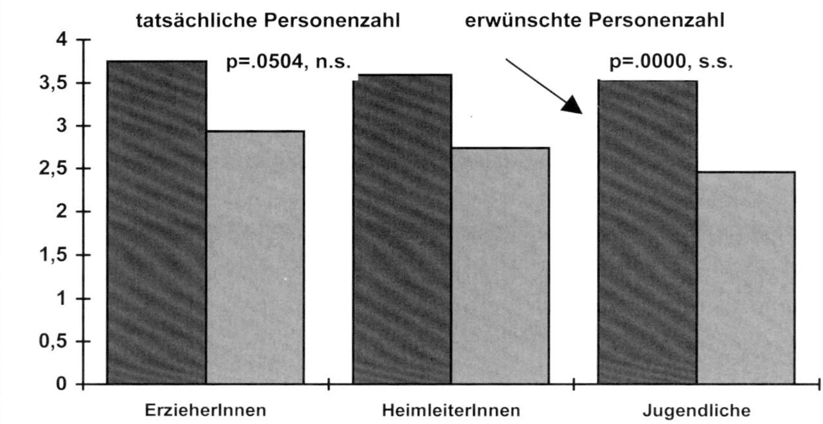

Skala: 1 = alleine, 2 = 2 Personen, 3 = 3 Personen, 4 = 4 Personen, 5 = 5 bis 10 Personen, 6 = mehr als 10 Personen
N = HeimleiterInnen 34, ErzieherInnen 132, Jugendliche 3071

Neben der Personenzahl im Heimzimmer spielt die „Zimmergruppenzusammensetzung“ eine bedeutende Rolle. Einerseits ist sie für die Entstehung und Verwirklichung der sozialen Beziehungen wichtig, andererseits kann sie das emotionale Wohlbefinden der Jugendlichen in den Heimen beeinflussen. Je stärker die individuellen Bedürfnisse und Wunschvorstellungen der Jugendlichen bei der „Auswahl“ der Zimmerkollegen berücksichtigt werden, desto günstiger können bestimmte „Heimklimamerkmale“ (soziale Beziehungen zu den Zimmerkollegen, Heimgemeinschaft, emotionales Wohlfühlen usw.) von ihnen empfunden werden. Welche Bedeutung messen nun „alle“ Befragten der Zimmergruppenzusammensetzung bei?

2.2.2 Heim- bzw. Zimmergruppenzusammensetzung

Alle vier Personengruppen wurden gefragt, für wie wichtig sie das „gleiche Alter", „dieselbe Ausbildung (Schule, Klasse)", die „gemeinsamen Interessen" und die bereits bestehenden „Freundschaften" für die Zusammensetzung der Heim- bzw. Zimmergruppen halten.
Die Ergebnisse (vgl. Tabelle 1) zeigen, dass die Eltern die im Fragebogen angeführten Gesichtspunkte der Gruppenzusammensetzung von allen „Befragten" für am wichtigsten halten. Eine Ausnahme stellt lediglich das Merkmal „Freundschaften" dar, das für die Jugendlichen die größte Bedeutung hat (Mw = 1,6; Skala vgl. Tabelle 1). Die Stellungnahmen der jugendlichen Heimbewohner unterscheiden sich sehr signifikant von den anderen Personengruppen. Die Eltern messen den „bereits bestehenden Freundschaften" signifikant mehr Bedeutung bei als die HeimleiterInnen und ErzieherInnen. Wahrscheinlich erhoffen sie sich dadurch, dass ihr Kind sich im Heim wohler fühlt, weil es jederzeit einen bereits bekannten Ansprechpartner im Zimmer hat und nicht erst neue soziale Beziehungen aufbauen muss. Die HeimleiterInnen halten den Faktor „Freundschaft" für die Gruppenzusammensetzung nur für „wünschenswert". Möglicherweise gehen sie bei ihrer Bewertung von der Annahme aus, dass einerseits eine „Anhäufung" von Freunden im Heimzimmer nicht günstig für die Einhaltung der Ordnungs- und Disziplinanforderungen ist, andererseits können sie auch der Meinung sein, dass die Burschen und Mädchen neue soziale Kontakte in der Institution „knüpfen" sollen. Zwischen den HeimleiterInnen bzw. ErzieherInnen und den Jugendlichen gibt es keine signifikanten Unterschiede hinsichtlich der anderen angeführten Merkmale. Während die Eltern das „gleiche Alter", „dieselbe Ausbildung" sowie die „gemeinsamen Interessen" für „wichtig" halten, neigen die Jugendlichen in ihrer Bewertung eher zu „wünschenswert". Die stärkere Gewichtung dieser drei Bereiche durch die Eltern kann damit zusammenhängen, dass diese der Meinung sind, dass die Zugehörigkeit zur selben Schulklasse günstige Bedingungen für gegenseitige Lernhilfen bietet. Diese können einen positiven Einfluss auf den Schulerfolg ihres Kindes haben.

Tab. 1: Durchschnittliche Beurteilung der Heim- bzw. Zimmergruppenzusammensetzung durch die HeimleiterInnen, ErzieherInnen, Eltern und Jugendlichen

	Beurteilung durch					
Gesichtspunkte der Gruppenzusammensetzung im Heim bzw. Zimmer	**HL**	**ER**	**EL**	**JU**	**p**	**Sig.**
gleiches Alter	2,6471	2,5769	2,3679*	2,7493*	.0000	s.s.
dieselbe Ausbildung	2,4706	2,4545	2,2479*	2,4796*	.0000	s.s.
gemeinsame Interessen	2,4412	2,4621	2,3054*	2,5544*	.0000	s.s.
Freundschaften	2,8235•	2,4737•	2,0064••	1,6320***	.0000	s.s.

p = Statistische Bedeutsamkeit (Signifikanz), s.s. = sehr signifikant;
Die Mittelwerte der Merkmale wurden auf folgender N-Basis errechnet: HeimleiterInnen: mindestens 33 und höchstens 34; ErzieherInnen: mindestens 130 und höchstens 132; Eltern: mindestens 1557 und höchstens 1565; Jugendliche: mindestens 3044 und höchstens 3060 Fälle; *, • = signifikante Differenz[3]; SKALA: 1 = unbedingt notwendig, 2 = wichtig, 3 = wünschenswert, 4 = eher unwichtig, 5 = ganz unwichtig

2.2.3 Gestaltungsgesichtspunkte im Wohnbereich

Zu den materiellen Erziehungsvoraussetzungen zählen auch verschiedene Gestaltungsgesichtspunkte im Wohnbereich. Die Ergebnisse der vorliegenden Jugenduntersuchung zeigen, dass beispielsweise die individuelle Heimzimmergestaltung (eigene Bilder, Poster, Blumen usw.) einen großen Einfluss auf das „Wohlbefinden“ der Jugendlichen hat. Die Wichtigkeit der individuellen Gestaltungsmöglichkeiten wird auch immer wieder von den interviewten Jugendlichen angesprochen.
Die Ergebnisse verdeutlichen, dass sowohl die Eltern als auch die ErzieherInnen sich den Meinungen der befragten Jugendlichen weitgehendst anschließen. Auch sie bewerten den Großteil der vorgegebenen materiellen Gestaltungsgesichtspunkte im Wohnbereich mit „wichtig“. Vorweg-

genommen werden kann, dass die durchgeführte Varianzanalyse bei „allen“ Merkmalen sehr signifikante Differenzen ergeben hat.

Die Aufschlüsselung der Ergebnisse zeigt folgendes Bild:

Die Gestaltungsmöglichkeit „Briefkasten für Kummer und Anliegen“ wird von den HeimleiterInnen nur mit „wünschenswert“ (Skala: 1 = sehr wichtig, 2 = wichtig, 3 = wünschenswert, 4 = eher unwichtig, 5 = ganz unwichtig) bewertet, während sie von den Jugendlichen für „wichtig“ gehalten wird. Die signifikant geringere Gewichtung kann als Hinweis dafür gesehen werden, dass die HeimleiterInnen mit den persönlichen Anliegen der Jugendlichen nur in einem geringen Ausmaß konfrontiert werden wollen. Da ein heiminterner „Briefkasten“ als wichtiger Schritt zur Mitsprachemöglichkeit der Jugendlichen in den Einrichtungen angesehen werden kann, dürfte er bei den HeimleiterInnen auf kein großes Interesse stoßen, weil diese lieber die bestehenden institutionellen und organisatorischen Regelungen beibehalten wollen. Die Gestaltungsgesichtspunkte für den „Zimmerbereich“ werden von den Eltern signifikant für „weniger“ wichtig gehalten als von den anderen Beteiligten. Am stärksten gewichten die Merkmale dieses Bereiches die ErzieherInnen. Es kann durchaus sein, dass sie einerseits die Bedeutung der individuellen Zimmergestaltung für die Jugendlichen aufgrund ihrer „Erfahrungswerte“ richtig beurteilen, andererseits aber auch immer wieder in Konfliktsituationen mit den Burschen bzw. Mädchen verwickelt werden, weil diese gegen die Heimvorschriften verstoßen, wenn sie ihre persönliche Zimmergestaltung durchführen. Wiederum sind es die Eltern, welche den heiminternen Bedingungen für die aktiv-sportlichen Aktivitäten der Jugendlichen im Großen und Ganzen signifikant weniger Wert beimessen. Die Stellungnahmen der ErzieherInnen weichen nur sehr geringfügig von denen der Jugendlichen ab. Auf beide Personengruppen – ErzieherInnen und Jugendliche – haben die materiellen Voraussetzungen (Turnsaal, einfache Sportgeräte, Hobby- bzw. Werkraum usw.) einen recht großen Einfluss. Ihr Vorhandensein kann als fördernder Faktor für die heiminterne Freizeitgestaltung angesehen werden und zudem beitragen, dass sich die Jugendlichen im Heim „wohl“ fühlen. Für die Eltern scheinen sie, als nicht unmittelbar Betroffene, eine geringere Bedeutung zu haben

2.2.4 Heimvorschriften

HeimleiterInnen, ErzieherInnen und Eltern sind im Wesentlichen der Meinung, dass die Jugendlichen die verschiedenen „Heimordnungspunkte“ als „gerade recht“ empfinden. Die Ergebnisse der Jugenduntersuchung zeigen, dass die Eltern und das „Erziehungspersonal“ ziemlich genau die Einschätzungen der Jugendlichen vorhergesagt haben. Zwischen der Bewertung der „Regelung der Studierstunden“, der „Regelung der Heimfahrt“ sowie dem „Ausmaß der sozialen Kontrolle“ gibt es keine signifikanten Differenzen. Die HeimleiterInnen und ErzieherInnen tendieren zur Meinung, dass die Jugendlichen vor allem die Ausgangsregelung für zu streng halten. Die Einschätzung der Eltern unterscheidet sich signifikant von ihrer, denn sie neigen zur Ansicht, dass die Jugendlichen auch mit der Regelung der Ausgänge im Wesentlichen zufrieden sind. Ein Grund dafür, dass die HeimleiterInnen und die ErzieherInnen annehmen, dass die Burschen und Mädchen diesen Heimordnungspunkt als zu streng empfinden, könnte darin liegen, dass er im „Heimalltag“ immer wieder zu Spannungen und Konfliktsituationen führt. Die schwerwiegenden Verstöße gegen die Heimordnung in den Heimen hängen häufig mit den Übertretungen hinsichtlich der vorgegebenen „Ausgehzeit“ zusammen und meistens werden die HeimleiterInnen als „oberste Instanz“ eingeschaltet. Bemerkenswert ist, dass die HeimleiterInnen bei der Regelung der „Ausgehzeit“ häufig in Konflikte verwickelt sind (Mw = 1,35; Skala: 1 = sehr oft, 2 = oft, 3 = manchmal, 4 = selten, 5 = nie).
Die Eltern glauben, dass das „Ausmaß der Zimmerkontrollen“, die „Verlangte Disziplin und Ordnung“ und die „Auswahl von Fernseh- und Radiosendungen“ im Heim für ihre Kinder „gerade recht“ ist. Die Jugendlichen teilen diese Meinung nicht, denn sie empfinden diese Ordnungspunkte strenger (signifikante Differenzen) als ihre Eltern.

Im Zusammenhang mit den Heimregelungen wollen wir noch die Stellungnahmen aller Beteiligten zu folgenden Fragen darstellen:

- Wie stark glauben HeimleiterInnen, ErzieherInnen und Eltern, dass sich die Jugendlichen bzw. ihre Kinder in der Institution sozial kontrolliert fühlen und wie bewerten die Jugendlichen die „soziale Kontrolle“ selbst?

- Wie bewerten die HeimleiterInnen, ErzieherInnen und Jugendlichen die Häufigkeit der Zimmerkontrollen?

- Wie häufig wenden die ErzieherInnen bei Verstößen der Burschen und Mädchen gegen die Heimordnung aus ihrer Sicht bzw. der Sicht der HeimleiterInnen sowie jener der Jugendlichen bestimmte „Erziehungsmaßnahmen“ an?

a) Die Ergebnisse zeigen, dass es hinsichtlich der „sozialen Kontrolle“ im Heim durch die HeimleiterInnen, die ErzieherInnen und die Zimmerkollegen keine signifikanten Unterschiede bei den Stellungnahmen aller Befragten gibt. Im Wesentlichen sind die HeimleiterInnen, ErzieherInnen und die Eltern der Meinung, dass die Jugendlichen sich „mittelmäßig“ (Skala: 1 = sehr stark, 2 = stark, 3 = mittelmäßig, 4 = gering, 5 = überhaupt nicht) kontrolliert fühlen. Die Einschätzungsergebnisse der Jugendlichen verdeutlichen, dass diese die soziale Kontrolle durch HeimleiterInnen, ErzieherInnen und Zimmerkollegen in der Institution ebenso erleben bzw. beurteilen. Die ErzieherInnen glauben allerdings, dass sich die Jugendlichen von ihnen stärker kontrolliert fühlen als die Burschen und Mädchen dies selbst empfinden. Möglicherweise sind viele ErzieherInnen durch institutionelle Weisungen an die „strengen“ Ordnungs- und Disziplinanforderungen gebunden, finden sie aber entsprechend ihrer persönlichen Einstellung nicht „immer“ angepasst.

b) Bei der Beurteilung der Stellungnahmen bezüglich der Häufigkeit der Zimmerkontrollen ergibt die Varianzanalyse ebenfalls keine signifikanten Unterschiede. Die HeimleiterInnen, ErzieherInnen und die Jugendlichen sind der Meinung, dass die ErzieherInnen durchschnittlich einmal täglich, die HeimleiterInnen einmal in der Woche eine Zimmerkontrolle durchführen.

c) Der Vergleich der Meinungen der ErzieherInnen, HeimleiterInnen und der Jugendlichen zur Frage „Wie häufig die ErzieherInnen das „persönliche Gespräch“, die „Ermahnung“, die „Ausgangssperre“, das „Öftere Kontrollieren der Zimmer" und die „Verständigung des Heimleiters“ anwenden?“, bringt bemerkenswerte Ergebnisse. Während die ErzieherInnen der Meinung sind, dass sie bei Verstößen gegen die Heimvorschriften „oft“ (Skala: 1 = sehr oft, 2 = oft, 3 = manchmal, 4 = selten, 5 = nie) das persönliche Gespräch mit den Betroffenen suchen, meinen die Jugendlichen, dass diese nur „manchmal“ die persönliche Aussprache mit ihnen suchen. Im signifikanten Unterschied zu den Jugendlichen bestätigen die HeimleiterInnen die Aussagen der ErzieherInnen. Analoge Ergebnisse finden sich hinsichtlich der Maßnahme „Ausgangssperre“. Die Jugendlichen empfinden die Anwendung der „Ausgangssperre“ signifikant häufiger als die HeimleiterInnen und die ErzieherInnen. Eine Meinungsdifferenz liegt auch bei der „Verständigung des Heimleiters" bei Verstößen gegen die Heimordnung vor. Die Jugendlichen sind der Meinung, dass die ErzieherInnen signifikant häufiger diesen Weg beschreiten als dies die ErzieherInnen selbst in ihren Stellungnahmen zum Ausdruck bringen (MwER = 3,5; MwJU = 2,9; vgl. Abbildung 2). Die Ergebnisse können als Hinweis dafür angesehen werden, dass im Heim häufig Kommunikationsbarrieren vorherrschen, die verhindern, dass unterschiedliche Erwartungshaltungen geklärt werden. Ein „offenes" Ansprechen der Vorstellungen und Wünsche könnte zahlreiche Missverständnisse beseitigen.

Abb. 2: Durchschnittliche Bewertung der Anwendung von Maßnahmen bei Verstößen der Jugendlichen gegen die Heimordnung durch die HeimleiterInnen, ErzieherInnen und Jugendlichen

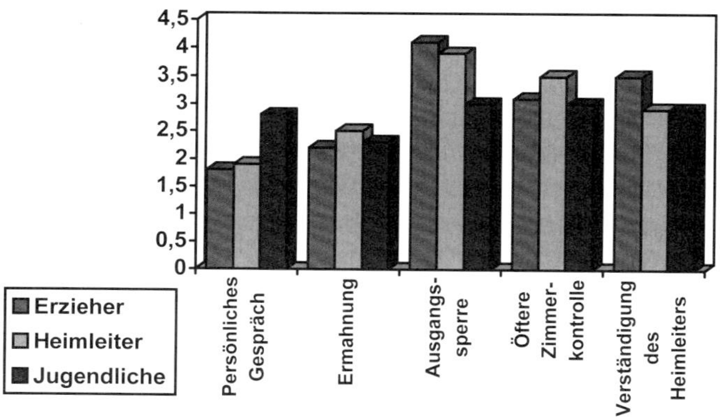

N = ER 134, HL 34, JU 3058
Skala: 1 = sehr oft, 2 = oft, 3 = manchmal, 4 = selten, 5 = nie

2.3 Konfliktfelder in der Institution „Heim"

Die vorliegenden Ergebnisse zeigen, dass die sozialen Beziehungen zwischen den HeimleiterInnen bzw. ErzieherInnen und den Jugendlichen durch Spannungen und Konflikte nicht unbelastet sind. Um einen weiteren Einblick in diesen Bereich zu erhalten, werden die Stellungnahmen der HeimleiterInnen, ErzieherInnen und Jugendlichen zur Frage

„Wie häufig gibt es Meinungsverschiedenheiten zwischen den ErzieherInnen und den Jugendlichen?" verglichen.
Die Ergebnisse verdeutlichen, dass viele der angeführten Konfliktfelder von allen drei Personengruppen annähernd gleich bewertet werden. Bei den Gesichtspunkten, welche „Regelungs- und Ordnungsvorschriften" (Regelung der Ausgänge, Studierstunden, Zimmerordnung, Disziplinanforderungen im Fernsehraum) beinhalten, gibt es keine signifikanten Differenzen. Alle „Betroffenen" sind der Meinung, dass es im Großen und Ganzen „manchmal" zu Meinungsverschiedenheiten in diesen Bereichen kommt. Bezüglich des möglichen Konfliktfeldes „Persönliche Eigenheiten und Ansichten" unterscheiden sich die errechneten Mittelwerte wesentlich. Während die Jugendlichen durchschnittlich die Meinung vertreten, dass es wegen der persönlichen Eigenschaften, Haltungen und Ansichten zumindest „manchmal" Meinungsverschiedenheiten bzw. Auseinandersetzungen gibt, vertreten die ErzieherInnen die Auffassung, dass es nur „selten" in diesen Belangen zu Konfliktsituationen kommt. Die Einschätzungsergebnisse der HeimleiterInnen verdeutlichen, dass sie weitgehendst die Ansicht der ErzieherInnen teilen. Sehr signifikante Differenzen zeigen die Ergebnisse bei den angeführten Konfliktfeldern „Schulleistungen", „Umgangsformen der Jugendlichen", „Erziehungsmethoden" und „Heimfahrt während der Woche". Die ErzieherInnen empfinden bzw. bewerten die Meinungsverschiedenheiten im Zusammenhang mit den schulischen Belastungen signifikant „öfter" als die befragten Jugendlichen. Möglicherweise legen die ErzieherInnen auf gute Schulleistungen – ähnlich wie die Eltern – viel Wert, weil sie glauben, dass die „Schulnoten" für die weitere berufliche Karriere der Jugendlichen entscheidend sind. Bei schlechten schulischen Leistungen dürften sie die Jugendlichen anhalten mehr zu lernen. Wenn die Mädchen und Burschen diese Vorgangsweise als „Bevormundung" und/oder als Einengung ihrer persönlichen Freiheit ansehen, können sich zahlreiche Konfliktsituationen entwickeln. Die geringere Wahrnehmung der Häufigkeit der Meinungsverschiedenheiten mit den ErzieherInnen im Zusammenhang mit Schulleistungen aus der Sicht der Jugendlichen kann als Hinweis dafür angesehen werden, dass sie den „Schulnoten" weniger Bedeutung beimessen als dies scheinbar bei den ErzieherInnen der Fall ist. Die HeimleiterInnen dürften aufgrund der fehlenden „Nähe" zu den Jugendlichen (kaum eine Anwesenheit bei den Studierstunden) mit dem Konfliktfeld „Schulleistungen" nicht in jenem Ausmaß konfrontiert werden wie die ErzieherInnen. Zwischen ihrem Einschätzungsergebnis und dem der Jugendlichen gibt es keine signifikante Differenz.

Während die ErzieherInnen die „Umgangsformen der Jugendlichen" als Ursachen für Meinungsverschiedenheiten zwischen ihnen und den Jugendlichen signifikant „häufiger" anführen als die Jugendlichen, sehen die Burschen und Mädchen in den „Erziehungsmethoden" der ErzieherInnen häufiger einen Anlass für Auseinandersetzungen. Möglicherweise werden diese „Konfliktfelder" durch unterschiedliche Erwartungshaltungen beeinflusst. Wenn sich beispielsweise die ErzieherInnen gehorsame, pflichtbewußte und disziplinorientierte Jugendliche wünschen, diese aber auf diese Verhaltensweisen wenig Wert legen, sind Konflikte sozusagen „vorprogrammiert". Viele Konfliktfelder, deren Ausgangspunkt verschiedene Erwartungshaltungen sind, könnten durch gemeinsame Gespräche, in denen die eigenen Vorstellungen dargestellt und mit denen der „anderen Personengruppen" verglichen werden, zumindest entschärft werden.

2.3.1 Mitsprachemöglichkeiten der Jugendlichen

Nicht nur die Wahrnehmung zahlreicher „Heimklimamerkmale", sondern auch die Gestaltung der „sozialen Beziehungen" im Heim steht in einem engen Zusammenhang mit den vorhandenen Mitsprachemöglichkeiten der Jugendlichen in den verschiedenen Heimbereichen. Je mehr Mitsprachegelegenheiten die Jugendlichen vorfinden, desto besser scheinen auch die sozialen Beziehungen zwischen den HeimleiterInnen, ErzieherInnen und Jugendlichen zu sein. Viele Konflikte und Spannungen im Heim haben ihren Ausgangspunkt darin, dass die Wünsche und Bedürfnisse der Jugendlichen bei der Gestaltung des Heimlebens zu wenig Berücksichtigung finden.
Im Großen und Ganzen lässt sich anhand der Untersuchungsergebnisse festhalten, dass sowohl die HeimleiterInnen und ErzieherInnen als auch die Eltern die Mitsprachemöglichkeiten der Jugendlichen in den meisten Bereichen des Heimlebens für weniger wichtig halten als diese selbst. Während die HeimleiterInnen und ErzieherInnen ein „Mitbestimmen" bei der Gestaltung der Heimvorschriften (allgemeine Heimordnung, Studierzeiten, Ausgänge, Nachtruhe, Heimfahrten) nur für „wünschenswert" (Mittelwerte um 3,0; Skala: 1 = sehr wichtig, 2 = wichtig, 3 = wünschenswert, 4 = eher unwichtig, 5 = ganz unwichtig) halten, sind die Jugendlichen der Meinung, dass ihre Mitsprache „wichtig" wäre. Die HeimleiterInnen, ErzieherInnen und Eltern scheinen einer Mitsprache der Mädchen und Knaben besonders im Bereich der Ordnungsgesichtspunkte etwas skeptisch gegenüberzustehen. Vielleicht sind viele Sorgen in dieser Hinsicht

unbegründet. „Die meisten Erwachsenen haben nicht gelernt, ihren Kindern zu vertrauen und ihnen ein vertretbares Maß an persönlicher Verantwortung zu übertragen" (RAMUSCH 1991, S.242).
Bei der „Erstellung des Speiseplanes" halten die Jugendlichen eine Mitsprache für signifikant „wichtiger" als die anderen Befragten. Möglicherweise sind sie mit dem vorgegebenen Speiseplan nicht zufrieden und würden gerne ihre eigenen Vorstellungen verwirklicht sehen. Ausreichende Mitsprache- und Mitbestimmungsmöglichkeiten bei den Räumlichkeitsgestaltungen halten die HeimleiterInnen, ErzieherInnen und Eltern für weniger wichtig als die Jugendlichen. Vor allem bei den HeimleiterInnen dürfte die Annahme, dass die Jugendlichen bei der individuellen Gestaltung der Zimmer und Gemeinschafts- bzw. Aufenthaltsräume eventuelle Schäden anrichten, die Stellungnahmen beeinflusst haben. Bemerkenswert sind die Ergebnisse bei der Bewertung der Mitsprachemöglichkeiten in den Freizeitbereichen. Signifikante Differenzen gibt es vorwiegend zwischen den Eltern und ihren Kindern. Die Eltern messen einer Mitsprache der Burschen und Mädchen bei der Auswahl von „Fernseh- und Radiosendungen", „Zeitschriften und Büchern", „Sport- und Kulturveranstaltungen" weniger Bedeutung bei als diese. Die HeimleiterInnen und ErzieherInnen wünschen eine Mitsprache der Jugendlichen in einem ähnlichen Ausprägungsgrad wie die jugendlichen Heimbewohner. Inwieweit die geäußerten Interessen der Jugendlichen letztendlich tatsächlich verwirklicht werden, ist eine andere Frage. Im Wesentlichen zeigen die Ergebnisse, dass die Jugendlichen in den Heimen den Mitsprache- und Mitentscheidungsmöglichkeiten in den verschiedenen Bereichen des Heimlebens mehr Bedeutung beimessen als die HeimleiterInnen, ErzieherInnen und Eltern.

2.3.2 Beurteilung der Formen der Mitsprachemöglichkeiten

Die Jugendlichen sehen in der „Einzelaussprache" mit den HeimleiterInnen oder den ErzieherInnen weit weniger eine günstige Möglichkeit zu den verschiedenen Heimbelangen ihre Meinungen zu äußern als das die HeimleiterInnen, die ErzieherInnen sowie ihre Eltern glauben. Während diese Personengruppen die Auffassung vertreten, dass die Jugendlichen „gerne" (Mittelwerte zwischen 2,3 bis 1,8; Skala: 1 = sehr gerne, 2 = gerne, 3 = teilweise gerne, 4 = eher ungerne, 5 = ganz ungerne) diese Form der Mitsprachemöglichkeit in Anspruch nehmen sollten, bewerten sie die Jugendlichen nur mit „teilweise gerne". Bemerkenswert ist, dass die HeimleiterInnen die schriftliche Mitsprache der Mädchen und Burschen eher ablehnen. Vor allem von Meinungsäußerungen in einer Heimzeitung halten sie signifikant weniger als die Eltern und die Jugendlichen. Die ErzieherInnen schließen sich der Ansicht der HeimleiterInnen an und meinen auch, dass eine Mitsprache in schriftlicher Form „eher nicht" vorkommen sollte. Möglicherweise wollen beide „Personengruppen" nicht, dass schriftliche Meinungsäußerungen der Burschen und Mädchen – in welcher Form auch immer – aufliegen. Ihren Stellungnahmen zufolge neigen sie „gerne" zu persönlichen Gesprächen mit den Jugendlichen und hoffen auf diese Weise die Anliegen der Jugendlichen in den verschiedenen Heimbereichen (Freizeitaktivitäten usw.) zu erfahren.

2.4 Heiminternes Freizeitangebot

Bevor wir uns der Bewertung der „Interessen der Jugendlichen" an den vorgegebenen Möglichkeiten der heiminternen Freizeitgestaltung aus der Sicht aller Beteiligten zuwenden, sollen zunächst folgende Fragen geklärt werden:

a) Wie bewerten die HeimleiterInnen, ErzieherInnen und Jugendlichen das Zeitausmaß für Hausaufgaben bzw. persönliche Freizeit?

b) Wie schätzen die, HeimleiterInnen, ErzieherInnen, Eltern und Jugendlichen die zeitliche Vereinbarkeit von schulischen Anforderungen und den heiminternen Freizeitmöglichkeiten ein?

c) Wie beurteilen alle Beteiligten die Möglichkeit, dass die Jugendlichen bei einem besseren Angebot an heiminternen Freizeitmöglichkeiten öfter im Heim bleiben würden?

d) Wie schätzen die HeimleiterInnen, ErzieherInnen und Jugendlichen die Gründe für den Ausgang ein, den die jugendlichen Heimbewohner während der Woche nehmen?

a) Zeitaufwand für Hausaufgaben und Freizeit

Der Zeitaufwand für die Erledigung der Hausaufgaben liegt nach Meinung der Befragten (HeimleiterInnen, ErzieherInnen sowie Jugendlichen) im Durchschnitt bei 1,5 bis 2,0 Stunden. Die durchgeführte Vari-

anzanalyse zeigt keinen signifikanten Unterschied zwischen den Personengruppen (p = .9975, n.s.).
Anders verhält es sich im Zusammenhang mit der Bewertung der vorhandenen Freizeit. Während die HeimleiterInnen die Ansicht vertreten, dass die Jugendlichen durchschnittlich 2,5 bis 3,0 Stunden täglich für die persönliche Freizeitgestaltung zur Verfügung haben, sind die ErzieherInnen der Meinung, dass die Jugendlichen nur über 2,0 bis 2,5 Stunden täglich für ihre Freizeitaktivitäten verwenden können. Die Jugendlichen selbst meinen, dass ihnen nur 1,5 bis 2,0 Stunden täglich als „Freizeit" bleiben (vgl. Abbildung 3). Die Stellungnahmen der befragten Jugendlichen unterscheiden sich sehr signifikant von denen der HeimleiterInnen und der ErzieherInnen (p = .0000, s.s.). Die Meinungsverschiedenheiten hinsichtlich der zur Verfügung stehenden Freizeit können dahingehend erklärt werden, dass die ErzieherInnen und vor allem die HeimleiterInnen glauben, dass mit dem „Schreiben der Hausaufgaben" die schulischen Anforderungen erledigt sind. Die zusätzliche Zeit, die für Prüfungsvorbereitungen usw. aufgewendet werden muss, wird möglicherweise von ihnen zu wenig berücksichtigt. Da die unterschiedlichen Auffassungen kaum angesprochen bzw. diskutiert werden, können sie als Ausgangspunkt für Spannungen und Konflikte angesehen werden.

b) Zeitliche Vereinbarkeit von schulischen Anforderungen und heiminternen Freizeitmöglichkeiten

Alle Befragten stimmen in ihren Meinungsäußerungen weitgehend dahingehend überein, dass sich die Freizeitangebote mit den schulischen Anforderungen bzw. Verpflichtungen mit „geringfügigen Schwierigkeiten" zeitlich vereinbaren lassen. Bezüglich dieser Fragestellung gibt es keine signifikanten Differenzen (p=.0693, n.s.).

c) Bewertung des Heimaufenthalts bei besseren heiminternen Freizeitmöglichkeiten

Neben den Jugendlichen wurden auch die HeimleiterInnen, ErzieherInnen und Eltern gefragt, ob sie glauben, dass die Jugendlichen häufiger im Heim bleiben würden, wenn sie dort mehr Möglichkeiten der heiminternen Freizeitgestaltung vorfänden. Zwar wählen die Eltern, das „Erziehungspersonal" und die Jugendlichen die Bewertungsmöglichkeit „manchmal" (Mittelwerte von 3,0 bis 3,3), dennoch gibt es signifikante Differenzen.

Abb. 3: Durchschnittliche Bewertung der vorhandenen Freizeit der Burschen und Mädchen durch die HeimleiterInnen, ErzieherInnen und Jugendlichen

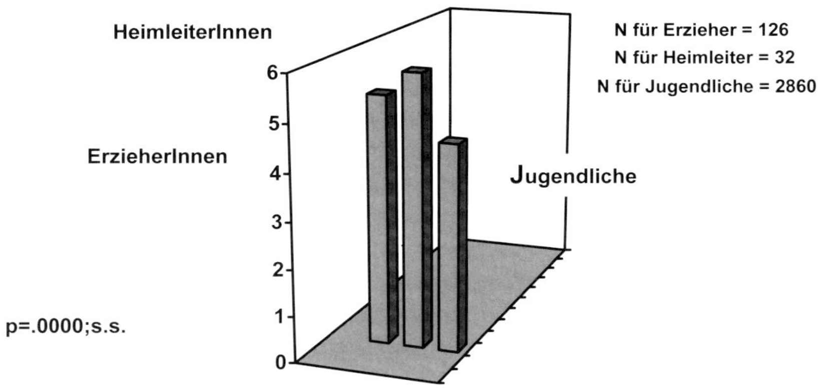

Skala: 1 = weniger als 1 Stunde, 2 = eine Stunde, 3 = 1-1 ½ Stunden, 4 = 1 ½ - 2 Stunden, 5 = 2-2 ½ Stunden, 6 = 2 ½ -3 Stunden, 7 = mehr als 3 Stunden täglich

Die Einschätzungen der Jugendlichen und der HeimleiterInnen sind positiver als die der Eltern und der ErzieherInnen (vgl. Abbildung 4). Die Schaffung bestmöglicher institutioneller Voraussetzungen (Turnsaal, Musikzimmer, Heimbibliothek, Öffnung der Institution für Freunde der Jugendlichen, die nicht im Heim wohnen, usw.) könnte dazu beitragen, dass die Jugendlichen ihre Freizeit verstärkt in der Institution verbringen. Möglicherweise könnten dadurch einige Gefahrenbereiche entschärft werden. In der Praxis zeigt sich sehr häufig, dass die jugendlichen Heimbewohner mit ihrer Freizeit nichts anzufangen wissen und daher die Anzahl der Gast- und Kaffeehausbesuche zunehmen kann. Erfahrungsgemäß nimmt dann nicht nur das „Rauchen“ und „Trinken“ zu, sondern die Jugendlichen können sogar in die Gefahr des Drogenkonsums geraten. Die geäußerte Bereitschaft der Jugendlichen, ihre Freizeit im Heim bei besseren Bedingungen zu verbringen, sollte nicht auf „taube Ohren“ bei den Verantwortlichen stoßen.

d) Die Jugendlichen bewerten die Gründe für den Ausgang während der Woche aufgrund fehlender institutioneller Voraussetzungen (z.B. Freizeit- und Bildungsangebot) signifikant stärker als die HeimleiterInnen und die ErzieherInnen. Gravierende Unterschiede gibt es dabei vor allem zwischen den Jugendlichen und den ErzieherInnen. Während die Heranwachsenden der Meinung sind, dass „zu wenig Freizeitmöglichkeiten im Heim“ ein starker Grund für die Ausgänge während der Woche sind, sehen die ErzieherInnen das nicht so. Sie glauben, dass die fehlenden Freizeitmöglichkeiten weitaus weniger als Ausgangsgrund angesehen werden können. Ähnliches trifft auch für die Gründe „Langeweile im Heim“ und „keine sozialen Kontakte im Heim möglich“ zu. Sowohl die HeimleiterInnen als auch die ErzieherInnen unterscheiden sich hier in ihren Auffassungen signifikant von den Jugendlichen. Sehr deutlich tritt das bei der Beurteilung des „Gemeinschaftsraumes“ in Erscheinung.

Abb. 4: Durchschnittliche Bewertung des Heimaufenthaltes bei einem größeren Angebot an heiminternen Freizeitmöglichkeiten durch die HeimleiterInnen, ErzieherInnen, Eltern und Jugendlichen

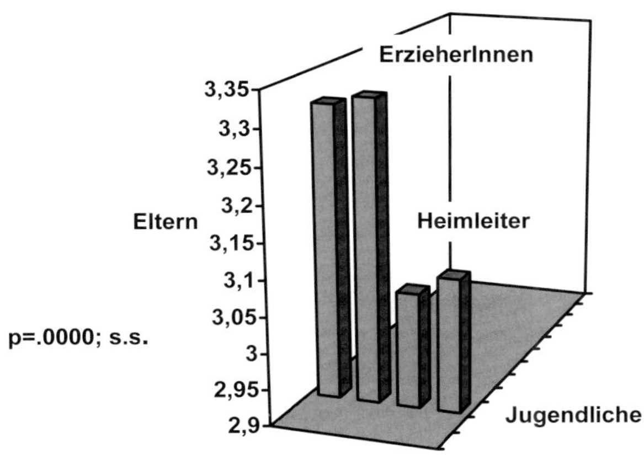

Skala: 1 = viel öfter, 2 = öfter, 3 = manchmal, 4 = selten, 5 = nie

Das Fehlen passender Räumlichkeit im Heim für gemeinsame Tätigkeiten (Gespräche, Gesellschaftsspiele usw.) wird von den Jugendlichen als „mittelmäßige“ Ursache (MwJu = 3,1; Skala: 1 = sehr stark. 2 = stark, 3 = mittelmäßig, 4 = wenig, 5 = überhaupt nicht) für das kurzfristige Verlassen des Heimes angesehen, die HeimleiterInnen und ErzieherInnen sehen darin nur einen „geringen“ Grund (Mittelwert Hl. = 4,4; Er. = 3,9) für einen Ausgang. Da die Jugendlichen vor allem das „Zusammensein mit Freunden (Freundinnen)“ als wichtigsten Grund für den Ausgang ansehen, könnte es sein, dass die institutionellen Voraussetzungen für die

Entstehung und Verwirklichung der sozialen Beziehungen in den Heimen nicht ausreichend vorhanden sind. Die signifikant geringere Bewertung der freundschaftlichen Beziehungen der Jugendlichen außerhalb der Einrichtung als möglicher Grund für einen Ausgang durch die HeimleiterInnen und ErzieherInnen kann als Hinweis dafür angesehen werden, dass diese ohnehin annehmen, dass die Jugendlichen im Heim genügend Interaktionsmöglichkeiten vorfinden. Die Berücksichtigung der tatsächlichen Bedürfnisse der jugendlichen Heimbewohner bei der Gestaltung des heiminternen Freizeitangebotes könnte dazu beitragen, dass dieses besser von den Jugendlichen in Anspruch genommen wird.

2.4.1 Interesse der Jugendlichen an heiminternen Freizeitmöglichkeiten

Die Aufschlüsselung der durchschnittlichen Einschätzungen durch die HeimleiterInnen, ErzieherInnen, Eltern und Jugendlichen zeigt, dass es nur hinsichtlich des Interesses der Jugendlichen an den Freizeitaktivität „Singen, selbst musizieren" keine signifikanten Unterschiede gibt. Im Großen und Ganzen lässt sich festhalten, dass alle befragten Personengruppen der Meinung sind, dass das Interesse der Jugendlichen an den heiminternen Freizeitangeboten zwischen „groß" und „mittelmäßig" liegt.

Die genauere Differenzierung zeigt folgendes Bild:

a) Interesse der Jugendlichen an der passiv-rezeptiven Freizeitgestaltung

Die Eltern vertreten signifikant stärker als die HeimleiterInnen, ErzieherInnen und die Jugendlichen die Ansicht, dass ihre Kinder in den Heimen ein geringeres Interesse an den Freizeitangeboten „Fernsehen", „Radio, Tonband, Schallplatten hören", „Zusehen bei Heimveranstaltungen" sowie „Nichtstun und Faulenzen" haben. Viele Eltern gehen vermutlich von der Überlegung aus, dass die Freizeit im Heim „für ihre Kinder eine Zeit sei, in der sie sich mit etwas „Sinnvollem" beschäftigen wollen bzw. sollten. Dieses Sinnvolle bestünde für sie in erster Linie im Ausspannen und Sich-Wohlfühlen, in der Regeneration ihrer Kräfte für das schulische Lernen und einer Beschäftigung mit Dingen, die ihnen Spaß machen" (RAMUSCH 1991, S.273). Das passiv-rezeptive heiminterne Freizeitangebot scheint aus der Sicht der Eltern nicht nur für ihre Kinder ungeeignet zu sein, sondern auch deren Interessenslagen weniger zu entsprechen. Während die Einschätzungen der Eltern in diesem Bereich – zumindest bei einigen Freizeitaktivitäten – sich signifikant von denen der Jugendlichen unterscheiden, stimmen die Bewertungen der HeimleiterInnen mit den Beurteilungen der jugendlichen Heimbewohner weitgehend überein und weisen keine signifikanten Differenzen auf. Zwischen den ErzieherInnen und Jugendlichen gibt es signifikante Unterschiede hinsichtlich der Freizeittätigkeit „Nichtstun und Faulenzen". Die ErzieherInnen sind der Meinung, dass die Jugendlichen für diese Form der Freizeitgestaltung ein stärkeres Interesse zeigen, als diese selbst angeben.

b) Interesse der Jugendlichen an der aktiv-sportlichen Freizeitgestaltung

Die Jugendlichen halten alle im Fragebogen angeführten aktiv-sportlichen Freizeitaktivitäten für wichtiger als die HeimleiterInnen, ErzieherInnen und ihre Eltern. Während beispielsweise die Jugendlichen ein „großes Interesse" an der Freizeittätigkeit „Tischtennis" äußern, wird dieses Interesse von den anderen Befragten nur mit „mittelmäßig" bezeichnet. Die verschiedenen Erwartungshaltungen – vor allem zwischen dem „Erziehungspersonal" und den Jugendlichen – können dazu führen, dass das heiminterne Freizeitangebot nicht den Bedürfnissen der Jugendlichen entspricht. Wenn die HeimleiterInnen der Meinung sind, dass die Jugendlichen nur ein geringes Interesse an sportlichen Aktivitäten haben, dann werden sie wohl kaum sportliche Veranstaltungen organisieren oder den Ausbau der Sportanlagen im Heim (falls genügend finanzielle Ressourcen zur Verfügung stehen) befürworten.

c) Interesse der Jugendlichen an der aktiv-schöpferischen Freizeitgestaltung

Die HeimleiterInnen, ErzieherInnen und Eltern messen den schöpferischen Freizeitaktivitäten weniger Bedeutung bei als die Jugendlichen. Vor allem das große Interesse der Jugendlichen in den Heimen für das Freizeitangebot „Besondere Hobbys" wird stark unterschätzt. Hervorzuheben ist, dass die HeimleiterInnen diesem Interesse der jugendlichen Heimbewohner relativ wenig Bedeutung beimessen (Mittelwert = 3,30; Skala: 1 = sehr großes Interesse, 2 = großes Interesse, 3 = mittelmäßiges Interesse, 4 = geringes Interesse, 5 = sehr geringes Interesse). Auch der Freizeitaktivität „Tanzen", die bei den Jugendlichen auf großes Interesse stößt, wird von den HeimleiterInnen geringere Bedeutung beigemessen. Einerseits ist es möglich, dass sie die Bedürfnisse der Jugendlichen in diesen

Bereichen unterschätzen, andererseits kann es aber auch sein, dass die mangelnden institutionellen Voraussetzungen (z.B. fehlende Hobby- und Werkräume, Musikzimmer, große Säle usw.) in vielen Einrichtungen verhindern, dass sich die HeimleiterInnen mit diesen Freizeitmöglichkeiten überhaupt auseinandersetzen. Weiters ist zu berücksichtigen, dass durch eine fehlende Gesprächsbereitschaft seitens der HeimleiterInnen möglicherweise die „wahren“ Bedürfnisse der Jugendlichen nicht erkannt werden.

2.4.2 Interesse der Jugendlichen an heiminternen Bildungsmöglichkeiten

Den HeimleiterInnen und ErzieherInnen wurde auch die Frage gestellt, wie groß im Allgemeinen das Interesse der Jugendlichen an heiminternen Bildungsangeboten zu verschiedenen Themenbereichen (z.B. Religiöse Fragen, Probleme des menschlichen Zusammenlebens, eigene künstlerische Betätigung, psychologische Probleme usw.) wäre.
Im Gesamten schätzen die HeimleiterInnen und ErzieherInnen das Interesse an den vorgegebenen Möglichkeiten heiminterner Bildungsangebote bei den Jugendlichen zwischen „groß“ und „gering“ ein. Die größte Bedeutung messen sie dabei den Bildungsangeboten bei, welche die Probleme der Jugendlichen zum Thema haben. Das Interesse der Jugendlichen an heiminternen Angeboten bezüglich sozialer, wirtschaftlicher und politischer Zusammenhänge sowie Vorträge, die der „Persönlichkeitsentfaltung“ dienen könnten, ist aus ihrer Sicht eher „mittelmäßig“ bis „gering“ (vgl. KNAPP 1987, S.256ff.). Die Stellungnahmen der Jugendlichen verdeutlichen, dass diese sich wesentlich stärker für die angegebenen heiminternen Bildungsangebote interessieren, als dies die ErzieherInnen und HeimleiterInnen annehmen.

a) Interesse der Jugendlichen an Bildungsangeboten über Erziehungs- und Jugendprobleme

Sehr signifikante Differenzen gibt es bezüglich der Stellungnahmen zu den Bildungsangeboten „Erziehungsprobleme“, „Wohnungseinrichtung, -gestaltung“ und „Wohnungsfinanzierung, -beschaffung“. Die Einschätzungsergebnisse der HeimleiterInnen und ErzieherInnen weichen in diesen Bereichen erheblich von denen der Jugendlichen ab. Wie schon im Zusammenhang mit der heiminternen Freizeitgestaltung erwähnt, kann auch die Auswahl und Gestaltung der Bildungsangeboten durch die unterschiedlichen Interessenswahrnehmungen beeinflusst werden. Da die HeimleiterInnen der Meinung sind, dass die Jugendlichen nur ein geringes Interesse für Bildungsangebote z.B. hinsichtlich der „Wohnungsproblematik“ haben, liegt der Schluss nahe, dass diese – es sei denn, dass die ErzieherInnen sich dafür einsetzen – in den Heimen kaum angeboten werden.

b) Interesse der Jugendlichen an Bildungsangeboten über soziale, politische und wirtschaftliche Zusammenhänge

Die Jugendlichen messen den Bildungsangeboten „Probleme des menschlichen Zusammenlebens“, „Diskussionsführung“ und „Probleme der Menschenführung“ ein großes Interesse bei. Die HeimleiterInnen und ErzieherInnen unterscheiden sich in ihren Ansichten hinsichtlich der Interessenslagen der Jugendlichen für diese Angebote signifikant von den Jugendlichen. Größere Diskrepanzen gibt es aber auch bei der Bewertung der Bildungsangebote, die wirtschaftliche, politische und religiöse Themen betreffen. Während die Jugendlichen für sie ein „mittelmäßiges“ Interesse bekunden, nehmen die HeimleiterInnen und ErzieherInnen an, dass die jugendlichen Heimbewohner nur ein „geringes Interesse“ dafür zeigen. Eine bessere Erfassung der „wahren“ Bedürfnisse der Jugendlichen durch die HeimleiterInnen bzw. ErzieherInnen könnte dazu beitragen, das heiminterne Bildungsangebot „jugend-gerechter“ zu gestalten.

c) Interesse der Jugendlichen an Bildungsangeboten der Persönlichkeitsgestaltung

Wie schon bei den bereits dargestellten Bereichen, so zeigt sich auch hier, dass die Jugendlichen sich mehr für die heiminternen Angebote („Psychologische Probleme“, „Berufsbezogene Informationen“ usw.) interessieren, als die HeimleiterInnen und ErzieherInnen meinen.
Die Ergebnisse können als Hinweis dafür angesehen werden, dass die HeimleiterInnen und ErzieherInnen eher „ungenügend“ die Interessen der Jugendlichen an den heiminternen Bildungsangeboten wahrnehmen. Das „Erziehungspersonal“ scheint eher davon auszugehen, dass die Jugendlichen im Allgemeinen „wenig“ Interesse für die heiminternen Bildungsmöglichkeiten zeigen, egal welche Inhalte angeboten werden.

2.5 Heimklima

Im Rahmen des Gesamtprojektes konnten die HeimleiterInnen, ErzieherInnen, Eltern und Jugendlichen ihre Stellungnahmen zu wesentlichen Heimklimamerkmalen abgeben.
Vergleicht man die Auswertungsergebnisse (arithmetische Mittelwerte) aller befragten Personengruppen, so zeigt sich, dass die Stellungnahmen der Jugendlichen sehr signifikant von denen der HeimleiterInnen, ErzieherInnen und Eltern abweichen. Die Jugendlichen in den Kärntner Heimen nehmen die meisten Heimklimamerkmale wesentlich „schlechter" wahr als die HeimleiterInnen, ErzieherInnen und ihre Eltern. Nur hinsichtlich des Merkmales „In diesem Heim kommen die ErzieherInnen gut miteinander aus" gibt es keine signifikanten Differenzen. Während die HeimleiterInnen, ErzieherInnen und Eltern der Meinung sind, dass die ErzieherInnen „überwiegend" (Skala: 1 = stimmt genau, 2 = stimmt überwiegend, 3 = stimmt zur Hälfte, 4 = stimmt eher nicht, 5 = stimmt überhaupt nicht) ein gerechtes erzieherisches Verhalten praktizieren, die Jugendlichen gut beraten und ihnen relativ große Freiheiten gewähren sowie sich um ausreichende Mitsprachemöglichkeiten bemühen, empfinden die befragten Jugendlichen, dass dies nur „zur Hälfte" stimmt. Auch das Ausmaß und die Qualität der sozialen Beziehungen in den Institutionen wird von den Jugendlichen signifikant schlechter wahrgenommen; ebenso jene „Heimklimamerkmale", die am ehesten das „allgemeine" Heimklima ausdrücken, nämlich die „Heimgemeinschaft" und das „emotionale Wohlbefinden". Die vorliegenden Vergleichsergebnisse zeigen sehr deutlich, dass die Jugendlichen zumindest ein anderes „Heimklimaempfinden" haben als die „Erwachsenen". Die mitunter stark abweichenden Meinungen zwischen den jugendlichen Heimbewohnern und den HeimleiterInnen, ErzieherInnen und Eltern legen den Schluss nahe, dass die Bedürfnisse der Jugendlichen zu wenig Berücksichtigung finden. Wenn beispielsweise die ErzieherInnen der Meinung sind, dass sie sich zumindest „überwiegend" um die Mitsprachemöglichkeiten der Mädchen und Burschen in den verschiedenen Heimbelangen bemühen, dann heißt das noch nicht, dass die Jugendlichen das ebenfalls in diesem Ausmaß empfinden bzw. erleben. Eine Angleichung der unterschiedlichen „Klimawahrnehmung" kann nur über gemeinsame Gespräche erfolgen. Erst wenn die HeimleiterInnen, ErzieherInnen und Jugendlichen gemeinsame Zielvorstellungen hinsichtlich des Heimklimas erarbeiten und diese in die Praxis umzusetzen versuchen, kann eine befriedigende Lösung die Folge sein.

Die positive Wahrnehmung des sozialen Zusammenlebens steht in einem engen Zusammenhang mit dem emotionalen Wohlbefinden in einer Institution. Die Verwirklichung einer „guten“ Heimgemeinschaft kann durch zahlreiche Störfaktoren (z.B. große Schülerzahl, private bzw. schulische Belastungen usw.) beeinflusst werden. Die HeimleiterInnen und ErzieherInnen meinen, dass die im Fragebogen aufgelisteten möglichen hemmenden Umstände im Großen und Ganzen die Entstehung und Gestaltung der Heimgemeinschaft nur „mittelmäßig“ hemmen. Am stärksten betonen sie den „Zeitmangel“ sowie die „schulischen und beruflichen Belastungen“. Einerseits scheinen sie davon auszugehen, dass sie selbst zuwenig Zeit für die „Gemeinschaftsbildung“ verwenden können, weil sie möglicherweise mit der Erledigung anderer Aufgaben beschäftigt sind, andererseits können sie damit aber auch – vielfach implizit – zum Ausdruck bringen, dass die Jugendlichen aufgrund der schulischen bzw. beruflichen Anforderungen keine Zeit für gemeinschaftsfördernde Aktivitäten haben. Vor allem in den Großinstitutionen dürften die institutionellen und organisatorischen Voraussetzungen den Faktor „Zeitmangel“ begünstigen. Die befragten Jugendlichen schließen sich der Meinung der HeimleiterInnen und ErzieherInnen an, auch sie sehen im Zeitmangel und den mit der Schule bzw. dem Beruf verbundenen Belastungen die stärksten hemmenden Faktoren (kein signifikanter Unterschied). Die Stellungnahmen der ErzieherInnen und Jugendlichen weisen hinsichtlich der Störfaktoren „fehlendes gegenseitiges Verständnis“ und „private Belastungen“ signifikante Differenzen auf. Die Jugendlichen messen beiden hemmenden Umständen mehr Bedeutung bei als die ErzieherInnen. Es ist anzunehmen, dass sie sich von den ErzieherInnen in vielen Konfliktsituationen, die vorwiegend ihren Ausgangspunkt in unterschiedlichen Erwartungshaltungen haben, nicht verstanden fühlen. Ähnliches kann auch für die „privaten Probleme“ der Jugendlichen zutreffen. Nur wenn „günstige“ soziale Beziehungen zwischen den ErzieherInnen und Jugendlichen vorhanden sind, kann es zu Gesprächen über „private“ Schwierigkeiten kommen. Die Ergebnisse können als Hinweis dafür aufgefasst werden, dass in den Heimen die Mädchen und Burschen, wenn sie persönliche Anliegen haben, zu wenig Möglichkeiten vorfinden, diese mit den ErzieherInnen zu besprechen. Während die Jugendlichen die Auffassung vertreten, dass die Einstellungen der HeimleiterInnen bzw. der ErzieherInnen „mittelmäßig“ die Verwirklichung einer Heimgemeinschaft hemmen, sind die HeimleiterInnen und ErzieherInnen einer anderen Meinung. Sie messen ihren Verhaltensweisen in diesem Bereich nur einen „geringen“ hemmenden Einfluss bei. Da das Heimklimamerkmal „Heimgemeinschaft“ die Wahrnehmung des „allgemeinen" Heimklimas maßgeblich beeinflusst, sollten die ErzieherInnen nicht grundsätzlich davon ausgehen, dass die Jugendlichen nur ein geringes Interesse am sozialen Zusammenleben in der Einrichtung haben. Vielmehr sollten sie zum einen die Bedürfnisse und Interessen der Jugendlichen bezüglich der Bildung einer Heimgemeinschaft „erkunden" und zum anderen immer wieder versuchen, auch wenn anfangs nur ein geringer Erfolg zu verzeichnen ist, die Burschen und Mädchen durch eigene Initiativen verschiedenster Art in die Heimgemeinschaft einzubinden.

Anmerkungen:

1) Die vorliegende sozialpädagogische Erkundungsstudie bezieht sich auf „Kärntner Heime" der Anstaltsart „Schüler- und Lehrlingsheime" (vgl. KNAPP 1987 u. 1990; RAMUSCH 1991; SALZMANN 1997).
2) Zu einigen Fragen konnten die Eltern aufgrund der mitunter unterschiedlichen Gestaltung der Fragebögen (vgl. RAMUSCH 1991) bezüglich der Personengruppen (HeimleiterInnen, ErzieherInnen, Eltern sowie Jugendliche) nicht befragt werden.
3) Die Bezeichnung * in der Tabelle bedeutet, dass sich z.B. bei der Variablen „gleiches Alter" der errechnete Wert der Eltern (2,3679) sehr signifikant von jenem der Jugendlichen (2,7493) unterscheidet. Beim Gesichtspunkt „Freundschaften" unterscheidet sich die Beurteilung der Jugendlichen signifikant von jenen der HeimleiterInnen, ErzieherInnen und Eltern. Weiters bewerten die Eltern diese Variable signifikant besser als die HeimleiterInnen und ErzieherInnen.

3. Literaturverzeichnis

KNAPP, G.: Erziehung unter den institutionellen Bedingungen der österreichischen Internate, Schüler- und Lehrlingsheime. Klagenfurt 1987.

KNAPP, G.: Soziale Probleme im Österreichischen Erzieherberuf. Klagenfurt 1990.

RAMUSCH, A.: Schüler- und Lehrlingsheime aus der Sicht der Eltern. Klagenfurt 1991.

SALZMANN, G.: Internate, Schüler- und Lehrlingsheime aus der Sicht der Jugendlichen. Unveröffentlichte Dissertation. Klagenfurt 1997.

Martina Müller

ERFAHRUNGEN MIT MEHRFACHBELASTETEN MÄDCHEN UND JUNGEN FRAUEN IN DER HEIMERZIEHUNG

1. Annas Geschichte

„Ich trage Dich wie eine Wunde auf meiner Stirn, die sich nicht schließt.
Sie schmerzt nicht immer. Und es fließt das Herz sich nicht draus tot.
Nur manchmal plötzlich bin ich blind und spüre Blut im Munde."

Mit diesem Gedicht des expressionistischen Dichters Gottfried BENN gestaltete eine von mir betreute junge Frau die Umschlagseite ihres sorgfältig geführten Tagebuchs. Lassen sie mich ihnen zu Beginn des Textes ihre Geschichte erzählen und zwar aus folgendem Grund: Anna, so möchte ich die junge Frau nennen, gehört zu der „Art" Mädchen, die im Jugendhilfejargon zu den „Härtefällen" zu zählen sind. Annas Beschreibung illustriert sehr genau, welchen Mädchen und jungen Frauen Mitarbeiterinnen in Jugendhilfeeinrichtungen für Mädchen begegnen und vor welchen Problemen sie unter Umständen von heute auf morgen stehen. Sie zeigt aber auch, dass das Einlassen auf einen solchen Prozess nahezu nie aussichtslos ist, auch wenn es oft so aussieht und nicht immer so gut ausgeht wie in Annas Fall.

Als ich Anna zum ersten Mal sah, hätte ich mich am liebsten umgedreht und so getan, als säße da niemand, schon gar nicht ein mageres Ding, das derart kaputt aussah, und hätte ich in dieser Nacht keinen Dienst gehabt und wäre mir Anna nicht irgendwie in den „pädagogischen Schoß" gefallen, ich hätte mich nicht darum gerissen, sie zu betreuen. Also flüchtete ich mich in eine Abfolge mechanistischer Handlungen, wie ein Bett zu beziehen, Kosmetikartikel und Sachen zum Anziehen herauszusuchen, ein Bad einzulassen, die alten Kleider in die Wäscherei zu bringen und ihr schließlich ein paar Brote zu schmieren und mich dazuzusetzen, während sie aß.
Anna sagte viel später, es hätte sie gewundert, dass ich ihr einfach Sachen gegeben hätte, noch gefragt hätte, ob sie Tampons oder so was bräuchte und mich so verhalten hätte, als wäre es das Normalste auf der Welt, nachts um drei ein Bett zu beziehen und eine verwahrloste Jugend-

liche zu „bewachen“, die bis zum Morgengrauen auf dem Balkon „Kette“ raucht.
Die damals Sechszehnjährige war über lange Jahre hinweg von verschiedenen Partnern ihrer Mutter körperlich und seelisch misshandelt, sexuell missbraucht und gedemütigt worden. Das Mädchen litt unter einer posttraumatischen Stresssituation, die sich in Weglaufen, Drogenkonsum, Ess-Störungen, massiven Automutilationen sowie in hoch-aggressiven Ausbrüchen gegen andere äußerte. Sie war also der Prototyp einer Jugendlichen, die als multifaktoriell belastet diagnostiziert wurde, ein Mädchen, das Schwierigkeiten hatte und machte, als Straßenkind und Trebegängerin stigmatisiert, ohne Perspektiven und demnach ohne Angst, gewalttätig gegen sich und andere; eine, im pädagogischen Zusammenleben nervtötende, zu kriminellen Handlungen neigende Terroristin, cool und stark, die scheinbar nichts mehr zu verlieren hatte. Und sie war eine „Selbsteinweiserin“, die eines Nachts mit einem Rucksack vor der Tür stand und lautstark ihre Aufnahme forderte.
Ihre bisherige „Karriere“ war von folgenden Stationen gekennzeichnet: zwei Pflegefamilien, ein Kinderheim, unzählige Klinikaufenthalte, zwei Therapieaufenthalte in Esskliniken, drei Einweisungen in die Kinder- und Jugendpsychiatrie, viele Aufnahmen in Kinder- und Jugendnotdienste, die Übernachtungen in Notschlafstellen nicht mitgezählt. Die Informationen trugen wir erst Tage und Wochen nach Annas Aufnahme zusammen, Akten gab es mehr als genug. Ihre wirklichen Lebensumstände gab Anna erst preis, als sie Vertrauen gewonnen hatte und wusste, dass sie bei uns leben wollte. Zu ihrer Mutter konnte und wollte sie nicht mehr zurück. Das Mädchen war durch alle Raster der Jugendhilfe gefallen, bevor sie beschloss, aus eigenem Antrieb Hilfe in Anspruch zu nehmen.

Nachdem sie in die WG aufgenommen worden war, bewies sie sich im Alltag als „rauh“, nicht unbedingt pflegeleicht; hinter ihrer „toughen“ Maske aber war sie freundlich, verletzlich, intelligent, traurig, willensstark und bei aller „Stacheligkeit“ liebebedürftig. Wie auch sonst hätte sie überleben können.
Sie war in einem gesundheitlich prekären Zustand, aber nicht unbedingt verwahrlost. Aggressiv rauchend und immer mit einem flotten Spruch auf der losen Lippe pflanzte sie sich mitten in die Gruppe und hielt mit ihren engagierten Aktivitäten alle auf Trab. Kraftvoll vertrat sie ihre Ansprüche und ihr Tag war immer angefüllt mit Tätigkeiten, auch für die Gruppe, wobei ihre exzessiven Vorbereitungen für Mahlzeiten für die anderen Mädchen manchmal schon sehr belastend waren. Von den je-

weiligen Erzieherinnen, welche die Spuren der kulinarischen Kreativitäten meistens beseitigen mussten, ganz zu schweigen.
Therapeutische Hilfe verweigert sie (zunächst) genauso wie eine Kontaktaufnahme mit der Mutter oder anderen Verwandten. Mit den Betreuerinnen führte sie nur Gespräche, wenn diese unbedingt angesagt waren. Wenn sie sich selbst verletzt hatte, bat sie um Versorgung der Wunden, sorgte aber immer dafür, dass sie nicht ins Krankenhaus gebracht werden musste. Sie verweigerte sich nicht grundsätzlich, aber sie ließ sich keine Betreuung, keine Interventionen überstülpen. Sie forderte, wenn sie das Gefühl hatte, dass sie etwas bräuchte. Das klingt nach einem sehr erwachsenen Verhalten und das war es im Grunde auch, aber es benötigte sehr viel Sensibilität, um herauszufinden, welche Maßnahmen Anna helfen könnten und wie wir sie dazu bringen könnten, diese als Angebot wahrzunehmen, ohne sich in ihren Rechten und in ihrer Würde beeinträchtigt zu fühlen.

Ungefähr sechs Monate nach ihrer Aufnahme entschied sich Anna für eine Gesprächspsychotherapie, in die sukzessive ihre Mutter einbezogen wurde (sie arbeitete dann noch drei Jahre mit der systemischen Therapeutin). Nachdem sie die Hauptschule abgeschlossen hatte, begann sie eine Lehre als Maschinenschlosserin und mit neunzehn Jahren zog sie in die Außenwohngruppe. Schließlich war sie bereit, sich mit ihren Alltagsdrogen und ihren zeitweiligen Ess-Störungen, aber auch mit den Selbstverletzungen einigermaßen systemkonform zu arrangieren. Der Kontakt zur Mutter gestaltete sich sporadisch. Nach einigen Jahren harter Arbeit mit sich selbst und anderen war Anna auf den Zug aufgesprungen, dessen Lokomotive normgerechtes Leben heißt.
Falls es sie interessiert, was aus der mittlerweile 24jährigen Anna geworden ist: Sie hat die Meisterschule besucht und führt mit einer anderen Frau zusammen einen kleinen Betrieb, in dem Maschinen für ökologisch arbeitende Landwirte und Winzer und anthroposophische Dorfgemeinschaften hergestellt werden. Außerdem bearbeitet sie ihre Biographie in einer Gruppentherapie für Frauen mit sexuellen Gewalterfahrungen. Sie lebt mit mehreren Tieren in einem Haus am Stadtrand.

Was ist nun das „Pädagogische“ an dieser Geschichte? Nun, noch viel zu oft orientiert man sich in Einrichtungen der Jugendhilfe an den Defiziten der betreuten Jugendlichen und nicht an ihren Stärken. Wenn z.B. eine Schulverweigerin, die in einer Einrichtung der Jugendhilfe lebt, von 20 Tagen 10 Tage die Schule besucht, dann ist dies als Erfolg zu werten und nicht als Misserfolg, weil sie wieder 10 Tage geschwänzt hat. In Annas

Fall war es so, dass ihr Räume zur Verfügung gestellt wurden, wo sie frei und geschützt zur Ruhe kommen konnte. Dabei war von vornherein klar, dass sie nicht mit dem Gesetz in Konflikt kommen durfte und dass Gewalt gegen andere ein Tabu ist. In der Regel hat sie sich an diese Richtlinien gehalten. Hätten wir sie sofort in einen sozialpädagogisch-therapeutischen Betreuungsrahmen gepresst, wäre sie wieder gegangen. Der Schutz und die Akzeptanz sowie die Bereitschaft, sich mit ihr auseinanderzusetzen, bewirkten schließlich, dass Anna sich fähig fühlte, ihr Leben zu gestalten.

2. Die Arbeit in einer psychotherapeutischen Wohngruppe

Das „Überregionale Beratungs- und Behandlungszentrum“ (ÜBBZ) St. Joseph in Würzburg entstand unter der Leitung von Dr. Peter FLOSDORF als Verband verschiedener Einrichtungen in der Trägerschaft des Sozialdienstes Katholischer Frauen (SKF). Neben dem heilpädagogisch-psychotherapeutischen Heim gehören eine Sozialberatungsstelle, eine Förderschule für Kinder mit Erziehungsschwierigkeiten sowie eine Akademie für Heilpädagoginnen und Heilpädagogen dazu.
Enge Zusammenarbeit findet mit dem Kinderzentrum („Spieli“) des SKF und der ortsansässigen Schule zur Erziehungshilfe „St. Elisabeth“ sowie mit der Kinder- und Jugendpsychiatrie der Universitätsklinik statt. Weiterhin gehört zum Verband die Jugendfarm, die am Stadtrand von Würzburg Tiere wie Ziegen, Kaninchen, Pferde etc. unter der Leitung eines Pferdewirtes beherbergt.
Das Heim gliedert sich in die Kinderstation (Station bezeichnet als Begriff die Tatsache, dass sich die Kinder und Jugendlichen „stationär“, also 2 bis 5 Jahre, im Bedarfsfall auch länger, in der Einrichtung aufhalten) und in die Mädchenstation. In der Kinderstation leben ca. 50 Kinder in fünf Wohngruppen, in der Mädchenstation 16 bis 18 Mädchen und junge Frauen in zwei Wohngruppen. Weiterhin gibt es sowohl für männliche als auch für weibliche Jugendliche eine Außenwohngruppe.
Pro Gruppe arbeiteten auf der Mädchenstation, als ich dort als pädagogische Mitarbeiterin tätig war, jeweils vier Betreuerinnen, ferner eine Erzieherin mit einer halben Stelle, die immer einsprang, wenn „Not an der Frau“ war, der Erziehungsleiter, der Stationspsychologe, eine Heilpädagogin mit sozialtherapeutischer Zusatzqualifikation sowie eine Hauswirtschaftsleiterin, die Mädchen in einer Lehrlingsausbildung zur hauswirtschaftstechnischen Helferin betreute. Die Angebote einer Spiel-

therapeutin und eines Sportlehrers, wie z.B. Rhönradfahren, konnten auch von den Mädchen wahrgenommen werden.
Dieses erhebliche „Erwachsenenpotenzial" sorgte für gute Arbeitsbedingungen, wurde aber von den Jugendlichen oft auch als kontrollierend und beaufsichtigend erlebt. Andererseits nahmen sie auch gerne an, dass immer eine Ansprechpartnerin da war bzw. dass sie ihre Bedürfnisse differenziert nach den Betreuerinnen ausrichten konnten.
Die Mädchen und jungen Frauen, die in den Wohngruppen lebten, waren zwischen 14 und 20 Jahre alt und zum größten Teil von Jugendämtern eingewiesen worden. Zur Philosophie des Hauses gehörte zwingend eine enge Zusammenarbeit mit den Eltern und anderen Bezugspersonen, die nicht immer gleich und gänzlich realisierbar war. Grundsätzlich war aber nahezu immer die Möglichkeit gegeben, die Eltern zu einer Zusammenarbeit zu bewegen bzw. die Mädchen zu Gesprächen zu motivieren, auch wenn die systemisch angelegten Ansätze manchmal einen Zusammenbruch des Familiensystems zur Folge haben konnten. Das Ziel war die Verwirklichung eines selbstbestimmten Lebens der Jugendlichen und die Aufarbeitung traumatischer oder problembelasteter Biographien und nicht die unbedingte Aufrechterhaltung eines Familiensystems.
Die Jugendlichen kamen mit allen möglichen Problemen zu uns. Ungefähr jedes zweite Mädchen war sexuellen Gewalterfahrungen ausgesetzt gewesen, viele hatten körperliche und physische Misshandlung erfahren. Etliche Mädchen waren Schulverweigerinnen, hatten Lernschwierigkeiten und Konzentrationsstörungen, fast alle verletzten sich selbst, ca. ein Drittel litt unter Anorexia, Bulimie oder, vor allem nach Aufenthalten in einer Essklinik, unter Mischformen. Ungefähr jedes zweite Mädchen hatte eine Zeit ihres Lebens auf der Straße gelebt und lief auch immer mal wieder weg, kam aber in den meisten Fällen nach kurzer Zeit zurück, manchmal auch in Begleitung der Polizei. Manche Mädchen wurden immer mal wieder straffällig, stahlen oder besprühten Züge oder öffentliche Gebäude mit Graffitis. Verstöße gegen das Betäubungsmittelgesetz kamen nur selten vor, genauso selten waren Gewalttätigkeiten gegen andere. Auch die Auseinandersetzungen mit den Betreuerinnen waren in der Regel verbaler Natur.
Mit der Tatsache, dass in den Gruppen nur Mädchen lebten, die nur von Mitarbeiterinnen betreut wurden, waren die weiblichen Jugendlichen zufrieden; Koedukation lehnten sie ab, von einigen provokanten Bemerkungen („Warum gibt es hier eigentlich keine Kerle") mal abgesehen. Eine koedukative Erziehungsform wäre auch bei den Problemlagen der Mädchen nicht angezeigt gewesen. Eine junge Frau, die sexuelle Gewalt

erleben musste, braucht erst einmal einen geschützten Raum, in dem sie Männern nicht begegnen muß, wenn sie nicht will.
Auf unsere Nachfrage hin, wie sie denn einen männlichen Erzieher finden würden, sagten die Mädchen aus, tagsüber könnten sie das vielleicht akzeptieren, nachts aber wäre das überhaupt nicht angesagt. Damit war dieses Thema vom Tisch, da unser Team im Schichtdienst und damit auch mit Nachtbereitschaften arbeitete.
Die Bedeutung der Nächte ist nicht zu unterschätzen. Dunkelheit und Ruhe bringen zwar Geborgenheit und Absicherung sowie ungestörte Gespräche, aber allzu oft auch Ängste, Albträume, Ruhelosigkeit und den dringenden Wunsch, sich Verletzungen zuzufügen.
Wenn die Mädchen sich ritzten oder schnitten, kamen sie meist mit den Verletzungen zur Betreuerin oder ein anderes Mädchen „schlug Alarm". Die Wunde musste versorgt, das Mädchen unter Umständen ins Krankenhaus gefahren werden; undenkbar, dass eine Fünfzehnjährige im Nachthemd, die bis vor kurzem sexueller Gewalt ausgesetzt war, nachts von einem Mann angefasst, vielleicht sogar getragen wird. Musste ein Mädchen genäht werden, ließen wir sie mit einem männlichen Arzt auch nie allein.

2.2 „Ich muss jetzt gehen, damit ich wiederkommen kann" – Kompetenzen und Selbstverständnis der Betreuerinnen und das Problem der Psychohygiene

Nur durch möglichst intensive pädagogisch-therapeutische Maßnahmen durch besonders qualifiziertes Personal kann versucht werden, vertrauensvolle Beziehungen zu den Jugendlichen zu entwickeln, um schließlich ein „therapeutisches Milieu" entstehen zu lassen. Dieses ist in hohem Maße von den Erfahrungen, der Ausstrahlung, vom pädagogischen Charisma und der Einsatzbereitschaft derer abhängig, denen die Mädchen und jungen Frauen eine Zeit ihres Lebens anvertraut wurden.

„Jugendliche, die in ihrer Lebensgeschichte die Abwehr und moralische Entrüstung ihrer Umwelt oft im Übermaß erfahren haben, besitzen eine besonders empfindliche Wahrnehmung dafür, ob Beziehungsangebote auf ihre Person oder lediglich auf ein bestimmtes Aktenbild bezogen sind – ob sie „echt" sind oder bloß zur institutionellen Routine gehören" (WOLFFERSDORF v. 1996, S.154).
Betreuerinnen, die mit sogenannten mehrfachbelasteten Mädchen und jungen Frauen arbeiten, müssen Tag für Tag eine Stärke an den Tag le-

gen, die signalisiert: „Ich halte dich schon aus, mach' dir darüber keine Gedanken. Wenn du dich auch noch so bemühst, mich wirst du so bald nicht mehr los." Dazu gehört, dass die Betreuerinnen in ihrem Arbeitsprozeß sich klar, echt und sachlich verhalten, dabei aber akzeptierend sein können und die Fähigkeit zur Zuneigung zu den Klientinnen mitbringen. Hinter diesen Verhaltensmaßgaben muss eine Professionalität stehen, die sich aus dem Willen zur Supervision, zu einer Reflexion der eigenen Praxis, der Bereitschaft zur Weiterbildung und einer Teamfähigkeit speist. Alleingänge sind sinnlos. Auch wenn die Mädchen begreifen müssen, dass jede Erzieherin eine eigenständige Persönlichkeit, mit eigenen „Macken", Vorlieben, Stärken und Schwächen ist, genau wie die Mädchen das sind, macht es für alle Beteiligten keinen Sinn, wenn die Erwachsenen „gute Erzieherin", „böse Erzieherin" spielen.

Das Problem der eigenen Psychohygiene stellt sich früher oder später jeder Betreuerin, die mit sogenannten mehrfachbelasteten Jugendlichen arbeitet. Es würde den Rahmen dieses Textes sprengen, würde ich diesen Umstand umfassend darstellen wollen. Deshalb möchte ich hier nur ein paar Tipps anbringen, die mir selbst in meinem Arbeitsprozess immer weitergeholfen haben und die ich auch in Fortbildungen für Mitarbeiterinnen und Mitarbeiter in der Heimerziehung weitergeben konnte, in dem Bewusstsein, dass alle Kolleginnen und Kollegen die gleichen Erfahrungen machen. Psychohygiene bedeutet die „Reinerhaltung der Seele", also Seelenpflege; dies heißt, dass sich Betreuerinnen vor Augen halten müssen, dass ihnen in ihrem Alltag das „Burn-out" droht, wenn sie nicht rechtzeitig für sich selbst sorgen. Das wiederum meint:

1. Überstunden ergeben sich von allein; es hat keinen Sinn, sie zu „schinden". Wenn meine Schicht zu Ende ist, ist sie zu Ende und dann gehe ich (in der Regel) auch nach Hause.
2. Die Biographien, die Erlebnisse, das Leiden der Mädchen und die Schwierigkeiten gehen meistens mit. Wenn es also irgendwie möglich ist, sollte ich ein positives soziales Umfeld haben, das mich stützt und auffängt (Oft ist es ganz gut, Bekannte und Freunde zu haben, die aus einer ganz anderen „Branche" kommen und dennoch sensibel und wachsam, aber auch kritisch sein können).
3. „Wenn ich frei habe, habe ich frei" bedeutet auch, die Fähigkeit zum echten Ausgleich zu entwickeln.
4. Bitte keine privaten Adressen und Telefonnummern bei den Mädchen hinterlassen, sonst wird das Privatleben empfindlich gestört.

5. Eine gute Zusammenarbeit im Team ist immens wichtig. Ich muss die Menschen mögen, mit denen ich zusammenarbeite. Probleme im Team sollten also schleunigst in der Supervision besprochen werden.
6. Engagiert zu arbeiten, heißt nicht Rettungsphantasien zu entwickeln. Die Mädchen sind eigenständige Persönlichkeiten mit eigenem Willen und eigener Kraft. Sie müssen auf dem Weg des Erkennens der eigenen Potenziale begleitet und gestützt werden, man darf ihnen nicht alles abnehmen oder sie gar gängeln. Sie werden in vielen Fällen ihr eigenes Leben leben lernen und dann gehen. Der Erzieher muss auch loslassen können.
7. Der „bewährte“ Erzieherinnenleitsatz „Wenn es der Gruppe gut geht, geht es mir auch gut“ stimmt so natürlich nicht. Die richtige Denkungsweise ist vielmehr: „Mir soll es gut gehen ... und was hat das mit der Gruppe zu tun?“

2.2 Das Konzept unbedingter Parteilichkeit

„Parteilich sein“ bedeutet auf gar keinen Fall, alles, was die Mädchen tun oder unterlassen, für gut und richtig zu befinden, sondern sie vorurteilsfrei anzunehmen, als „Gewordene“, als Strateginnen ihres eigenen Lebens. Das bedeutet *„(...) ihr Empfinden, Denken, Handeln und Verhalten im hier und jetzt als das ihnen z. Z. maximal Mögliche zu akzeptieren und wertzuschätzen,*

- *Bedürfnisse, Interessen, Wünsche, Lebensvorstellungen und Zukunftspläne von Mädchen aus ihrer Perspektive, ihrem inneren und äußeren Bezugsrahmen wahr- und ernstzunehmen*
- *Mädchen zum Ausgangs- und Brennpunkt des pädagogischen Handelns zu machen und*
- *jegliche Unterdrückung von Frauen/Mädchen zu demaskieren und zu bekämpfen“* (KLEES 1989, S.35).

Das von uns angestrebte Konzept der Parteilichkeit beinhaltete auch, dass den Mädchen unmissverständlich klar gemacht wurde, dass Straftaten nicht vertretbar sind und auch bestraft werden müssen, dass dies aber nicht bedeutet, dass sie von uns abgelehnt werden, sondern dass sie mit allen Schwächen, Verfehlungen, Defiziten, Stärken, Fähigkeiten und Qualitäten akzeptiert werden. Denn die Verwirklichung eines selbstbestimmten Lebens bedeutet auch, für die eigenen Handlungen Verantwortung zu übernehmen.

Fast alle Mädchen hatten bereits „Maßnahmekarrieren" hinter sich, eine Mischung aus Heim-, Psychiatrie-, Klinik- und Pflegefamilienaufenthalten. Nur wenige kamen direkt aus ihrer Ursprungsfamilie. Einigen Mädchen drohte als nächste Maßnahme die geschlossene Unterbringung in einem Mädchenheim, doch mussten wir kein einziges Mädchen wegschicken, alle verließen die Wohngruppe, um zuerst in der Außenwohngruppe oder in einer einzelbetreuten Wohnform bzw. früher oder später in einer eigenen Wohnung zu leben. Der Grund dafür war aber nicht ein bedingungsloses „Aufgehen" in der Arbeit mit den Mädchen, eine unreflektierte Zuneigung oder ähnliches, sondern die stetige und geduldige Auseinandersetzung mit den Mädchen, das Austragen von Konflikten, bis es (fast) keine Verliererinnen mehr gab. Dies zeigt, dass das Konzept aufging und dass es auch bei multi-problembelasteten, zum Teil straffälligen und/oder gewalttätigen Jugendlichen nicht nötig ist, sie geschlossen unterzubringen. Tragfähige Beziehungen und therapeutisches Milieu können auch unter Zwängen nicht entstehen (vgl. WOLFFERSDORFF v. 1996).

Oder, um einen Kollegen aus Hamburg sinngemäß zu zitieren, der Anfang der 80er Jahr mit schwierigen, auffälligen Jungs eine Fahrt durch halb Europa unternahm: *„Du kannst sie überzeugen oder ihren Willen brechen, alle Eiertänze dazwischen sind sinnlos"* (vgl. dazu die Filmdokumentation von TUCHTENHAGEN 1984/Teil 1).

3. Problemlagen von Mädchen in der Heimerziehung

Die neuere Mädchenforschung konstatiert immer wieder, dass der gesamte Bereich der öffentlichen Erziehung weitgehend in traditionellen gesellschaftlichen Normalitätsvorstellungen verhaftet bleibt.

„Für Mädchen heißt dies, dass ihr Verhalten und ihre Probleme an dem Maßstab typisch weiblicher Rollenbilder gemessen werden. Mädchenspezifische Konfliktlagen, die dieser Aufmerksamkeitsstruktur nicht entsprechen, bleiben unbeachtet oder werden verkannt. Dies gilt insbesondere für den sexuellen Missbrauch an Mädchen" (HARTWIG 1990, S.10).

Zwischen der aktuellen Problemlage sexueller Gewalterfahrungen von Mädchen und einer entsprechend erforderlichen Wahrnehmungs- und Angebotsstruktur in der Jugendhilfe, besonders der Heimerziehung, klafft eine große Lücke.

„Insgesamt weisen die Interventionen in jeder Altersgruppe, mit steigendem Alter zunehmend, geschlechtsspezifische Begründungen auf. Hier bestätigt sich eine nach Geschlecht der Kinder und Jugendlichen spezifische Deutung und Wahrnehmung der Probleme durch die Jugendamtsmitarbeiterinnen und –mitarbeiter. Die Bewertung der Probleme von Mädchen basiert dabei auf einer Beschreibung von Auffälligkeiten im Sinne des Abweichens von der weiblichen Geschlechtsrolle" (HARTWIG 1990, S.81).

3.1 „Pretty Woman" – „Weglaufen/Umhertreiben" und „sexuelle Verwahrlosung" als Begründungen für Interventionen

Prostitution, sogenannte Promiskuität, sexuell forderndes Verhalten sind nach wie vor oft eine Einweisungsbegründung für Heim, Psychiatrie oder geschlossene Unterbringung. Mädchen werden auch heute noch dahingehend kontrolliert. In der Beurteilung ihres Verhaltens spielt die Sexualität eine zentrale Rolle. Die Sozialisationsbedingungen von Mädchen sind demnach immer noch durch die Kontrolle ihrer Sexualität geprägt, damit einher geht eine Beeinträchtigung zu einer auch sexuell bestimmten Persönlichkeit.

„Kontrolle und Beaufsichtigung nehmen mit Beginn der Pubertät zu. Wurde den Mädchen bisher eher der Status eines „Neutrums" (das Mädchen) zugewiesen, lernten sie ihre Sexualität unterdrücken und ihren Körper eher passiv zu erleben, müssen sie dies nun in „gewissen Maßen" aufgeben. Sie geraten in widersprüchliche Erwartungen. Einerseits wollen sie ihren Körper weiter bewahren (möglichst keinen Freund, nicht schwanger werden), andererseits sollen sie sich dem männlichen Blick nun als sexuelle Wesen anbieten („zieh' dich hübsch an")" (HARTWIG 1990, S.84).

„Hinter der sogenannten „Sexuellen Verwahrlosung" verbergen sich zumeist unerwünschte Kontakte zu gleichaltrigen oder erwachsenen Männern, häufig wechselnder Geschlechtsverkehr und prostitutives Verhalten. Die Angaben zu „Umhertreiben/Weglaufen" reichen von „zu

spät nach Hause kommen", „Wegbleiben über Nacht" bis hin zu „längerem Wegbleiben" (HARTWIG 1990, S.82).

Beide Verhaltensweisen werden in Maßnahmen der Jugendhilfe missbilligt, sei es weil die Mädchen potenziellen Gewalthandlungen ausgesetzt werden und die Jugendhilfe sie möglichst davor schützen möchte, sei es weil ein sexuell aktives, forderndes, „unanständiges" Verhalten nicht in ein traditionell geprägtes Frauenbild passt. Je mehr die Mädchen aber den Vorgaben trotzen und mit ihrem Jugend- und Sexualitätsstatus experimentieren, desto mehr verstärken sich die Sanktionen und aufgrund der härteren (meist elterlichen) Sanktionen laufen die jungen Mädchen weg. Viele Eltern resignieren schließlich vor einem Verhalten, das sie allein dem Mädchen zuschreiben und geben ihre Kontrollfunktion an die öffentliche Erziehung ab, in dem Glauben, Jugendhilfeeinrichtungen wären eine Art Dienstleistungsbetriebe, in die oben die aufmüpfige, sich verweigernde, experimentierende weibliche Jugendliche hineingesteckt wird und unten eine leistungsorientierte, im akzeptierenden Maß sexuell orientierte, systemkonforme junge Frau herauskommt.

„Angst (meist der Väter) vor sexuellen Kontakten der Töchter provoziert Druck auf die Töchter. Dieser Druck lässt eine Außenorientierung der Mädchen entstehen, die wiederum die Angst der Väter erhöht und deren Zuflucht zu weiteren Einschränkungen und Drohungen beschleunigt. Die Folge ist wiederum Entweichung – und damit die scheinbar eindeutige Bestätigung der väterlichen Ängste vor dem Abgleiten der Tochter" (WOLFFERSDORFF v. 1996, S.48f.).

Weglaufen von Mädchen ist nahezu immer als Konfliktlösungsstrategie zu begreifen; sie schaffen sich aktiv handelnd einen Ausweg aus einer verletzenden, erniedrigenden sowie einschränkenden (Familien)Situation. Ein großer Teil der Mädchen läuft aufgrund von sexuellen Gewalterfahrungen weg und entwickelt somit eine erfolgreiche Strategie, sich den Übergriffen zu entziehen.

„Für viele Mädchen endet das Weglaufen auf der Straße. Das Leben dort eröffnet einen Erfahrungsraum, in dem Mädchen Selbständigkeit erlernen müssen, um sich ohne Geld in fremder Umgebung zu orientieren und zu überleben. Gleichzeitig werden die Mädchen mit neuen (und alten – Anm. d. Verf.) *Gefahren konfrontiert: Es besteht kaum die Möglichkeit, eine sichere Unterkunft zu finden oder legal Geld zu verdienen"* (HARTWIG 1989, S.86).

Das Leben in der Illegalität zieht nach sich, dass Mädchen in sogenannten Subkulturen abtauchen und z.B. in Abrisshäusern leben, immer auf der Hut vor Polizeirazzien, immer die Gefahr sexueller Gewalt im Hinterkopf, oder dass sie, gerade wenn sie Drogen konsumieren, der Prostitution nachgehen. Wenn die Mädchen anfangen, sich zu prostituieren, also „sexuell zu verwahrlosen", und dabei aufgegriffen werden, setzen die Kontrollinstanzen ein. Dass „auf-Trebe-gehen" mit seinen lebenslagenspezifischen Konsequenzen mit sexuellen Gewalterfahrungen zusammenhängt, wird bei der Einweisung in Einrichtungen der öffentlichen Erziehung oftmals zunächst vernachlässigt.
Das bedeutet im Klartext, dass das Mädchen untergebracht wird, um seine Sexualität zu kontrollieren und nicht, um mit ihm helfend Gewalterfahrungen aufzuarbeiten. Allerdings gilt dieses in der Regel nur für den Prozess der Einweisung. Wenn das Mädchen die Chance bekommt, in der Einrichtung tragfähige Beziehungen aufzubauen, bietet sich ihr auch die Möglichkeit, in irgendeiner Form an ihrer Biographie zu arbeiten und letztendlich zumindest in wenig zu heilen.

Mädchen auf der Straße - Straßenmädchen

Mädchen und junge Frauen, die ihren Lebensmittelpunkt auf die Straße verlegt haben, werden bislang von der Jugendhilfe nur wenig wahrgenommen. *„Sie ziehen dieses Leben ohne festen Wohnsitz trotz all seinen Gefährdungen und Beschwernissen ihrem vorhergehenden Leben vor. Allein diese Tatsache sagt viel aus über die Lebensbedingungen, aus denen die Mädchen kommen"* (WALLNER 1996, S.6).

Wenn die Lebensumstände in Einrichtungen der öffentlichen Erziehung denen in der Herkunftsfamilie ähneln, ist es sehr wahrscheinlich, dass die Mädchen auch dort wieder „entweichen".

„Nicht alle Mädchen, die weglaufen, verlegen ihren Lebensmittelpunkt auf die Straße. Aber wenn sie es tun, gibt es auch hierfür wieder unterschiedliche Begründungszusammenhänge: die vermeintliche Freiheit, endlich tun und lassen zu können, was frau selbst will, das Aufgehoben-Sein in einer Subkultur oder der Mangel an akzeptablen Alternativen sind hier relevante Gründe. Deutlich wird aber, dass sowohl die Beweggründe der Familien- oder Heimflucht als auch für das Leben auf der Straße in engem Zusammenhang mit dem Mädchen-Sein, mit weiblicher Sozialisation steht" (WALLNER 1996, S.6).

Noch minderjährige Mädchen haben keinen Anspruch auf eigenständige Sozialhilfe und müssen, wenn sie bei Razzien aufgegriffen werden, zu ihren Eltern oder in die jeweilige Institution zurückgebracht werden. Sie sind darauf angewiesen, von Freundinnen und Freunden mitversorgt zu werden.
Von elementarer Bedeutung beim Leben auf der Straße ist selbstverständlich die Geschlechtszugehörigkeit. Zum einen herrschen auch in sog. Subkulturen meist hierarchische patriarchale Regeln, zum anderen wird der Begriff „Straßenmädchen" in der Regel mit Prostitution assoziiert und hat einen abwertenden Beigeschmack.

„Straßenmädchen haben ein Hurenstigma, mit dem sie umgehen lernen müssen. Dies tun Mädchen auf unterschiedliche Art und Weise: sie versuchen, möglichst verdeckt auf der Straße zu leben, d.h. so, dass sie nicht als „auf der Straße lebend" zu erkennen sind. Sie ziehen sich bspw. besonders gut, sauber und teuer an und halten sich fern von den offensichtlichen Gruppierungen obdachloser Jugendlicher. Oder sie begehren gegen diese Zuschreibung offensiv auf und kleiden und verhalten sich auffällig und provokant, um sich erst recht zu zeigen und sich nicht abstempeln zu lassen. Allen gemein ist aber, dass sie mit diesem Stigma behaftet sind und für sich Strategien des Umgangs entwickeln müssen" (WALLNER 1996, S.6f.).

Gefühle des Kontrolliert-Seins und des Nicht-Verstanden-Werdens, aber auch der Abenteuerlust werden von Mädchen in Heimen für das Weglaufen genannt. Der Ort, der von Mitarbeiterinnen der Jugendhilfe als gefährdend betrachtet wird, ist natürlich der Bahnhof mit seiner besonderen Szene. Diesen Ort sollten die Mädchen möglichst meiden.

„Der „Schutzgedanke" wird von den Mädchen als Kontrolle empfunden. Sie können weder Vertrauen gewinnen, noch offen ihre Erfahrungen, die sie auf der Straße gemacht haben, thematisieren. Viele von ihnen flüchten dann wieder zurück ins Straßenmilieu. Dieses Fortlaufen wird den Mädchen häufig als persönliches Fehlverhalten angelastet, sie werden als hilferesistent abgestempelt, nach mehrmaligem Weglaufen in Psychiatrie eingewiesen oder geschlossen untergebracht. Auf die belastenden Faktoren der institutionellen Lebenswelt „Heim" wird jedoch viel zu selten Bezug genommen" (BODENMÜLLER 1996, S.10f.).

3.2 „Die Sehnsucht nach dem Prinzen auf dem weißen Pferd" – Das Problem der Berufsausbildung und die scheinbare Normalität einer heterosexuellen Partnerschaft

Eine „feste" heterosexuelle Partnerschaft und die Gründung einer eigenen Familie sind traditionelle Traumbilder, die für die meisten Mädchen ein großes Stück Normalität symbolisieren. Damit einher geht sehr oft der (frühe) Wunsch nach einem eigenen Kind, das ein Wesen sein wird, das die Mutter ohne jede Bedingung liebt.
Manche Mädchen geben ihre beruflichen Ambitionen bereits in der Pubertät auf und verlegen sich auf eine Zukunft mit einem Mann, der ihre Existenz sichert. Ihre schulischen und beruflichen Probleme und die mangelnde Motivation sind somit Resultate ihrer sozio-ökonomischen Ausgangslage.

„Die Suche nach dem „festen Freund" stellt für viele Erzieherinnen eine Art Garantie für weibliche Normalentwicklung dar. Sie sehen es als ihre Aufgabe an, gemäß geltender gesellschaftlicher Normen mädchen-spezifische Normalität herzustellen" (WOLFFERSDORFF v. 1996, S.252).

Obwohl Mädchen bessere schulische Erfolge haben als Jungen und die besseren Abschlüsse vorweisen, sind ihre Aussichten auf eine geglückte Berufsintegration deutlich geringer. Mädchen und jungen Frauen steht immer noch eine weit geringere Anzahl von Ausbildungsberufen, hauptsächlich im reproduktiven Bereich zur Verfügung, die zudem auf dem ersten Arbeitsmarkt nur beschränkt verwertbar sind. Der Versuch, Mädchen und junge Frauen in sogenannten männertypischen Berufen unterzubringen, scheitert zum einen oft an der Bereitschaft z.B. von Handwerksmeistern, Mädchen auszubilden, und zum anderen brachten die Versuche auch nicht den gewünschten Erfolg.

„Die Berufe knüpfen zu wenig an die Lebenswelt der Mädchen an, sie sind unsicher, ob sie die beruflichen Anforderungen erfüllen können (bspw. bzgl. Körperkraft), es gibt kaum Erfahrungen über die Chancen von Frauen in Männerberufen, die Arbeitsplätze sind nach den Bedürfnissen von Männern gestaltet und weibliche Anleiterinnen als Orientierungs- (und Identifikations- – Anm. d. Verf.) *personen sind eine Seltenheit"* (HARTWIG 1990, S.87).

An der Konzentration der Mädchen auf ein relativ enges Berufsspektrum hat sich nicht viel geändert. Obwohl von den rund 380 Ausbildungsgängen im dualen System weniger als 20 aufgrund von Schutzbestimmungen für Frauen nicht zugänglich sind (z.B. Bergmann und Bergmaschinenmechaniker unter Tage, Kanalbauer, Tiefbaufacharbeiter) orientiert sich das Berufswahlverfahren von Mädchen noch stark an der in der Sozialisation erworbenen Fähigkeiten der Fürsorge und des Daseins für andere. Mädchen wählen oft Berufe, die zum einen eine strukturelle Nähe zu diesen Fähigkeiten aufweisen und zum anderen die Möglichkeit zur Familienplanung offenlassen. Allerdings meistens zum Preis einer geringeren Qualifikation.
Letztendlich ist das Angebot an Berufswahlmöglichkeiten dann doch so gering, dass sich viele notgedrungen für einen Beruf entscheiden, der nicht ihren Bedürfnissen entspricht (vgl. MÜLLER 1999), was dann wiederum den Wunsch verstärkt, möglichst früh eine Familie zu gründen.

3.3 „Brave Mädchen kommen in den Himmel, böse kommen überall hin" – Delinquentes, aggressives und oppositionelles Verhalten von Mädchen

Eigentumsdelikte, die von Mädchen begangen werden, dienen nahezu immer der Konfliktkompensation; hauptsächlich stehlen sie Kosmetika, Kleidung und Schmuck. *„Mit diesen Gütern suchen sie die eigene Attraktivität zu erhöhen und entsprechend damit einer der zentralen Anforderungen an die weibliche Geschlechtsrolle des hübschen, geschminkten Mädchens"* (HARTWIG 1990, S.88).

Mädchen mit Ess-Störungen, vor allem mit Bulimie, stehlen auch Lebensmittel, um ihre Fressattacken zu finanzieren.
Ein anderes delinquentes Verhalten ist der verbotene Lokalbesuch und/oder Drogenkonsum. *„Mit diesem Verhalten wollen die Mädchen symbolisch gegen die Einschränkungen und Benachteiligungen der weiblichen Geschlechtsrolle verstoßen. Sie verschaffen sich so das Gefühl von gelebter Unabhängigkeit"* (HARTWIG 1990, S.88).

„Aggressivität und oppositionelles Verhalten" können dem sozialen und situativen Kontext angemessene Verhaltensweisen sein, mit denen sich die Mädchen gegen Verletzungen wehren, mit denen sie aufbegehren, ihre Bedürfnisse durchsetzen sowie Beachtung einfordern. Das heißt, dass in diesem Sinne Aggressionen und Opposition als sinnvolle und notwendige

Verhaltensstrategien begriffen werden müssen, aber, wie bereits betont, auch mit aller Klarheit und Konsequenz erklärt werden muss, dass und warum Gesetzesverstöße sanktioniert werden.
Autoaggressives Verhalten, in Form von Alkohol- und Drogenkonsum, Ess-Störungen, Suizidversuchen und Selbstverletzungen, ist bei fast allen Mädchen, die sich dieser Strategien bedienen, als Rückzugsversuch aus belastenden Lebensumständen zu verstehen. Mädchen, die sich selbst verletzen, tun dies auch, um ihren Körper zu bestrafen bzw. um den Körper zu reinigen, der missbraucht wurde.
Damit sie ihren Rückzug aus der Realität, der ihnen vielleicht über Jahre hinweg geholfen hat zu überleben, so gestalten können, dass sie damit leben können, muss vonseiten der Professionellen Akzeptanz des Verhaltens bis zu einem gewissen Grad gezeigt werden. Auch hier gilt: Auffälligkeiten und Suchtverhalten müssen mit dem eigenen Leben so arrangiert werden, dass Heilungsprozesse einsetzen können. Gesetzesverstöße, auch das Stehlen von Lebensmitteln und der Konsum illegaler Drogen sind tabu.

3.4 Die Möglichkeiten der Heimerziehung, besonders schwierige Entwicklungsverläufe von Mädchen günstig zu beeinflussen

Als „besonders schwierig" oder „multiproblembelastet" werden im Jugendhilfejargon Kinder und Jugendliche bezeichnet, die in ihrer Biographie Brüche, Irritationen und Traumata erlebt haben. Brüche und Irritationen können sein:

- frühe Trennung von den primären Bezugspersonen,
- häufiger Wechsel des räumlichen und sozialen Umfelds, Beziehungsabbrüche sowie Enttäuschungen, die daraus entstehen,
- Herausnahme aus Pflege- und Adoptivfamilien aufgrund nicht gelungener Integration in das erwartete Familiengefüge,
- psychische Erkrankungen im Familienverband,
- Drogenmissbrauch der Eltern, der Bezugspersonen und dann auch der betroffenen Kinder,
- widerständiges und angepasstes Verhalten im Wechsel der sog. Beziehungsangebote und daraus resultierende Orts- und Beziehungswechsel,

- intellektuelle Blockaden, kognitive Störungen, Lern- und Konzentrationsschwächen, Schulverweigerung und daraus sich ergebende Schulwechsel,
- narzisstische Kränkungen und eine daraus resultierende Liebesfähigkeit, die unfrei und enttäuschungsanfällig ist.

Unter Traumata werden alle psychischen, physischen und sexuellen Misshandlungen, aber auch der frühe Verlust einer geliebten Person, und alle Formen der Ausbeutung verstanden.
Um das schon genannte therapeutische Milieu entstehen lassen zu können, das eine wichtige Basis für die Beeinflussung der Entwicklungsverläufe ist, bedarf es erwachsener Bezugspersonen, die sich von den Jugendlichen nicht zu einer erneuten Trennung provozieren lassen, sondern die ihre Arbeit als Angebot begreifen, die Mädchen auszuhalten und sich bemühen, Aggressionen, Weglaufen, selbst- und fremdgefährdende Aktionen als Versuch zu definieren, das eigene Schicksal zu bestimmen und die Kräfte der Erwachsenen auf die Probe zu stellen.
Weiterhin muß ein Klima bereitgestellt werden, das Experimente zulässt, um das erworbene Reagieren aufgeben zu können und z.B. kognitive Fähigkeiten reaktivieren zu dürfen. Das Leben in der Gruppe lässt neben der individuellen Zuwendung auch den Blick auf andere zu und die eigene Betroffenheit kann so auch eine Hilfestellung für andere sein. Suchtverhalten und Selbstverletzung muss von den Mädchen als Gefahr erkannt werden, die sie daran hindert, ihren Weg hin zu einer selbstbestimmten Persönlichkeit zu verfolgen. Verborgene Traumatisierungen müssen, und dabei muss immer der freie Wille des Mädchens beachtet werden, freigelegt werden, um letztendlich Freiheit zu ermöglichen.
In einer geschlechtshomogenen Gruppe erfahren die Mädchen ein frauenspezifisches Übungsfeld, auf dem sie entdecken können, wer sie sind oder wie sie gerne sein möchten.

4. Heimerziehung für Mädchen. Eine Reform mit Hindernissen

Eine wesentliche Reformbestrebung in der Heimerziehung der 70er Jahre war die Durchsetzung der Koedukation. Heute wird das koedukative Prinzip jedoch kritisch bewertet, da sie gerade in der öffentlichen Erziehung von Mädchen eben *„(...) nicht direkt zur Wahrnehmung einer geschlechtsspezifischen Problematik bei Auffälligkeiten (...)"* (PAN-

KOFER 1997, S.48) führt. Mädchen wird in geschlechtsgemischten, und daher oft jungenzentrierten Gruppen, weniger Aufmerksamkeit zuteil.

An Mädchen werden in koedukativen Gruppen Erwartungen gestellt, die an Geschlechtsrollenstereotypen orientiert sind; dabei gelten die „umgänglichen" Mädchen oft als soziales Regulativ. Diese Fähigkeit wird aber selten als positiv zu nutzende Stärke gewertet, sondern eher belächelt und somit letztendlich ausgenutzt. Problematisch ist eine Orientierung an Geschlechtsrollenstereotypen deshalb, weil die Tendenz besteht, die Probleme von Mädchen, die nicht in das typische Wahrnehmungsraster fallen, eher nicht zu thematisieren.
Die Debatten um die Heimerziehung wurden (und werden) immer dann von einem Reformschub erfasst, wenn sich größere gesellschaftliche Probleme abzeichnen. *„Ökonomische und kulturelle Faktoren z.B. durch Industrialisierung und Technologisierung, als auch politischgesellschaftliche Veränderungen sind besonders wichtige Einflußfaktoren hinsichtlich der Entstehung von Institutionen. Ideen und Diskurse über Normalität und Krankheit führen zur Ausbildung von Institutionen und Regelungen, die Ordnung herstellen und sichern soll. Neben Motiven der Versorgung, Rettung und Heilung besteht auch das Bedürfnis, die Gesellschaft zu schützen. Dazu bedarf es einer Trennung zwischen denen, die es zu schützen gilt – die „Normalen" – und den „Anormalen", vor denen andere geschützt werden sollen. Die Annahme, dass diese Gruppe der Anormalen aufgeteilt werden kann, in solche, die noch verändert werden können und solche, die als unerreichbar gelten, bewirkt eine Spezialisierung und Separierung. Normen und Entscheidungen darüber, welcher Gruppe die einzelnen angehören, erfolgen mit machtvollen Diskursen, wie dem der Justiz, Psychiatrie, Psychologie und der Pädagogik"* (PANKOFER 1997, S.52).

In der Geschichte der Heimerziehung wurden Mädchen als Gruppe mit eigenen Bedürfnissen und Ursachenbedingungen erst spät wahrgenommen und somit erreichen die Reformbestrebungen innerhalb der Heimerziehung die Gruppe der untergebrachten Mädchen immer noch mit Verspätung. So hält sich auch bis heute die Theorie vom promiskuitiven Mädchen, dessen „Triebhaftigkeit" kontrolliert werden muß, es sei denn, sie entschließt sich zu einer festen Partnerschaft, vorzugsweise mit einem jungen Mann. Ebenso orientieren sich etliche Ausbildungsgänge, die in Heimen für Mädchen angeboten werden, an traditionell weiblichen Fertigkeiten. Delinquentes und oppositionelles Verhalten von Mädchen wird häufig negativer bewertet und schneller und härter sanktioniert als bei

Jungen. Schutzangebote für Mädchen und junge Frauen, die sexuelle Gewalt erfahren haben und noch erleben, sind nicht flächendeckend ausgebaut. So gibt es in etlichen größeren Städten im Bundesgebiet noch keine Zufluchtswohnungen für Mädchen, z.B. auch nicht in Leipzig. Dahingehende Bestrebungen von engagierten Pädagoginnen werden mit den Hinweisen auf die mangelhafte Finanzlage und/oder den nicht ausreichenden Bedarf abgeblockt. Mädchen und junge Frauen werden als komplexe Gruppe mit spezifischen Bedürfnissen, Wünschen, Erfahrungen, Erwartungen, Verhaltensmustern, Problematiken sowie Ursachenbedingungen immer noch nicht umfassend und ernsthaft wahrgenommen.

5. Literaturverzeichnis

„Betrifft Mädchen" II-1996. „Wohnungslos – bodenlos?" Die Lebenswelt von Mädchen und jungen Frauen auf der Straße. Münster 1996.

„Betrifft Mädchen" II-1998. „Und dann war ich halt wieder weg." Anworten der Jugendhilfe auf kritische Lebenssituationen von Mädchen und jungen Frauen. Münster 1998.

HARTWIG, L.: Sexuelle Gewalterfahrungen von Mädchen. Konfliktlagen und Konzepte mädchenorientierter Heimerziehung. Weinheim/München 1990.

KLEES, R. et al.: Mädchenarbeit. Praxishandbuch für die Jugendarbeit. Teil 1. Weinheim/München 1989.

MÜLLER, M.: Zur Partizipation von Mädchen und Frauen an Prozessen der Politik und Bildung. Vortrag anläßlich des 2. Kolloquiums des Zentrums für Frauen- und Geschlechterforschung i. G. Leipzig 1999.

PANKOFER, S.: Freiheit hinter Mauern. Mädchen in geschlossenen Heimen. Weinheim/München 1997.

SCHMIDT, P. / STUBY, A.M. (Hrsg.): Feministische Studien. 15. Jahrgang, Heft 2. „Mädchen". Weinheim 1997.

SOZIALWISSENSCHAFTLICHE FORSCHUNG UND PRAXIS FÜR FRAUEN e. V. (Hrsg.): Beiträge zur feministischen Theorie und Praxis Nr. 51, 22. Jahrgang. „Mädchen“ – Zwischen patriarchalen Zuschreibungen und feministischen Ansprüchen. Köln 1999.

TUCHTENHAGEN, G.: „Heimkinder“ / Teil 1 – 5. Filmdokumentation. Hamburg 1984.

WOLFFERSDORFF v., C. et al.: Geschlossene Unterbringung in Heimen. Kapitulation der Jugendhilfe. Weinheim/München 1996.

Josef Scheipl

JUGENDWOHLFAHRTSPLANUNG IN ÖSTERREICH

1. Einleitung

Es gibt gute Gründe für Jugendwohlfahrtsplanung (vgl. GLÄSS/HERRMANN 1994, S.18f.). Mit dem 1991 in Kraft getretenen Kinder- und Jugendhilfegesetz in der Bundesrepublik Deutschland, welches Jugendhilfeplanung rechtlich festschreibt, hat dort zumindest eine umfangreiche Literaturproduktion zur Planungsarbeit eingesetzt. (vgl. u.a. JORDAN/SCHONE 1992; GLÄSS/HERRMANN 1994; MERCHEL 1994; SCHNEIDER/JORENDT 1994; BOLAY/HERRMANN 1995; LUKAS/STRACK 1996; SIMON 1997). In Zusammenfassung „der bisher in der Fachliteratur vorgestellten Vorschläge zum Planungsverfahren und seiner Organisation" gelangen GRIES und RINGLER (vgl.1997, S.262f.) zu folgendem Ablaufmuster der einzelnen Planungselemente: Konzept, Bestand, Bedarf, Maßnahmen, Fortschreibung/Evaluation, die im infrastrukturellen Planungsprozess jeweils flexibel zu handhaben sind (vgl. Abbildung 1).

Das Modell macht u.a. deutlich, dass JW-Planung die Beteiligten und Betroffenen einbeziehen muss. Es scheint m.E. allerdings überzogen daraus abzuleiten, partizipativ angelegtes Planungsverständnis als „Experimentierfeld" für kommunale Demokratie zu verstehen bzw. Planung aufzulösen in einen politischen Prozess der Gestaltung alltagsweltlicher Lebensbedingungen im kommunalen Raum (vgl. INITIATIVE „Kritische Jugendhilfeplanung" 1995, S.9ff.). Wohl aber bringt es die Chance, über die Beachtung des „Gegenwissens" von kritischen AkteurInnen (vor Ort), über die Thematisierung von (planungshemmenden) Mächten und Kräften, über die Auseinandersetzung mit offenen und verdeckten Formen des Widerstandes „blinde Flecken" in der Arbeit und in der Problemwahrnehmung beim Planungshandeln erkennbar zu machen und partizipative Modelle planerischen Handelns – wie etwa bei der gegenwärtigen Heimreform in der Steiermark – zu entwickeln (vgl. BOLAY/HERRMANN 1995, S.263ff.).

Abb.1: Ablaufmodell für eine Jugendwohlfahrts (JW)-Planung

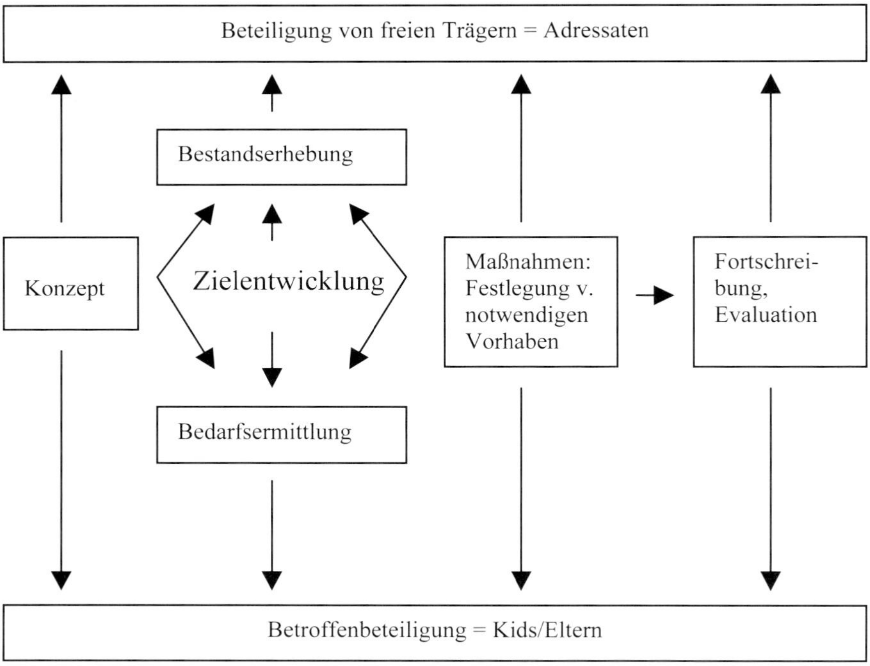

Quelle: GRIES/RINGLER 1997, S.263 – leicht modifiziert

Auch in Österreich verpflichtet der Grundsatzgesetzgeber im zweiten Jugendwohlfahrtsgesetz (JWG) von 1989 die JW-Träger (Länder) erstmals zu gesellschafts- und wissenschaftsorientierter Planung im JW-Bereich: „§ 7. Die Jugendwohlfahrtsträger haben bei ihrer Planung die gesellschaftlichen Entwicklungen sowie die Ergebnisse der Forschung in den einschlägigen Bereichen zu berücksichtigen. Erforderlichenfalls haben sie sich um die Einleitung entsprechender Forschungen zu bemühen" (JWG 1989 – BGBl. Nr. 161).
Der Zeitraum von etwa zehn Jahren seit Inkrafttreten der Ausführungsgesetze der einzelnen Bundesländer scheint nun ausreichend lang, um eine erste umfassende Bilanz zu ziehen.
Im folgenden Beitrag wird demnach untersucht, inwieweit die Länder dem Auftrag des Grundsatzgesetzgebers nachgekommen sind und welche diesbezüglichen Aktivitäten sie bisher gesetzt haben.

2. Analyse der Jugendwohlfahrtsgesetze

Die Mehrzahl der Bundesländer hat den o.a. gesetzlichen Auftrag des Bundesgesetzgebers, der relativ allgemein gehalten war, bis auf kleinere Ergänzungen mehr oder weniger variantenreich in ihre Ausführungsgesetze übernommen. Neben interessanten Details[1] lässt sich folgendes wichtiges Ergebnis festhalten:
Lediglich in der Steiermark und in Salzburg findet sich eine Konkretisierung des Planungsaspektes hin zu einem Planungsinstrument. Die Steiermark schreibt in ihrem JWG (§ 9, Abs. 1) die Erstellung und Fortschreibung eines konkreten JW-Planes fest: „Die Landesregierung hat für die Einrichtung der im JWG vorgesehenen ambulanten und stationären Leistungen einen JW-Plan zu erstellen und fortzuschreiben. Dieser hat nach Möglichkeit Kosten- und Zeitpläne zu enthalten“. In Salzburg ist ein Jugendwohlfahrtsbericht zu erstellen: „Die Landesregierung hat dem Landtag im Abstand von höchstens fünf Jahren über den Stand der Jugendwohlfahrt zu berichten (Jugendwohlfahrtsbericht). Dieser Bericht ist in Zusammenarbeit mit der Kinder- und Jugendanwaltschaft zu erstellen und hat auch den erhobenen Bedarf an Leistungen der Jugendwohlfahrt sowie die Prüfung der Bedarfsdeckung zu enthalten“ (JWG § 9, Abs. 2).
Somit sind Salzburg und die Steiermark die einzigen beiden Bundesländer, deren Jugendwohlfahrtsgesetze die Konkretisierung der Planungen in Form eines Berichtes bzw. Planes normieren. Die übrigen sieben Bundesländer sind in ihren Formulierungen offen geblieben und sprechen lediglich von „Planung“ (Burgenland, Wien), „Planung der Leistungen der Jugendwohlfahrt“ (Niederösterreich), „Planung von allgemeinen Maßnahmen“ (Oberösterreich), „Planung im Bereich der öffentlichen Jugendwohlfahrt“ (Tirol), „Planung der Maßnahmen, die zur Erreichung des Zieles der Jugendwohlfahrt erforderlich sind“ (Vorarlberg).
Aus der Analyse der Gesetzestexte läßt sich die begründete Vermutung folgern, dass die Bundesländer in der konkreten Planerstellung für die JW unterschiedliche Wege gehen. Hier soll nun untersucht werden, ob und in wie weit konkrete Planungsunterlagen für die JW in den einzelnen Bundesländern erarbeitet worden sind.

3. Konkrete Planungsunterlagen

3.1 Ein erstes Ergebnis

Eine Recherche bei den zuständigen Stellen der Landesregierungen (Telefonumfrage des Autors Anfang August 2000) erbrachte zunächst folgendes Ergebnis:
Die Bundesländer Burgenland, Kärnten, Oberösterreich, Tirol und Wien verfügen über keine längerfristigen JW-Pläne bzw. konnten schriftliche Unterlagen dazu nicht zur Verfügung stellen. Einerseits berief man sich darauf, dass zu konkrete Planungen bloß einengen würden (Tirol), dass eine für die schriftliche Ausarbeitung wünschenswerte Abstimmung zwischen den Ländern fehle (Wien), dass man derzeit mit Qualitätssicherung befasst sei (Burgenland), dass man an eine konkrete Planerstellung denke (Oberösterreich) bzw. an der Ausschreibung einer solchen arbeite (Kärnten).
In diesen Bundesländern sollte man zumindest mit internen Arbeitsprogrammen rechnen, die jeweils das folgende Jahr miteinbeziehen. Solche wurden aber nicht vorgelegt. Eventuell könnte man für Wien das Konzept „Heim 2000" (siehe Publikationen in diesem Band) als Planungspapier in Richtung eines längerfristigen JW-Planes verstehen. Doch die darin erörterte Angebotspalette (stationäre Unterbringung) ist für eine umfassende JW-Planung insgesamt zu schmal.
Über detailliert schriftlich ausgearbeitete Planungsgrundlagen verfügen – aufgrund der Gesetzesanalyse wenig überraschend – die Bundesländer Salzburg und Steiermark. Eine Zwischenstellung zwischen den umfangreichen Planungsunterlagen in Salzburg und Steiermark und den oben erwähnten fünf Bundesländern, die noch keine JW-Pläne vorlegen können, nehmen Niederösterreich und Vorarlberg ein.

3.2 Planungsunterlagen aus Niederösterreich und Vorarlberg

3.2.1 Niederösterreich

Eine Tagung im Jahr 1997 („Jugendwohlfahrt in Bewegung") weckte Erwartungshaltungen bei MitarbeiterInnen in Richtung eines umfassenden Projektes (vgl. HUBER 2000, S.3). Nach einer entsprechenden Vorbereitungsphase gaben schließlich „im Frühjahr 1999 die politisch Verantwortlichen der NÖ Jugendwohlfahrt (...) den Auftrag für ein neues

NÖ Jugendwohlfahrtskonzept“ (AMT DER NIEDERÖSTERREICHISCHEN LANDESREGIERUNG 1999, S.3).

Als Hauptziele dieses Projektes sind folgende genannt:

- „Unterstützung für Kinder und Familien in ihrer Lebenswelt,
- Bedarfsorientierte Beratung, Betreuung und Begleitung von Familien vor Ort,
- Verstärkung der familienunterstützenden Maßnahmen,
- Weniger und kürzere Fremdunterbringungen von Kindern und Jugendlichen,
- Optimale Kooperation zwischen öffentlicher und privater Jugendwohlfahrt zum Wohle der Klienten,
- Wissenschaftsgestützte und prozessorientierte Planung und Steuerung der öffentlichen und privaten Jugendwohlfahrt,
- Optimaler Einsatz der verfügbaren personellen und materiellen Ressourcen,
- Schaffung von verbindlichen Qualitätsstandards,
- Installierung eines kontinuierlichen Planungs- und Evaluierungsinstrumentes“ (AMT DER NIEDERÖSTERREICHISCHEN LANDESREGIERUNG 1999, S.4).

Diese Grobziele erfahren dort in der Folge eine ausführliche Detaillierung.
In einer ersten Phase wurden die Aufgaben für die konkrete Projektdurchführung (Erhebung IST-Stand, Analyse der Erhebungsdaten, Erarbeitung operativer Ziele und Entscheidungsgrundlagen zur weiteren Umsetzung) erarbeitet.
Erwähnenswert an der gewählten Vorgangsweise ist zunächst die bemühte Einbeziehung der PraktikerInnen. Sie wurden um ihre Stellungnahmen zu einem vorgelegten Fragenkatalog in einem Fragebogen ersucht (vgl. AMT DER NIEDERÖSTERREICHISCHEN LANDESREGIERUNG 1999, S.8ff.). Die breite Teilnahme (ca. 150 Personen) spricht für diese Vorgangsweise. Gegenwärtig sind Erhebungen bzw. deren Auswertung im Bereich der angebotenen Leistungen im Gange.
Weiters ist bei dieser Planung bemerkenswert, dass neben der Einbeziehung von Experten aus der Verwaltung und der Sozialpädagogik aus der Bundesrepublik (vgl. AMT DER NIEDERÖSTERREICHISCHEN LANDESREGIERUNG 2000, S.6ff.) großer Wert auf Öffentlichkeitsarbeit gelegt wird. Mit der Herausgabe einer eigenen Projektbroschüre zur

Information und Anregung für die Fachöffentlichkeit hat man sich in Niederösterreich auf einen beachtenswerten Weg in der JW-Planung begeben.

3.2.2 Vorarlberg

Für dieses Bundesland scheint die Öffentlichkeitsarbeit einen weniger bedeutsamen Stellenwert einzunehmen. Hingegen blickt es auf eine verhältnismäßig lange Strukturreform in der Steuerung der öffentlichen JW zurück. Gegen Ende der 80er Jahre wurde in der Sozialverwaltung ein Veränderungsprozess eingeleitet, „der im Jahr 1990 vorerst in einem Leitbild und strategischen Gesamtkonzept der Abteilung IVa (Fachabteilung für Jugendwohlfahrt, J. Sch.) gemündet hat". Dieses Konzept orientierte sich einerseits am „Neuen Steuerungsmodell", welches im Bereich der Jugendhilfe in der Bundesrepublik Deutschland eingesetzt wird, und andererseits am „New Public Management", welches u.a. in einigen Städten und Kantonen der Schweiz erfolgreich umgesetzt wird. „Es wurde schrittweise umgesetzt. (...) Derzeit – es handelt sich dabei nur um einen Zwischenstatus – bilden 6 Säulen die Grundlage des Sozialmanagements in der Jugendwohlfahrt" (BÖCKLE 1999, S.4). Diese sechs Säulen sind (vgl. ebda, S.4ff.):

1. Das Landesjugendwohlfahrtsgesetz 1991;
2. Das Leitbild und Gesamtkonzept für die Arbeit der öffentlichen JW – 1993 beschlossen;
3. Ein umfassendes EDV-gestütztes Informationssystem – eingeführt 1994;
4. Ein leistungsorientiertes Abrechnungssystem auf Kostendeckungsbasis;
5. Leistungsverträge als Rahmenverträge – schrittweise als strategisches Element ab 1993 eingeführt;
6. Das Evaluationsmodell, das im Jahr 1996/97 in Zusammenarbeit mit Vertretern der freien Träger für die JW entwickelt wurde.

Gegenwärtig arbeitet man an der Einführung eines umfassenden Produktekataloges (einer Leistungsbeschreibung und eines Qualitätshandbuches) in der öffentlichen JW als siebenter Säule (vgl. BÖCKLE 2000b, S.1):

„Dieser Produktplan orientiert sich in seinen Grundelementen am Produktplan der ARGE Jugendwohlfahrt, dessen österreichweite Umsetzung die ARGE im Rahmen der Vollversammlung in Vorarlberg im Mai 1999 empfohlen hat“ (BÖCKLE 2000 a, S.1).
Zwar bilden die erwähnten Säulen ein integriertes System, doch scheint darin für unser Anliegen „das Leitbild und Gesamtkonzept der öffentlichen Jugendwohlfahrt“ aus 1993 einen zentralen Platz einzunehmen. Es formuliert das Ziel der JW: „Die öffentliche Jugendwohlfahrt dient dem Ziel, die freie Entfaltung der Persönlichkeit des Minderjährigen als Mitglied der menschlichen Gemeinschaft durch ein Angebot von Hilfen zu fördern und die erforderlichen Maßnahmen zu sichern. Dieses Ziel soll in folgenden Aktionsbereichen auf der Ebene des Amtes der Landesregierung und der Bezirkshauptmannschaften umgesetzt werden“ (BÖCKLE 1999, S.6).
An solchen Aktionsbereichen werden für beide Ebenen genannt und erläutert: Planung und Steuerung (u.a. Situationsbeobachtung, Vernetzung, Forschung, Weiterbildung, Finanzierung), Prävention (Initiierung vorbeugender Arbeit) und Hilfen zur Sicherung des Kindeswohls (ausreichende Angebote). Auf der Ebene der Landesregierung wird zusätzlich der Aktionsbereich Fachlichkeit (u.a. Fachaufsicht) angeführt (vgl. BÖCKLE 1999, S.6f.).
Aufgrund dieser Unterlagen kann durchaus von einem grundsätzlichen und langfristigen Planungskonzept im Bereich der JW in Vorarlberg gesprochen werden.
Ergänzend dazu werden jährliche „Programme“ erstellt. Diese Programme dienen zunächst amtsinternen Zwecken, sie werden aber in weiterer Folge auch den Vertretern in der JW zur Verfügung gestellt. Sie bilden das Grundlagenpapier für die monatlichen Evaluierungsbesprechungen des Amtes mit den freien Trägern.
„Programme“ geben sowohl strategische als auch operative Programmschwerpunkte vor. So enthält das „Programm 2000“ folgende strategische Ziele: Einführung eines Produktplanes (Leistungskatalog mit detaillierten Leistungsbeschreibungen – s.o.); Weiterentwicklung des Qualitätssicherungs- und Qualitätsmanagementsystems; Herausgabe des ersten Evaluationsberichtes; Erarbeitung eines Strategiepapiers zur Zusammenarbeit zwischen JW und Schule; weitere Umsetzung des Gesamtkonzeptes „Prävention in der Jugendwohlfahrt“; Durchführung des dritten JW-Tages (vgl. BÖCKLE 2000a, S.1).
Auf die strategischen Schwerpunkte folgt die Darstellung einiger Trends, (z.B. des Scheidungsverhaltens oder des Anzeigeverhaltens in Bezug auf JW-Delikte, Amtshilfeersuchen etc.). Danach werden diverse Leistungs-

programme im Bereich der Sozialen Dienste und der Maßnahmen der Erziehungsdienste unter Nennung der Kosten beschrieben.
Das Programm für das Jahr 2001 liegt im Entwurf vor.
Vorarlberg weist damit zwar keinen geschlossenen JW-Plan auf. Es wurde aber vor dem Hintergrund des „Neuen Steuerungsmodells" bzw. von „New Public Management" ein mehrdimensionales Planungskonzept entwickelt, welches langfristige Planungen in diversen Bereichen der JW – wie Evaluation, Kostenrechnung, Information, Leistungsbeschreibung etc. – erlaubt. Dieses Konzept liegt überdies den kurzfristigen operativen Planungen für das jeweilige Jahr zugrunde.
Die praktische Handhabung der JW-Planung u.a. zugrundegelegten Modellen dürfte durchaus positiv zu bilanzieren sein. Dennoch wäre es wünschenswert, die in der Literatur (immer wieder) eingebrachten Vorbehalte gegen eine Übertragung z.B. des Neuen Steuerungsmodells auf (sozial)pädagogische Fragestellungen (vgl. z.B. HERRMANN 1995, S.312ff.) an konkreten Problemstellungen zu prüfen. Dies gilt trotz der „monatlichen Evaluierungsbesprechungen" (s.o.) in der Tendenz auch für den Aspekt der Partizipation.
Gerade der letzte Punkt avanciert zum Markenzeichen für JW-Planung in einem der beiden im folgenden behandelten Bundesländer.

4. Jugendwohlfahrtsplanung in Salzburg und Steiermark

Die einzigen beiden Bundesländer, die in ihren Ausführungsgesetzen dezidiert die Erstellung eines „Jugendwohlfahrtsberichtes" bzw. eines „Jugendwohlfahrtsplanes" vorschreiben, sind Salzburg und Steiermark (s.o.).

2.1 Salzburg

Die Salzburger Kinder- und Jugendwohlfahrtsordnung von 1992 (vgl. § 9, Abs. 2) sieht die Erstellung eines JW-Berichtes im Abstand von jeweils fünf Jahren vor. Ein solcher Bericht hat auch den Bedarf an Leistungen sowie die Prüfung der Bedarfsdeckung zu beinhalten. „Aus diesen Anforderungen heraus entstand die Idee, den JW-Bericht aufbauend auf einen Planungsprozeß zu erstellen und sowohl Beschreibung des derzeitigen Standes als auch zukünftige Standards darin zu dokumentieren" (PRUCHER 1998, S.65).

Als Planungsinstrument orientierte man sich an der Methodik von Produktbeschreibungen, welche im Rahmen des „Neuen Steuerungsmodells“ in der Bundesrepublik Deutschland entwickelt und mehrfach erfolgreich erprobt worden ist. Dabei wird jedes Produkt, d.h. jede Dienstleistung, im Bereich der JW anhand mehrer Kriterien wie Ziele, Grundsätze, Zielgruppe, Qualitätskriterien, Mindeststandards, Qualitätssicherung, (Fach)Personal, Leistungsumfang, Kosten u.v.a.m. beschrieben (vgl. PRUCHER 1998, S.70ff.). Qualität und Quantität der Dienstleistung sollen solcherart in Zusammenhang mit den vorgegebenen Zielen, bezogen auf die Zielgruppe, erfasst werden. Aufbauend auf den Überlegungen von GLÄSS/HERRMANN (vgl. 1994) „wurde ein Planungskonzept mit den Planungselementen Bestandsfeststellung, Zielentwicklung, Bedarfsermittlung und Maßnahmenplanung für das Bundesland Salzburg erarbeitet“ (PRUCHER 1998, S.67). Als wesentliche Elemente der Planungsdurchführung sind „IST-Produktbeschreibungen, SOLL-Produktbeschreibungen, Maßnahmenerarbeitung und Abstimmungsprozeß zu nennen“ (ebda).
Die Planungsarbeiten stellen sich für Planungsüberlegungen in anderen Bundesländern insofern als vorbildhaft dar, als sie grundsätzlich partizipativ angelegt sind. Die Einbeziehung von VertreterInnen der freien Träger sowie von ExpertInnen geht in den von der öffentlichen Verwaltung durchgeführten und speziell moderierten Veranstaltungen „von der Einbringung eigener Produkte bis hin zur Mitgestaltung der von den Mitarbeitern der öffentlichen Verwaltung (d.h. der internen Arbeitsgruppe) vorbereiteten Produktbeschreibungen in Form von Ergänzungen und Streichungen“ (PRUCHER 1998, S.68). Lediglich in fünf von 30 erstellten IST- und 32 erstellten SOLL-Produkten konnte man in einigen Punkten in den jeweiligen Plenarsitzungen keine Einigung erzielen (z.B. Ausschließungsgründe bei der Zielgruppe eines Leistungsangebotes, Betreuungsausmaß, Ausbildung des Fachpersonals bei anderen). Nach einer ausführlichen Diskussion erfolgte bei diesen Leistungen eine Entscheidung bezüglich der strittigen Punkte durch den Leiter des politischen Ressorts (vgl. PRUCHER 1998, S.148ff.). Damit sind Machtungleichgewichte zwischen den AkteurInnengruppen sowie die politischen Rahmenbedingungen sichtbar gemacht worden (vgl. HERRMANN 1995, S.326), sodass die erstellten Produktbeschreibungen durchaus als Ergebnis eines gelungenen partizipativen und transparenten Entscheidungsprozesses zu werten sind. Und schließlich wurde ein Maßnahmenkatalog erarbeitet: Er enthält die detaillierte Beschreibung (Verantwortlichkeit, Zeitrahmen, Kosten) der Aktivitäten, die zu setzen sind, um die SOLL-Standards zu erreichen. Auf solche Weise ausgearbeitete Maß-

nahmen wurden schließlich von den an der Planung beteiligten MitarbeiterInnen prioritär gereiht (vgl. PRUCHER 1998, S.229ff.). Dabei unterschied man zwischen Maßnahmen mit Priorität, wie die Errichtung einer Notschlafstelle sowie kurz – (bis Mitte 2000 umgesetzte) und mittelfristige (bis Mitte 2002 umzusetzende) Maßnahmen. Zu prüfen wäre, ob der Planungsvorgang zu sehr produkt- bzw. einrichtungsbezogen angelegt war und ob produktübergreifende bzw. querliegende Fragestellungen und Innovationsbedarfe (vgl. HERRMANN 1995, S.323) bei diesem Planungsvorgang aus dem Blick geraten sind.
Nach dem Verständnis der Beteiligten soll das Planungsergebnis jedenfalls „als Zwischenbericht in einem kontinuierlichen Prozeß als Grundlage für konzeptionelle, fachliche und politische Diskussionen und Entscheidungen“ im JW-Bereich dienen (PRUCHER 1998, S.231). Zusätzlich finden sich im Jugendwohlfahrtsbericht quasi als gesellschaftspolitische Rahmung ausführliche Darstellungen zu den rechtlichen Grundlagen, den politischen und finanziellen Bedingungen der JW sowie zur demographischen Entwicklung und zur Bevölkerungsstruktur im Bundesland Salzburg. Eine Übersicht über die vorfindlichen Strukturen der JW in diesem Bundesland erlaubt eine grundsätzliche Orientierung und hat – wie auch die eben angeführten Themen – als unverzichtbarer Bestandteil eines JW-Planes zu gelten (vgl. JORDAN/SCHONE 1992, S.92f.).

2.2 Steiermark

In der Steiermark liegt mit 1999 der zweite JW-Plan vor.
Bereits vor Inkrafttreten des StJWG 1991 hat der zuständige Ressortleiter einen Mitarbeiter mit der Erstellung des ersten JW-Planes beauftragt. Dieser „Jugendwohlfahrtsplan für die Steiermark 1992“ versteht sich politisch als integrierter Bestandteil des im Jahr 1988 beschlossenen Sozialplanes für die Steiermark. Er beschreibt zunächst vier für die JW grundlegend gehaltene Parameter:

1. Bevölkerungsprognose insbesondere der Kinder und Jugendlichen bis zum Jahr 2011;
2. Gliederung der geographisch sehr heterogenen Steiermark in vier Großregionen (Südost, Zentral, Stadt, West);
3. Veränderung der Familienstruktur (Reduzierung der Kinderzahl, Zunahme der Scheidungen, Zunahme von Alleinerzieherhaushalten);

4. Soziale Risikofaktoren (Arbeitslosigkeit, Alkoholmißbrauch, Scheidungsrate, Suizide, uneheliche Geburten).

Mittels der Befragung der Jugendamtsleiter erhob man das bestehende Angebot (IST-Lage). Gleichzeitig wurde im Rahmen dieser Befragung und unter Einbeziehung von 166 SozialarbeiterInnen der Behörde aber auch zu erfassen versucht, „inwieweit das vorhandene Angebot bedarfsdeckend ist bzw. welche Bedarfslücken gegeben sind" (HENGSBERGER 1992, S.26). Diese Analyse war in zweifacher Hinsicht regional gegliedert: Einerseits nach den vier genannten Großregionen, andererseits nach der Versorgung (landesweit, regionalbezogen, bezirksbezogen). Die Quantifizierung einer Antwortkategorie erlaubte einigermaßen genaue Angaben zum Deckungsgrad der jeweiligen Maßnahmen (vgl. ebda, S.28ff.). Dabei war das interessante Phänomen zu beobachten, dass in einer Region trotz hoher Sozialbelastung und trotz der geringen Ausbaudichte bezüglich Sozialer Dienste der Bedarf an Neueinrichtungen als geringer eingeschätzt wurde als in einer anderen, wo ein besseres Ausbauniveau bereits erreicht war (vgl. ebda, S.32ff.). Dies lässt auf ein unterschiedliches Problemverständnis der vor Ort eingesetzten behördlichen SozialarbeiterInnen schließen und erschwert die Erstellung von Bedarfslagen. Aus diesem Grunde bemühte sich der Verfasser bei der quantitativen Bedarfsschätzung auch um die Einbeziehung eines möglichen Korrektives. Ein solches bot sich ihm in der Berücksichtigung internationaler Erfahrungswerte. Diese beziehen sich im vorliegenden Fall im wesentlichen auf Bayern. Bezüglich der notwendigen Ausbaumaßnahmen – nur wenige Angebote waren damals als bedarfsdeckend eingestuft worden, sehr viele Dienste fehlten in den meisten Bezirken gänzlich (vgl. ebda, S.27) – schlug der Autor vor, dass das Amt der Steiermärkischen Landesregierung v.a. zentrale Koordinationsaufgaben wahrnehmen sollte und in einem mehrstufigen Ausbauplan nach einer ersten landesweiten „Grobversorgung" einem bezirksübergreifenden Ausbau auf Regionsebene der Vorzug zu geben sei (vgl. ebda, S.44f.). An Steuerungsinstrumenten verfügte das Land nach seiner Auffassung lediglich über „Beratung und Subvention" (ebda, S.52).
Die wirtschaftliche und leistungsbezogene Seite der JW (Kosten, personelle Ressourcen etc.) fand im ersten JW-Plan mangels ausreichender Datenlage nur randständig Erwähnung. Dies umfassend zu erarbeiten blieb eine der Aufgaben der Fortschreibung des JW-Planes. Sie erfolgte mit dem „Steirischen Jugendwohlfahrtsplan 1999 – Perspektiven eröffnen" (AMT DER STEIERMÄRKISCHEN LANDESREGIERUNG 1999).

Mit diesem Projekt ging man in der Steiermark einen neuen Weg: Nach einer öffentlichen Ausschreibung wurde aufgrund eines Beschlusses der Steiermärkischen Landesregierung im Jahr 1996 die Firma SOLVE CONSULTING damit beauftragt, eine umfassende Studie zu erstellen. Mittels einer landesweiten Quererhebung war sowohl eine Erfassung des IST-Standes an Leistungen der JW als auch die Ausarbeitung eines SOLL-Konzeptes vorzunehmen.
Die ProjektmitarbeiterInnen befragten dabei ExpertInnen, SozialarbeiterInnen der Behörde und MitarbeiterInnen der freien Träger ebenso wie sie schriftliche Expertisen und internationale Vergleiche heranzogen. Trotz eines hohen Aufwandes war es schlussendlich aber nicht möglich, gewisse Datenunstimmigkeiten zwischen Behörden und freien Trägern zu bereinigen. Das bestätigte erneut die Notwendigkeit einer besseren Erfassung der Daten im Rahmen einer einzurichtenden möglichst EDV-gestützten Datenbank. In einer elf Bände umfassenden Studie hat SOLVE CONSULTING schließlich die Grundlagen zur Erstellung des zweiten Steirischen Jugendwohlfahrtsplanes entwickelt. Dieser wurde im Rahmen der Fachabteilung für das Sozialwesen ausgearbeitet (vgl. ebda, S.12ff.).
Bei der Erhebung des IST-Standes gingen die Autoren von SOLVE CONSULTING von den im Steirischen JW-Plan 1992 vorgestellten Daten aus und erhoben die relevanten Zahlen zum Stichtag 31.12.1995. Seitens der Fachabteilung wurde versucht, diese Daten für den JW-Plan zum Stichtag 31.12.1997 zu aktualisieren. Die aus diesen Ergebnissen erstellte Übersicht zeigt eine erfreuliche Entwicklung seit 1992 (vgl. ebda, S.19ff.). Die umfassende Erhebung erlaubte darüber hinaus sehr differenzierte Aussagen, wie etwa:

- Im Rahmen der stationären Unterbringung besteht eine deutlich unterschiedliche Inanspruchnahme zwischen städtischen Bezirken und eher ländlichen Regionen.
- Einzelne Gründe bzw. deren Kombination für stationäre Unterbringung sind schwerpunktmäßig zu eruieren.
- Es besteht eine unterschiedliche Handhabung der gesetzlichen Möglichkeiten durch die JugendamtsleiterInnen bei der Unterbringung im Rahmen der vollen Erziehung etc.

Aussagen über die Wohnortnähe, die Verweildauer oder über die Gründe für das Ausscheiden aus stationärer Betreuung lassen sich ebenso treffen wie spezifische Aussagen über ambulante Angebote – z.B. die Tagesmütter (vgl. ebda, S.30ff.).

Hinweise auf einen bezirksmäßig signifikant unterschiedlichen Ressourceneinsatz sind für die weitere Entwicklung mindestens so beachtenswert wie das Aufzeigen des Umstandes, dass bestimmte Leistungen mangels einschlägiger Beschreibungen nicht ausreichend erfasst werden konnten (vgl. ebda, S.37ff.).
An sozialen Risikofaktoren kann nur der Anteil unehelicher Kinder als einigermaßen bedeutsam herausgefiltert werden. Die weiteren im JW-Plan 1992 erwähnten (schlechte Einkommenssituation, hohe Arbeitslosenrate, unzureichende Wohnsituation, Suizidrate, Scheidungsrate) lassen keine bemerkenswerten Zusammenhänge mit Maßnahmen der JW erkennen (vgl. ebda, S.39).
In der umfangreichen SOLL-Konzeption bemüht man sich zunächst um eine mögliche genaue Bedarfsschätzung unter Bezugnahme auf die demographischen Prognosen. Dem „Stand der Technik" entsprechend gelangen die SOLVE-AutorInnen von pseudointervallskalierten Daten der Fragebogenerhebung über Mittelwertsverteilungen zu Aufwertungsfaktoren, welche starke bzw. moderate zukünftige Steigerungen zahlenmäßig fassen sollen. Dieses Verfahren erlaubt schließlich eine gut nachvollziehbare Quantifizierung des Bedarfs für die nächsten 10 bis 20 Jahre. Aufgrund der für einen solchen Zeitraum seriöserweise nicht annähernd vorhersehbaren gesellschaftspolitischen und ökonomischen Rahmenbedingungen sind solche Trendabschätzungen jedoch als idealtypische Modelle zu verstehen (vgl. ebda, S.46ff.). Diese erbringen jedenfalls für die einzelnen (bestehenden) JW-Leistungen sehr klare Prognosen (vgl. ebda, S.51ff.).
Diese Quantifizierung erinnert zunächst an die „Festlegung quantitativer Richtwerte", wie sie MERCHEL (vgl. 1994, S.136) problematisiert. Dies mag für manche Einschätzungen des JW-Planes von 1992 gelten. Der JW-Plan 1999 versteht die quantifizierten Bedarfsangaben bzw. deren Korridore als transparente Größen, die den komplexen Vorgang des sachpolitischen Aushandelns von Bedarfen im konkreten Fall erleichtern sollen aber nicht ersetzen können. Aus diesem Grund spricht man auch von idealtypischen Modellen im Sinne eines mathematisch-statistischen Verständnisses. Jedenfalls verlangt dieser stark quantitativ ausgerichtete Planungsansatz ausreichend Raum für all das, „was sich in der pädagogischen Arbeit nicht quantifizieren läßt, aber möglicherweise das ‚Eigentliche' des Produkts darstellt" (HERRMANN 1995, S.324). Eine solche „Erläuterungsrubrik" ist vor allem dort vorzusehen, „wo die quantitativen Angaben richtig gestellt, bewertet und interpretiert werden müssen" (ebda).

Mehrere Leistungen treten bei diesem Verfahren als Bedarfe in den Vordergrund, wie etwa Wohnungslosenhilfe oder Jugendzentren mit sozialpädagogischer Ausrichtung, die in der Steiermark keine primären JW-Leistungen sind. Die Forderung nach der Bewältigung solcher Aufgaben verlangt eindringlich nach Lösungsmodellen, welche über die JW hinaus die Verantwortungsträger der verschiedenen Bereiche miteinbezieht. JW-Probleme sind offensichtlich in die Gesamtheit der gesellschaftspolitischen Problemlage eingebunden und können nicht isoliert bearbeitet werden.
Neben diesen quantitativen Bedarfsschätzungen erfolgt unter Einbeziehung internationaler Vergleiche und wissenschaftliche Befunde eine klare Prioritätensetzung zugunsten von Leistungen, welche dezentral, lebensweltorientiert, präventiv und vernetzt ausgerichtet werden sollen. Auch hier können aufgrund der umfassenden Erhebungen sehr detaillierte Befunde vorgestellt werden:

- Welche Leistungen sollen dezentral, welche an der Basis (in der Gemeinde, im integrierten Sozial- und Gesundheitssprengel) angeboten werden?
- Welche Leistungen sollten in welchen Bezirken bzw. in welcher der nun sieben JW-Regionen ausgebaut oder zurückgenommen werden?
- Auf welche Weise wünscht man sich Qualitätssicherung zu betreiben oder welche Leistungen müssten von freien Trägern, welche vom öffentlichen Träger angeboten werden? u.a.m.

Gerade differente Sichtweisen beim letzten Punkt verdeutlichen die Notwendigkeit eines möglichst frühzeitig einsetzenden verstärkten Diskurses zwischen der Behörde und den freien Trägern bei zukünftigen Planungsschritten. Dies gilt auch für die Einbeziehung des Klientel, die im vorliegenden Planungsszenario zuwenig als Koproduzent von JW-Leistungen gewertet wurde. Die verstärkte Beachtung partizipativer Anteile wäre besonders in den regionalen Planungsaktivitäten wünschenswert und notwendig.
Den ob seines Detailreichtums überaus anregenden zweiten JW-Plan beschließen 17 gut begründete Projektvorschläge, um dem Plan von vornherein den Geruch eines geschlossenen Systems zu nehmen. Sie greifen einerseits Brennpunkte der (zukünftigen) JW-Arbeit heraus – z.B. Projekte zur intensiven kurzzeitigen Familienbetreuung, zur intensiven sozialpädagogischen Einzelbetreuung, zur kleinräumigen Sozialraumanalyse (Modellstudie vgl. SCHEIPL/PFOSER u.a. 2000) oder zur Kooperation zwischen JW und Jugendstrafvollzug bzw. Jugendpsychiat-

rie. Andererseits illustrieren sie die Dynamik der Planungsarbeit, wenn etwa eine Arbeitsgruppe zur Trendbeobachtung (bereits eingerichtet), die Intensivierung der Öffentlichkeitsarbeit oder der Aufbau eines Systems von ehrenamtlichen MitarbeiterInnen vorgeschlagen wird.
Ihre Inangriffnahme und Umsetzung bilden zweifellos einen Indikator dafür, wie wichtig die Politik die von ihr initiierten fachlichen Planungen nimmt.

5. Zusammenfassung

Mit dem JWG von 1989 verpflichtete der Bundesgesetzgeber die Länder als JW-Träger erstmals zu forschungsorientierter JW-Planung.
Als erstes Ergebnis lässt sich festhalten, dass viele Länder bis auf kleinere Ergänzungen die relativ allgemein gehaltenen Ausführungen des Bundesgesetzes bezüglich der Jugendwohlfahrtsplanung mehr oder weniger übernommen haben. Lediglich Salzburg und die Steiermark schreiben dezidiert die Erstellung und Fortschreibung eines Jugendwohlfahrtsberichtes bzw. JW-Planes vor.
Dementsprechend wenig weit gediehen sind die vorliegenden Planungsunterlagen in der Mehrzahl der Bundesländer. So können Burgenland, Kärnten, Oberösterreich, Tirol und Wien keine schriftlichen Planungsunterlagen vorweisen. JW-Berichte, wie sie etwa die Stadt Wien jährlich erarbeitet, vermögen einen JW-Plan nicht zu ersetzen. Solche Berichte könnten als wichtige Planungshilfen dienen.
Eine Mittelstellung nehmen Niederösterreich und Vorarlberg ein. In Niederösterreich sind seit 1999 öffentlichkeitswirksam grundsätzliche Planungsmaßnahmen angelaufen. Die Bestandserhebung ist im Gange. Vorarlberg hat eine langfristige Strukturreform zur Steuerung der JW im Jahr 1990 in Angriff genommen und setzt seither schrittweise grundlegende konkrete Planungsschritte (Leitbild, EDV-gestütztes Informationssystem, leistungsorientiertes Abrechnungssystem, Evaluationsmodell etc.). Jährliche „Programme" ergänzen diese Unterlagen. Sie geben sowohl strategische als auch operative Planungsschwerpunkte für das jeweilige Arbeitsjahr vor. Die demographischen Entwicklungen und gesellschaftspolitischen Szenarien bleiben wie die Bedarfsschätzung eher rudimentär.
Salzburg und die Steiermark können eine darüber hinausgehende umfassende JW-Planung vorweisen.
Der Salzburger JW-Bericht (1998) orientiert sich an der Methodik der Produktbeschreibungen. Die diskursorientierte und partizipative Vorge-

hensweise kann als vorbildhaft gelten. Gesellschaftspolitische Analysen wie rechtliche Grundlagen, politische und finanzielle Bedingungen sowie demographische Trends bilden die unerlässliche Rahmung des Planungskonzeptes.
Die Steiermark kann als einziges Bundesland bereits zwei ausführliche JW-Pläne vorweisen. Der erste JW-Plan erschien im Jahr 1992 und bot eine umfassende Bestands- und Bedarfserhebung. Letztere wurde unter Bezugnahme auf ausgewählte soziale Risikofaktoren und regionale Gegebenheiten erarbeitet. Der zweite JW-Plan (1999) wurde auf der Grundlage einer öffentlich ausgeschriebenen umfassenden sozialwissenschaftlich orientierten Bestands- und Bedarfserhebung erstellt. Diese differenzierte Erhebung ermöglicht bezüglich der meisten angebotenen JW-Leistungen relativ klare quantifizierbare Prognosen, die wiederum regional zuordenbar sind. Diese Prognosen gelten nicht als umzusetzende Richtwerte, sondern als Grundlage für die sachpolitische Diskussion. Die Analyse der Erhebungsergebnisse bezüglich Qualitätssicherung, Personalentwicklung etc. bilden weitere wichtige Planungsunterlagen, die in diskursiven Verfahren weiter zu entwickeln sein werden. Problemorientierte Beschreibungen von wichtigen Projekten, die im Sinne einer Weiterführung des Planungsprozesses vorgeschlagen werden, unterstreichen die Prozessorientierung des zweiten Steirischen JW-Planes.
Möglicherweise hätte die Analyse der Planungsmaßnahmen der einzelnen Bundesländer in einzelnen Punkten kritischer ausfallen können. Ob dies auf die Gewinnseite eines in Angriff zu nehmenden konstruktiven Diskurses zu buchen wäre, bleibt fraglich. Jedenfalls gilt als bemerkenswert festzuhalten, dass die Mehrzahl der Bundesländer dem intendierten gesetzlichen Auftrag im Zeitraum von zehn Jahren nur unzureichend nachgekommen sind und einschlägige wissenschaftliche Standards nicht erfüllen.

6. Ausblick

Dort, wo Planungsaktivitäten gesetzt werden, sind diese an einschlägiger wissenschaftlicher Literatur und Methodik orientiert. Die im folgenden angeführten Anregungen finden sich daher in der ein oder anderen Planungsaktivität bereits realisiert. Es käme aber darauf an, sie systematisch in den Rahmen der einzelnen Elemente der infrastrukturbezogenen Planungsprozesse einzubauen.
Da ist zunächst die Beteiligung. Ihre Qualität „entscheidet zu einem großen Teil über die Chancen der Umsetzung der Planungsergebnisse: so-

wohl unter dem Aspekt der Motivation und Aktivierung von Trägern als auch unter dem Aspekt der Annahme und Nutzung durch die Adressaten" (MERCHEL 1994, S.97). Die anerkannten freien Träger sollten daher möglichst frühzeitig, bereits „in der Phase der Konzeptionsentwicklung bei der Bestimmung von Gegenstand und Umfang der Diskussion alternativer Planungsmethoden und der Auswahl zu beauftragender Personen bzw. Institutionen Mitsprachemöglichkeiten eingeräumt bekommen" (GRIES/RINGLER 1997, S.263f.). Das meint kein Abgeben der Planungsverantwortlichkeit des öffentlichen Trägers, versteht aber eine bloße Anhörung der Beteiligten bzw. der Betroffenen als unzureichend.

Erkennt man die Betroffenen als Co-Produzenten von JW-Leistungen, ist deren Beteiligung in Zukunft unverzichtbar. Unter Bezugnahme auf die jeweiligen Handlungsfelder sind zielgruppenadäquate Formen zur Bedürfnisermittlung zu wählen bzw. zu entwickeln (Kinder- und Jugendforen, Gruppendiskussionen, Zukunftswerkstätten etc. – vgl. GLADISCH/STRACK 1996, S.181ff.). Im besonderen verlangt die Anerkennung der Lebensrealität der Mädchen die Beachtung der „Geschlechterdifferenzierung als qualifizierende Perspektive für die Gesamtplanung" (BITZAN/FUNK 1995, S.118). Es sind daher in allen Planungsgremien Frauen zu beteiligen. Allerdings dürfen sowohl bei zielgruppenspezifischer als auch bei produktorientierter Planung „produktübergreifende" Themen und Fragestellungen nicht aus den Augen verloren werden. Die Betonung arbeitsübergreifender Konzepte trägt dazu bei, die vielfach kritisierte „Versäulung" des JW-Angebotes zugunsten flexibler Maßnahmen bereits über das Planungshandeln aufzubrechen. Die Kostenwirksamkeit der Maßnahmen sowie ihre Zeit- und Raumfaktoren sind zu bestimmen und sachliche Prioritäten festzulegen (vgl. JORDAN/SCHONE 1992, S.100ff.; MERCHEL 1994, S.140ff.).

Die in zahlreichen Ausführungsgesetzen angeregte Zusammenarbeit zwischen den Bundesländern sollte intensiviert werden (vgl. Niederösterreich, Oberösterreich, Salzburg, Tirol, Vorarlberg, Wien). Es ließe sich dabei an koordinierte Forschungsprojekte in bezug auf Qualitätssicherung, Kostenbeteiligungsmodelle, spezifische Probleme in einzelnen JW-Bereichen u.a.m. denken. Solches böte Anlass zu einer längst fälligen verstärkten Kooperation der Bundesländer und brächte ihnen unerlässliche Entwicklungsanregungen.

Anmerkungen:

1) Wien hält sich nicht nur an die identische Numerierung (§ 7); es übernimmt mit seiner Formulierung quasi den Text des Bundesgesetzes (vgl. § 7; Wiener JWG 1990; idgF.). Auch in Kärnten hat man diesen Weg gewählt (vgl. § 43 (1); Kärntner JWG). Ähnlich knapp halten es das Burgenland, Tirol und Vorarlberg. Diese drei normieren allerdings die Förderung bzw. Anregung der Forschung: Burgenland: „Erforderlichenfalls hat sie (die Landesregierung, J. Sch.) sich um die Einleitung entsprechender Forschungen zu bemühen, diese zu fördern oder durchzuführen" (§ 8 (1); Burgenländisches JWG 1992 idgF.). „Das Land Tirol hat die Forschung auf dem Gebiet der Jugendwohlfahrt zu fördern" (§ 5; Tiroler JWG 1991 idgF.). Die Landesregierung in Vorarlberg „hat erforderlichenfalls die Forschung auf dem Gebiet der JW anzuregen oder zu fördern" (§ 27 (2); Vorarlberger JWG 1991 idgF.). Überdies sehen Tirol und Vorarlberg vor, „die Zusammenarbeit mit dem Bund und den anderen Ländern anzustreben" (Tiroler JWG § 5 (4)) bzw. etwas spezifischer Vorarlberg: „Soweit dies zweckmäßig ist, hat die Landesregierung hinsichtlich der Planung, der Forschung und der Öffentlichkeitsarbeit eine Abstimmung mit den anderen Ländern anzustreben" (§ 27 (4); Vorarlberger JWG 1991 idgF.).
Dieser Passus, wonach die Zusammenarbeit mit den anderen Ländern anzustreben ist, findet sich auch im Gesetz Niederösterreichs: „Daher ist eine Abstimmung mit den anderen Bundesländern anzustreben" (§ 51 (2); Niederösterreichisches JWG 1991 idgF.) und Salzburgs: „Soweit dies zweckmäßig ist, ist eine Zusammenarbeit mit den anderen Ländern anzustreben (§ 9 (3); Salzburger JWG 1992 idgF.). Etwas ausführlicher formulierte man in Oberösterreich: „Wenn es erforderlich ist, hat das Land die Forschung auf dem Gebiet der JW anzuregen, zu fördern, einzuleiten oder selbst durchzuführen. Das Land kann Vereinbarungen über gemeinsame Forschungsprojekte mit den Bund bzw. mit anderen Ländern nach Art. 15a B-VG abschließen, sofern dies den Grundsätzen der Sparsamkeit, Wirtschaftlichkeit und Zweckmäßigkeit entspricht" (§ 8 (2); Oberösterreichisches JWG 1991 idgF.). Hinsichtlich des zentralen Aspektes der Planung finden sich bei einigen Ausführungsgesetzen noch kleinere Ergänzungen. So wird die Berücksichtigung „regionaler Gegebenheit" in Niederösterreich (§ 51 (1)) und in der Steiermark (§ 9 (2)), bzw. der „örtlichen Gegebenheiten" in Salzburg (§ 9 (1)) gefordert. In Oberösterreich sollen „die Bezirksverwaltungsbehörden (...) im Rahmen ihrer Zuständigkeit" an der Planung beteiligt sein, die überdies die „sozialen Strukturen" und den „sozialen Wandel innerhalb der Gesellschaft" zu berücksichtigen hat (§ 8 (1)).

7. Literaturverzeichnis

AMT DER NIEDERÖSTERREICHISCHEN LANDESREGIERUNG (Hrsg.): jupro inside - eine Information des Amtes der Niederösterreichischen Landesregierung zur neuen Jugendwohlfahrtsplanung. St. Pölten 1. Nov. 1999.

AMT DER NIEDERÖSTERREICHISCHEN LANDESREGIERUNG (Hrsg.): jupro inside - eine Information des Amtes der Niederösterreichischen Landesregierung zur neuen Jugendwohlfahrtsplanung. St. Pölten 2. April 2000.

AMT DER STEIERMÄRKISCHEN LANDESREGIERUNG, FA f. d. Sozialwesen (Hrsg.): Steirischer Jugendwohlfahrtsplan 1999 – Perspektiven eröffnen. Graz 1999.

BITZAN, M. / FUNK, H.: Geschlechterdifferenzierung als Qualifizierung der Jugendhilfeplanung.
In: BOLAY, E. / HERRMANN, F. (Hrsg.): Jugendhilfeplanung als politischer Prozeß. Neuwied/Kriftel/Berlin 1995, S.71-123.

BÖCKLE, H.: Programm 2000 der öffentlichen Jugendwohlfahrt in Vorarlberg. Amt der Vorarlberger Landesregierung. Abteilung Gesellschaft und Soziales. Bregenz 2000a.

BÖCKLE, H.: Bericht für das Kuratorium des Sozialfonds. Bregenz 2000b.

BÖCKLE; H.: Jugendwohlfahrt. Ein Zusammenfassender Überblick für die Teilnehmer am Verwaltungslehrgang 1997/98. Bregenz 1999.

BOLAY, E. / HERRMANN, F. (Hrsg.): Jugendhilfeplanung als politischer Prozeß. Neuwied/Kriftel/Berlin 1995.

BOLAY, E. / HERRMANN, F.: „Macht und Spiele“. Handlungstheoretische Überlegungen zur Analyse von Planungsprozessen.
In: BOLAY, E. / HERRMANN, F. (Hrsg.): Jugendhilfeplanung als politischer Prozeß. Neuwied/Kriftel/Berlin 1995, S.263-290.

BURGENLÄNDISCHES JUGENDWOHLFAHRTSGESETZ: LGBl. Nr. 31/1992; idgF.

GLADISCH, A. / STRACK, G. Beteiligung von Adressaten. In: LUKAS, H. / STRACK, G. (Hrsg.): Methodische Grundlagen der Jugendhilfeplanung. Freiburg im Breisgau 1996.

GLÄSS, H. / HERRMANN, F. (Hrsg.): Strategien der Jugendhilfeplanung. Theoretische und methodische Grundlagen für die Praxis. Weinheim/München 1994.

GRIES, J. / RINGLER, D.: Zum Selbstverständnis von Jugendhilfeplanung. In: SOZIALE ARBEIT. Heft 8/1997, S.262-267.

HENGSBERGER, A.: Jugendwohlfahrtsplan für die Steiermark 1992. Herausgegeben vom Amt der Steiermärkischen Landesregierung. RA 9. Graz 1992.

HERRMANN, F.: Jugendhilfeplanung – Instrument „Outputorientierte Steuerung" oder politischer Prozeß? In: BOLAY, E. / HERRMANN, F. (Hrsg.): Jugendhilfeplanung als politischer Prozeß. Neuwied/Kriftel/Berlin 1995, S.309-330.

HUBER, O.: Warum jupro Niederösterreich. In: AMT DER NIEDERÖSTERREICHISCHEN LANDESREGIERUNG. 2. April 2000, S. 3.

INITIATIVE „Kritische Jugendhilfeplanung": Elemente einer kritischen Theorie und Praxis Sozialer Planung. In: BOLAY, E. / HERRMANN, F. (Hrsg.): Jugendhilfeplanung als politischer Prozeß. Neuwied/Kriftel/Berlin 1995, S.9-32.

JORDAN, E. / SCHONE, R.: Jugendhilfeplanung – Aber wie? Eine Arbeitshilfe für die Praxis. Münster 1992.

KÄRNTNER JUGENDWOHLFAHRTSGESETZ: LGBl. Nr. 139/1991; idgF.

LANDES-JUGENDWOHLFAHRTSGESETZ: LGBl. Nr. 46/1991 (Vorarlberg); idgF.

LUKAS, H. / STRACK, G. (Hrsg.): Methodologische Grundlagen der Jugendhilfeplanung. Freiburg im Breisgau 1996.

MAGISTRAT ELF – Amt für Jugend und Familie der Stadt Wien (Hrsg.): Wiener Jugendwohlfahrtsbericht. Wien o. J.

MERCHEL, J.: Kooperative Jugendhilfeplanung. Eine praxisbezogene Einführung. Opladen 1994.

NIEDERÖSTERREICHISCHES JUGENDWOHLFAHRTSGESETZ: LGBl. 9270/1991; idgF.

OBERÖSTERREICHISCHES JUGENDWOHLFAHRTSGESETZ: LGBl. Nr. 111/1991; idgF.

PRUCHER, H. (Hrsg.): Jugendwohlfahrtsbericht 1993-1997. Bericht und Planung. Soziale Kinder- und Jugendarbeit im Bundesland Salzburg. Salzburg 1998.

SALZBURGER KINDER- UND JUGENDWOHLFAHRTSORDNUNG StF: LGBl. Nr. 83/1992; idgF.

SCHEIPL, J. / PFOSER, B. u.a.: Jugend Eggenberg 2000. Eine kleinräumliche Sozialraumanalyse. Graz 2000.

SCHNEIDER, H. / JOHRENDT, H. (Hrsg.): Kommunale Jugendberichterstattung und Jugendhilfeplanung. Bielefeld 1994.

SIMON, T. (Hrsg.): Jugendhilfeplanung. Ergebnisse einer bundesweiten Untersuchung. Baltmannsweiler 1997.

STEIERMÄRKISCHES JUGENDWOHLFAHRTSGESETZ: LGBl. 93/1990; idgF.

TIROLER JUGENDWOHLFAHRTSGESETZ: LGBl. Nr. 18/1991; idgF.

WIENER JUGENDWOHLFAHRTSGESETZ: LGBl. Nr. 36/1990; idgF.

Arno HEIMGARTNER / Johanna RÜCKER

INTERDISZIPLINÄRE FRÜHFÖRDERUNG UND FAMILIENBEGLEITUNG (IFF) A LA JUGENDWOHLFAHRT – Ein Interview mit Anita RANTSCHL, Leiterin der Frühförderung des Vereines für interdisziplinäre Entwicklungsförderung (VIDEF) in Graz

1. Einleitung

Die Interdisziplinäre Frühförderung und Familienbegleitung (IFF) ist stark mit der Jugendwohlfahrt verbunden. So begründet BELLER (1982, S.713) den amerikanischen Beginn von Interventionsmodellen zur Förderung der Entwicklung von Kindern unter drei Jahren in den 60er Jahren durchaus sozialpädagogisch: *„Die Entwicklung von Kleinstkindern aus Unterschichtfamilien sollte gefördert werden, um für diese Kinder nicht Lernmotivations- und Schulleistungsdefizite im Kindergarten- oder Schulalter entstehen zu lassen."*

Noch stärker ist die IFF in der Steiermark allerdings im Behindertengesetz (BHG) verwurzelt. Die Gründe dafür liegen in der Entstehung:
„Die Frühförderung ging von Sinnesbehinderungen aus, eigentlich vom Odilien-Institut, das sich mit Sehproblemen befasste. Es wurde erkannt, dass Kinder mit Sehproblemen eine spezielle Förderung brauchen. 10 Jahre später erfolgte dann der Übergang in den Bereich der allgemeinen Frühförderung und jetzt schon seit 7 Jahren gibt es Frühförderung im Jugendwohlfahrtsbereich. Die Frühförderung in der Jugendwohlfahrt ist trotzdem noch nicht so bekannt. Es hängt ihr – trotz Öffentlichkeitsarbeit – immer noch nach, dass die Frühförderung zunächst für behinderte Kinder geschaffen wurde" (RANTSCHL).

Detto kann für den deutschsprachigen Raum gelten, wo Frühförderung etwa von HENSLE im Jahr 1988 (S.640) folgendermaßen definiert wurde: *„Durch gezielte Förderung in den ersten zwei bis drei Lebensjahren lassen sich – im Sinne einer sekundären Prävention – schwere Behinderungen verhindern oder mildern."* Sozialpädagogisch wurde eher nur dann diskutiert, wenn sich die Themen kreuzten und es um *„behinderte und von Behinderung bedrohte Kinder aus sozial benachteiligten Familien" wie bei BOCK et al. (1983, S.38) ging.*

Die Empirie lehrt außerdem noch eine andere Facette: Manche Eltern wissen nicht, nach welchem Gesetz die Frühförderung stattfindet, und wieder andere Eltern irren sich (HEIMGARTNER/MAGG 1997). Die IFF ist außerdem als Frühförderung im alltäglichen Munde, tatsächlich geht es aber um Frühförderung und Familienbegleitung. Die Familienarbeit ist integraler und gleichrangiger Teil der Aktivitäten. Die IFF steht mit solchen Irritationen aber nicht allein da. Letztlich ist ja auch die Berufsbezeichnung „SozialarbeiterIn" nicht sattelfest, wie die Antwort einer Mutter auf die Frage zeigt, wer die IFF beantragt hat: *„Das ist alles über die Fürsorgerin gegangen."*

Es lohnt sich jedenfalls, sich der IFF à la Jugendwohlfahrt forciert zuzuwenden, die, denkt man an familiäre Karrieren in der Jugendwohlfahrt (z.B. PFOSER et al. 2000), ein früher Akteur sozialen Denkens ist.
Die empirischen Materialien stammen von drei Quellen: Es wurde ein Interview mit Anita RANTSCHL, Leiterin der Frühförderstelle des Vereines für interdisziplinäre Entwicklungsförderung (VIDEF) in Graz, geführt. Diese Frühförderstelle ist spezialisiert für IFF nach dem Jugendwohlfahrtsgesetz (JWG), führt sie aber auch nach dem BHG durch. Die Ergebnisse und Materialien zweier vorangegangener Projekte in der Frühförderstelle Deutschlandsberg mit Befragung von Eltern (n=32; n_{BHG}=21, n_{JWG}=7, $n_{unbekannt}$=4), ExpertInnen (n=36) und Frühförderern/innen (n=5) von HEIMGARTNER/MAGG (1997) und in der Frühförderstelle Kalsdorf mit einer mündlichen (n=12) und schriftlichen (n=22; n_{BHG}=14, n_{JWG}=6, $n_{unbekannt}$=2) Elternbefragung von HEIMGARTNER/RÜCKER (2000) fließen ein. Die folgenden Ausführungen beziehen sich nur auf Ergebnisse und Aussagen der Eltern, deren Kinder nach dem JWG betreut werden.

2. IFF ist in der Steiermark etabliert - und Frauensache

Verteilt über die Steiermark arbeiten etwa 24 Einrichtungen der IFF (vgl. BERUFSGEMEINSCHAFT 1998), die IFF jeweils sowohl nach dem JWG als auch nach dem BHG durchführen. Beinahe die Hälfte der Träger sind allerdings Sektionen der Lebenshilfe und weisen also eine thematische Nähe zu bzw. eine große Tradition mit Behinderung auf.
Mit dem sozial- und heilpädagogischen Förderinstitut besitzt die Steiermark eine eigene spezialisierte Ausbildungsstätte für IFF, die unter anderem die Familienarbeit in der Ausbildung forciert. Als Aufnahmekriterium gilt eine abgeschlossene pädagogische Ausbildung bzw. eine adäqua-

te Berufserfahrung. Die Ausbildung am sozial- und heilpädagogischen Förderinstitut ist in der Steiermark Voraussetzung, um in die Berufsliste der Frühförderinnen bzw. Frühförderer der steirischen Landesregierung eingetragen zu werden und später als solche/r zu arbeiten. Die Möglichkeit, sich über die Sonderpädagogik in der IFF zu betätigen, wird in der Steiermark nicht anerkannt.

Da die Ausbildungskapazitäten dazu tendieren, die Marktentwicklung zu übersteigen, können die Frühförderstellen aus den ausgebildeten BewerberInnen wählen. Frühförderer/innen arbeiten aber auch in anderen pädagogischen Handlungsfeldern:
„Ich kann gar niemanden anstellen, der nicht auf der Liste ist, weil das Land Steiermark niemand anderen zahlen würde. Wenn jemand nicht auf der Liste ist, dann darf sie oder er nicht frühfördern und dann kann ich sie auch gar nicht anstellen. Aber bei uns ist es zusätzlich so, dass wir niemanden nehmen, der keine Vorbildung im pädagogischen Bereich gehabt hat. Also auch wenn sie vom SHFI (sozial- und heilpädagogisches Förderinstitut) akzeptiert wurde. In Graz ist es ja eher so, dass es zu wenig Stellen gibt. Obwohl man sagen muss, dass durch die hohe Anzahl der Frauen natürlich immer wieder Lücken entstehen. Aber generell ist einfach ein großes Angebot vorhanden" (RANTSCHL).

Die Berufsgemeinschaft der IFF koordiniert die beruflichen Akzente: Vertretung des Berufsstandes und einzelner Frühförderer/innen, Kooperation mit dem Ausbildungsträger, internationaler Austausch u.a. (vgl. BERUFSGEMEINSCHAFT 1998).
Auffallend ist, dass das Gros der die IFF beruflich Ausübenden weiblich ist. Inzwischen warten zwar einige Einrichtungen auch mit einzelnen Männern auf, insgesamt bleibt jedoch der Anteil an männlichen Frühförderern bescheiden. Die Liste der durch die Landesregierung anerkannten Fachkräfte weist einen Frauenanteil von über 90% auf (vgl. BERUFSGEMEINSCHAFT 1998).
Seitens der Eltern entstehen Diskussionen weitaus eher, wenn die Person der IFF ein Mann ist. In einigen Familienkonstellationen werden männliche Frühförderer favorisiert, in manchen Fällen sind Männer quasi kontraindiziert:
„Bei Frauen kommt es nicht vor, dass wer sagt: ‚Nein, nicht!'. Aber bei einem Mann wird sehr wohl gesagt: ‚Nicht!'. Auf der anderen Seite kommt aber auch die Begeisterung: ‚Ja super, ein Mann!'. An manche Familien kann ich Männer nicht vermitteln, weil es einfach nicht gut ist,

wenn ein Mann hinein kommt. Sei es wegen sowieso großen Eifersuchtsszenen des Vaters, der fast nie daheim ist“ (RANTSCHL).

Der Eindruck, die Person der IFF wählen zu können, besteht generell nicht durchgängig. Bei HEIMGARTNER/RÜCKER (2000) fand nur ein Elternpaar von 6 Eltern, das IFF nach dem JWG erhält, dass es die Person der IFF wählen konnte. Einen Vergleich von verschiedenen Frühförderstellen unternahm keine Familie. Von der Anregung, IFF in Anspruch zu nehmen bis zur Einreichung des Antrages dauert es zwischen einem und neun Monaten. Von der Einreichung bis zur ersten Fördereinheit vergehen nochmals zwischen einem und fünf Monate.
Der elterliche Kontakt besteht häufig vorwiegend zur Mutter. Um die Väter zu erreichen, sind Einheiten nützlich, die terminlich eigens platziert sind und Elterngesprächen vorbehalten sein können:
„Wenn man einen Vater überhaupt nie zu Gesicht bekommt, dann hat er zwischendurch doch einmal einen Fenstertag frei oder er kommt einmal am Freitag um Drei heim oder so. Dann legt man eine Einheit einmal so, dass es sich ausgeht, dass er auch dabei ist. So versucht man, den Vater schon einzubeziehen und schaut, dass man den Kontakt z.B. mit kleinen Aufträgen aufrechterhält" (RANTSCHL).

3. Misstrauen zu Beginn

Die kleine Gruppe der Eltern, die sich die IFF als sozialen Dienst innerhalb der Jugendwohlfahrt aussucht und für die ab einem bestimmten Einkommen auch ein Selbstbehalt vorgesehen ist, kooperiert meist von Beginn an. Der Kontakt mit der/dem SozialarbeiterIn beschränkt sich dann meist auf die formale Abwicklung des Antrages auf IFF:
„Auch Eltern, die von sich aus anrufen, müssen den Antrag über das Magistrat, über die Sozialarbeiter stellen. Nur im sozialen Dienst ist es so, dass sie nur einmalig einen Sozialarbeiter brauchen und dann ist der Sozialarbeiter eigentlich ausgeschalten. Da hat man wirklich nur Zusammenarbeit, wenn die Familiensituation so wäre, dass es eigentlich eine ganz problematische Familie ist“ (RANTSCHL).

Bei vielen Eltern gehen der IFF ernste Verhandlungen mit der/dem SozialarbeiterIn voraus. Die IFF steigt also in eine Jugendwohlfahrtsgeschichte ein. Besonders wenn die Eltern die IFF als geringeres Übel im Reigen unangenehmer Optionen gewählt haben, erleben sie die IFF als Maßnahme einer mächtigen und organisierten Öffentlichkeit. So sind nur

2 von 6 Eltern zu Beginn mit der IFF sehr einverstanden. Im Unterschied zum BHG wären keine der befragten Eltern bereit, für die IFF einen finanziellen Beitrag zu zahlen (HEIMGARTNER/RÜCKER 2000).
„Wenn es eine Maßnahme ist, auch wenn es heißt ‚Frühförderung oder Kindesabnahme' – sagen wir einmal das krasseste Beispiel – dann kommen wir mit schlechten Voraussetzungen in die Familie, obwohl es natürlich trotzdem freiwillig ist" (RANTSCHL).

Von einer Psychologin/einem Psychologen wird in jedem Fall ein Gutachten erstellt.
„Da gibt es auch noch ein psychologisches Gutachten. Das gibt es auch immer. Weil bei der Antragstellung wird eine Besprechung mit der Familie gemacht mit einem Psychologen, den man auch zu Rate zieht" (RANTSCHL).

Für das Amt ergeben sich dadurch einerseits von der Sozialarbeit, andererseits vom psychologischen Dienst Rückmeldeschleifen (HEIMGARTNER/MAGG 1997).
"Rückmeldungen krieg ich meistens von der Sozialarbeiterin. Wir führen ja über die meisten Kinder, die mobile Frühförderung kriegen, Akten, das sind so Erziehungshilfeakten. Die Kinder werden während der Förderung und auch nachher von der Psychologin getestet. Da sehe ich anhand der Gutachten und alles, was so papiermäßig ist, die Erfolge" (EXPERTINNEN-Interview).

Die IFF erreicht meistens große Akzeptanz und eine stabile Vertrauensbasis. Bis auf einzelne Proteste (z.B. *"Wir wollen endlich unsere Ruhe" (Eltern)*) wird die Arbeit der/des Frühförderin/Frühförderers von den Eltern kindbezogen sehr positiv bewertet. 6 der 7 Familien, die nach dem JWG betreut werden, bewerten bei HEIMGARTNER/MAGG (1997) die Veränderungen durch die IFF bei ihrem Kind als sehr positiv. Von den 4 Familien, die sich über die Gesetzesgrundlage im Unklaren sind, geben 2 eine positive Wertung ab, 2 Familien stellen keine Veränderungen fest. Keine dieser Familien gibt an, negative Veränderungen beim Kind durch die IFF wahrzunehmen. Während positive Veränderungen bei sich noch 4 der 7 Mütter erleben, löst die IFF nur bei einem Vater positive Veränderungen aus. Die Rolle der Frühförderin betrachten die Mütter als Beraterin (7), Fachfrau (5), Familienhilfe (5), Freundin (3), Kontrollperson (1) und nicht als Spielgefährtin des Kindes (0), Kindermädchen (0) oder Störenfried (0) (HEIMGARTNER/MAGG 1997). Ähnliches ergibt sich bei HEIMGARTNER/RÜCKER (2000). 5 von 6 Eltern gefällt die IFF sehr und sie würden sie auch anderen Eltern empfehlen. 2 von 6 Eltern wünschen sich eine Nachbetreuung nach Ende der IFF.

4. Focus der IFF x 4

Insgesamt hat in der IFF das systemische Denken Einzug gehalten (vgl. WÖSSMER-BUNTSCHU 1990). Die vorgestellten Bereiche Kind, Familie, Berufsgruppen und Einrichtungen sowie soziales Umfeld sind in sich und miteinander vernetzt und prozesshaft. Die Frühförderer/innen werden Teil eines sozialen Systems (vgl. EMLEIN 1994). Daraus lässt sich auch ableiten, dass die Frühförderer/innen immer auch Betroffene sind und der stützenden Wege und Ressourcen bedürfen (z.B. Supervision, Organisationsentwicklung).

(a) Kind

Primärer und genereller Mittelpunkt der IFF ist die ganzheitliche Förderung der Entwicklung des Kindes. Diese Grundausrichtung formuliert eine Frühförderin:
„Es ist eigentlich das Wertvollste für mich, das Kind in seinem Sosein zu respektieren und zu unterstützen, ein Stück des Weges mitgehen zu dürfen und vielleicht auch Impulse zu setzen, die das Kind in seinem Wesen stärken" (FRÜHFÖRDERIN).

Dieser parallel zum Handeln der Familie verlaufende Beitrag zur Entwicklung des Kindes führt dazu, dass die IFF *„im Gegensatz zu anderen Hilfsmitteln und Maßnahmen, die wir haben, eher gerne von Leuten angenommen wird und dass die IFF den Eltern auch irgendwie erklärbar ist" (EXPERTINNEN-Interview, HEIMGARTNER/MAGG 1997).*

Balance gilt es zwischen dem Gesamten und dem Einzelnen zu erreichen. *„Das heißt, dass sowohl Defizite in einem bestimmten Wahrnehmungsbereich- bzw. Lernbereich gezielt durch Förderung vermindert werden sollen, aber dass gleichzeitig immer mehr die Gesamtheit des Kindes gefördert wird" (DOLD/FRANK 1995, S.390).*
Es gilt in diesen kindlichen Belangen Informiertheit, Beteiligung und Stärkung der Eltern zu erwirken. Es zeigt sich, dass 2 von 6 Müttern häufig an den Übungen der IFF mit dem Kind beteiligt sind. 4 von 6 Müttern nützen allerdings die Betreuung ihres Kindes und sind zumindest manchmal in einem anderen Raum. Die Hälfte der Mütter unter-

nimmt zumindest manchmal außerhäusliche Aktivitäten. Nur wenige Mütter, nämlich 2 von 6 Müttern, geben allerdings an, durch die IFF mehr Zeit für sich zu haben (HEIMGARTNER/RÜCKER 2000).
„Die Eltern sollten im Grunde über alles informiert sein, was man so an Entwicklung beim Kind sieht, wo ein Kind steht, warum du was anbietest, warum wir diese Schritte setzen. Und sie werden dann auch immer gefragt, also so von Anfang an bei der Anamnese, welche Erwartungen sie haben; welche Ziele vordergründig für sie sind und wie sich die auch im Laufe der Zeit verändern. Und so größere Besprechungen gibt es so halbjährlich immer, wo man auch schriftlich seine Sachen mit hat und wo man sagt, ja, in dem und dem Bereich ist das und das gegangen. Wie sehen Sie das? Sehen Sie da auch Erfolge? Die Mitarbeit ist sicher unterschiedlich. Manche arbeiten sowieso die ganzen 1 ½ Stunden mit und für manche ist das ganz unmöglich, 1 ½ Stunden lang mit einem Kind was zu machen. Da geht es einfach in die Richtung, dass man eben motiviert und versucht einmal kleine Einheiten zu schaffen, wo sie dabei sind und wirklich mitmachen" (RANTSCHL).

Bei HEIMGARTNER/MAGG (1997) fühlen sich 2 von 7 Müttern bei der Erstellung eines Förderplanes beteiligt. 2 Mütter wissen, dass die Frühförderin einen Förderplan erstellt hat, und 2 Mütter meinen, dass es keinen Förderplan gibt. Eine Mutter weiß nichts über einen möglichen Förderplan.
Die Mehrheit der Eltern fühlt sich (HEIMGARTNER/RÜCKER 2000) sehr gut informiert über den Ablauf der Frühförderung (4), über den Inhalt (4), und über den Sinn (4). Die Hälfte der Eltern fühlt sich über die Kosten (3) informiert.

(b) Familie

Obwohl und gerade weil *„die Familie heute längst nicht mehr eine klare Sache ist (SPECK 1998, S.8)"*, ist das familiäre Gefüge das Um und Auf für Kinder. Die Zusammenarbeit mit und die Arbeit an der Familie und dem sozialen Umfeld in einer Familie geht Hand in Hand mit dem Bestreben, das Kind zu fördern:
„Also der Schwerpunkt ist immer sehr die Familienarbeit, gerade im Jugendwohlfahrtsbereich. Wenn Kinder auf Grund von Verhaltensauffälligkeiten oder auf Grund sogenannter sozialer Verwahrlosung oder sozialer Isolation kommen, dann sind das alles Themen, die einfach immer die ganze Familie betreffen" (RANTSCHL).

Bei der Aufteilung der Arbeitszeit während der Frühfördereinheiten schreiben die Mütter, deren Kinder nach dem JWG betreut werden, durchschnittlich 70 Minuten „dem Kind“ und 13 Minuten sich selbst zu. Um den Schwerpunkt auf die übrigen Kontakte (z.B. Geschwister) zu legen, verbleiben durchschnittlich 7 Minuten (HEIMGARTNER/MAGG 1997).

(c) Berufsgruppen und Einrichtungen

Die Beziehungsarbeit zu öffentlichen Einrichtungen und Berufsgruppen kann als dritte Ebene betrachtet werden, die eine Menge an interdisziplinärer Arbeit bedingen kann. DOLD/FRANK (1995, S.390) beginnen ihre Aufzählung der Aufgaben von in Kärnten tätigen SonderkindergärtnerInnen mit dem Hinweis auf die interdisziplinäre Orientierung: *„Es besteht eine enge Zusammenarbeit mit Ärzten, Therapeuten, Psychologen, Pädagogen, Fachärzten, Eltern, Elternvereinen, Behörden, Kindergartenreferenten, Schulbehörden u.a.“*
Teilweise wird eine gute Vernetzung erst moniert – demnach hat VOSS (1994) doch recht, wenn er professionsübergreifende Verständigung und Zusammenarbeit als *„den anderen Weg“* beschreibt.
„Ich wünsche mir, d*ass bei einem Kind wirklich alle zusammenhelfen, dass das nicht immer nur so ist: 'Sie machen das und ich mach das. Es ist auch von der Schule her absolut null Kontakt. Das Fächerübergreifende, das fehlt zur Zeit" (EXPERTINNEN-Interview).*

(d) Soziales Umfeld

Falls es sich für die Entwicklung des Kindes als nötig erweist, bezieht die IFF in Einzelfällen in einer vierten Ebene auch das soziale Umfeld ein und nützt die lokale Präsenz um nachbarschaftliche Kontakte zu pflegen (vgl. Berufsfeld 1998).
„Man kann es individuell machen. Man kann hinunter gehen in den Hof und etwas die Gespräche forcieren oder die Nachbarn mit einbeziehen, so dass die Spannung weniger wird. Da muss man aber auch immer wieder aufpassen, dass nicht unser Auftrag, die Entwicklung des Kindes zu fördern, auf der Strecke bleibt. Das ist ja nach wie vor ein großer Anteil der Frühförderung" (RANTSCHL).

Die Frühförderstellen bieten überdies verschiedene gesellige Veranstaltungen an (z.B. Kindergruppen, Diskussionen, Ausflüge, Vorträge). Als erfolgreich zu beschreiben ist z.B. ein Spielefest vom Verein 1% in

Deutschlandsberg. Die Schwierigkeit des Unterfangens ist nicht zu unterschätzen. IBEN et al. (1992, S. 71) berichten etwa über Wochenendseminare für sozialbenachteiligte Familien: *„So einfach sich dieses Programm zur Entlastung der Familien für gemeinsame Probleme anhört, so schwierig ist die konkrete Umsetzung“*. Zudem ist die Mischung der Familien, die nach dem Behindertengesetz IFF beziehen, und Familien, die nach dem JWG IFF beantragt haben, nicht unproblematisch.

Einige Eltern wünschen sich jedenfalls eine intensivere, sozialintegrative Arbeit der IFF (vgl. HEIMGARTNER/RÜCKER 2000). Günstig wäre es, wenn siedlungsnahe, gemeinwesenorientierte Sozialarbeit der Frühförderung in diesem Bereich entgegenkommen würde. Auf die Möglichkeit Kindergärten als Nachbarschaftszentren zu konzipieren, hat beispielsweise SCHEIPL (1995) hingewiesen.

5. Anlässe für die IFF

Einem offenen, noch nicht verbreiteten Verständnis folgend ist IFF vielen Familien zugänglich. Als aktuelles Beispiel kann ein vom Land Steiermark gefördertes Projekt der IFF gelten, das die IFF mit Familien sogenannter hyperaktiver Kinder zusammenbringt.
„Global betrachtet ist Frühförderung im Prinzip eine Unterstützung für Kinder und Eltern mit Problemen. Und das können natürlich auch Behinderungen sein. Und das ist noch nicht wirklich klar“ (RANTSCHL).

Die Sozialarbeit vermittelt häufig Kinder – mehr Buben als Mädchen – von Familien mit einer Summe an gravierenden Belastungen: Multiproblemfamilien und Hochrisikofamilien, doch *„nicht bei allen Familien ist es immer nur Krisensituation“* (RANTSCHL). War es früher die Problemfamilie (vgl. GOLDBRUNNER 1989), ist es nun zusätzlich zum „Problem“ noch ein verstärkendes „multi“, das den Familien vorangestellt wird (dem parallel angewandten Begriff „Problemkind" ist gleiches bisher eher erspart geblieben). Auch der Begriff „Risikofamilie“ scheint nicht mehr zu genügen, von ihr wird die Hochrisikofamilie (z.B. POMMER-IRMISCH 2000) unterschieden.

Sozioökonomische Hürden (Schulden, schlechte Wohnverhältnisse etc.) sind mit persönlichen und sozialen Schwierigkeiten (Sucht, Depression etc.) verwoben. Die Entwicklungsrisiken von Kindern in Armut streicht etwa BEYERSMANN (2000) hervor. Finanzielle Probleme, das Problem, keine bezahlte Arbeit zu finden, Probleme mit der Wohnsituation und Probleme mit den familiären Beziehungen waren in der Studie von HEIMGARTNER/RÜCKER (2000) vorrangig. Häufiger PartnerInnenwechsel, Alleinerziehertum und hohe Kinderzahl überfordern die permanent geforderte Erziehungs- und Betreuungsaktivität zusätzlich. Als Teil elterlicher Kompetenz ist letztlich die mangelnde Kommunikations- und Handlungsfähigkeit zentral und gewaltfördernd. Und die Population der von Gewalt betroffenen Kinder in der Steiermark ist groß: In einer steiermarkweiten Studie (HALLER et al. 1998) wurden in zwei ausgewählten Monaten den beteiligten Institutionen 33 Gewalthandlungen (Körperverletzungen (18), sexueller Missbrauch (7), schwere Vernachlässigung (8)) an Kindern unter 5 Jahren bekannt.

Gravierend ist ebenfalls ein radikaler Rückzug, den einige Familien praktizieren. In sozialer Isolation, die eine Mutter mit *„Ich hab keine Leute“* umschreibt, können sich beispielsweise die Tagesstruktur auflösen und sogar motorische Probleme ergeben:
„In der Stadt ist es ja wirklich teilweise so, dass Familien mit vielen Kinder auf engstem Raum zusammenleben, die teilweise einfach nicht hinaus kommen aus der Wohnung. (...) Und oft glaubt man das ja gar nicht, dass das passiert, dass jemand sich, wenn die Steine herum liegen, gar nicht gescheit bewegen kann, weil er das einfach nicht kennt“ (RANTSCHL).

Auf solche Familien also stößt der förderdiagnostische und ressourcenorientierte Ansatz der IFF. EMLEIN (1994, S.99) meint optimistisch: *„Je nachdem, durch welche Theorie oder Sichtweise hindurch wir Menschen begegnen, sehen wir also 'Pathologie' oder Kompetenz, 'Überfürsorglichkeit' oder Einsatzbereitschaft, 'Probleme' oder Lösungen, 'Defizite' oder Ressourcen.“* Durch einen Paradigmenwechsel hat die IFF der Defizitorientierung und den linear-kausalen Betrachtungsweisen theoretisch den Rücken gekehrt und starre Normalitätsannahmen in Frage gestellt (vgl. SCHLACK 1989), wovon auch die IFF nach dem JWG ausgeht und profitiert.
Positiv und den Ideen des individuellen Empowerment verschrieben argumentiert RANTSCHL am Beispiel von Raumproblemen: *„Auf der anderen Seite schaut man natürlich, dass der Sozialarbeiter dahingehend was unternimmt, dass eine größere Wohnung in Aussicht ist. Also wenn wirklich eine Familie da gar keinen Einblick hat, wie so was lauft und was sie da haben könnten, dann schicken wir sie zum Sozialarbeiter. Oder gehen von mir aus mit, wenn es wirklich unbedingt notwendig ist.*

Also da schauen wir nur, dass das in diese Richtung geht und das arbeitet dann woanders. Aber wir sind jetzt da und haben diese Gegebenheiten und wir müssen schauen, wie wir da das Beste daraus machen. Was können wir trotzdem dem noch positiv abgewinnen. Wir sind halt eng zusammen und wir haben wenig Platz. Was hat denn das auch für Vorteile? Den Vorteil, dass wir alles beieinander haben. Ein enger Körperkontakt und Kuscheln ist dann auch fein. Das sehe ich. Also da muss man von dem ausgehen mit der Aussicht, dass es einmal besser wird, oder abwarten, was sie überhaupt möchten. Und das kann man auch forcieren und dann aber ist es wichtig, dass diese Änderungsschritte wirklich sie machen und nicht die Frühförderung. Das ist immer auch die Gefahr, einfach auch den Familien zu viel abzunehmen. Es macht Sinn, die Familien fähig zu machen, selbst das zu tun und zu erreichen, was sie selbst auch wollen. Und nicht das Umgekehrte, das zu machen, was ich glaube, was gut ist für die Familie und das noch dazu selber zu machen für sie."

6. Stigmatisierung: Mehr Jugendwohlfahrt statt Behindertengesetz

Wenn es das Ziel der Frühförderung ist, der Stigmatisierung der Kinder und der Familie insgesamt entgegenzuwirken (vgl. BERUFSGEMEINSCHAFT 1998), dann ist es auch wichtig zu hinterfragen, ob nicht die IFF selbst Gefahr läuft, stigmatisierend zu wirken. Es zeigt sich, dass sich dieses Problem vor allem bei der IFF nach dem BHG stellt. Der Gesetzestext ist *„ein relativ hartes Deutsch"* (EXPERTINNEN-Interview, HEIMGARTNER/MAGG 1997). Eine Antragstellung nach dem BHG schockiert vor allem Eltern und Erziehende, bei denen eine identifikatorische Annahme des Behindertseins nicht sinnvoll ist.
„Es ist im Behindertenbereich schwieriger als im Jugendwohlfahrtsbereich, weil die Kinder werden als behindert eingestuft und die Eltern müssen sich damit beschäftigen, dass ihr Kind behindert ist. Das trifft sie eigentlich viel mehr als Jugendwohlfahrt. Sie selber sagen außerdem nicht ‚Jugendwohlfahrtsfamilie'. Das ist ja unser Jargon, den wir ja auch niemals so sagen würden" (RANTSCHL).

In einem ExpertInnen-Interview kommt daher der Vorschlag, die IFF vermehrt im Jugendwohlfahrtsbereich anzusiedeln.
„Sobald die Frühförderung nach dem Behindertengesetz ausfällt, ist das eine Schwelle. Es soll im Rahmen des Jugendwohlfahrtsgesetzes durchgeführt werden. Dies wäre weit günstiger, weil die Leute haben immer

die größten Bedenken bei einem Kind, von behindert zu sprechen, obwohl es nur um die Leistung geht. Die glauben, das Kind sei nun sein Leben lang als behindert abgestempelt. Das würde nach meinem Dafürhalten eher in den Bereich der Jugendwohlfahrt fallen" (EXPERTINNEN-Interview, HEIMGARTNER/MAGG 1997).

7. Abklärung der Zuständigkeiten mit dem/der SozialarbeiterIn

Der Beginn der IFF bedeutet für den/die SozialarbeiterIn keinen Rückzug von der Familie, auch wenn eine Entlastung der Problematik eintreten kann. Die/Der SozialarbeiterIn erleichtert den Einstieg für die IFF, indem sie/er den Auftrag an die IFF aus seiner/ihrer Sicht formuliert. Der IFF steht es jedoch zu, zunächst auch möglichst unvoreingenommen mit der Familie in Kontakt zu kommen.
„Und zwar ist es nicht so, dass wir uns gleich am Anfang mit der Sozialarbeiterin für eine detaillierte Absprache zusammensetzen, weil wir uns lieber selber ein Bild machen. Aber es gibt sofort einen Aufnahmebogen bei uns, auf dem protokolliert wird, welcher Auftrag aus ihrer Sicht besteht, und welche Ziele, welche Themen es in der Familie gibt, wie lange die Familie betreut wird, was sie noch an Unterstützung hat und was diese bewirkt hat. Diese ganzen Formalitäten, das machen wir auf jeden Fall am Anfang" (RANTSCHL).

Eine intensive Aussprache wird nach etwa drei Monaten initiiert. In diesem Gespräch werden Ziele und Zuständigkeiten definiert.
„Nach 3 Monaten gibt es von uns einen Bericht, in dem enthalten ist, welche Schwerpunkte sich heraus kristallisieren. Wir setzen uns mit der Sozialarbeiterin zusammen und wir sprechen dann drüber, wie man die Lage sieht; welche Ziele man hat und wo es einfach Überschneidungen gibt und welche Abgrenzungen man da treffen kann; welche Aufgabenverteilung passt" (RANTSCHL).
Die professionelle Kooperation enthält sich beruflicher Antipathien und beugt vor, sich in inszenierten Konkurrenzkonstellationen wiederzufinden.
„Sie ist im Prinzip eine Helfende und wir auch. Wenn beide das Gleiche machen oder vor allem auch noch gegeneinander ausgespielt werden, was in Familien auch vorkommt, ist das unprofessionell" (RANTSCHL).

Der/Die SozialarbeiterIn bleibt AnsprechpartnerIn bei verschiedenen, überlappenden Themen.

„Und wichtig bleibt unsere interdisziplinäre Zusammenarbeit, wichtig ist, die Aufgabenbereiche abzuklären, abzuklären, für was wer zuständig ist in der Familie. Wenn es jetzt, was weiß ich, ein großes Alkoholproblem gibt und der Sozialarbeiter betreut diese Familie schon eine längere Zeit, dann schaut man da einfach, wie weit geht man – wo grenzt man sich ab. Was ist jetzt noch Frühförderung und welche Teile übernimmt der Sozialarbeiter" (RANTSCHL).

Prinzipiell arbeitet die IFF an einer Stärkung der Eigenkompetenz der Eltern. Der IFF kann allerdings auch eine animierende Rolle im HelferInnensystem zukommen. Wenn Gewalt eskaliert oder Rahmenbedingungen unter ein Niveau sinken, alarmiert die IFF.
„Und sicher sind die Rahmenbedingungen oft so, dass sie sehr schlecht sind und dass man beispielsweise räumliche Ausweichmöglichkeiten braucht. Wenn es sich allerdings mit dem Geld überhaupt nicht ausgeht, dass ab dem 20. keine Milch und kein Brot mehr gekauft werden kann, dann muss man wirklich mit dem Sozialarbeiter schauen, dass da was getan wird. Weil das geht uns dann natürlich schon wieder was an, wenn die Kinder nichts zu essen haben" (RANTSCHL).

8. Die IFF ist keine Therapie

Die IFF grenzt sich klar von therapeutischen Berufen ab. Dies betrifft mögliche Therapien sowohl für die Eltern als auch für das Kind. Die IFF arbeitet primär daran, die Auswirkungen der Probleme und Krankheiten der Eltern auf die Kinder zu minimieren.
„Wir schauen, ob ein Bezug im Umgang mit dem Kind besteht z.B. wo offensichtlich durch Alkoholprobleme Vernachlässigung passiert. Die Familienarbeit bezieht sich auch dann nur auf Inhalte, die das Kind betreffen. Diese Eingrenzung gibt es einfach. Also es ist nicht so, dass man stundenlang über Vorkommnisse mit dem neuen Freund redet. Die Gespräche sind immer rückführend: ‚Was heißt das für den Kleinen und was spielt sich da im ganzen System ab?' Also das reden wir dann. Dies gilt beispielsweise auch für Alkoholprobleme. Wir haben zwar in der Praxis immer wieder damit zu tun, dass wir uns dann Sachen ausmachen, die nicht eingehalten werden oder es kommt zu Vernachlässigungen, die direkt beim Kind sichtbar sind, oder es gibt keine Mitarbeit oder es geht zu drinnen, dass herum geschrien wird und dass man eigentlich nicht arbeiten kann. Die Sachen, die sind natürlich überall dabei. Aber nicht, was wirklich grundsätzlich das Alkoholproblem betrifft, dass wir

möglicherweise da dabei sind, was zu verändern oder, weniger zu trinken, unser Ziel wäre. Das ist nicht unsere Aufgabe. Wir sind keine Therapeuten. Das kommt dann auch immer wieder auf uns zu, dass wir uns von Familientherapie oder von Logopädie abgrenzen. Wir sind nicht ausgebildet als Therapeutin und wollen auch nicht so arbeiten" (RANTSCHL).

Diese mögliche Überschreitung von Kompetenzen der IFF ist für TherapeutInnen ein brisantes Thema, zu dem sie auch Kritik an der IFF formulieren (HEIMGARTNER/MAGG 1997).
„Da ist mir schon manchmal die Galle hochgestiegen, als die Eltern erzählt haben, die Frühförderin ist gekommen und hat kontrolliert, ob die Übungen, die sie in der Therapie gemacht haben, auch stimmen" (PHYSIOTHERAPEUTIN).

Allerdings ist die therapeutische Einbettung der Kinder, die nach dem JWG IFF erhalten, nicht gleich wie bei Kindern, die nach dem BHG betreut werden, gegeben (HEIMGARTNER/RÜCKER 2000).

Die IFF kann eine vermittelnde, vorbereitende und stützende Funktion einnehmen, wenn ein therapeutischer Bedarf wahrgenommen wird. Sie fungiert dann als Wegbereiter und permanente Ermunterung zu beratenden und therapeutischen Angeboten. Dienlich ist dabei die Vertrauensbasis, die sich in den regelmäßigen Einheiten im Haus bzw. in der Wohnung entwickelt. Auch wenn die IFF akzeptiert wird, können externe HelferInnensysteme hochschwellig sein.
„Wenn Bedarf an Therapien da ist, dann kommt von uns die Empfehlung, jemanden in Anspruch zu nehmen, Therapie in Anspruch zu nehmen oder Gespräche in Anspruch zu nehmen. Viele Eltern können das sehr schwer annehmen. Da obliegt uns eine gewisse Vorbereitung darauf, dass es irgend wann einmal möglich ist, dass man mit den Problemen auch nach außen geht. Es ist sehr oft so, dass wir ständig kommen, als Teil des Inneren dann akzeptiert werden und dann kommen an uns die ganzen Anliegen. Aber sie gehen trotzdem nicht raus. Einen Schritt nach außen, Hilfe auch des anderen in Anspruch zu nehmen, das forcieren und unterstützen wir" (RANTSCHL).

9. Resümee

Man sollte davon ausgehen, dass *„ein Kind aufzuziehen, nicht gerade die* *einfachste Sache in der heutigen Zeit ist"* (SCHLESINGER 2000, S.9). Kinder können jedenfalls oft öffentliche Mitarbeit – Förderung und Schutz – brauchen. Die IFF der Steiermark in der Jugendwohlfahrt kann als gelingend und vorbildhaft in dem für die Eltern biografisch-sensiblen Vorhaben betrachtet werden, Kindern eine förderlichere, jedenfalls gewaltfreiere und sicherere Alltagsumgebung zu bauen.

Auch wenn die Gleichrangigkeit zum BHG in der Öffentlichkeit noch nicht ganz erreicht ist, findet sich mit der IFF ein prosperierendes und elementares Partikel des Systems Jugendwohlfahrt, das vielleicht auch von Männern als Berufsfeld noch unterschätzt wird. Die IFF ist trotz einer anteiligen Kontrollfunktion ein vorbildhafter Solidaritätsindikator der Gesellschaft, den die Frühförderer/innen in ihren vielen Fahrten zu den Familien als freundlichen und behutsamen Dienst realisieren (die Fahrleistung ist dabei übrigens ein Thema für sich).
Die IFF kann sich dieser feinen Rolle sicher sein und in Zukunft noch stärker auch an der Infrastruktur einer kindgerechteren Gesellschaft beteiligen. In einer Zeit, in der wenige pädagogische Vorträge nicht auf die Individualisierung verweisen, gilt es das Gesellschaftliche hinter dem Geschehen, in dem die Familien sich bewegen und manchmal stecken, zu erkennen.
Um diesen Brückenschlag von der Alltagsrealität eines für sich scheinbar abgeschlossenen Systems Familie zu dem größeren Zirkel Gesellschaft gestalterisch und selbstbewusst leisten zu können, bedingt es auch einer fundierten, praxisnahen, aber auch theoretischen Ausbildung und einer permanenten challenge in Weiterbildungsveranstaltungen, wie sie österreichweit noch nicht ausreichend bestehen.

10. Literaturverzeichnis

BELLER, K.: Die Förderung frühkindlich Entwicklung in Alter von 0-3 Jahren.
In: OERTER, R. / MONTADA, L. (Hrsg.): Entwicklungspsychologie. München 1982, S.704-728.

BERUFSGEMEINSCHAFT: Berufsbild der interdisziplinären Frühförderung und Familienbegleitung. Broschüre. Graz 1998.

BEYERSMANN, I.: Beratung für Eltern mit Säuglingen und Kleinkindern in einem sozialen Brennpunkt im Rahmen von Netzwerkstrukturen.
In: FRÜHFÖRDERUNG INTERDISZIPLINÄR.
Heft 19, 2000, S.10-22.

BOCK, C. et al.: Konzept für eine Frühförderung behinderter und von Behinderung bedrohter Kinder sozial benachteiligter Familien.
In: FRÜHFÖRDERUNG INTERDISZIPLINÄR.
Heft 2, 1983, S.38-41.

DOLD, L. / FRANK, E.: Entwicklungstendenzen zur Übergangsbewältigung bei Kindern mit sonderpädagogischem Förderungsbedarf. In: KNAPP, G. (Hrsg.): Kindergarten und Familie als Lebens- und Erfahrungsraum. „Politik für KIND-ge-RECHTE Strukturen". Wien/Köln 1995, S.389-399.

EMLEIN, G.: Frühförderung als soziales System. Ideen für eine systemische Konzeption.
In: FRÜHFÖRDERUNG INTERDISZIPLINÄR.
Heft 13, 1994, S.97-107.

GOLDBRUNNER, H.: Arbeit mit Problemfamilien. Mainz 1996.

HALLER, M. et al.: Gewalt in der Familie. Ergebnisse einer soziologischen Studie in Zusammenarbeit mit Sozialeinrichtungen, Polizei und Gericht. Graz 1998.

HEIMGARTNER, A. / RÜCKER, J.: Früh übt sich – Frühförderung und Familienbegleitung aus Sicht der Eltern. Forschungsmaterialien und –bericht. Graz 2000.

HENSLE, U.: Frühförderung.
In : ARNOLD, et al. (Hrsg.): Lexikon der Psychologie.
Freiburg 1988, S.640.

IBEN, G. et al.: Wochenendseminare für sozialbenachteiligte Familien.
In: IBEN, G. et al. (Hrsg.): Gemeinwesenarbeit in sozialen Brennpunkten. München 1992, S.71-103.

HEIMGARTNER, A. / MAGG, B.: Schritte ins Leben. Frühförderung im Bezirk Deutschlandsberg. Broschüre und Materialien. Graz 1997.

PFOSER, B. et al.: Kleinräumliche Sozialraumanalyse Eggenberg. Forschungsbericht Graz 2000.

POMMER-IRMISCH, S.: Stärkung elterlicher Kompetenz - Frühe Angebote.
In: FRÜHFÖRDERUNG INTERDISZIPLINÄR.
Heft 19, 2000, S.23-29.

SCHEIPL, J.: Kindergarten und Familie: Gesellschaftliche Aufgaben und Bedingungen.
In: KNAPP, G. (Hrsg.): Kindergarten und Familie als Lebens- und Erfahrungsraum. „Politik für KIND-ge-RECHTE Strukturen". Wien/Köln 1995, S.120-134.

SCHLACK, H.G.: Paradigmawechsel in der Frühförderung.
In: FRÜHFÖRDERUNG INTERDISZIPLINÄR:
Heft 8, 1989, S.13-18.

SCHLESINGER, I.: Familienorientierung als Herausforderung in der Frühförderung. In: HEILPÄDAGOGIK. Heft 1, 2000, S.8-12.

SPECK, O.: Professionelle und Eltern in der heilpädagogischen Arbeit.
In: HEILPÄDAGOGIK. Heft 5, 1998, S.7-21.

VOSS, R.: Der andere Weg: Perspektiven professionsübergreifender Verständigung und Zusammenarbeit.
In: LÜPKE von, H. / VOSS, R. (Hrsg.): Entwicklung und Netzwerk. Pfaffenweiler 1994, S.41-55.

WÖSSMER-BUNTSCHU, B.: Systemisches Denken und dessen mögliche Auswirkungen auf die Arbeit in der Früherziehung.
In: FRÜHFÖRDERUNG INTERDISZIPLINÄR.
Heft 9, 1990, S.63-72.

Maria Elisabeth Weber

FAMILIEN ALS KOPRODUZENTEN SOZIAL-PÄDAGOGISCHER INTERVENTIONEN – ZUR INNENSICHT SOZIALPÄDAGOGISCHER FAMILIENHILFE[1]

1. Einleitende Bemerkungen

Das Projekt „Familien als Koproduzenten Sozialpädagogischer Interventionen – Zur Innensicht Sozialpädagogischer Familienhilfe" kann als Nachfolgeprojekt des 1995 am Institut für Erziehungswissenschaften (Abteilung für Sozialpädagogik) der Universität Graz abgeschlossenen Projektes zur Sozialpädagogischen Familienhilfe[2] gewertet werden. Anhand einer konkreten sozialpädagogischen Maßnahme, der Sozialpädagogischen Familienhilfe (SFH), wurde thematisiert, was sich im Zuge der Diskussion um das Jugendwohlfahrtsgesetz abgezeichnet hat: Die Stärkung der Erziehungskompetenz der Familie. Das nunmehrige, 1999 als Folgeprojekt konzipierte Forschungsprojekt, fragt nach einem weiteren, in der sozialpädagogischen Forschung eher vernachlässigten Aspekt[3], nämlich „dem Blick nach innen". Im Mittelpunkt der Arbeit steht das Interesse an der Familiendynamik, die durch eine Intervention von außen, wie die der Sozialpädagogischen Familienhilfe, in Gang gebracht wird. Es geht um die Beantwortung der Frage, wie Familien mit der angebotenen Hilfe zurecht kommen, wie Familien SFH bewerten, wodurch Familien letztendlich zu Koproduzenten im Betreuungsprozess werden. Die Frage nach den Bedingungen der „Koproduktion" in der Sozialen Arbeit wird gegenwärtig nicht mehr explizit gestellt. Zusammenarbeit zwischen KlientInnen (hier: Familien) und Fachkräften wird als strukturelle Grundbedingung vorausgesetzt. Ein Arbeitsverständnis, welches die Mitarbeit der KlientInnen als wesentlichen Anteil eines gelingenden Betreuungsprozesses berücksichtigt, orientiert sich an den realen Lebensweltbezügen und den vorhandenen Ressourcen (vgl. KILB 1999). Entscheidend für die zu erreichenden Ziele und für den Erfolg der Arbeit in der SFH sind die Familien selbst. Unklar bleibt, was Familien veranlasst, sich das eine Mal auf ein Betreuungsangebot einzulassen, während sie sich diesem in einem anderen Fall verschließen.

Die konkreten Frage- bzw. Aufgabenstellungen für das Forschungsprojekt lauten:

- Wie wird SFH von Familien in ihrer unmittelbaren Lebenswelt aufgenommen?
- Zu welcher Dynamik kommt es innerhalb der Familien durch eine Hilfeleistung wie die der SFH?
- Welche Faktoren weisen eine bestimmte Familiendynamik als *Erfolg* für die Intervention aus?
- Welche Umstände lassen Familienmitglieder zu *Koproduzenten* der sozialpädagogischen Hilfestellung werden?
- Durch welche Maßnahmen wird eine *Koproduzentenschaft* besonders gefördert?

Die Erfassung spezifischer Faktoren, die Familien zu Koproduzenten ihrer Betreuung werden lassen, bzw. die Beantwortung der Frage, in welcher Weise eine Hilfsmaßnahme – wie die der SFH – von Familien in ihrer unmittelbaren Lebenswelt erfahren und verarbeitet wird, eröffnet die Möglichkeit, Konzepte durch die Perspektive der KlientInnen neu zu überprüfen. Wenn es gelingt, die „Innensicht", d.h. die subjektive Wahrnehmung der Familien, zu rekonstruieren, können wertvolle Beiträge zur Qualitätssicherung des Arbeitsansatzes SFH geliefert werden.

2. Sozialpädagogische Familienhilfe – Begriff, rechtliche Grundlage und Zielsetzung

Die öffentliche Jugendwohlfahrt hat gem. § 2, Abs. 1 des JWG und § 1, Abs. 2 des STJWG ganz allgemein die Aufgabe, die Familie bei der Erfüllung ihrer Aufgaben in der Pflege und Erziehung Minderjähriger zu beraten und zu unterstützen (AMT FÜR JUGEND UND FAMILIE DER STADT GRAZ 2000). SFH ist als Leistung der Jugendwohlfahrt im Jugendwohlfahrtsgesetz (JWG 1989; STJWG 1991) als „Sozialer Dienst" und als „Hilfe zur Erziehung" verankert und richtet sich an Familien, wenn eine dem Wohl des Kindes/Jugendlichen entsprechende Erziehung nicht gewährleistet ist. Die Erläuterungen zum STJWG (1991) § 36, Abs. 2 geben eine Definition der SFH wieder: „Sozialpädagogische Familienbetreuung stellt eine ganzheitliche Form der Sozialarbeit dar, die sich mit familienspezifischen Problemen beschäftigt, wobei auch das soziale Umfeld der Familie (Nachbarschaft, Schule usw.) Berücksichtigung findet. Dabei sollen Ressourcen der Familie und die ihres sozialen Umfeldes erhalten, aktiviert und weiterentwickelt werden, um adäquate selbstgesteuerte Konfliktregelungen in den Familien zu erreichen" (vgl. SFB KONZEPT 1992). SFH dient der Entlastung und der Stärkung der elterlichen Kompetenz und hilft Krisen aktiv zu bewältigen. Familien werden in ihrem Lebensalltag und -umfeld für eine bestimmte Zeit beraten, unterstützt, gefördert und betreut. Unübersehbar ist hier, dass ein Gelingen dieses Angebotes der Jugendwohlfahrt einerseits die Beteiligung der Familien voraussetzt und andererseits Fachkräfte der Sozialen Arbeit gefordert sind, aufgrund ihrer Kompetenz und ihres methodischen Wissens Familien den Raum für Selbstverantwortung und Selbstorganisation zu gewähren. Im aktuellen „Qualitätskatalog der Grazer Jugendwohlfahrt" (vgl. AMT FÜR JUGEND UND FAMILIE DER STADT GRAZ 2000) werden explizit der Dialog und die Kooperation zwischen KlientInnen und Fachkräften der Sozialen Arbeit für ein Gelingen unterschiedlicher Betreuungs- und Beratungsprozesse gefordert und Strategien dazu formuliert. Auszugsweise seien einige *strategische Orientierungen* genannt, welche sich, anhand der Ergebnisse der analysierten Familieninterviews, zumindest für diese Familien als *„erfolgreich"* bezeichnen lassen:

1) Hilfe als soziale Dienstleistung ist nur produktiv, wenn *Gegenseitigkeit* ermöglicht, Machtungleichgewichte reduziert, *Beziehungsbalance* zwischen den „Bürgern" und den Fachleuten hergestellt wird.

2) Hilfe gelingt, wenn sie akzeptiert, wenn sie gewollt wird, wenn man sie wählen und zurückweisen kann. Dann gibt es einen Austausch von Geben und Nehmen, einen Dialog im Hilfeprozess. Freiwilligkeit und Wahlmöglichkeit sind die Essenz jeder wirklichen Hilfe.

3) Hilfe gelingt, wenn die Fachkräfte konsequent auf Verständnis und Partnerschaft setzten, wenn sie auf das Angebot einer offenen Beziehung bauen. So werden die Eigenkräfte der Beteiligten gestärkt, können Selbstverantwortung und Selbstorganisation und gegenseitige Verpflichtung wachsen (vgl. WOLFF 2000).

3. Forschungsdesign

Mit den konkreten Fragestellungen des Projektes wird zum einen auf die komplexen und individuellen Prozesse Bezug genommen, die sich während einer Betreuung der Familien durch die SFH ergeben, zum anderen wird Interesse an subjektiven Lebenswirklichkeiten[4] der Familien gezeigt. Aus diesem Grund führten die Überlegungen zur Gewinnung von Informationen und Daten zur Verwendung unterschiedlicher Methoden. Es wurden qualitativ-hermeneutische Verfahren zur Datengewinnung mit jenen der standardisierten Testsysteme kombiniert und zur Anwendung gebracht. Qualitative Interviews, vor allem mit den Familien, ermöglichen im Sinne eines subjektorientierten Vorgehens, dass sowohl die für die Fragestellung relevanten Bereiche und Dimensionen[5] angesprochen werden als auch die den Familien eigenen Positionen zu den in den Interviews angesprochenen Zielvorstellungen, aber auch zu möglichen weiteren Problemstellungen, die sie in diesem Zusammenhang für relevant halten, ausführlich dargestellt werden können. Im Zuge der Interviews mit den Familien werden als Vergleichsmöglichkeit Gespräche mit einzelnen SFH-BetreuerInnen geführt. Mit der Verwendung der „Familienbögen" (CIERPKA/FREVERT 1994) wird auf ein Selbstberichtinstrument zurückgegriffen, welches für die Familiendiagnostik und die Familientherapie erarbeitet wurde. Die „Familienbögen" basieren auf einem Prozessmodell, welches es möglich macht, den familiären Prozess aus drei Perspektiven zu beschreiben, nämlich aus der individuellen, der dyadischen und der gesamtfamiliären Perspektive[6]. Um eine entwicklungsorientierte Familiendiagnostik zu ermöglichen, wurden Referenzwerte für fünf lebenszyklische Phasen erarbeitet. Im Rahmen ihrer Verwendung im klinisch-diagnostischen Bereich stellen die Familienbögen eine Ergänzung der klinischen Familiendiagnose dar. Drei dieser vorgeschlagenen Ergänzungsbereiche sind für dieses Forschungsvorhaben von großem Interesse:

a) Familienbögen geben eine Übersicht über die Funktionalität und die Ressourcen der Familien.
b) Familienbögen identifizieren Bereiche von familiären Problemen, die weiterführende familiendiagnostische Überlegungen fordern.
c) Familienbögen machen quantitative Aussagen über die Funktionalität/Dysfunktionalität von Familien, die als Basis für die Überprüfung des Behandlungserfolges dienen können (vgl. CIERPKA/FREVERT 1994).

Als theoretische Grundlage das Testmanuals dient ein Familienmodell, basierend auf sieben Dimensionen[7], welches CIERPKA und FREVERT in Anlehnung an das „Process Model of Family Functioning“ von STEINHAUER (1984) übernommen haben. Die unterschiedlichen Dimensionen erfassen das Problemlöseverhalten in Familien. Jede Problemlösung erfordert eine Definition der anstehenden Aufgaben und deren Erfüllung. Da das Familienmodell den Anspruch erhebt, einen systematischen Überblick über die basalen Funktionen einer Familie zu liefern und die Wirkgrößen zu beschreiben, können die Stärken und Schwächen in der Familie als Teilfunktionen eines Ganzen geortet und analysiert werden[8] (vgl. CIERPKA/FREVERT 1994).

Die „Familienbögen“ kommen im Rahmen dieses Projektes auf zwei unterschiedliche Arten zum Einsatz. Bei einer ausgewählten Gruppe von 4 SFH Familien kommt das Testmanual zu zwei Zeitpunkten innerhalb des Betreuungsrahmens zum Einsatz:

a) Im ersten Drittel der Betreuung und
b) im letzten Drittel der Betreuung.

Durch diese Vorgehensweise sollte vor allem überprüft werden, ob die im ersten Drittel der Betreuung als Schwächen oder Stärken erhobenen Teilfunktionen der Familien sich bis zum zweiten Zeitpunkt der Verwendung des Testmanuals verändert haben. Darüber hinaus werden die Ergebnisse aus den „Familienbögen“ Einfluss auf das abschließende Interview mit den Familien erhalten[9].
Bei einem weiteren Teil der an der Untersuchung teilnehmenden Familien wurde das Testmanual im Rahmen der Interviewsituation verwendet. Auf diese Art und Weise sollte ebenso der Erhalt „objektivierbarer Daten“ zur inneren Familiendynamik gewährleistet werden.

Insgesamt konnten für die Untersuchung 18 Familien[10] gewonnen werden. Mit insgesamt 14 Familien konnten bereits Interviews durchgeführt werden, die vier weiteren Familien gehören zur Gruppe der oben genannten Familien mit zweimaliger Testung durch die „Familienbögen“. Die Familien wurden durch Kontaktaufnahme mit den beiden SFH Anbietern „Caritas Steiermark“ und „Jugend am Werk Steiermark“[11] zur Teilnahme an der Untersuchung gewonnen. SFH MitarbeiterInnen wurden gebeten, Familien um ihre Bereitschaft für das Interview zu bitten. Dadurch ergab sich eine Vorauswahl „erfolgreicher“ Familien, was der Intention des Forschungsprojektes entspricht, nämlich herauszufinden,

wie Familien einen Erfolg der SFH sehen, bzw. was Familien dazu bewegt hat, sich auf das konkrete Angebot der Jugendwohlfahrt einzulassen. An dieser Stelle muss erwähnt werden, dass es im Rahmen einer besonders guten Zusammenarbeit mit der SFH Zweigstelle Graz, vom Trägerverein „Jugend am Werk Steiermark“, gelungen ist, für diese Zweigstelle praktisch eine Vollerfassung ihrer 1999 betreuten Familien zu erreichen. Von den insgesamt 14 interviewten Familien wurden 8 durch diese Zweigstelle betreut. Darüber hinaus werden 4 der Familien mit zweimaliger Testung und noch ausstehendem Interview durch diese SFH Stelle betreut. Die SFH Zweigstelle Graz hatte im Jahr 1999 10 Abschlüsse[12] zu verzeichnen. Eine Familie war für die SFH-BetreuerInnen nicht mehr erreichbar, eine weitere Familie wollte nicht an der Untersuchung teilnehmen. Die restlichen Familien teilen sich auf „SFH – Caritas“ und auf einzelne Zweigstellen von „Jugend am Werk Steiermark“ auf.
Die intensive Auseinandersetzung mit den jeweiligen Familien während der Interviewphase haben mich zur Formulierung folgender Hypothesen und Vorannahmen geführt, welche im Zuge der Analyse der gesammelten Daten (Interviewprotokolle, Beobachtungen) einen wichtigen Stellenwert eingenommen haben:

- SFH ist wie jede andere psychosoziale Interventionsform auf die Mitarbeit (Kooperation) der KlientInnen (Familien) angewiesen. Der Auftrag der Familie steht auch dann im Vordergrund, wenn er nicht explizit erkennbar ist. Die Qualifikation der SFH BetreuerInnen gewährleistet ein möglichst rasches Erkennen der Aufträge und Wünsche der Familien.
- SFH arbeitet hauptsächlich mit mehrfach belasteten Familiensystemen und tritt meist „am Ende einer längeren Interventionskette“ in das System der Familie ein. SFH BetreuerInnen müssen über die ihnen präsentierte Momentaufnahme (Chaos, Vernachlässigung, Gewalt etc.) hinaus in der Lage sein, adäquate Maßnahmen zur Entlastung der vorgefundenen Situation anzubieten. Diese erste Phase kann als kritischer Moment im Rahmen des Betreuungsprozesses bezeichnet werden. Gelingt es nicht, sich auf die vielfach widersprüchlichen Bedingungen einzulassen, wird der Erfolg von SFH von geringer Dauer sein[13].
- Kooperation beginnt vor dem Einsatz der SFH, bei den ersten Verhandlungen über Anlass, Ziel und Zeitperspektive mit den zuweisenden SozialarbeiterInnen der Familie und den BetreuerInnen der SFH. SFH erfolgt nicht, wenn und weil sie indiziert wurde, sondern weil

alle Beteiligten sich darüber einig sind bzw. sich auf den „kleinsten gemeinsamen Nenner" haben einigen können.

4. Familie B. – Fallgeschichte

Die ausgewerteten Familieninterviews[14] geben einen lebendigen Einblick in die jeweiligen Problemstellung und Ressourcen der Familien, sie machen Aussagen darüber, was die Familien selbst als hilfreich an der SFH empfunden haben und was sich in den Familien mit Hilfe der SFH verändert hat. Neben den konkreten Inhalten und Informationen zur SFH ist es gelungen, den einen oder anderen vertiefenden Einblick in die jeweilige konkrete „Familiengeschichte" zu bekommen. Nachstehend möchte ich eine Fallgeschichte skizzieren und anhand der Ergebnisse mögliche Antworten auf die eingangs erwähnten Fragestellungen aufzeigen.

Familie B.: „In unserer Familie war es schon chaotisch"

Familie B., das ist ein Ehepaar mit drei Kindern im Alter von 8 bis 12 Jahren. Herr B. (39) arbeitet unregelmäßig als Leiharbeiter auf verschiedenen Baustellen, zum Zeitpunkt des Interviews ist Herr B. arbeitslos. Frau B. (36) hat bis zur Geburt des ersten Kindes als Näherin in einer Textilfabrik gearbeitet. Die Familie lebt am Rand eines oststeirischen Dorfes in einer sogenannten „Neubausiedlung". Die Siedlung wirkt neben dem „alten Dorf" mit traditionell ländlicher Struktur fremd und in sich geschlossen. Vermutlich soll diese „Neubausiedlung" dazu auffordern, sie als Symbol für das „Moderne" und das „Aufgeschlossene" in der ländlichen Region zu verstehen. Betrachtet man die Entfernung zum Dorfkern, könnte man meinen, dass dieser Abstand bewusst als deutliches Unterscheidungskriterium gewählt worden ist. In der Siedlung wohnen viele junge Familien mit Kindern; ähnlich der Erwerbssituation von Herrn B., arbeiten auch andere Familienväter als *Leiharbeiter* für diverse Firmen oder sie pendeln als Wochenpendler nach Wien oder als Tagespendler nach Graz. Unter den Familien gibt es nach Auskunft des Ehepaares wenig Kontakt. Der artriumsartige Innenhof, als Kommunikationszentrum gedacht, wird kaum genutzt. Lieber lässt man die Kinder im parzellierten Grünstreifen spielen. Am Anfang sei es komisch gewesen „in so einer Siedlung" und „am Land" zu leben, erklärt mir Frau B., mittlerweile hätte man sich „aber schon daran gewöhnt".
Zum Einsatz der SFH kommt es, weil Frau B. nach eigenen Angaben das „Chaos" in der Familie nicht mehr ausgehalten hat und *„nur mehr mit*

den Nerven zerschmettert am Boden war". Die Kinder, zu Beginn der Betreuung 5, 7 und 9 Jahre alt *„machten was sie wollten"*, vor allem auch deswegen., weil die Erwachsenen *„keine gemeinsame Linie gehabt"* hätten. Zu den Überforderungen in der Erziehung der Kinder kommen Schwierigkeiten mit den Nachbarn in der Siedlung, die sich immer wieder über die „lauten" Kinder beschweren und ebenso Hinweise aus dem Umfeld der Schule und des Kindergartens, dass die Kinder immer wieder durch störendes Verhalten auffallen. In einem nachfolgenden Gespräch mit der zuständigen SFH Betreuerin der Familie erfahre ich, dass die Eltern auch mit einer möglichen Fremdunterbringung des damals 9-jährigen Sohnes konfrontiert waren. Mehrmalige vorausgegangene Kontakte mit der Sozialarbeiterin ändern nichts an der Situation, obwohl, so die SFH Betreuerin, ein Leidensdruck vor allem seitens der Mutter spürbar war. Im Gespräch mit mir wird diese mögliche Fremdunterbringung des Sohnes von der Familie nicht als Anlass für SFH thematisiert und sie scheint weder im Hinblick auf das ausgewertet Textmaterial, noch im Hinblick auf *die Geschichte* der Familie im Mittelpunkt der *„chaotischen Situation"* und des „spürbaren Leidensdruckes" gestanden zu haben.

Es ist wichtig zu erwähnen, dass nicht nur im Falle dieses Gespräches, sondern auch in vielen anderen Fällen spürbar war, wie Familien durch die Interviewsituation noch einmal die Zeit *vor der SFH und später dann mit der SFH* erleben. Mimik, Gestik und vor allem auch Stimme, Sprache und Sprechgeschwindigkeit unterstreichen erlebte Belastungen, spürbare Erleichterungen und ein zuversichtliches „In-die-Zukunft-Blicken". Im konkreten Fall der Familie B. ändert sich beispielsweise die Benennung dessen, was als „Problem" am Anfang der Betreuung gestanden hat, im Zuge der intensiven Auseinandersetzung während des Interviews mit den Inhalten der SFH Betreuung. Die verwendete Sprache – mir dabei zukommende Informationen über die Problemlagen – wird differenzierter und auffallend häufig werden zur Benennung dessen, was war, Begriffe aus der Sprache der „Helfer" verwendet. So wird beispielsweise aus dem anfänglichem „Chaos" der Familie und dem Wunsch, dieses mit Hilfe der SFH zu beseitigen, im Laufe des Gespräches eine Zielformulierung: *"So gesehen war ja dann das Ziel, dass die Eltern eins sind, dass da Gemeinsamkeiten als Paar sind, so eine gemeinsame Linie in der Kindererziehung halt und auch so eine gemeinsame Konfliktbewältigung"*.

Eine Perspektive zur *Veränderung* eröffnet sich für die Familie B., als die Schwester der Frau, welche sich in ähnlichen Schwierigkeiten befand, vom zuständigen Sozialarbeiter eine SFH Betreuung bekommt. Vor allem Frau B. scheint von der Art und Weise der Hilfe angetan zu sein und initiiert SFH in weiterer Folge *selbst*. Im Kindergarten der Tochter eröffnet sich auf Grund eines Gespräches mit der Sozialarbeiterin für Frau B. die Möglichkeit, *selbst den Wunsch nach Hilfe zu formulieren*, welcher für Frau B. an ein ganz konkretes Angebot geknüpft ist. Frau B. kennt, wie bereits erwähnt, SFH als Betreuungsangebot von ihrer Schwester und einer Freundin, weiß aber nicht, wie „das heißt". Sie weiß, dass sie „auch gerne das haben möchte, was ihre Schwester hat" und sie glaubt, dass das „was sein könnte, was helfen könnte". Frau B. schildert die Situation im Interview folgendermaßen: *„ ... Ich war mit den Nerven total am Boden zerschmettert und ich habe gesehen es gibt eine Hilfe durch meine Schwester und durch meine Freundin und dann habe ich mit der Frau Z (Sozialarbeiterin) gesprochen, ob nicht wir auch so eine Hilfe bekommen könnten. Ich habe aber nicht gewußt, wie das heißt, was die hatten und ich habe den Betreuer von denen schon gekannt und der ist mir schon sehr sympathisch vorgekommen und da haben wir gedacht, wenn es nicht besser wird hier bei uns zu Hause, dann ist es besser, wir lassen uns helfen".* Die Zuweisung der SFH über die Sprengelsozialarbeiterin erfolgt innerhalb kürzester Zeit. Die Betreuung dauert für die Familie B. zwei Jahre mit wöchentlich zwei Betreuungsterminen zu je drei Stunden. Die Termine werden so abgestimmt, dass zum einen für Gespräche mit dem Ehepaar einen Zeit gefunden wird und zum anderen gesonderte Termine vereinbart werden, in denen mit den Kindern gearbeitet, bzw. in denen auch mit der gesamten Familie etwas unternommen wird. Die Familie hat an die SFH die Erwartung, dass jemand kommt, um das „ganze Chaos", in dem sich die Familie B. befindet, zu beruhigen. Frau B. sagt, dass sie zu Beginn nicht in der Lage war, genau zu sagen, was sie sich von der Betreuung erwarten würde. Für sie war klar, dass sich *„etwas ändern würde, weil die (SFH) ja, wenn sie so was (Familienbetreuung) als Arbeit haben, wissen müssen, was passieren muss. (...) Nein, also über das was, also da hab ich mir zuerst keine Gedanken zerbrochen darüber, weil ich hab mir gedacht, die werden das schon machen, ehrlich wahr. Ich hab ja nicht gewußt, genau, was auf uns zukommt und wie was auf uns zukommt und dann hab ich einfach gedacht, ich denke darüber gar nicht nach, ich lasse es kommen wie es kommt, oder?"* Die erste Erleichterung scheint sich für die Familie nach der Zusicherung der Betreuung über die dreimonatige Probephase hinaus einzustellen. Frau B.: *„Aber ich habe damals schon bei den*

Nerven gemerkt, dass ich da schon ruhiger geworden bin und dass ich froh war, dass sie weiter zu uns kommen darf (...) Dann ist es angelaufen und ich habe Änderungen gemerkt, ja und dann war auch die Angst weg, dass es nichts helfen könnte". Zu ihrem eigenen Erstaunen, erzählen Herr B. und Frau B., sei es aber so gewesen, dass nicht die SFH Betreuerin die Probleme in der Familie *„verändert"* habe, vielmehr sei die *„Veränderung"* von der Familie selbst ausgegangen: *„Ich habe mir nur gedacht, was sie (SFH Betreuerin) mit uns macht, was sie mit uns tut, das wird sie schon wissen, dass sie uns hilft dabei bei dem Chaos. Aber dabei war das immer umgekehrt. Sie hat uns was gefragt und wir haben ihr die Antwort darauf gegeben"*. Herr B. ergänzt diese Wahrnehmung seiner Frau: *„Und dann sind halt immer die Diskussionen entstanden über halt so Themen, die wir gehabt haben, und sie hat uns halt die Anstöße dazu gegeben, bei dem was halt brisant war, weil die Lösungen für unsere eigenen Geschichten die muss man dann selber finden, sie ist uns immer nur beigestanden (...) Wir haben dann viel nachgedacht über unserer Fehler und sie hat uns immer dazu angestiftet"*.
Verschwiegen wird im Interview nicht, dass es während der Betreuung auch zu vielen schwierigen und kräftezehrenden Situationen gekommen ist. Zu einem Wendepunkt in der Betreuung dürfte es nach dem Einsatz des „Familienbrettes" durch die SFH Betreuerin gekommen sein. Im Rahmen der Arbeit mit dem Familienbrett bemerkt Frau B., dass sie mit den Kindern auf einem Feld, und ihr Mann im Gegensatz dazu alleine, weit weg von der Familie, auf einem anderen Feld steht. Frau B. sagt, dass sie sich durch dieses Bild sehr gekränkt gefühlt habe und plötzlich die ganze Last, das „Chaos" auf sich geladen sah. Die Arbeitseinheit mit dem *„Holzbrett"* bringt Frau B. ihren Aussagen zu Folge stark an ihre eigenen Grenzen und lässt sie auch an der SFH Betreuung zweifeln; *„Ich habe geglaubt, die sagt jetzt auch, dass ich an dem allen schuld bin"*. Gleichzeitig wird in Frau B. das Bedürfnis geweckt, sich mit dem „Familienbild", den entstandenen Gefühlen der Wut und des Alleingelassenseins und den möglichen Ursachen dafür auseinander zu setzten. Frau B. schildert im weiteren Gespräch ihre Wahrnehmung der Überforderung und der Überanstrengung und die hohen Ansprüche, die sie gleichzeitig immer an sich stellte: Als Frau für alle sorgen, für alles zuständig sein, den gesamten Haushalt erledigen, die Kinder in der Schule unterstützen und dabei gleichzeitig merken, dass *„man nicht weiß, wie das alles gehen soll, weil man das nie gelernt hat"*. Als Mutter hat sie vor allem den Wunsch, dass *„es den Kindern besser geht als mir selbst, obwohl ich nicht gewußt habe, eigentlich, wie das dann ist"*. Auch bei Herrn B. kommt es nach dieser *„Brettgeschichte"* zu Veränderungen: *„Nachher*

war der Einbezug des Vaters auch in die Kindererziehung ein Thema, damit ich nicht immer draußen stehe, weil ich halt nie da war, dass ich auch miteinbezogen werde. Man muss auch einmal nachdenken über die Erziehung und die Fehler, die man da machen kann (...) weil Kindererziehung ist eh schwer, wenn man so darüber nachdenkt, es ist immer ein Rollenspiel, wer ist der Stärkere? Kinder testen das ja genauso ab, wie weit kann ich gehen? Wenn ich lange genug lästig bin, dann sagt die Mama sicher ja; ich habe meistens nein gesagt. Ja und jetzt haben wir gelernt, Grenzen zu setzten, das haben wir alles gelernt".

Generell ist über die Beschreibung der von der SFH verwendeten Methoden viel über die möglichen Problemlagen der Familie und die damit verbundenen Zielsetzungen zu erfahren. Zum Einsatz kamen in dieser Familie Methoden aus dem Therapiebereich (Paargespräche, Rollenspiele, Familienbrett etc.), aus dem Bereich der „klassischen Sozialarbeit" (Kontakte und Begleitung zu Ämtern und Behörden, Einführung eines Haushaltsbuches, Herstellung eines Kontaktes zur Lernbetreuung etc.), freizeitpädagogische Ansätze und Methoden (Spielen mit den Kindern, Ausflüge, Familienfeste etc.). Paargespräche und Rollenspiele eröffnen den Erwachsenen eine ganz neue Art zu lernen, wie man mit Konflikten umgehen kann und helfen ihnen vor allem auch zu erkennen, dass es neben einer „Elternebene" auch noch eine Ebene als „Paar" zwischen ihnen beiden gibt. Herr B.: *„Und wir müssen auch schauen, dass wir für uns zwei einen Freiraum haben müssen, dass nicht alles für die Kinder aufgeht. Wir sind ja nicht nur Eltern, wir sind ja auch noch was anderes, Menschen auch noch, Mann und Frau halt".* Zu den freizeitpädagogischen Aktivitäten sagt das Ehepaar: *„Ja, dass man eben lernt mit den Kindern richtig umgehen, Freizeitgestaltung und so Sachen halt, das war halt alles so dabei (...) Ja, weil wir haben ja fast nie mehr mit ihnen Spiele gemacht, weil wir nie Geduld gehabt haben. (...) Und dann gibt man halt auf, wenn man merkt, das interessiert ja keinen, wenn man ein Spiel oder was machen will. Da resigniert man dann selbst, da sagt man dann, das hat ja keinen Sinn; aber da, ja, das war dann so, dass man lernt mit den Kindern was zu unternehmen, Ausflüge und so (...) Ja und immer Spiele und so halt, gemeinsam was machen. So sind wir halt dahinter gekommen, dass sie gerne wandern. Jetzt gehen wir im Sommer meistens mit ihnen wandern (...) Heuer wollen wir nach Salzburg raus fahren, die Eiswelt anschauen, weil da haben wir auch was davon".*

Im Zuge der SFH Betreuung gelingt es dem Ehepaar Strategien zu erarbeiten, die es ihnen ermöglichen, ihre Rollen in der Erziehung der Kinder zu vereinheitlichen, *„Die Eltern müssen eine Einigkeit haben, wir müssen uns einig sein"*. Mit der inneren Stabilisierung der Familiendynamik wird die Beruhigung auch nach außen getragen. So gibt es beispielsweise positive Rückmeldungen aus der Schule und aus dem nachbarschaftlichen Umfeld.

In einem Punkt gelingt es der Familie nicht – im Rahmen der SFH – eine Veränderung herbei zu führen. In der infrastrukturell schwachen ländlichen Region, in welcher die Familie lebt, ist es nach wie vor für Herrn B schwierig, einen festen Arbeitsplatz zu finden. Die Angewiesenheit auf die Leiharbeit bringt immer wieder belastende finanzielle Situationen für die Familie mit sich, die aber auf Grund des durch die SFH angelegten „Haushaltsbuches" in Grenzen gehalten werden können. Abschließend beschreibt Herr B. die SFH folgendermaßen: *„Es war eine Entlastung für die Familie, das muss man sagen. Wir haben gesehen,* ***was wir alles machen können****. Man muss für sich selbst erkennen, dass man Hilfe braucht; wenn man nicht zugeben kann, dass man Hilfe braucht, wird man es auch nie annehmen können (...) Ich habe auch nie Angst gehabt oder so. Es war mehr eine Vertrauensbasis, man hat sie ja schon gut gekannt und alles eben. Und sie (SFH Betreuerin) hat gesehen, dass wir Hilfe annehmen. Es geht ja um das, dass man Hilfe annimmt"*.

Die Betreuung der Familie B. kann sicherlich als *„gelungen"* bezeichnet werden. Obwohl es gilt, jede Betreuung im Rahmen der SFH als individuelle „Geschichte" zu sehen, scheint es so etwas wie eine gemeinsame Linie zu geben, die sich durch die betreuten Familien zieht, sowohl unter dem Aspekt dessen was sie als hilfreich empfinden als auch unter dem Gesichtspunkt der Veränderung. Aus der Fallgeschichte der Familie B. können einige Themenschwerpunkte für die SFH Betreuung heraus gearbeitet werden:

- Die Familiendynamik, die unterschiedlichen Beziehungen in der Familie.
- Fragen des Selbstwertes der Mutter bzw. der Bewältigung der unterschiedlichen Rollen als Mutter/Partnerin.
- Ein stärkerer Einbezug des Vaters in die Familie.
- Zudem sind *schwierige* Kinder und Probleme mit dem sozialen Umfeld als Themenschwerpunkte genannt worden (vgl. BLÜML/ HELMING/SCHATTNER 1994).

Die Familie B. beschreibt den Prozess der SFH als Raum, etwas zu *lernen* bzw. etwas Neues *gelernt* zu haben und als Möglichkeit, neue Denk- und Handlungsstrategien für den familiären Alltag zu entwickeln. Als besonders hilfreich und vor allem auch als Voraussetzung für diesen „Lernraum" wird von der Familie die kontinuierliche und zuverlässige Präsenz der SFH Betreuerin in der Familie B. bewertet. Vor allem Herr B. betont immer wieder, dass es für ihn im vertrauten Umfeld leichter war über Probleme zu sprechen: *„Sie war ja zwei Jahre mit in der Familie, sie war ja fast schon integriert muss man sagen"*. Die Kontinuität der Betreuung ermöglicht es der SFH Betreuerin, eine vertrauensvolle Beziehung zur Familie aufzubauen und auch nahe an das System der Familie heranzukommen, ohne dabei die notwendige professionelle Distanz des Arbeitsverhältnisses zu übertreten. Die SFH Betreuerin ist nicht ganz in die Familie integriert worden, sondern eben nur „fast". Darüber hinaus muss an dieser Stelle betont werden, dass Familie B. ihre Lebenswelt bzw. ihren Alltag nicht nur aufgrund des kontinuierlichen Kontaktes mit der SFH Betreuerin als „Lernraum" öffnen konnte, sondern darüber hinaus über die Fähigkeit verfügt, was auch im Gespräch mit der SFH Betreuerin bestätigt wurde, *Gastfreundschaft* zu kommunizieren und zu inszenieren. Ähnlich den Vormittagsterminen mit der SFH Betreuerin war auch für mich bei meinem Interviewtermin mit großer Selbstverständlichkeit und Sorgfalt ein Frühstück vorbereitet worden. Mein Versuch, parallel dazu die Zeit für das Gespräch zu nutzen, wurde mit der Begründung abgelehnt, dass sie zuerst mit mir frühstücken wollen, denn *„danach können wir ohnehin noch arbeiten"*. Als „erfolgversprechend" für den Verlauf der SFH Betreuung ist in diesem Fall sicher die Fähigkeit der Familie – hier vor allem der Frau – zu einem gegebenen Zeitpunkt den Wunsch nach Hilfe selbst formulieren zu können. Deutlich wird hier, dass es in dieser Familie ein hohes Problembewusstsein bei gleichzeitigem Vorhandensein eines positiven Gefühles für das System Familie gab. Damit war der Wunsch nach Veränderung verbunden, welchen Frau B. für die Familie formulieren konnte. Im Erkennen der Hilflosigkeit wird gleichzeitig der Wunsch nach Veränderung deutlich, auch wenn zu dem Zeitpunkt der Weg dorthin noch unklar blieb. Herr B. scheint zu Beginn der Betreuung in einer eher skeptischen und abwartenden Haltung zu sein; erst nach Fixierung des weiteren Verlaufes nach der Probephase beginnt auch er, sich aktiv am Betreuungsprozess zu beteiligen. Herr B. schaltet sich erstmals in das Gespräch ein, als es um die „Hauptarbeitsphase" geht: *„Das war dann schon eine Erleichterung, wie sie (SFH Betreuerin) bleiben konnte, weil dann ist es mit den Sitzungen erst richtig los gegangen"*. Das sich einstellende Gefühl der

Entlastung und die Sicherheit der Kontinuität hat in dieser Familie stark die Bereitschaft zur *Koproduzentenschaft* gefördert. Zudem war für sie spürbar, dass auch die *„Frau Z. (Sozialarbeiterin) mit uns gut war, weil die hat das ja verlängert“*. Der subjektive *Kontrolldruck* durch das zuständige Jugendamt ist für die Familie weggefallen und hat den Weg für eine intensive Vertrauensbasis geöffnet. Wesentliche Merkmale dieser Betreuung scheinen Humor, Spaß und Neugierde gewesen zu sein. Die Treffen mit der SFH Betreuerin werden mit großer Anspannung erwartet, weil man entweder neugierig war auf *„das, was sie wieder mit uns macht“,* oder weil man ihr was sagen konnte, was ausprobiert wurde. Im Rahmen der SFH Betreuung ist es in diesem Fall sicherlich gelungen, die vor der Betreuung als verfahren beschriebene Dynamik der Familie mit ihren unklaren Rollenaufteilungen wieder in eine zirkulierende Form zu bringen.

Die Analyse des Interviews hat dem zu Folge ergeben, dass es der SFH Betreuerin gelungen zu sein scheint, der Familie gemäß den Handlungsmaximen der SFH nachstehende Erfahrungsmöglichkeiten zu gewähren:

- die Wertschätzung ihrer selbst als Basis der Arbeit, durch die Vertrauen entsteht, sowohl in die Hilfe als auch in sich selbst;
- die Entlastung, sei es durch Gespräche, praktische Unterstützung (z.B. durch die Organisation einer Lernbetreuung für die schulpflichtigen Kinder);
- Infragestellung von alten Strukturen durch die Suche nach neuen Lösungsansätzen (z.B. entdecken der Wichtigkeit des Vaters in der Erziehung der Kinder bzw. Signalwirkung für Frau B., dass sie den Vater aktiv in die Erziehung der Kinder einfordern darf) (vgl. BLÜML/HELMING/SCHATTNER 1994).

Die Auseinandersetzung mit dem Thema „Familien als Koproduzenten Sozialpädagogischer Interventionen - Zur Innensicht Sozialpädagogischer Familienhilfe“ und vor allem auch die intensive Beschäftigung mit den einzelnen Fallgeschichten führt mich zu den nachstehenden Überlegungen. Diese Überlegungen sind nach erfolgter „Rekonstruktion“ der einzelnen Familiengeschichten als Beitrag der „Innensicht“ zur Qualitätssicherung der SFH bzw. der „Sozialen Arbeit“ zu verstehen. In diesem Sinne gestehe ich mir zu, möglichem Ungesagten Ausdruck zu verleihen.

Unumstritten ist, dass sich die „Familie“ nicht den unterschiedlichen Transformationsprozessen im Zuge der gesellschaftlichen Modernisierung am Ausgang des 20. Jahrhunderts entziehen konnte. Vielmehr lässt sich sagen, dass die Familie einen Ort darstellt, an dem sich die gesellschaftliche Transformation in ihren Durchsetzungsstrategien konkretisiert und an dem sich die Schattenseiten der gesellschaftlichen Entwicklung individuell repräsentiert finden. Durch eine zunehmende Beachtung der Krisen- und Konfliktanfälligkeit der ‘Familie’ ist diese in den letzten Jahren verstärkt in das Blickfeld sozialer Arbeitsfelder gerückt - oder anders gedeutet: Der gesellschaftlich induzierte Wandel der Familien hat zu einem ausdifferenzierten sozialpädagogischen Hilfs- und Bildungsangebot mit familialen Orientierungsmustern geführt. Die Wirklichkeit „Sozialer Arbeit“ lässt sich aber keineswegs mehr ausschließlich auf soziale Problemlagen allein fixieren[15]. Neben der Zunahme von sozialen Risiken und damit verbundenen Desintegrationsprozessen in einer sich schärfer konturierenden Gesellschaft ist sie („Soziale Arbeit“) von der Tatsache gefordert, dass inzwischen auch bisher stabile Lebenswelten und familiale Systeme immer weniger in der Verfassung sind, aus sich heraus Störungen[16] der sozialen Integration, der kulturellen Reproduktion und der Sozialisation zu erkennen und durch Akte der Selbsthilfe zu korrigieren (THOLE 1996).

Angesichts der Zunahme struktureller Prozesse der Verarmung und disparitärer Lebenslagen, die inner- und außerhalb familialer sozialer Gebilde immer alle Prozesse individueller und gesellschaftlicher Produktion und Reproduktion umfassen, muss für eine Überwindung einer individualisierten „Sozialen Arbeit“ plädiert werden. Vor allem dann, wenn sie ihre Aufgabe der Intervention im Alltag von Familien sieht, gilt es, sich nicht der komplexen gesellschaftlichen Wirklichkeit zu entziehen. Andernfalls kommt es zu dem von KARSTEN (1996) kritisch entworfenen Szenario: „Losgelöst vom Bedingungsgeflecht der kriseninduzierenden strukturellen Veränderungen entsteht eine Normativität und Normalitätsvorstellung für die Betreuten, die als Norm einer Sich-selbst-genügsamen-Alltagsbewältigung bezeichnet werden kann“. Wenn Familien zum Ort sozialpädagogischer Interventionen werden, geht es nicht allein um innerfamiliäre Krisen, sondern auch um die Veränderungen, Wandlungen und Krisen der Familienformen als gesellschaftlich-soziale und subjektiv-private Lebensweisen. Daher muss es gelingen, Familien mit einem Zugewinn an subjektiven Handlungs- und Lösungsstrategien für ihre jeweilige schwierige Situation auszustatten. Die Intensivierung der Familienarbeit, die stärkere Gewichtung der Familie als des zentralen

Orts sozialpädagogischen Handelns resultiert aus der Einsicht, dass Hilfe direkt im Kontext der Lebenslage, der sozialen Situation gesehen werden muss und oft nur in einem solchen Kontext effektiv sein kann (vgl. WOOG 1998). Sozialpädagogische Interventionen in der Familie dürfen nicht die Perspektive vernachlässigen, Krisen der Familie als Problem der Differenzierung von Lebensweisen im Kontext der gesellschaftlichen Entwicklung moderner Gesellschaften zu sehen.

Anmerkungen:

1) Im Bundesland Steiermark wird statt „Sozialpädagogische Familienhilfe" der Begriff „Sozialpädagogische Familienbetreuung" verwendet. Weil ersterer, „Sozialpädagogische Familienhilfe (SFH)", auch in der wissenschaftlichen Fachliteratur durchwegs geläufig ist, soll ihm in dieser Arbeit der Vorzug gegeben werden.

2) Mit dem Forschungsbericht von 1995 wurde erstmals eine grundsätzliche und umfassende Bestandsaufnahme der Sozialpädagogischer Familienhilfe in Österreich durchgeführt (vgl. SCHEIPL/RINDER/SKERGETH-LOPIC 1995).

3) In diesem Zusammenhang muss darauf hingewiesen werden, dass es in der Bundesrepublik Deutschland sehr wohl Forschungsprojekte im Bereich der Sozialpädagogischen Familienhilfe gibt, welche im besonderen Maße auch auf die Perspektive der Familien Bezug nehmen (vgl. BLÜML/HELMING/ SCHATTNER 1997).

4) Im Sinne eines Interesses an der subjektiven Lebenswelt orientiert sich „Soziale Arbeit" am „Schauspiel des Alltaglebens". Die aufmerksame Beobachtung der Probleme des Alltags von Jugendlichen, Frauen, Alten und Familien steht in der Priorität vor dem „spektakulären, außergewöhnlichen" Einzelfall. Wer versuchen will zu verstehen, der muss die „einfachen" Leute über ihren Alltag befragen, sich Zeit nehmen, um ihre Geschichten zu rekonstruieren (vgl. BOURDIEU et al. 1997)

5) Für die Interviews wurde ein Leitfaden mit insgesamt 17 ausgewählten Themenbereichen vorbereitet.

6) Vom dreiteiligen Modulsystem der Familienbögen wurde in dieser Arbeit der „Allgemeine Familienbogen" und der „Selbstbeurteilungsbogen" verwendet.

7) Aufgabenerfüllung, Rollenverhalten, Kommunikation, Emotionalität, Affektive Beziehungsaufnahme, Kontrolle, Werte und Normen.

8) Das Familienmodell konzentriert sich auf die innerfamiliären Parameter, Aussagen über das soziale Netzwerk und den „social support" werden nicht gemacht.

9) Die vier dafür ausgewählten Familien befinden sich noch in SFH Betreuung. Die abschließenden Interviews sind für den Herbst 2000 vorgesehen.

10) Zwei Familien schieden im Laufe des Forschungsprozesses aus, weil sich nach der ersten Erfassung mittels der „Familienbögen" kein weiterer Kontakt zur zuständigen SFH Stelle herstellen ließ. Auf Grund dieses Umstandes reduziert sich die Stichprobengröße von 20 auf 18 Familien.

11) „Jugend am Werk Steiermark" bietet im Rahmen von insgesamt vier Zweigstellen in unterschiedlichen Regionen des Bundeslandes ein umfassendes psychosoziales Dienstleistungsangebot im Bereich der Jugendwohlfahrt an.

12) Im Rahmen der SFH „Jugend am Werk Steiermark" wurden im Jahr 1999 21 Abschlüsse verzeichnet. Von der SFH Caritas liegen für diesen Zeitraum keine Zahlen vor.

13) Veränderungen, auch bei schwierigen Lebensumständen, sind mit ambivalenten Einschätzungen verbunden, häufig mit einem Pro und einem Kontra. In der SFH geht es nicht nur darum, das Pro zu unterstützen. Familien legen häufig Wert auf die Betonung des Kontra; dadurch kommt es eher zu Veränderungen und das ambivalente Gleichgewicht kann ins Lot gebracht werden. Das Motto lautet hier: „Veränderung geschieht, wenn wir werden was wir sind" (vgl. HELMING/SCHATTNER/BLÜML 1997).

14) Für die Auswertung der Daten wurde das Computerprogramm ATLAS/ti 4.2 verwendet. Die einzelnen Tools dieses Programms ermöglichen eine flexibles, analytisches Vorgehen.

15) Die veränderten gesellschaftlichen Verhältnisse führten in den letzten Jahren zu Veränderungen in der Selbstbestimmung „Sozialer Arbeit". Waren bisher Zuschreibungen der Inanspruchnahme Sozialer *Dienstleistungen* vorhersehbar bzw. an klaren Strukturen der sozialen *Ungleichheit* ablesbar, lösen sich diese nun auf. Im Sinne des Prozesse der Individualisierung und Pluralisierung (BECK 1986) bedeutet dies, dass nunmehr jeder Mensch im Verlauf seines Lebens auf die Inanspruchnahme „Sozialer Arbeit" stoßen kann. Für die „Soziale Arbeit" stellt dies einerseits eine Zunahme des Dienstleistungscharakters und andererseits eine Umorganisation der „Normalität der Hilfe" dar (vgl. HELMIG/SCHRATTNER/BLÜML 1997).

16) „ ... Konflikte und Spannungen gehören zum Alltag des familialen Zusammenlebens und nicht selten zeigen sich in Familien auch ernste Störungen und

Krisen: die Leistungsbeziehungen werden defizitär. Bedürfnisse der Familienmitglieder bleiben unbefriedigt, wechselseitige Erwartungen werden enttäuscht; die Leistungen der Familien bleiben hinter den gesellschaftlichen Standards zurück ..." Störungen in den familialen Leistungsbeziehungen resultieren aus der Art und Weise, wie Familien im Alltag bestehende Anpassungserfordernisse bewältigen. Die Art und Qualität der Anpassungsleistungen hängt von einer in Familien unterschiedlich entwickelten „Problemverarbeitungskapazität" ab (vgl. HERLTH 1990).

5. Literaturverzeichnis

AMT FÜR JUGEND UND FAMILIE DER STADT GRAZ: Qualitätskatalog der Grazer Jugendwohlfahrt. Graz 2000.

BOURDIEU, P. et al.: Das Elend der Welt – Zeugnisse und Diagnosen alltäglichen Leidens der Gesellschaft. Konstanz 1997.

BECK, U.: Risikogesellschaft – Auf dem Weg in eine andere Moderne. Frankfurt am Main 1986.

BLÜML, H. / HELMING, E. / SCHATTNER, H.: Sozialpädagogische Familienhilfe in Bayern – Abschlussbericht. DJI Arbeitspapier 5 - 139. München 1994.

CIERPKA, M. / FREVERT, G.: Die Familienbögen – Ein Inventar zur Einschätzung von Familienfunktionen. Göttingen 1994.

HELMING, E. / SCHATTNER, H. / BLÜML, H.: Handbuch Sozialpädagogische Familienhilfe. Stuttgart 1997.

HERLTH, A.: Was macht Familien verletzlich. In: LÜSCHER, K. / SCHULTHEIS, F. / WEHRSPAUN, M. (Hrsg.): Die „postmoderne" Familie. 2. Auflage. Konstanz 1990, S.312-326.

KARSTEN, M. / OTTO, H.: Die sozialpädagogische Ordnung der Familie – Beiträge zum Wandel familialer Lebensweisen und sozialpädagogischer Interventionen. 2. Auflage. Weinheim/ München 1996.

KILB, R.: Kooperation als neuer Königsweg. In: SOZIALMAGAZIN. 5/24/1999, S.44-49.

SCHEIPL, J. / RINDER, B. / SKERGETH-LOPIC, E.: Evaluation eines ausgewählten Bereiches des Jugendwohlfahrtsgesetzes von 1989 – am Beispiel der Sozialpädagogischen Familienhilfe. Themenbezogener Rechtsvergleich und Analyse des Angebotes von SFH in ausgewählten Bundesländern Österreichs. Institut für Erziehungswissenschaften der Universität Graz. Graz 1995.

SFB KONZEPT STEIERMARK. Jugend am Werk. Graz 1992.

THOLE, W.: Sozialpädagogik und Familie: In: SOZIALMAGAZIN. 6/21/1996, S.23-30.

WOLFF, R.: Dialogische Qualitätsentwicklung. In: AMT FÜR JUGEND UND FAMILIE DER STADT GRAZ (Hrsg.): Qualitätskatalog der Grazer Jugendwohlfahrt. Graz 2000, S.1-5.

WOOG, A.: Soziale Arbeit in Familien. Weinheim/München 1998.

Hubert Stigler

SUCHTPRÄVENTION IN DER SOZIALEN ARBEIT – Über die Notwendigkeit präventiven Handelns im (sozial-) pädagogischen Alltag

1. Einleitung

Mittlerweile gilt *Prävention als* Zauberwort von Sozialpädagogik und ganz allgemein von Sozial- bzw. Gesundheitspolitik schlechthin. In der Sozialpolitik war und ist man angesichts steigender öffentlicher Ausgaben geradezu enthusiastisch bemüht, die Notwendigkeit präventiver Maßnahmen in allen gesellschaftlichen Problemfeldern herauszustellen. Gerne ist man dabei bereit, (scheinbare) Auswirkungen dieser Maßnahmen als Erfolge *wirksamer* Gesundheitspolitik zu vermarkten. *Vorbeugen ist billiger als bohren!* Gleichzeitig scheiden sich die Geister an diesem Begriff: Sozialstaatliches Instrument unterdrückender Normalisierung und Anpassung (vgl. BÖLLERT 1995) oder lebenswelt- und bedürfnisorientierte (vgl. WAMBACH 1983) sozialpädagogische Handlungsmaxime?

Unabhängig von einem wissenschaftlichen Diskurs ist präventives Denken und Handeln im Sinne des Kompetenzvermittlungskonzeptes, das in der aktuellen Präventionsdiskussion als Stein der Weisen gilt, heute in verschiedenen Handlungsfeldern Sozialer Arbeit fest integriert. In Jugendarbeit und Jugendwohlfahrt, auch in forensischen Arbeitsbereichen — z.B. in der Arbeit mit straffälligen Jugendlichen — gilt es, unter Überwindung des Paradigmas von der Defizitbeseitigung, Kinder und Jugendliche — orientiert an ihrer Lebenswelt — *stark zu machen*, für die Bewältigung der ihnen abgeforderten Entwicklungsaufgaben und Integrationsleistungen. Die Bedeutung dieses Zuganges liegt vor allem auch darin, dass er im Unterschied zu rein verhaltensbezogenen Modellen die Möglichkeit in sich birgt, strukturbezogene Aspekte von Prävention zu sehen (vgl. BÖLLERT 1995) und Sucht- bzw. Suchtgefährdung nicht nur aus einer psychopathogenen Perspektive oder dem Blickwinkel devianten Verhaltens, sondern auch aus einer verhältnisbezogenen *Subjekt-Umwelt-Relation* heraus zu begreifen.

Benötigen wir für die Primärprävention spezifische Szenarien und Einrichtungen innerhalb der Sozialen Arbeit oder gilt es vielmehr die Bedeutung der alltäglichen (sozial-)pädagogischen Arbeit für diesen Be-

reich der Prävention neu zu bewerten und zu gewichten? Unbestritten ist, dass viele Arbeitsfelder Sozialer Arbeit gute Voraussetzungen für das Gelingen von Präventionsbemühungen bieten: Kontinuität und Langfristigkeit sozialer Beziehungen, aber auch Freiwilligkeit kombiniert mit einem Vertrauensverhältnis (vgl. LANDESSTELLE GEGEN DIE SUCHTGEFAHREN IN BADEN-WÜRTTEMBERG 1998). Ergeben sich aus diesem Verständnis für die Soziale Arbeit neue oder veränderte Aufgaben? Eine Antwort auf diese Fragen versucht der vorliegende Beitrag.
Davor soll jedoch zunächst die Darstellung von epidemiologischen Befunden zum jugendlichen Drogenkonsum dessen Einbettung in jugendliche Lebenszusammenhänge verdeutlichen. Eine Diskussion der Ergebnisse aus einer jugendbezogenen Perspektive soll dabei vor allem lebensaltersspezifische Hintergründe in bezug auf die Suchtmittelgefährdung von Jugendlichen aufzeigen und auf die sich daraus ergebende Bedeutung dieser Thematik für den (sozial-)pädagogischen Alltag in der Arbeit mit Jugendlichen hinweisen.

2. Epidemiologie zum jugendlichen Drogenkonsum

Viele empirische Befunde verweisen auf den Umstand, dass der Konsum von legalen und illegalen Drogen neben anderen Formen des Risikoverhaltens ein für die Jugendphase konstitutives Element darstellt (vgl. ENGEL/HURRELMANN 1989, 1994; NORDLOHNE 1992; GASSERSTEINER/STIGLER 1997). Betrachtet man zusammenfassend aktuelle empirische Befunde zum jugendlichen Drogenkonsum[1], so zeigen sich folgende zentrale Trends:

(a) <u>Der Gebrauch sowohl von legalen als auch illegalen Drogen zeigt einen deutlich altersbezogenen Verlauf</u>

Konsum- und Missbrauchsraten bei Alkohol, Tabak und illegalen Drogen erreichen in der Adoleszenz ihre Maxima und sind dann rückläufig. Etwa zwischen 12 und 17 Jahren sind nach bisherigen Erkenntnissen die stärksten Zuwachsraten für den Gebrauch der legalen Substanzen Alkohol und Tabak zu erwarten. Dies gilt leicht zeitversetzt auch für Konsummuster bei illegalen Drogen. Aus den bisher vorliegenden Längsschnittstudien ist nicht gänzlich geklärt, inwieweit sich jugendliche Konsummuster auch in das späte Erwachsenenalter hinein fortsetzen. Vorliegende Befunde machen jedoch deutlich, daß sich gemessen an den Konsummustern der Jugendzeit vor allem im Alkoholkonsum im späteren Lebensverlauf eine Verringerung einstellt, während das Rauchen ab Mitte des zwanzigsten Lebensjahres in etwa stabil bleibt (vgl. NORDLOHNE 1992). Ein Blick auf Abbildung 1 zeigt diese Trends auch für unsere steirische Stichprobe: Ein kontinuierlicher Anstieg des Alkoholmissbrauchs (=regelmäßiger Konsum) findet sich in die Gruppe der 16- bis 17jährigen Jugendlichen, sowie eine sich abzeichnende Trendumkehr in der Altersgruppe der 18- bis 20Jährigen, während beim Tabakkonsum die Prozentanteile der regelmäßigen KonsumentInnen kontinuierlich bis zu einen Wert von rund 40% ansteigen. Allerdings werden hier Kohorteneffekte dargestellt.

(b) Konsumraten stagnieren bzw. sind leicht rückläufig, bei gleichzeitig steigenden Missbrauchsraten und fallendem Einstiegsalter

Auch diese Trends gelten sowohl für legale als auch für illegale Drogen. REUBAND (1994) zeigt deutlich, dass sich nach einer Welle des Drogenkonsums in den Jahren 1968 bis 1971 für die Folgejahre ein deutlicher Rückgang nachweisen lässt, der bis in die zweite Hälfte der 80er Jahre in eine Stagnation mündet. Vor allem über das fallende Einstiegsalter sind nachhaltige Auswirkungen auf die Gesundheit nachfolgender Erwachsenenpopulationen zu erwarten. Viele Untersuchungen belegen nämlich den Zusammenhang zwischen Einstiegsalter und habitueller Verfestigung des Suchtmittelkonsums: Je früher mit dem Konsum von Zigaretten und Alkohol im Lebenslauf begonnen wurde, desto größer scheint auch die Wahrscheinlichkeit der Aufrechterhaltung zu sein und gleichermaßen werden um so höhere Gebrauchsmuster erreicht (vgl. MINISTERIUM FÜR ARBEIT, GESUNDHEIT UND SOZIALES 1987). Insbesondere erweist sich dabei das Rauchen als ein habituelles Verhaltensmuster, welches sich über die Jahre des Konsums weiter verfestigt und nur schwer wieder abzulegen ist. Die Beibehaltung des Rauchens ins Erwachsenenalter hinein ist dabei dann am wahrscheinlichsten, wenn es vor dem 20. Lebensjahr aufgenommen wurde (vgl. NORDLOHNE 1992).

(c) Der Tabakkonsum ist insgesamt steigend

Dieser für Österreich typische Trend zeichnet sich in den vorliegenden österreichischen Vergleichsstudien (EISENBACH-STANGL 1993, 1994; UHL et al. 1994, 1996) deutlich ab. Die Konsumraten liegen hier um rund 10% Punkte über dem europäischen Durchschnitt. Als Einstiegsalter in den Tabakkonsum kann der Lebensabschnitt um das 14. Lebensjahr bezeichnet werden (vgl. Abb. 1). Die Attraktivität des Tabakkonsums ergibt sich dabei für Jugendliche weniger aus der Wirkung, sondern vielmehr aus seiner sozialen Bedeutung. Die Zigarette hilft soziale Interaktionen zu strukturieren und Kontakte zu schaffen.

Abb. 1: Gelegentlicher bzw. regelmäßiger Alkohol- und Tabakkonsum

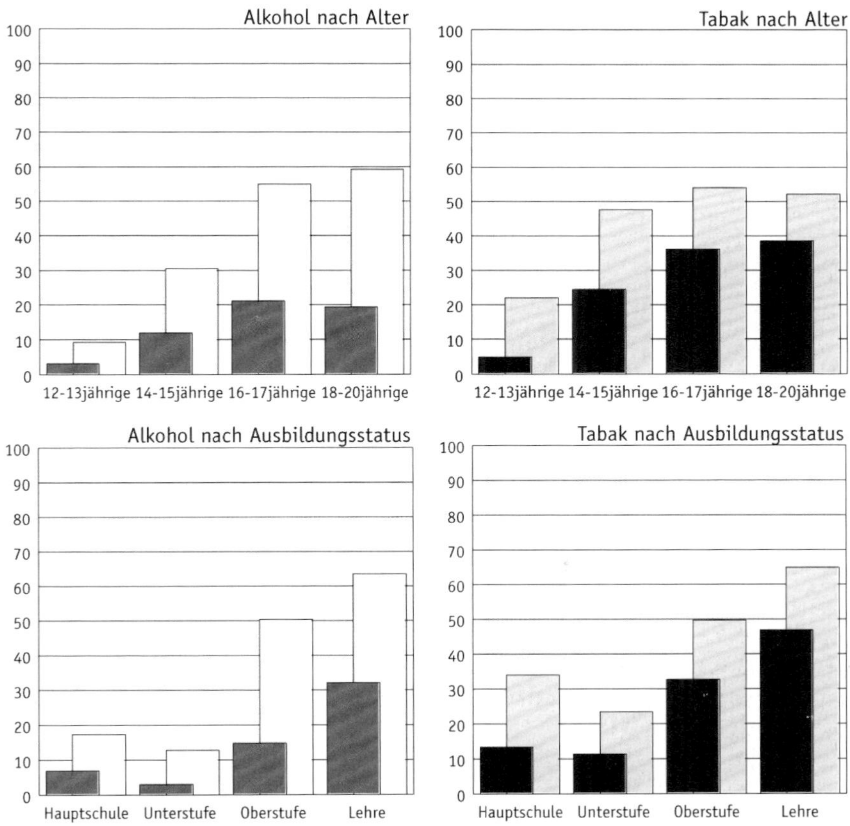

Quelle: GASSER-STEINER/STIGLER 1997

(d) Mädchen und junge Frauen holen auf

Vor allem beim Tabakkonsum gilt dieser Trend. Auch wenn sich in Regressionsmodellen Hinweise auf idealtypische Missbrauchsmuster finden lassen – Frauen nehmen Medikamente und Männer trinken Alkohol – zeigt sich eine eindeutige Annäherung der Konsummuster von weiblichen und männlichen Jugendlichen.

Abb. 2: Lebensprävalenz bzw. Mehrfachkonsum illegaler Drogen nach Alter

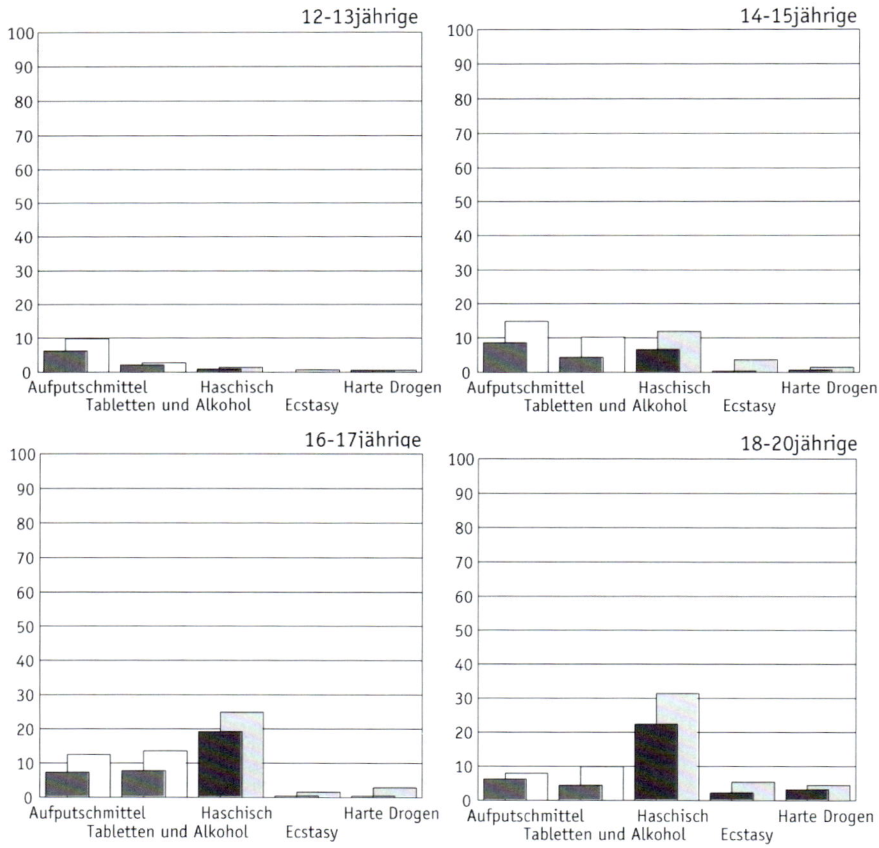

Quelle: GASSER-STEINER/STIGLER 1997

(e) Eine spezifische Risikogruppe stellen Lehrlinge dar

Auch wenn sich hinsichtlich des Konsums illegaler Drogen keine typischen BenutzerInnengruppen abzeichnen, liegen Lehrlinge beim Konsum legaler Substanzen deutlich im Spitzenfeld (vgl. Abb. 1): Rund 1/3 konsumiert regelmäßig Alkohol und nahezu jeder zweite Lehrling ist regelmäßiger Raucher.

(f) Nachhaltige Auswirkungen auf Mortalitätsraten sind vor allem durch legalen Drogenkonsum zu erwarten

Wie Abbildung 2 zeigt, haben z.B. rund 30% der 18- bis 20jährigen Jugendlichen einmal in ihrem Leben Haschisch probiert. Dieser Lebensprävalenzkennwert entspricht dem europäischen Durchschnitt (vgl. REUBAND 1994). Einen Mehrfachkonsum geben noch rund 20% an und als regelmäßige Konsumenten bezeichnen sich rund 5% dieser Altersgruppe. Bei den harten Drogen liegen diese Prozentanteile bei 5% (Lebensprävalenz), 4% (Mehrfachkonsum) und 1% (regelmäßiger Konsum). Während sich also im Jugendalter bezüglich des Konsums von Alkohol und Tabak auch ins Erwachsenenalter hinein stabile Konsummuster ausbilden, haben wir es im Bereich der illegalen Drogen meist mit einem ein- oder mehrmaligen Probierkonsum zu tun.

3. Drogenkonsum eine Entwicklungsaufgabe?

Wie die Ergebnisse epidemiologischer Studien zeigen, sind Drogen im Lebenszusammenhang von Jugendlichen allgegenwärtig. Vor allem der Gebrauch von legalen Drogen stellt für Erwachsene und Jugendliche ein sozial weithin akzeptiertes und legitimiertes Handeln dar und ist fundamentaler Bestandteil des Ausschöpfens kultureller Verhaltensangebote und Selbstdarstellungsformen (vgl. NORDLOHNE 1992). In welchen Bedeutungszusammenhang stehen diese Ergebnisse und Trends? Zwei unterschiedliche Erklärungsperspektiven werden im folgenden dafür angeboten:

(a) Die Pathologisierung des Problems

Wenn es um die theoretische Erklärung von Drogenkonsum bzw. –missbrauch geht, ist *die Psychopathologische Perspektive* (vgl. REUBAND 1994) jene, die am häufigsten zu finden und die auch für den (sozial-)pädagogischen Umgang bestimmend ist: Drogenkonsum wird dabei als Notsignal, als Symptom für tieferliegende Störungen und als daraus resultierender Versuch einer individuellen Problembewältigung gesehen. Verschiedenste Erklärungsansätze lassen sich dieser Perspektive unterordnen: (1) Im *Belastungstheoretischen Ansatz* wird Drogenkonsum als Mechanismus aufgefaßt, der zur Bewältigung oder Verminderung von Belastungssituationen (Broken-Home-Situationen, Leistungsversagen u.ä.) eingesetzt wird. (2) *Persönlichkeitsbezogene Ansätze* betonen die *psychosoziale Anfälligkeit* von Jugendlichen, die durch verschiedene Faktoren gefördert wird: Neben Einflüssen aus der sozialen Umgebung, wie z.B. eine geringe elterliche Erziehungsintensität, werden dabei vor allem persönlichen Merkmale wie hoher Anspruch an Selbstständigkeit, geringes Selbstwertgefühl, niedere Leistungsmotivation, externale Erfolgserwartung u.ä. genannt. (3) Die *Bezugsgruppen- bzw. Peergruppentheorie* betont insbesondere die Schlüsselrolle des Kontaktes zu einer konsumierenden oder permissiven Bezugsgruppe bei der Initiation des Drogenkonsums (vgl. GASSER-STEINER 1998).

(b) Die Normalitätsperspektive

Unter dieser Perspektive stehen die im vorangegangenen Abschnitt berichteten epidemiologischen Daten exemplarisch für die Grundannahme, dass Suchtmittelkonsum im Jugendalter zur Befriedigung vielfältiger alters- und entwicklungsbezogener Bedürfnisse von Jugendlichen beiträgt. Drogengebrauch wird dabei nicht nur ausschließlich als individuelle Bewältigungsstrategie betrachtet, sondern wird als Folge von Situationen verstanden, die sich im Prozess jugendlicher Identitätsbildung und Verselbstständigung in unserer Gesellschaft geradezu normalerweise ergeben. Gesundheitlich riskantes Verhalten von Jugendlichen stellt unter dieser Perspektive kein Extremverhalten im Ausnahmezustand dar, sondern erscheint eng mit der sozialen Lebenswelt von Jugendlichen verwoben. In modernen Gesellschaften gilt es nach dem Konzept der Entwicklungsaufgaben im Verlaufe der Adoleszenz (a) die soziale und emotionale Ablösung vom Elternhaus zu vollziehen und zugleich stabile Beziehungen zu Gleichaltrigen beiderlei Geschlechts aufzubauen. Um selbstverantwortlich schulischen und beruflichen Anforderungen nachzukommen, bedarf es (b) der Entwicklung intellektueller und sozialer Kompetenzen mit dem Ziel, eine berufliche Erwerbsarbeit aufzunehmen und dadurch die eigene ökonomische und materielle Basis für die selbständige Existenz als Erwachsener zu sichern. Weiters gilt es (c) den Aufbau eines eigenen Wert- und Normensystems und eines ethischen

und politischen Bewusstseins zu leisten und dabei eigene Handlungsmuster und Verhaltenstandards zu entwickeln (vgl. DREHER et al. 1993). Im Verlaufe der Pluralisierung und Individualisierung der Lebenswelten Jugendlicher sind diese Entwicklungsaufgaben zunehmend schwieriger zu bewältigen (vgl. BÖHNISCH 1992). Jugend wird zum Bewältigungsszenario, in dem Suchtmittelkonsum eine unter vielen riskanten Bewältigungsstrategien darstellt: Exzessiver Alkohol- oder Tabakkonsum, aber auch Arzneimittel- oder Drogengebrauch wird hier gleichbedeutend mit Geschwindigkeits-, Video- oder Spielsucht u.a. gesehen. Drogenkonsum ist unter dieser Perspektive auch kein Verhalten, das im Widerspruch zu den sozialen Beziehungen Gleichaltriger steht sondern eines, das darin eingebettet ist und daraus seine Dynamik erfährt (vgl. NORDLOHNE 1992; BÖHNISCH 1992). Viele empirische Befunde stützen diese Hypothese und verweisen auf die Bedeutung der peer-group bei der Initiation in den Drogengebrauch (vgl. REUBAND 1994; GASSER-STEINER/STIGLER 1997).
In Erweiterung des Konzeptes der Entwicklungsaufgaben von Kindern und Jugendlichen könnte man mit SIEBER (1993) unter dieser Perspektive die Auseinandersetzung von Jugendlichen mit Alkohol, Tabak und anderen Drogen als zu leistende eigenständige Entwicklungsaufgabe der Adoleszenz begreifen: Der persönliche Umgang mit legalen und illegalen Drogen, das Ausprobieren bzw. der Abstinenzentscheid werden damit zu wichtigen Entwicklungsaufgaben, vor die Jugendliche heute gestellt werden.

4. Prävention als (sozial-)pädagogisches Handeln

Lange Zeit war der Diskurs um neue Wege in der Primärprävention geprägt von der Abkehr vom Abschreckungs- bzw. Aufklärungsmodell hin zum Kompetenzvermittlungsparadigma.

(a) Das Abschreckungs- oder Furchtappellkonzept wird heute in der Primärprävention durchwegs abgelehnt. Der Kardinalfehler dieses Konzepte liegt aus heutiger Sicht darin, dass vor bestimmten Situationen gewarnt wird, ohne gleichzeitig Handlungsalternativen zu vermitteln. Dadurch werden Jugendliche in ihren Handlungskompetenzen geschwächt. Unter dem Aspekt des jugendkulturellen Phänomens des Risikoverhaltens stellt ein auf Abschreckung basierendes Konzept für Jugendliche geradezu eine anschauliche Möglichkeit zur Erweiterung ihres entwicklungstypischen Verhaltens dar. Sie lernen durch dieses Konzept sozusagen ihr jugendtypisches Repertoire an risikohaften Verhaltensweisen auszubauen.

(b) Eine andere Qualität als das klassische Abschreckungskonzept zeigt dagegen das auf Information setzende Aufklärungskonzept. Weniger affektiv ausgerichtet will es auf der kognitiven Ebene drogenabweisende Einstellungen bei Kindern und Jugendlichen fördern. Das suchtpräventive Informationskonzept, das über ein spezifisches Suchtverhalten aufklären will, ist im Vergleich zum Abschreckungskonzept wirksamer. Es appelliert an die Vernunft und nicht an die Furcht. Die Bedeutung der Gleichaltrigengruppe wird hier positiv umgedeutet und findet im peer-group-education Ansatz Anwendung.

(c) Aus der Sicht des Kompetenzvermittlungsansatzes gilt es Jugendliche stark zu machen für die Bewältigung von Entwicklungsaufgaben. Viele Autoren betonen, dass Prävention die Kompetenzen von Kindern und Jugendlichen zu fördern habe. Primärprävention in diesem Sinn möchte Jugendliche lebenskompetent machen und ihre emotionalen, kognitiven und sozialen Kompetenzen fördern. Dieser Denkweise folgend, kann es beim (sozial-)pädagogischen Umgang mit Sucht und Suchtgefährdung nicht mehr um Anpassung und Kontrolle, sondern um die Vermittlung sozialer Kompetenzen gehen. Damit wird dem herkömmlichen Präventionsbegriff ein qualitativ anderes Problemverständnis entgegengesetzt — denn früher stand vor allem die Auffassung im Vordergrund, man müsse den individuellen Risiken mit Interventionsstrategien beikommen. Dies führte dazu, das Suchtprävention meist nur als Defizitbekämpfung betrieben wurde (vgl. SCHROTTMANN 1997).
Welche Konsequenzen ergeben sich nun aus einer jugendbezogenen Erklärungsperspektive für den (sozial-)pädagogischen Umgang mit Suchtgefährdung? Die Normalität von Drogenkonsum im jugendlichen Lebenszusammenhang, der *subjektiv-biographische Sinn* (FRANZKOWIAK 1987), der auf die funktionale Bedeutung von Suchtmitteln im Prozess des Aufwachsens hinweist, die These von der potentiellen Devianz des Jugendalters (BÖHNISCH 1999) könnten den Schluß nahelegen, Drogenkonsum sei als jugendkulturelles Phänomen einfach als etwas Adoleszenzspezifisches zu akzeptieren bzw. geradezu als Aufforderung zum Drogenkonsum zu interpretieren. Auch wenn *„Risikoverhalten ... prinzipiell jugendkulturell angelegt ist,* muss es doch *als problematische Bewältigungsform von besonderen Lebensschwierigkeiten* gesehen werden und es gilt vor allem das Augenmerk darauf richten, dass *sich das Risikoverhalten nicht über das Jugendalter hinaus verfestigt"* (BÖH-

NISCH 1999, S.166). Für (sozial-)pädagogische Handlungszusammenhänge ergibt sich daraus, dass es zwar einerseits sinnlos erscheint, in jugendliche Lebenszusammenhänge eingebettete Risikoverhaltensweisen *pädagogisch* einfach so *aus der Welt schaffen zu wollen,* andererseits ist Soziale Arbeit gefordert, wenn es darum geht, Jugendliche zu einer *gestaltenden Bewältigung* (STARK 1996, zit. nach BÖHNISCH 1999, S.274) ihrer Lebenssituation zu befähigen.
Hinter dem Konsum von Suchtmitteln im speziellen und dem Risikoverhalten im allgemeinen verbirgt sich eine für das Jugendalter eigentlich normale Verhaltensweise und zwar die der Suche nach Grenzerfahrungen als wichtiges Element im Prozess jugendlicher Identitätsbildung. Im heutigen *„entstrukturierten Generationenverhältnis entfällt das Abarbeiten aneinander“* – im Sinne des klassischen Generationenkonfliktes. Die Erwartungen von Eltern, LehrerInnen oder SozialarbeiterInnen an Jugendliche *bleiben oft stumm* und können nur nach innen oder in der Gleichaltrigengruppe bearbeitet werden (vgl. BÖHNISCH 1992). Drogenkonsum und Risikoverhalten treten damit an die Stelle von Konfrontation und Konflikt, die in ihrer Bedeutung für die Identitätsentwicklung von Jugendlichen, in der nachantiautoritären Erwachsenengeneration, völlig unterschätzt werden. Empowerment als *Befähigung zur Problemlösung* (BÖHNISCH 1999, S.276) erfordert von (sozial-)pädagogisch Handelnden in der Erziehung neben Annahme, Zuwendung und Vertrauen auch den Mut zur Konfrontation und zum Konflikt. Immer mehr Präventionsfachleute beschwören heute, in Abgrenzung zur antiautoritären Erziehung und Antipädagogik, den *Mut zur Erziehung* (BÄUERLE/ HURRELMANN/GROND) und wir erleben dabei eine Renaissance des klassischen Konzeptes des *Pädagogischen Bezugs* von NOHL (vgl. BÖHNISCH 1999). Das Plädoyer zu einem erzieherischen Mut wird mit Schlüsselbegriffen wie Liebe, Vertrauen, Achtung und Verantwortung gefüllt. Diese existenziellen Prinzipien der Erziehung gelte es in der Praxis umzusetzen, um Kinder und Jugendliche vor Sucht zu bewahren. Diese Betrachtungsweise zeigt auf, was angesichts des gerade jetzt neu aufflammenden öffentlichen Diskurses über verstärkte legislative Strategien im Umgang mit dem Problem Suchtgefährdung in Vergessenheit zu geraten droht: Sucht und Suchtgefährdung produziert und reproduziert sich in unseren alltäglichen sozialen Beziehungen und es gilt, ihnen auch dort, im (sozial-)pädagogischen Alltag, präventiv zu begegnen.
Für primärpräventive Initiativen und Einrichtungen ergibt sich aus diesem Ansatz eine Neuorientierung: Die Arbeit verlagert sich weg von der Zielgruppe *„Jugendliche“*, verstärkt hin zu MitarbeiterInnen und BetreuerInnen aus der Sozialen Arbeit. Vorbei an bestehenden sozialen Bezü-

gen von Jugendlichen erscheint es in schulischen und außerschulischen (aktionistischen) Veranstaltungen unmöglich, Primärprävention im Sinn des Kompetenzvermittlungsansatzes zu verwirklichen. Aufgabenbereiche sollten dabei eher dort gesucht werden, wo es um die Weiterbildung von haupt- und ehrenamtlichen MitarbeiterInnen aus Jugendarbeit und Jugendwohlfahrt geht: Dort hätte, das in bezug auf Jugendliche eigentlich obsolet gewordene substanzbezogene Informationsparadigma, eine wichtige Aufklärungsfunktion für (sozial-)pädagogisch Handelnde in ihrer alltäglichen Arbeit an Problemen von Sucht- und Suchtgefährdung ihres Klientel.

Anmerkungen:

1)Die folgenden Ausführungen beziehen sich auf eine Querschnittsuntersuchung an einer Stichprobe von rund steirischen 5000 Jugendlichen, die der Autor im Rahmen eines interdisziplinären Forschungsprojektes gemeinsam mit Peter GASSER-STEINER vom Institut für Soziologie durchgeführt hat und die unter http://gewi.kfunigraz.ac.at/~hstigler/drogen/inhalt.html im Internet publiziert wurde.
Weiters wurden Veröffentlichungen zur Entwicklung des Drogenkonsums in der BRD einbezogen (vgl. REUBAND 1988, 1994; NORDLOHNE 1992; ENGEL/ HURRELMANN 1994).

6. Literaturverzeichnis

BÖHNISCH, L.: Sozialpädagogik des Kindes- und Jugendalters. Weinheim/München 1992.

BÖHNISCH, L.: Sozialpädagogik der Lebensalter. Weinheim/München 1999.

BÖLLERT, K.: Zwischen Intervention und Prävention. Eine andere Funktionsbestimmung sozialer Arbeit. Berlin 1995.

EISENBACH-STANGL, I.: Zur Entwicklung des Alkohol- und legalen Drogengebrauchs: Epidemiologische Ergebnisse aus den letzten 10 Jahren.
In: MADER, R. (Hrsg.): Alkohol- und Drogenabhängigkeit. Neue Ergebnisse aus Theorie und Praxis. Wien 1983, S.265-286.

EISENBACH-STANGL, I.: Thema: Jugendliche und Drogen. In: BUNDESMINISTERIUM FÜR UMWELT, JUGEND UND FAMILIE (Hrsg.): Zweiter Bericht zur Lage der Jugend in Österreich. Wien 1993.

EISENBACH-STANGL, I.: Die Neue Nüchternheit. Epidemiologie legalen und illegalen Drogengebrauchs von Kindern, Jugendlichen und jungen Erwachsenen in Österreich. In: JANIG, H. / RATHMAYR, B. (Hrsg.): Wartezeit. Studien zu den Lebensverhältnissen Jugendlicher in Österreich. Wien 1994, S.189-216.

ENGEL, U. / HURRELMANN, K.: Psychosoziale Belastungen im Jugendalter. Empirische Befunde zum Einfluß von Familie, Schule und Gleichaltrigengruppe. Berlin/New York 1989.

ENGEL, U. / HURRELMANN, K.: Was Jugendliche wagen. Eine Längsschnittstudie über Drogenkonsum, Streßreaktion und Delinquenz im Jugendalter. Weinheim/München 1994.

FRANZKOWIAK, P.: Risikoverhalten und Gesundheitsbewußtsein bei Jugendlichen. Der Stellenwert von Rauchen und Alkoholkonsum im Alltag von 15- bis 20jährigen. Berlin/Heidelberg/New York/Tokyo 1987.

GASSER-STEINER, P.: Jugendlicher Drogenkonsum und Drogenaffinität. Epidemiologische Befunde und sozialwissenschaftliche Modelle. Zur Verbreitung des Konsums illegaler Drogen in der Steiermark. Graz 1998.

GASSER-STEINER, P. / STIGLER, H.: Jugendlicher Drogenkonsum – Epidemiologische Befunde und sozialwissenschaftliche Modelle. Zur Verbreitung des Konsums legaler und illegaler Drogen in der Steiermark. Graz 1997.

HERRINGER, N.: Präventives Handeln und soziale Praxis. Konzepte zur Verhütung abweichenden Verhaltens bei Kindern und Jugendlichen. Weinheim/München 1986.

HURRELMANN, K.: Psychosoziale Belastungen im Jugendalter. Empirische Befunde zum Einfluß von Familie, Schule und Gleichaltrigengruppe. Berlin/New York 1989.

HURRELMANN, K.: Lebensphase Jugend. Eine Einführung in die sozialwissenschaftliche Jugendforschung. Weinheim/München 1995.

JAKOBSON, G. / STALLMANN, M. et al.: Jugend und Alkohol. Ergebnisse einer Befragung Berliner Jugendlicher zum Alkoholkonsum. Berlin 1987.

LANDESSTELLE GEGEN DIE SUCHTGEFAHREN IN BADEN-WÜRTTEMBERG (Hrsg.): Jugend und Sucht. Neue Ansätze zu einer jugendspezifischen Suchtprävention. Stuttgart 1998.

MINISTERIUM FÜR ARBEIT, GESUNDHEIT UND SOZIALES (Hrsg.): Jugend und Drogen. Herford 1987.

NORDLOHNE, E.: Die Kosten jugendlicher Problembewältigung. Alkohol, Zigaretten- und Arzneimittelkonsum im Jugendalter. Weinheim/München 1992.

REUBAND, K.H.: Drogenstatistik 1987. Neue Trends und Problemlagen. Die Situation des Drogengebrauchs in der zweiten Hälfte der 80er Jahre.
In: DEUTSCHE HAUPTSTELLE GEGEN DIE SUCHTGEFAHREN HAMBURG (Hrsg.): Jahrbuch zur Frage der Suchtgefahren 1989. Neuland 1988.

REUBAND, K.H.: Soziale Determinanten des Drogengebrauchs. Eine sozialwissenschaftliche Analyse des Gebrauchs weicher Drogen in der Bundesrepublik Deutschland. Opladen 1994.

SCHROTTMANN, R.E.: Prävention oder: Ist Vorbeugen besser als Heilen? Zur Präventions-Diskussion im psychosozialen Bereich. Heidelberg 1997.

SIEBER, M.: Drogenkonsum: Einstieg und Konsequenzen. Ergebnisse von Längsschnittuntersuchungen und deren Bedeutung für die Prävention. Bern/Göttingen/Toronto 1993.

SILBEREISEN, R.K. / KASTNER, P.: Jugend und Problemverhalten. Entwicklungspsychologische Perspektiven.
In: OERTER, R. / MONTADA, L. (Hrsg.): Entwicklungspsychologie. München 1987.

UHL, A. / SPRINGER, A. et al.: Schüler und Drogen: Wissen, Erfahrungen, Einstellungen. Endbericht über eine Untersuchung im Auftrag des Bundesministeriums für Unterricht und Kunst. Ludwig-Boltzmann-Institut für Suchtforschung. Wien 1994.

UHL, A. / SPRINGER, A.: Studie über den Konsum von Alkohol und psychoaktiven Stoffen in Österreich unter Berücksichtigung problematischer Gebrauchsmuster. Repräsentativerhebung 1993/94. Wien 1996.

WAMBACH, M.M. (Hrsg.): Der Mensch als Risiko. Frankfurt 1993.

Autorenverzeichnis

COLLA, Herbert E., M. A., Dr. phil., Universitätsprofessor am Institut für Sozialpädagogik der Universität Lüneburg. Arbeitsschwerpunkte im Bereich der Theorie und Praxis der Sozialpädagogik, Hilfen zur Erziehung, suizidales Verhalten junger Menschen sowie Probleme des demographischen Wandels. Mitglied in der Internationalen Gesellschaft für erzieherische Hilfen (IGfH) und im wissenschaftlichen Beirat der Europäischen EUSARF (European Scientific Association for Residential and Foster Care for Children and Adolescents).

FLEISCHMANN, Peter, Direktor im Kinderheim der Stadt Wien in Biedermannsdorf, Redaktionsmitglied der Fachzeitschrift „Sozialpädagogische Impulse“.

GASSER, Martina, Mag., Studium der Pädagogik, Sozialwissenschaften und der Psychologie an der Fernuniversität Hagen. Absolventin der Erzieherschule in Pfaffenhofen. Systemische Familientherapeutin, Hypnosetherapeutin, Leiterin des erlebnispädagogischen Projektes „Jugendintensivprogramm des Institutes für Sozialdienste in Vorarlberg

HEIMGARTNER, Arno, Mag. Dr., Univ.-Ass. an der Abteilung für Sozialpädagogik des Institutes für Erziehungs- und Bildungswissenschaften der Karl-Franzens-Universität Graz. Arbeitsschwerpunkte: Empirische Forschungsarbeiten im Bereich der Sozialpädagogik, wissenschaftliche Begleitung von Sozialprojekten, sozialwissenschaftliche Auftragsarbeiten, Evaluationsstudien, Beratung bei Forschungsprojekten, interdisziplinare und internationale Forschungskooperationen.

KNAPP, Gerald, Mag. Dr., Ao. Univ.-Prof., Leiter der Abteilung für Sozialpädagogik am Institut für Erziehungswissenschaft und Bildungsforschung der Universität Klagenfurt. Studium der Pädagogik und Pädagogischen Psychologie. Arbeitsschwerpunkte: Praxisbezogene Forschungsarbeit auf dem Gebiet der Sozialpädagogik, Aus- und Weiterbildung im Bereich sozialpädagogischer Arbeitsfelder.

LAUERMANN, Karin, Mag. Dr., Professorin für Pädagogik am Bundesinstitut für Sozialpädagogik in Baden. Arbeitsschwerpunkte in den Bereichen Aus-, Fort- und Weiterbildung für (Sozial)Pädagogen/innen. Chefredakteurin der Fachzeitschrift „Sozialpädagogische Impulse“.

MÜLLER, Martina, M.A., Erziehungswissenschaftlerin und Sonderpädagogin, freiberufliche Dozentin. Arbeitsschwerpunkte: Jugendhilfe/ Hilfen zur Erziehung, Historische Zugänge zur Sozialen Arbeit, Soziale Arbeit mit Mädchen und Frauen, Praxisberatung.

RÜCKER, Johanna, Mag., Absolventin an der Abteilung für Sozialpädagogik der Karl-Franzens-Universität Graz. Ausbildung zur interdisziplinären Frühförderung und Familienbegleitung. Diplomarbeit zur Elternarbeit im Rahmen der interdisziplinären Frühförderung und Familienbegleitung.

SALZMANN, Gerald, Mag. Dr., Studium der Pädagogik und Bildungswissenschaftlichen Psychologie. Hauptschullehrer für Deutsch und Leibeserziehung. Lehrbeauftragter und freier Mitarbeiter am Institut für Erziehungswissenschaft und Bildungsforschung (Abteilung für Sozialpädagogik) der Universität Klagenfurt. Praxisbezogene Forschung auf dem Gebiet sozialpädagogischer Arbeitsfelder.

SCHEIPL, Josef, Dr. Univ.-Prof., Leiter der Abteilung für Sozialpädagogik am Institut für Erziehungs- und Bildungswissenschaften der Karl-Franzens-Universität Graz. Studium der Pädagogik und Geschichte. Arbeitsschwerpunkte: Bildungs- und Schulgeschichte, Theorie der Sozialpädagogik und Jugendwohlfahrt, Forschungsprojekte zur Sozialpädagogik. Mitarbeit in der ARGE für Sozialforschung und Sozialplanung des Landes Steiermark.

STIGLER, Hubert, Mag. Dr. Ass.-Prof., Studium der Pädagogik und Soziologie an der Karl-Franzens-Universität Graz, zunächst als Vertrags- und seit 1990 als Universitätsassistent an der Abteilung für Sozialpädagogik des Institutes für Erziehungs- und Bildungswissenschaften der Universität Graz. Außeruniversitäre Lehre in der Erwachsenenbildung. Derzeitige Arbeitsbereiche: Allgemeine Methodologie, Jugendforschung und verschiedene Aspekte jugendlicher Sozialisation. Mitarbeit in der ARGE für Sozialforschung und Sozialplanung des Landes Steiermark.

WEBER, Maria Elisabeth, Mag., Studium der Erziehungswissenschaft – Schwerpunkt Sozialpädagogik – an der Universität Graz. Erziehungshelferin, seit 1999 Mitarbeiterin am Forschungsprojekt „Familien als Koproduzenten Sozialpädagogischer Interventionen – Zur Innensicht Sozialpädagogischer Familienhilfe“, seit 1996 freie Mitarbeiterin in der Krisen-, Zufluchts- und Beratungsstelle „tartaruga“ (Jugend am Werk Steiermark) für Jugendliche, seit 1997 Koordinatorin des „Freiwilligen Sozialen Jahres" bzw. des „Europäischen Freiwilligendienstes für Jugendliche" für die Bundesländer Steiermark und Kärnten.

WINKLER, Michael, Dr. Univ.-Prof., Studium der Pädagogik, Germanistik, Geschichte und Philosophie in Erlangen. Lehrtätigkeit an den Universitäten Berlin, Kiel und Graz. Seit 1992 Inhaber des Lehrstuhls für Allgemeine Pädagogik und Theorie der Sozialpädagogik an der Friedrich-Schiller-Universität Jena. 1998 Gastprofessor an der Universität Wien. Arbeitsschwerpunkte: Geschichte und Theorie der Pädagogik, Theorie der Sozialpädagogik und Jugendhilfe, stationäre Hilfen. Zahlreiche Veröffentlichungen u.a. zu Fragen der Heimerziehung. Zuletzt mit H.E. Colla u.a. Herausgeber: Handbuch Heimerziehung und Pflegekinderwesen in Europa. Neuwied 1999.

WOLFFERSDORFF von, Christian, Dr. Univ. Prof. am Institut für Erwachsenen- und Sozialpädagogik, Lehrstuhl Sozialpädagogik, Erziehungswissenschaftliche Fakultät an der Universität Leipzig. Aktuelle Arbeitsschwerpunkte: Jugendhilfe/erzieherische Hilfen, Beratung, Heimerziehung und das Problem der geschlossenen Unterbringung, Kinder- und Jugenddelinquenz, Straffälligenhilfe und Kriminalpolitik, Drogenkonsum, Drogenpolitik und Prävention.

In der Reihe „Studien zur Sozialpädagogik“ an der Universität Klagenfurt erschienen bisher:

Band 1 „Jugendwohlfahrt in Bewegung. Reformansätze in Österreich“, herausgegeben von G. Knapp / J. Scheipl